伊藤 真の条文シリーズ 4

Ito Makoto no Joubun Series

伊藤 真 監修　伊藤塾 著
Ito Makoto　Ito Juku

商法・
手形法小切手法

弘文堂

はしがき

1 本書の目的

　本書は、法律を学習したり、条文の意味を知りたいと考えているすべての方が、六法として使えるように配慮した条文解説書である。先の「伊藤真入門六法シリーズ」は、司法試験、司法書士試験、行政書士試験、法科大学院入試等の受験生のみならず、実務家にも愛用していただいたと聞く。今回、「伊藤真の条文シリーズ〔全8巻〕」とシリーズ名を変更するに伴って、より利用しやすいものにリニューアルすることにした。すべての条文に口語的な意味と趣旨を掲載し、難解な語句には注釈を入れたので、これまで条文を読んだり使ったりしたことがない社会人や学生の方にも理解しやすいと思う。

　法律の学習は条文に始まり、条文に終わる。もちろん、判例も重要であり、体系的理解のためのテキストも不可欠である。だが、判例を重視する英米法系の国々と異なり、成文法を重視する日本においては、条文が何よりも法律学習の出発点とならなければならない。法律の学習の1つの目標は、条文の意味を正確に理解してこれを使いこなすことであるが、そのためには条文に慣れ親しんでおくことが必要である。法科大学院におけるソクラティックメソッドのような新たな法学教育の試みのなかでも、条文の重要性が減殺されることはありえない。これまで解釈に委ねられていた部分が次々と法改正によって条文化され明確になっているのだから、ますます条文の重要性は増しているといっても過言ではないであろう。

　本書では、口語的な意味、条文の趣旨、語句の意味や使い方、その条文で問題となっている解釈上の論点、関連する判例を網羅的にわかりやすく整理した。特に趣旨が網羅されているので、初学者から法律の学習がある程度進んだ方にも条文を正しく理解するのに効果的なはずである。使いやすいようにさまざまに工夫された本書で、ぜひ条文を味方につけてほしい。

2 本書の対象者

　本シリーズは、条文の意味を知りたいすべての方を対象とする。

1　受験生

　司法試験、司法書士試験、行政書士試験、公務員試験などあらゆる試験の受験生で条文の重要性に気づいた方にとっては、そのまま実践的な受験用の

六法となる。特に司法試験や法科大学院入試においては、六法代わりに使うことによって、試験対策としては万全である。

2　法学部生

法学部生をはじめとする法律を学習しようとする方々にとって、条文の意味を確認しながら講義を聴いたり復習したり、期末試験対策をする手助けとなる。

3　ビジネスパーソン

法務関連の業務であるとないとにかかわらず、日々の業務の中で疑問に思った条文の意味をすぐに確認できる。契約書の内容で意味のわからない言葉が出てきたときなどにも、その検索が容易である。

4　その他の方

上記1～3以外のその他の方、たとえば市民の方が法律問題に巻き込まれたときにまず自分で関連する条文を探して、その意味を知り、弁護士などに相談する際の手がかりにできる。自分の権利を自分で守るための有効な武器となる。

3　本書の特長

1　初心者にもわかりやすく

法律は国民のものでなければならない。そのためには、法律の基礎である条文について、大方の人が自分で読んでみて意味がわかるようにしなければならない。もはや法律家だけが知っていればいいと考える時代は終わったのである。すべての条文に口語的な意味と趣旨を掲載してあるので、初心者でも自分でその条文の意味がわかるようになっている。難解な語句にはそのつど、語句の注釈を入れた。また、条文見出しは（　）を用いて表示した。古い法令で見出しがついていないものは、筆者が見出しをつけ、【　】にし表示した。

2　法律を使いこなせるようにすること

具体的にどのような事案で使うのかがわからなければ、単に知識を得たとしてもそれは自己満足にすぎなくなる。条文をどのような場面でどのように使うのかを具体的に示すことによって、より身近に感じられるように工夫した。多くの図表によって視覚的に事案を把握しやすいようにも工夫した。

3　試験対策として現実的であること

膨大な条文をすべて完璧に頭に入れることなど不可能である。条文には自

ずと試験との関係で学習の優先順位がある。それをランクによって示し、学習する際の目安とした。同じく論点についてもランクを示してメリハリのきいた学習ができるようにした。判例も重要度に応じて取捨選択し、要旨の紹介の仕方も重要度に応じてメリハリをつけている。特に、条文の重要度ランクについては巻末に一覧表も付けたので役立ててほしい。

4 本書の使い方

1 頭から読んでいって、条文の全体像を知る

司法試験や司法書士試験など条文の網羅的な知識が必要な試験では有効であろう。これまで学習した論点が条文のどの文言の解釈に際して問題となっていたのかを確認することで条文を意識した効果的な学習が可能となる。また、関連する判例についても、どの条文に関連するものかを確認することで、判例の知識をより確実なものにすることができる。

2 六法として必要なときに必要な条文だけを引いて読む

基本書に出てきたり、講義で聴いた条文をそのつど引いていく。その際には、条文の意味だけでなく、趣旨も必ず読んでおく。そして、その条文に印をつけていくと、頻繁に使う条文に印がだんだんと濃くなっていくので、自分なりに条文の重要性がわかってくるはずである。

3 索引から関連する条文を見つけて読む

何かの問題や疑問が生じたときにその言葉から関連する条文を見つけだしてその意味を知ることができる。索引を有効活用してほしい。ある程度、学習が進んだ人は索引を見て、関連する条文を思い出せるかを確認していくと自己の記憶の喚起と定着に有益である。

本書では、シリーズをリニューアルし、さらに条文の理解を少しでも容易にするために、「事項索引」とは別に、「条文用語索引」を設けた。

4 「伊藤真試験対策講座」と併用して関連項目を制覇する

本書は、大学の講義の予習・復習に役立つばかりでなく、司法試験・公務員試験・行政書士試験・公認会計士試験・大学の期末試験・法科大学院入試、そして司法書士試験の試験対策にもきわめて有用と高い評価をいただいている拙著「伊藤真試験対策講座」(弘文堂)とリンクさせている(右欄に「→試験対策・○章○節」等と記載している)。合わせて利用することにより、条文の意味を正しく理解できるだけではなく、全体にわたって基本概念を修得できるため、答案を書くうえで良い評価が得られるであろう。

5 今、条文を学習することの意味

　最近、法科大学院での新しい形の教育メソッドがさまざま提案されている。プロブレムメソッドやケースメソッドは確かに自分の頭で考えるクセをつけるためには効果がある。ゼミ形式の教育が本人の考える力を引き出す良い方法であることは、私自身、主宰する伊藤塾で多くのゼミを実践してきた経験から自信をもって肯定することができる。

　しかし、そのようなゼミやソクラティックメソッドが人気となりそうな気配の今だからこそ、実務法律家をめざす皆さんには申し上げておきたいことがある。この日本の実務法律家教育の過程から条文の理解を深める学習が消えて無くなることはありえない。条文解釈に基づかない議論は、実務法律家にとって意味をなさないからである。

　実務法律家をめざす者にとって条文と蓄積された判例の学習こそが基本であり要である。確かに、たとえば弁護士になった際には、自分の頭で考えて説得的な上告趣意書が書けるようにならなければならない。しかし、それはあくまでもこれまでの条文と判例の理解を前提とし、その限界を知りつつ、新たな理論を組み立て、判例を創っていく営みだからこそ意味がある。

　私は、常々法律の学習には、①全体像や体系の把握、②知識の習得、③その知識を使って自分の頭で考える訓練の3つのプロセスがあると考えている。そして、この全体像、知識、考える力のどれが欠けても法律を自分のものとして使いこなすことはできない。特に条文の知識がなければ、地に足のついた説得的な議論はできない。中抜けでは法律のプロにはなれないのである。

　法学教育の流れがゼミやソクラティックメソッドといった新しい形を求めて動こうとしている今だからこそ、私はあえて、条文を理解し知識としてしっかりと持つことの重要性を訴えたい。試験対策においても正確な条文の理解があって初めて、その上に解釈論を展開することができるのであり、自分の頭で考えることが意味を持ってくるのである。

　現在の司法試験合格者ですら知識が無くて困ると嘆かれることが多い昨今、法科大学院での教育カリキュラムはよほど慎重に設計しないと、柔軟な頭を持ってはいるが、条文の知識はまったくなく、実務では使いものにならない頭でっかちを大量生産することになりかねない。

　私がこれまでの法学教育の実践のなかでもっとも苦労したことは、まさに

この「条文や判例の知識とその法律の全体像をしっかり伝授すること」と、「自分の頭で考える力を身につけさせること」とのバランスであった。そして、日本が実定法の国であるかぎり、その悩みはこれからも続くと考えている。

　今回、考える力の滋養というソクラテスの役割は大学や法科大学院の先生方におまかせし、私は、知識を伝授するソフィストの役回りを本書では演じたいと思う。この国にはそうした知識をわかりやすく伝達する役割を果たす者がどうしても必要だと考えるからである。

　ただ、本書を利用される読者の皆さんには、くれぐれも法律学習の本質、そしてゴールは、自分で考える力の滋養であり、本書で学ぶ知識はその前提にすぎないことを忘れないでいてほしい。

　本書の作成には、今回も北川陽子さんをはじめ弘文堂のみなさんには大変お世話になった。また、伊藤塾の誇る優秀なスタッフの協力がなければ本書が世に出ることはなかった。ここに改めて感謝の意を表する。

　　　2006年7月

伊藤　真

★参照文献一覧

　本書を執筆するにあたり多くの文献を参照させていただきました。そのすべてを記すことはできませんが主なものを下に掲げておきます。なお、本文中にこれらの文献の文章表現を引用させていただいた箇所もありますが、本書はいわゆる学術書ではなく、学習用の教材ですので、その性質上、学習において必要な部分以外は引用した文献名を逐一明記することはしませんでした。

　ここに記して感謝申し上げる次第です。

【商法総則・商行為法】

上柳克郎＝北沢正啓＝鴻常夫編・新版商法総則・商行為法──商法講義（有斐閣・1998）
大隅健一郎・商法総則［新版］（有斐閣・1978）
鴻常夫・商法総則［新訂第5版］（弘文堂・1999）
落合誠一＝大塚龍児＝山下友信・商法Ⅰ　総則・商行為［全訂］（有斐閣・2001）
神崎克郎・商法総則・商行為法通論［新訂版］（同文館・1999）
近藤光男・商法総則・商行為法［第5版］（有斐閣・2006）
田邊光政・商法総則・商行為法［第2版］（新世社・1999）
蓮井良憲・商法総則・商行為法（現代商法講義1）（法律文化社・1980）
蓮井良憲＝森淳二朗編・商法総則・商行為法［第4版］（法律文化社・2006）
服部榮三・商法総則・商行為法講義（文眞堂・1978）
丸山秀平・商法Ⅰ　総則・商行為法／手形・小切手法［第2版］（新世社・2005）
弥永真生・リーガルマインド商法総則・商行為法［第2版］（有斐閣・2006）
米沢明・商法総則要論［第2版］（中央経済社・1996）
商法（総則・商行為）判例百選［第4版］（有斐閣・2002）
服部榮三・星川長七編・基本法コンメンタール商法総則・商行為法［第4版］（日本評論社・1997）

【手形法・小切手法】

伊沢孝平・手形小切手法（有斐閣・1949）
石井照久＝鴻常夫・手形法・小切手法（勁草書房・1975）
上柳克郎＝北沢正啓＝鴻常夫編・新版手形法・小切手法──商法講義（有斐閣・1998）
大隅健一郎・手形法小切手法講義［新版］（有斐閣・1989）
大隅健一郎＝河本一郎・注釈手形法小切手法［第3版］（有斐閣・2006）
大塚龍児＝林竧＝福瀧博之・商法Ⅲ　手形・小切手（有斐閣・1977）
大山俊彦＝梶山純＝川村正幸＝岸田雅雄＝三枝一雄・現代商法Ⅲ　手形・小切手法［改訂版］（三省堂・1996）
川村正幸・手形・小切手法［第3版］（新世社・2005）

木内宜彦・手形法小切手法（企業法学Ⅲ）［第2版］(新青出版・1998)
木内宜彦・特別講義　手形法小切手法（法学書院・1982)
木内宜彦＝倉沢康一郎＝庄子良男＝高窪利一＝田邊光政・シンポジューム手形・小切手法（青林書院新社・1979)
倉沢康一郎・手形判例の基礎―リーディングケースによる手形法入門（日本評論社・1990)
小橋一郎・新版手形法小切手法講義（有信堂・1982)
裁判所書記官研修所監修・手形法小切手法講義案［6訂版］(司法協会・2001)
鈴木竹雄（前田庸補訂）・手形法・小切手法［新版］(有斐閣・1992)
鈴木竹雄他編・新商法演習3（有斐閣・1974)
鈴木竹雄＝大隅健一郎編・手形法・小切手法講座（全5巻）(有斐閣・1964〜1965)
関俊彦・金融手形小切手法［新版］(商事法務・2003)
高窪利一・手形・小切手法通論［全訂版］(三嶺書房・1986)
竹田省・手形法・小切手法（有斐閣・1955)
田中耕太郎・手形小切手法概論（有斐閣・1935)
田中誠二・手形・小切手法詳論上・下（勁草書房・1968)
田邊光政・最新手形法小切手法［4訂版］(中央経済社・2000)
土橋正＝今野裕之＝吉田直＝布井千博＝中曽根玲子・手形・小切手法30講（青林書院・1991)
服部榮三・手形・小切手法［改訂版］(商事法務・1971)
濱田惟道・手形法小切手法（文眞堂・1992)
平出慶道・手形法小切手法（有斐閣・1990)
福瀧博之・手形法概要（法律文化社・1998)
前田庸・手形法・小切手法入門（有斐閣・1983)
前田庸・手形法・小切手法（有斐閣・1999)
升本喜兵衛・有価証券法（評論社・1952)
松本蒸治・手形法（中央大学・1918)
丸山秀平・演習講義手形・小切手法［第2版］(法学書院・2001)
弥永真生・リーガルマインド手形法・小切手法［第2版補訂］(有斐閣・2005)
手形小切手判例百選［第6版］(有斐閣・2004)
服部榮三・星川長七編・基本法コンメンタール手形法・小切手法［第3版］(日本評論社・1991)

【その他】
池田真郎編・新しい民法　現代語化の経緯と解説（有斐閣・2005)
加美和照編・別冊法学セミナー司法試験シリーズ商法Ⅱ［第3版］(日本評論社・1993)
神田秀樹・会社法［第8版］(弘文堂・2006)
木内宜彦＝永井和之・事例式演習教室　商法［第2版］(勁草書房・1994)
北沢正啓＝浜田道代編・商法の争点Ⅰ・Ⅱ（有斐閣・1993)
最高裁判所判例解説民事篇（法曹会）

重要判例解説（有斐閣）
商事法務（商事法務研究会）
ジュリスト（有斐閣）
判例時報（判例時報社）
判例タイムズ（判例タイムズ社）

伊藤真の条文シリーズ ❹

商法・手形法小切手法

目次

■第1部　商法

第 1 編

総則(1条〜500条) 003

第1章　通則(1条〜3条) 004
総　説 004

第2章　商人(4条〜7条) 009

第3章　商業登記(8条〜10条) 014

第4章　商号(11条〜18条) 021

第5章　商業帳簿(19条) 036

第6章　商業使用人(20条〜26条) 038
総　説 038

第7章　代理商(27条〜31条) 049
総　説 049

第8章　雑則(32条〜500条) 055

第 2 編

商行為(501条〜628条) 057

第1章　総則(501条〜523条) 058
総　説 058

第2章　売買(524条〜528条) 089
総　説 089

第3章　交互計算(529条〜534条) 097

第4章	**匿名組合**(535条〜542条)	104
	総　説	104

第5章	**仲立営業**(543〜550条)	114

第6章	**問屋営業**(551条〜558条)	122

第7章	**運送取扱営業**(559条〜568条)	131

第8章	**運送営業**(569条〜592条)	140
	第1節　総則（569条）	140
	第2節　物品運送（570条〜589条）	140
	第3節　旅客運送（590条〜592条）	165

第9章	**寄託**(593条〜628条)	169
	第1節　総則（593条〜596条）	169
	第2節　倉庫営業（597条〜628条）	174

■第2部　手形法

第 1 編

為替手形(1条〜74条)　203

第1章	**為替手形ノ振出及方式**(1条〜10条)	204
	手形総説	204

第2章	**裏書**(11条〜20条)	274
	総　説	274

第3章	**引受**(21条〜29条)	324

第4章	**保証**(30条〜32条)	333

第5章	**満期**(33条〜37条)	341

伊藤真の条文シリーズ ❹

商法・手形法 小切手法

目次

第6章	**支払**(38条〜42条)	347
	支払猶予	363
第7章	**引受拒絶又ハ支払拒絶ニ因ル遡求**(43条〜54条)	367
第8章	**参加**(55条〜63条)	387
	第1節 通則 (55条)	387
	第2節 参加引受 (56条〜58条)	388
	第3節 参加支払 (59条〜63条)	391
第9章	**複本及謄本**(64条〜68条)	395
	第1節 複本 (64条〜66条)	395
	第2節 謄本 (67条・68条)	397
第10章	**変造**(69条)	400
第11章	**時効**(70条・71条)	407
第12章	**通則**(72条〜74条)	412

第 2 編

約束手形(75条〜94条) 415

約束手形総説 (75条〜78条)	416
附則 (79条〜94条)	422

■第3部　小切手法

第1章	**小切手ノ振出及方式**(1条〜13条)	438
	小切手総説	438
第2章	**譲渡**(14条〜24条)	451
第3章	**保証**(25条〜27条)	460
第4章	**呈示及支払**(28条〜36条)	463

第5章	線引小切手(37条・38条)	471
第6章	支払拒絶二因ル遡求(39条〜47条)	475
第7章	複本(48条・49条)	483
第8章	変造(50条)	485
第9章	時効(51条・52条)	486
第10章	支払保証(53条〜58条)	487
第11章	通則(59条〜62条)	491

附則(63条〜81条) 493

条文重要度ランク表　502
事項索引　508
条文用語索引　512
判例索引　519

第 1 部

商法
[1条—628条]

第 1 編

総則
（1条〜500条）

▶▶▶▶

第1章

通　則

■総　説

1　商法の形式的意義・実質的意義

→試験対策・3章1節①

形式的意義における商法とは、商法という名称を付して制定された法典をいう。

実質的意義における商法とは、企業に関係する経済主体の私的利益の調整を目的とする法規整の総体をいうものと解されている（企業法説）。

2　商法の法源

→試験対策・3章1節②

法源とは、法の存在する形式のことを意味する。商法の法源とは、実質的意義の商法に属する各種の法規範の存在形式を意味する。

商法の法源には、商法典、会社法、手形法、小切手法などの商事制定法、商事条約、商慣習、商事自治法などを含むと解される。

1　商事制定法

商事制定法としては商法典と商事特別法とがあり、商事特別法は、特別法令と附属法令とに分けることができる。

2　商事条約

わが国では、条約は特に国内法化することがなくても、批准と公布の手続きをふめば、国内法と同じ効果をもたせることができると解されている。したがって、条約の締約国における国民相互の関係を直接規律する商事条約についても、商法の法源の1つと解すべきことになる。

3　商慣習

→1条②

4　商事自治法

商事自治法とは、企業関係当事者が自主的に制定したものをいう。たとえば、会社の定款、証券取引所や商品取引所の業務規程、手形交換所の手形交換規則、普通契約約款などである。これらの商事自治法も、商法の領域における制定法と実生活との間隙をみたすものとして、重要な役割を果たしている。

普通契約約款とは、特定種類の取引に画一的に適用される定型的な契約条項をいい、たとえば保険約款、運送約款、銀行取引約款、倉庫寄託約款などがあげられる。

多数説は、普通契約約款による取引においては、当事者が約款の内容を知っていたか否か、また、約款の条項による意思をもっ

ていたか否かを問わず、当事者が特にこれによらない旨を表示しないかぎり、当事者は約款によって拘束されると解している。

3 民法との関係

→試験対策・3章1節①

　企業法説によると、商法は、企業に関係する経済主体の私的利益の調整をするものであるのに対し、民法は、広く一般私人の私的利益の調整をするものである。そこで、民法も商法も経済主体間の利益調整の法であるといえる。しかし、商法は、対象となる経済主体が企業に限定されることになるのであり、民法の特別法の立場にある。すなわち、民法と商法とは、一般法と特別法の関係にある。

4 商法の特色

→試験対策・3章1節①

　商法の内容上の特色としては、主に①**営利主義**、②**取引の円滑確実化**、③**企業の維持強化**をあげることができる。

1　営利主義

　企業は営利を目的とし、しかもこの目的は継続的かつ計画的である。そこで、商行為に関する規定においては、営利性を明らかにした規定がある。たとえば、商法は、企業活動を一般的に有償的なものとして取り扱い(512条、513条)、民法よりも高い法定利率を定めている(514条)。

2　取引の円滑確実化

　企業が営利目的を効率的に達成させるためには、多数人との間で同種の行為を集団的・反復的に行わなければならない。したがって、商法では、取引の円滑確実化を図ることが重要な任務となる。そこで、商法は、企業取引関係の簡易・迅速な成立および解決を確保するための種々の規定を設けている。

　第1に、商法は、一方では、契約の内容および方式について自由主義を採ると同時に、他方では、取引の締結を機械化するために契約の定型化・方式化を図っている。たとえば、普通契約約款、各種の有価証券などである。

　第2に、商法は、取引の安全を図るために、取引上重要な事項を公示して一般公衆が不測の損害を被ることを防止する**公示主義**を採用している。たとえば、商業登記、会社における公告制度などである。

　第3に、商法は、取引の安全を図るために、外観と真実とが一致しない場合において、外観に対する信頼を保護する**外観主義**を採用している。たとえば、不実の登記による責任、包括的代理権、有価証券における善意取得および文言性ないし抗弁の切断などである。

　第4に、商法は、取引の安全を図るために、種々の態様におい

て企業者の責任を加重している。たとえば、債務者の連帯責任、挙証責任の転換、無過失責任などである。

3　企業の維持強化

　企業がその機能を発揮するためには、人的物的諸力を結集し、かつ、損失の危険を分散しなければならない。また、いったん成立した企業については、その維持を図り、企業の解体による無益な価値の喪失を防止することが要求される。そこで、商法は、①労力の補充、②資本の集中、③危険の分散の要求に応ずる諸制度を設けている。

　また、商法は、④営業所、商号、独立の法人としての会社などの諸制度によって、企業の独立性を確保し、また、⑤営業譲渡、会社の合併および継続、株式会社の更生などの諸制度によって、企業の解体を防止しようとしている。

5　商法総則の会社への適用

　商法4条1項は、「商人」とは、自己の名をもって商行為をすることを業とする者と規定している。そうすると、形式的には、自己の名をもって商行為をすることを業とする会社も、商法総則の適用のある商人にあたることになる。しかし、商法総則のうち会社に適用されるべき規定については、すべて会社法において自足的に規定が設けられている。

　そこで、商法11条括弧書は、規定の重畳的な適用を避けるため、商人から会社および外国会社を除外している。

　これに伴い、商法第1編第2章以降の規定（4条以下）は、原則として**個人商人**の規定として整理されることから、個人商人については観念しえない本店・支店に関する規定や規律などについては、便宜上、削除され、または営業所にかかる規定として整理されている。

第1条（趣旨等）　　B
①商人の営業、商行為その他商事については、他の法律に特別の定めがあるものを除くほか、この法律の定めるところによる。
②商事に関し、この法律に定めがない事項については商慣習に従い、商慣習がないときは、民法（明治二十九年法律第八十九号）の定めるところによる。

　商人の営業や商行為などの商事については、他の法律に特別の定めがあるものを除いて、商法が適用されます。商事に関して商法にあてはまる規定がない場合は、商慣習があればそれに従い、

→試験対策・3章1節②

商慣習もないときは、民法が適用されます。

1 趣旨

1項は、商法の趣旨に相当する規定である。
2項は、商事に関して適用される法律の順序を明らかにする規定である。

2 条文クローズアップ

商慣習

2項は、商事に関し、この法律に定めがない事項については商慣習に従い、商慣習がないときは、民法の定めるところによると規定し、特に商慣習について民法に優先する効力を認めている。

これは、①自由かつ創造的で、取引が集団的・反復的に行われる企業生活においては、慣習の成立が容易であり、しかも、そのような慣習は進歩的・合理的で企業生活の要求に適合するものであることが多いこと、また、②制定法はいっさいの可能な場合を規定することができないとともに、その固定的な性質上、新たな事象の需要に応ずることが困難であるのに対し、企業生活は複雑多岐であり、かつ、変動が甚だしいので、制定法と実生活との間に間隙が生じやすく、この間隙を慣習によってみたす必要性があることをその理由としている。

> **第2条（公法人の商行為）　C**
> 公法人が行う商行為については、法令に別段の定めがある場合を除き、この法律の定めるところによる。

国、地方公共団体、公社などの公法人が行う商行為については、他に特別の法律や政令などにあてはまる規定がある場合を除いて、商法の規定に従います。

→試験対策・3章2節2【6】

1 趣旨

本条は、国家などの公法人にも商法の適用がある旨を規定しているが、公法人の行う商行為であっても私法上の行為であることに違いはないので、民法・商法が適用されるのは当然である。

そこで、本条の意義は、「法令に別段の定めがある場合を除き」とすることにより、公法人の性質により特別の取扱いをする必要がある場合には、そのための法令の規定が商法に優先して適用されることを明らかにした点にある。

2 条文クローズアップ

公法人の商行為

たとえば、市営バスのように、市が営業的商行為（502条4号）を行っている場合には、その行為には原則として商法の適用がある。

第3条（一方的商行為）　B
①当事者の一方のために商行為となる行為については、この法律をその双方に適用する。
②当事者の一方が二人以上ある場合において、その一人のために商行為となる行為については、この法律をその全員に適用する。

ある法律行為が、当事者の一方にとってだけ商行為となる場合にも、当事者の双方に対して商法が適用されます。ある法律行為の当事者の一方が2人以上いる場合に、そのなかの1人にとってだけ商行為となるときにも、当事者の全員に対して商法が適用されます。

→試験対策・3章2節2【5】

1 趣旨

同一の行為について、一方には民法を、他方には商法を適用すると、消滅時効や法定利率などの点で両者の間に差異が生じる。そこで、かかる不統一を避けるために、商法を全員に適用するものとした。

2 条文クローズアップ

一方的商行為

一方的商行為とは、当事者の一方にとってのみ商行為である行為をいう。例としては、小売商が消費者に物品を販売する場合があげられる。また、判例は、3条1項を基礎に、非商人が商人のために保証債務を履行して取得した求償権に、522条の商事時効を適用している。

→最判昭42・10・6総則・商行為百選［4版］51事件

第2章
商　人

> **第4条（定義）　　B⁺**
> ①この法律において「商人」とは、自己の名をもって商行為をすることを業とする者をいう。
> ②店舗その他これに類似する設備によって物品を販売することを業とする者又は鉱業を営む者は、商行為を行うことを業としない者であっても、これを商人とみなす。

　この商法で「商人」というときは、自己の名義で商行為をすることを業とする者をいいます。店舗その他それと同じような設備によって物品を販売することを業とする者、または鉱業を営む者は、商行為を行うことを業としない者であっても、商人として取り扱われます。

→試験対策・3章2節③

1 趣旨

　商人の概念について規定した。すなわち、1項では、商行為の概念を基礎とする固有の商人を、2項では、商行為の概念を基礎としない擬制商人を規定した。

2 条文クローズアップ

1　固有の商人（1項）
(1) 意義
　固有の商人とは、自己の名をもって商行為をすることを業とする者をいう。
(2) 「自己の名をもって」
　「自己の名をもって」とは、自己が法律上権利義務の帰属主体となることをいう。
(3) 「商行為」
　「商行為」とは、基本的商行為である絶対的商行為（501条）と営業的商行為（502条）のことをいう。
(4) 「業とする」
　「業とする」とは、営業とするということであって、営利目的をもって同種の行為を継続的反復的に行うことをいう。

2　擬制商人（2項）
　擬制商人とは、店舗その他これに類似する設備によって物品を販売することを業とする者または鉱業を営む者をいう。

◆第4条

このような擬制商人は、商行為の概念を基礎とする固有の商人とは異なり、経営の形態、企業的設備に着目して商人性が認められたものである。

① 「店舗その他これに類似する設備によって物品を販売することを業とする者」

　たとえば、原始取得した物品を店舗その他の類似設備によって販売することを営業とする者が、これにあたる。

② 「鉱業を営む者」

　みずから採掘した鉱物を販売する行為は商行為ではないが（501条1号参照）、鉱業を行うためには大規模な企業的設備、資本を必要とすることから、「鉱業を営む者」も商人とみなされる。

3　商人資格の得喪

(1) 商人資格の取得時期

自然人は、4条の要件をみたすことにより、商人資格を取得することができる。そして、自然人の商人資格の取得時期については、基本的商行為を行う以前の開業準備の段階で、開業準備行為を附属的商行為であるととらえて、商人資格を取得できると考えるのが通説である。

問題は、開業準備段階のどの時点で商人資格が取得されると考えるべきかである（Q_1）。判例は、一般に、営業の意思を相手方が認識し、または営業の意思が客観的に認識可能となった時点とする見解（営業意思客観的認識可能性説）に立つといわれている。

→最判昭47・2・24民集26-1-172

なお、会社の場合には、その本店の所在地において設立の登記をすることによって成立する（会社49条、579条）と同時に、商人資格を取得し、設立中の会社においては、商人資格の取得は認められないと解されている（通説）。

→弥永21頁

Q1　開業準備段階のどの時点で商人資格が取得されると考えるべきか（自然人の商人資格の取得時期）。

◁ランクB+

A説　表白行為説（営業意思表白説）
- ▶結論：表白行為（店舗の開設、開店広告など）が行われた時点とする。
- ▶理由：基準として明快であり、相手方などに不測の損害を与えない。

B説　営業意思主観的実現説
- ▶結論：営業の意思が主観的に実現された時点とする。

C説　営業意思客観的認識可能性説
- ▶結論：営業の意思を相手方が認識し、または営業の意思が客観的に認識可能となった時点とする。
- ▶理由：当事者が適切な能力を有していれば、取引の相手方が不測の損害を被ることはないから、取引の相手方の利益と行為者の利益とのバランスを図ることができる。

→弥永21頁

D説 段階説（段階的決定説・相対説）
▶結論：商人資格の取得時期を段階的に検討する。
▶帰結：①営業の意思が主観的に実現された時点では、相手方は、商人資格の取得および当該行為の商行為性（たとえば、511条の多数当事者間の債務の連帯、514条の商事法定利率）を主張することができる。
②営業の意思が特定の相手方に客観的に認識可能となった時点では、行為者も、相手方に対して商人資格の取得および当該行為の商行為性（たとえば、522条の商事消滅時効）を主張することができる。
③営業の意思が一般に認識可能となった時点では、附属的商行為の推定（503条2項）が生ずる。
▶理由：当事者の意思に合致するし、利益考量上も妥当な結論を導くことができる。

(2)商人資格の喪失時期
　自然人の商人資格の喪失時期は、営業の廃止（廃業）または営業的設備の廃止（4条2項参照）の時である。営業の廃止の場合には、営業の目的たる行為自体を終息（閉店）する時ではなく、その営業の後始末（清算行為）を終了した時である。
　なお、会社の場合には、会社は解散しても清算の目的の範囲内において存続し（会社476条、645条）、清算の終了によって消滅するから、商人資格も清算の終了の時に喪失する。

判例セレクト

商人資格の取得時期
　特定の営業を開始する目的で、その準備行為をなした者は、その行為により営業を開始する意思を実現したものといえ、これにより商人資格を取得し、その準備行為もまた商行為となる（最判昭33・6・19総則・商行為百選[4版]3事件）。

> **第5条（未成年者登記）　　B⁻**
> 未成年者が前条の営業を行うときは、その登記をしなければならない。

　未成年者が営業を行うときは、商業登記簿に登記をしなければなりません。

→試験対策・3章2節4【2】

1 趣旨

未成年者は、原則としてみずから単独で営業をなしえないが、法定代理人の許可を得れば成年者と同一の権利能力を有することになり、みずから単独で営業をなすことができる（民4条、6条）。そこで、営業許可の有無を容易に知りえない第三者を保護するために、未成年者の営業の能力について登記による公示を要求した。

> **第6条（後見人登記）　C**
> ①後見人が被後見人のために第四条の営業を行うときは、その登記をしなければならない。
> ②後見人の代理権に加えた制限は、善意の第三者に対抗することができない。

後見人が、被後見人に代わって営業を行うときは、商業登記簿に登記をしなければなりません。また、後見人の代理権の範囲が制限されていたとしても、そのことを知らないで後見人と取引をした第三者に対しては、それが代理権の範囲外であると主張することはできません。

→試験対策・3章2節4【3】

1 趣旨

後見人は被後見人の財産管理権を有しており（民859条1項）、被後見人に代わってその営業をなすことができるが、第三者の保護のため、登記による公示および代理権の不可制限性について規定した。

> **第7条（小商人）　B⁻**
> 第五条、前条、次章、第十一条第二項、第十五条第二項、第十七条第二項前段、第五章及び第二十六条の規定は、小商人（商人のうち、法務省令で定めるその営業のために使用する財産の価額が法務省令で定める金額を超えないものをいう。）については、適用しない。

商業登記、商号、商業帳簿に関する規定等は、小商人には適用されません。

→試験対策・3章2節3【1】

1 趣旨

あまりに小規模な商人についてまで商法の規定のすべてを適用することは、その者にとって酷であるし、不必要であるし、また、他の商人の妨害にもなる。そこで、商業登記・商号・商業帳簿に関する規定等は小商人に適用されない旨を規定した。

2 語句の意味

小商人とは、商人のうち、法務省令で定めるその営業のために使用する財産の価額(商法規則3条1項)が法務省令で定める金額(50万円〔商法規則3条2項〕)を超えないものをいう(商7条括弧書)。

3 条文クローズアップ

小商人

たとえば、露天商や行商人などがこれにあたる。なお、普通の商人のことを完全商人とよぶことがある。

小商人には、5条(未成年者登記)、6条(後見人登記)、第3章(商業登記)、11条2項(商号の登記)、15条2項(商号の譲渡の登記)、17条2項前段(営業譲受人の免責の登記)、第5章(商業帳簿)および26条(物品の販売等を目的とする店舗の使用人)の規定は、適用されない(7条)。

第3章
商業登記

> **第8条（通則）　B**
> この編の規定により登記すべき事項は、当事者の申請により、商業登記法（昭和三十八年法律第百二十五号）の定めるところに従い、商業登記簿にこれを登記する。

　この編の規定によって登記しなければならないものとされている事柄については、当事者の申請に基づいて、商業登記法の規定に従って、商業登記簿に登記しなくてはなりません。

1 趣旨
　集団的かつ反復的な商取引の円滑と確実を期すために、商人の営業に関する重要な事項を一定の手続きで公示することにより、取引の相手方である一般公衆の保護を図るとともに、商人自身の信用を維持するための制度として商業登記制度が設けられた。

2 語句の意味
　商業登記とは、商法、会社法等の規定に基づき、商業登記法の定めるところに従って、商業登記簿になされる登記をいう。

3 条文クローズアップ
1 「登記すべき事項」
　商人にとって、登記事項が多ければ信用の増大という点で利点はあるが、逆に、営業上の機密保持について不利益である。商業登記の登記事項については、このような事情につき慎重な調整が必要となる。
　そこで、登記事項は商法各本条（特別法を含む）が定めるものにかぎられ、その他の事項は登記することができない。

2 「当事者の申請」
　商業登記は、原則として当事者の申請によってなされる。ただし、例外として、登記事項が裁判によって生じた場合には、裁判所の嘱託により登記がなされることがある。

3 「商業登記簿」
　商業登記簿には、商号登記簿・未成年者登記簿・後見人登記簿・支配人登記簿・株式会社登記簿・合名会社登記簿・合資会社登記簿・合同会社登記簿・外国会社登記簿の9種類がある（商登

> **第9条（登記の効力）　A**
> ①この編の規定により登記すべき事項は、登記の後でなければ、これをもって善意の第三者に対抗することができない。登記の後であっても、第三者が正当な事由によってその登記があることを知らなかったときは、同様とする。
> ②故意又は過失によって不実の事項を登記した者は、その事項が不実であることをもって善意の第三者に対抗することができない。

　商法の規定により登記しなければならない事項は、登記をしなければ、その事項を知らない第三者に対して主張することができません。登記をしていても、第三者が正当な事由によって登記があることを知らなかったときは、登記があることをもってその事項を第三者に主張することができません。

　わざと、または不注意で真実ではない事項を登記した者は、その事項が真実ではないことを善意の第三者に主張することができません。

→試験対策・3章3節

1 趣旨

　登記の消極的公示力（1項前段）、登記の積極的公示力（1項前段反対解釈）、および禁反言の法理または外観法理に基づいて登記に一種の公信力（2項）を認めた規定である。

2 条文クローズアップ

1　商業登記の一般的効力（1項）

(1)通常の登記事項

　通常の登記事項については、登記と実体上の効力発生とは無関係であり、本来ならばその効力を何人に対しても対抗できるはずであるところ、本条1項は、登記の前後に分けてこれを変容している。

(2)登記前の効力

　(a)消極的公示力

　　登記すべき事項は、登記がなければ、実体上、成立または存在していても善意の第三者に対抗できない（**商業登記の消極的公示力**）。

　(b)効力範囲

　　登記前でも登記事項は存在しているのだから、その関係当事者間、第三者から当事者に対して、あるいは第三者相互間では、

事実に従った主張をすることができる。すなわち、当事者から善意の第三者に対してその事実を主張することが制限を受けるにすぎない。
　(c)「善意」
　　登記前に保護される第三者は「善意」であることを要する。
　　ここでいう「善意」は、過失の有無を問わないと解する。なお、第三者が悪意であるとの立証責任は、登記をすべき者にある。
(3)登記後の効力
　(a)積極的公示力
　　登記すべき事項が成立しまたは存在しているときは、これを登記した後はその事項を善意の第三者にも対抗できる(**商業登記の積極的公示力**)。
　　この点、通説は、登記後には第三者に悪意が擬制されると解している(悪意擬制説)。
　(b)本条と外観保護規定との関係
　　(i)民法112条との関係
　　　通説は、登記事項について登記した後は、本条のみの適用を受け、民法112条の適用をする余地はないと解している(判例)。　　　　　　　　　　　　　　　　　　　　→判例セレクト3(1)
　　(ii)商法24条(表見支配人)との関係
　　　通説は、積極的公示力につき悪意擬制説をとったうえで、24条を本条の例外規定と解している(例外説)。
　　(iii)以上に対して、異次説は、登記によっても悪意が擬制されるわけではなく、登記前には制限されていた善意の第三者に対する対抗力が登記によって制限が解かれ、原則どおり善意の第三者にも対抗できるようになるにすぎないとする。そして、9条1項の意義は、登記の申請を促し公示主義を機能させることにあるとし、公示主義に基づく9条1項と、外観主義に基づく外観保護規定は、次元を異にし、矛盾しないとする(なお、登記を見なかったことは、外観保護規定を適用する際の重過失の認定の問題となる)。
　(c)「正当な事由」ある場合の例外(後段)
　　登記後でも、第三者が正当事由により登記事項を知らなかったときは、当事者はかかる第三者に登記事項をもって対抗できない。
　　「正当な事由」の内容をいかに解するかについては争いがある(Q_1)。
　　なお、正当事由の立証責任は第三者にある。

Q1 9条1項後段の「正当な事由」の意義は何か。　　　　◀ランクB+

A説 正当事由厳格限定説(西原、大隅、田中誠など通説)
▶結論：災害による交通途絶のため登記を閲覧できないとか、登記簿の滅失、汚損等のため登記事項を知ることができないような客観的障害にかぎる。かかる事由はよほどの場合でないかぎり認められない。

B説 正当事由弾力化説(塩田、服部など少数説)
▶結論：正当事由を客観的事由にかぎらず、登記義務者の登記閲覧妨害行為(塩田)や第三者の認識などの事情(大塚)を含む。

(4)適用範囲
　(a)取引行為・訴訟行為
　　本条の適用があるのは取引行為が典型である。ただし、多数説は、訴訟行為についても適用があると解する。
　　もっとも、判例は、民事訴訟において会社代表者を定めるについては商法9条(旧12条)の適用はないとする。　　→判例セレクト2(2)
　(b)創設的効力を生じる登記
　　多数説は、会社成立の登記(会社49条、579条)などの創設的効力を生じる登記については本条の適用は排除されると解している。

2　商業登記の特殊の効力
(1)創設的効力
　会社は、その本店の所在地において登記することによって成立する(会社49条、579条)。このように登記によって新たな法律関係が創設される場合がある。このような登記の効力を登記の**創設的効力**という。
(2)持分会社の退社員の登記
　持分会社における社員の退社の登記は、登記のときを基準にして退社員の免責を定めるという効力がある(会社612条2項)。

3　不実の登記(2項)
(1)総説
　登記された内容が実際の事実と異なっている場合には、その登記には何の効力も生じないのが原則である。しかし、かかる原則を貫くと、登記を信頼した者は不測の損害を受けるおそれがある。そこで、故意または過失によって不実の登記をした者はそれが不実であることをもって善意の第三者に対抗できない旨を規定し、登記に一種の**公信力**を認めた。
　これは、**禁反言の法理**または**外観法理**に基づくものである。
(2)要件
　(a)「故意」「過失」
　　「故意」とは、登記申請者が不実であることを知りながら登記

をした場合をいう。
　「過失」とは、不注意によって不実であることを知らないで登記をした場合をいう。
(b)「登記した」
　原則として、登記申請権者の申請に基づいて登記がなされることをいう。ただし、そうでない場合であっても、登記申請権者が何らかの形で当該登記の実現に加功し、またはその不実登記の存在が判明しているのにこれを放置するなど、登記が申請権者の申請に基づく登記と同視するのを相当とするような特段の事情がある場合には、会社法908条2項(商法9条2項に相当する規定)の「登記した」にあたると解する(判例)。

→判例セレクト6

(c)第三者の主観的要件
　本条により保護される第三者は善意であることを要するが、過失の有無は問わないと解されている。なお、善意の第三者とは、登記と事実が相違していることを知らない第三者をいい、不実の登記を見てそれを真実と信じたことまでは必要ではない。

4　1項と2項の関係

　1項は、商人および一般公衆の利益を図るため、商業登記の一般的効力を定めたもので、公示主義の規定である。
　他方、2項は、不実の登記がある場合に、取引の安全を図るため、商業登記の一般的効力を修正し、禁反言の法理または外観法理に基づいて、公信主義を定めた例外規定である。
　たとえば、退任した支配人Aの登記が残存する場合には、解任登記がなされていないとして1項を使っても、「登記した」に不作為を含むとして2項を使っても、どちらでもAの相手方を保護することができる(この場合、どちらの規定を使うこともできる)。

判例セレクト

1　登記事項を登記しない場合の効果

　支配人選任の登記をしないときは、9条1項により支配人選任の事実を善意の第三者に対抗することができないにとどまり、第三者からこれをもって支配人を選任した営業主に対抗することは妨げられない(大判明41・10・12民録14-999)。

2　9条1項が適用されない場合

(1)第三者相互間
　会社法908条1項(商9条1項に相当する規定)は、登記当事者が登記すべき事項を第三者に対抗することができる場合を規定したものであり、会社の清算人から動産を買い受けた者が第三者に対してその所有権を主張する場合には適用されず、清算人選任登記の効力いかんにかかわらず、会社の清算人から動産を買い受けた者はその所有権を第三

者に対して主張することができる(最判昭29・10・15総則・商行為百選[4版]6事件)。
(2)訴訟行為
　会社法908条1項(商9条1項に相当する規定)は、会社と実体法上の取引関係に立つ第三者を保護するため、登記をもって対抗要件としているのであり、実体法上の取引行為でない民事訴訟において、当事者である会社を代表する権限を有する者を定めるにあたっては適用されない(最判昭43・11・1総則・商行為百選[4版]7事件)。

3　9条1項(会社908条1項)と民法112条との関係
(1)代表取締役の退任の登記と民法112条
　代表取締役の退任および代表権の喪失につき登記したときは、その後にその者が会社代表者として第三者とした取引については、もっぱら会社法908条1項(商9条1項に相当する規定)が適用され、民法112条の適用ないし類推適用の余地はない(最判昭49・3・22総則・商行為百選[4版]8事件)。
(2)社会福祉法人の理事の辞任登記と民法112条
　社会福祉法人の理事の辞任は登記事項であり、その登記がなされれば、その理事の代表権の喪失を第三者に対抗することができ、その後その者がした取引については、第三者が登記簿を閲覧することが不可能ないし著しく困難であるような特段の事情がないかぎり、民法112条の適用ないし類推適用の余地はない(最判平6・4・19民集48-3-922)。

4　「正当な事由」(会社908条1項後段)
　代表取締役の資格を喪失し、その登記がなされた者から手形の振出交付を受けた者が、その登記事項につき登記簿を閲覧することが可能な状態にあったときは、代表取締役の資格喪失を知らなかったことにつき、正当な理由があったとはいえない(最判昭52・12・23総則・商行為百選[4版]9事件)。

5　選定登記前の代表取締役の手形振出の効果
　実在する会社がその商号の変更および代表取締役の氏名の登記をしていない場合において、その代表取締役が変更後の商号でその会社の代表取締役として約束手形を振り出したときは、手形の取得者は、その会社に対して手形上の責任を問うべきであって、代表取締役が手形法8条の責任を負うものではない(最判昭35・4・14総則・商行為百選[4版]5事件)。

6　9条2項(会社908条2項)が適用されるための要件
　会社法908条2項(商9条2項に相当する規定)が適用されるためには、原則として、登記自体が登記申請権者の申請に基づいてされたものであることを要し、そうでない場合には、登記申請権者が何らかの形で当該登記の実現に加功し、またはその不実登記の存在が判明しているのにこれを放置するなど、登記の申請権者の申請に基づく登記と同視するのを相当とするような特段の事情がないかぎり、会社法908条2項による登記名義者の責任を肯定する余地はない(最判昭55・9・11民集34-5-717)。

> **第10条（変更の登記及び消滅の登記）　　B⁻**
> この編の規定により登記した事項に変更が生じ、又はその事項が消滅したときは、当事者は、遅滞なく、変更の登記又は消滅の登記をしなければならない。

　商業登記は真実の公示を目的とするものであるから、登記された事項に変動が生じたときは、登記をその実態にあわせるべく、当事者は、遅滞なく、変更または消滅の登記をしなければなりません。

1 趣旨

　登記された事項について変更・消滅が生じたときは、当事者は、遅滞なく、変更の登記・消滅の登記をしなければならない旨を規定している。

第4章
商　号

> **第11条（商号の選定）　　B**
> ①商人(会社及び外国会社を除く。以下この編において同じ。)は、その氏、氏名その他の名称をもってその商号とすることができる。
> ②商人は、その商号の登記をすることができる。

　商人は、その氏、氏名その他の名称をもってその商号とすることができます。また、商人は、その商号の登記をすることができます。

→試験対策・3章4節 2 3

1 趣旨
　商人(個人商人)はその氏、氏名その他の名称をもって商号とすることができるとして、原則として商号選定の自由を認め(1項)、個人商人も商号を登記できる旨を定めている(2項)。

2 語句の意味
　商号とは、商人がその営業上自己を表すために用いる名称をいう(通説)。

3 条文クローズアップ
1　商号の成立
(1)営業準備行為の存在
　商号は商人の営業上の名称であるから、商号の成立には、営業の存在を前提とするが、営業が全面的に展開していることを要せず、その準備行為が存在すれば足りる(判例)。

→大決大11・12・8総則・商行為百選[3版]14事件

(2)商号単一の原則
　個人商人が数種の独立した営業をし、または数個の営業所を有する場合においては、その各営業または営業所につき別異の商号を有することを妨げないが、同一営業について同一営業所で数個の商号を有することは許されない(判例)。

→大決大13・6・13総則・商行為百選[3版]15事件

2　商号選定の自由
(1)趣旨
　商号は商人の営業上の名称であるから、商人と取引をする一般公衆の信頼を保護するためには、商号と商人の氏名または営業実態とが一致することが望まれる。しかし、他方、商人にとっては、商号を中心として蓄積された営業上の信頼などの利益も大きく、

◆第11条

これを無視できない。そこで、かかる要請の調整が問題となるが、本条は、原則として商号選定の自由を認め、公共の利益が害されることを防止するため、12条1項、会社法7条等で一定の制限を設けた。

(2) 商号選定の自由の例外

(a) 他人の営業と誤認させる商号

何人も、不正の目的をもって、他人の営業と誤認させるような商号を使用することはできない(12条1項)。

(b) 会社でない者の商号の制限

会社でない者は、その商号中に会社たることを示すべき文字を用いることはできない(会社7条)。

(c) その他の制約

このほかに、不正競争防止法による制限もある。

3　商号の効力

(1) 商号権

(a) 定義

商号権とは、商人がその商号について有する権利をいう。

(b) 内容

商号権には、他人によりその使用を妨げられない権利(**商号使用権**)と、他人が同一または類似の商号を違法に使用するのを排斥する権利(**商号専用権**)とがある。

商号は営業の信用の対象になっていることから経済的価値をも有するので、商号権は、人格権としての性質だけでなく、財産権としての性質も有している(通説)。

→近藤66頁

(2) 既登記商号の効力

類似商号規制(旧20条)が廃止されたため、個人商人が商号を登記することによって得られる法律効果はないものとされる。

(3) 未登記商号の効力

未登記商号にも商号専用権が認められるか争いがあるが、多数説は、不正競争防止法および商法12条が認めるかぎりで、未登記商号にも商号専用権が認められると解している。

会社はその商号を必ず登記しなければならないから(会社911条3項2号、912条2号、913条2号、914条2号)、未登記商号の効力は、自然人たる商人についてのみ問題となる。

第12条（他の商人と誤認させる名称等の使用の禁止）　　B⁺

① 何人も、不正の目的をもって、他の商人であると誤認されるおそれのある名称又は商号を使用してはならない。

② 前項の規定に違反する名称又は商号の使用によって営業上の利益を侵

害され、又は侵害されるおそれがある商人は、その営業上の利益を侵害する者又は侵害するおそれがある者に対し、その侵害の停止又は予防を請求することができる。

何人も不正の目的をもって、他の商人であると誤認させるおそれのある名称または商号を使用してはなりません。

その規定に違反する名称または商号の使用によって営業上の利益を侵害され、または、侵害されるおそれがある商人は、その営業上の利益を侵害する者または侵害するおそれがある者に対し、その侵害の停止または予防を請求することができます。

→試験対策・3章4節②【3】

1 趣旨

1項で、何人も不正の目的をもって他の商人であると誤認させるおそれのある名称または商号を使用することができない旨を規定する。2項では、商号・名称を冒用された商人には、1項に違反した商号・名称の使用を停止・予防させる請求権があることを規定する。

2 条文クローズアップ

1 「不正の目的」
一般公衆をして自己の営業をその名称によって表示される他人の営業と誤認させようとする意図をいう。

2 「他の商人であると誤認されるおそれのある名称又は商号」
広く他人の名称・商号を冒用する場合をいう。商号の冒用の場合は、その商号が既登記商号であるか未登記商号であるかを問わず、現に営業上使用されているかどうかも問わない。

3 「営業上の利益を侵害され、又は侵害されるおそれがある商人」
本条2項の使用差止め請求をなしうるのは、自己の名称または商号を使用されることにより利益を害されるおそれのある商人にかぎられる。

「営業上の利益を侵害される」とは、収益の減少・信用の失墜等、財産または人格について不利益を受けることをいう。

第13条（過料） B⁻
前条第一項の規定に違反した者は、百万円以下の過料に処する。

何人も不正の目的をもって、他の商人であると誤認させるおそれのある名称または商号を使用してはなりませんが(12条1項)、その規定に違反した者は、100万円以下の過料に処されます。

→試験対策・3章4節②【3】

1 趣旨

不正の目的をもって他の商人と誤認させるおそれのある名称または商号を使用した者に過料という制裁を科すことを定めている。

> **第14条（自己の商号の使用を他人に許諾した商人の責任）　A**
> 自己の商号を使用して営業又は事業を行うことを他人に許諾した商人は、当該商人が当該営業を行うものと誤認して当該他人と取引をした者に対し、当該他人と連帯して、当該取引によって生じた債務を弁済する責任を負う。

自己の商号を使用して営業または事業を行うことを他人に許諾した商人（名板貸人）は、自己を営業主であると誤認してその他人（名板借人）と取引した者に対しては、その取引から生じる債務につき、その他人と連帯して弁済の責任を負わなければなりません。

→試験対策・3章4節⑦

1 趣旨

第三者が名板貸人を真実の営業主であると誤認して、名板借人との間で取引を行った場合において、かかる外観を信頼した第三者を保護し、取引の安全を図るために名板貸人の責任を定めている。

2 条文クローズアップ

1 「自己の商号を使用して営業又は事業を行うことを他人に許諾」すること

(1)「自己の商号」

ここにいう商号は、そのまま使用される必要はなく、それに自己の営業の一部であることを示すべき名称を付したものも含まれると解されている。

本条の趣旨は**禁反言の法理**または**外観法理**にあるから、「自己の商号」にあたるかどうかは、取引の相手方が誤認する可能性なども考慮して判断するべきである。すなわち、名称使用の具体的事情をも考慮して、取引観念上、客観的に見て名義人の営業を表示すると認めうるかどうかを判断することになる。

(2)「許諾」
　(a)「許諾」要件の趣旨
　　本条は、営業についての許諾がなされると、第三者に名板貸人が取引の主体であると誤認させるおそれが大きいため、かかる許諾をした名板貸人の犠牲のもと、それを信頼した第三者を保護するものである。すなわち、「許諾」は、名板貸人の帰責事由認定のための要件である。したがって、名板貸人の責任は許諾の範囲に限定される。
　　もっとも、名板貸人は許諾にあたって第三者の誤認の可能性を当然に予測すべきであるから、当該許諾の中に一般的・客観的に含まれる範囲については帰責事由があると認められる。
　(b)「許諾」の方法
　　許諾はその方法を問わず、明示の場合のみならず黙示の許諾も含まれる。しかし、他人が自己の商号を使用して営業をなすことを知りながらこれを阻止しないからといって、当然に黙示の許諾を擬制されるわけではない。第三者の誤認の可能性との関連において、放置することが社会通念上妥当でないと認められる状況においてこれを放置した場合にかぎって、黙示の許諾と認められると解するべきである。
(3)「営業又は事業を行うこと」
　(a)「営業又は事業」の同種性
　　本条は、第三者が名板貸人を真実の営業主であると誤認する点に要素があるから、名板貸人と名板借人の営業は、特段の事情のないかぎり、同種であることを要する(判例)。　　　→判例セレクト2
　(b)手形行為の問題
　　手形行為に関してのみ商号使用を許諾した場合に、本条の「許諾」があったといえるのかについて争いがある。　　　→手形法8条
　　他方、営業をなすことについて許諾をしたが、名板借人が営業上はその名称を使用せず、手形行為についてのみその名称を使用した場合であって、従来手形が無事決済されてきたことを確認して譲渡を受けたという事案において、本条を類推適用し責任を認めた判例がある。　　　→判例セレクト4

2　「当該商人が当該営業を行うものと誤認」
　本条が禁反言の法理または外観法理に基づく規定であるから、相手方が善意であっても重過失がある場合には保護する必要性はない。そこで、本条の「誤認」とは、相手方が善意・無重過失であることをいうと解する(会社に関する判例)。　　　→判例セレクト5

3　「取引によって生じた債務」
　取引によって生じた債務であるかぎり、取引によって直接生じた債務のほか、その不履行による損害賠償債務・契約解除による原状回復義務など、本来の債務が変形したにすぎないものについ

ても、責任を負う。

さらに、不法行為責任についても責任を負うかについては問題となるが、取引的不法行為の場合は、取引行為の外観をもつことから、本条の「債務」に含まれると解する。

4 連帯責任

「他人と連帯して」とあることから、本条の名板貸人の責任は名板借人の責任を前提に認められるものである(通説)。

この点、手形行為に本条を適用するにあたり、名板借人たる手形行為者の署名について周知慣用性がない場合には、名板貸人に本条の責任を課すことができるか問題になってくる。

判例セレクト

1 自己の商号の使用許諾と認められた場合

甲の経営するスーパーマーケットの店舗の外部には、甲の商標を表示した大きな看板が掲げられ、テナントである乙の店名は表示されておらず、乙の出店している屋上への階段の登り口に設置された屋上案内板や右階段の踊り場の壁には「ペットショップ」とだけ表示され、その営業主体が甲または乙のいずれであるかが明らかにされていないなど判示の事実関係のもとにおいては、乙の売場では、甲の売場と異なった販売方式が採られ、従業員の制服、レシート、包装紙等も甲とは異なったものが使用され、乙のテナント名を書いた看板がつり下げられており、その店舗内の数箇所に設けられた館内表示板にはテナント名も記載されていたなど判示の事情が存するとしても、一般の買物客が乙の経営するペットショップの営業主体は甲であると誤認するのもやむをえないような外観が存在したというべきであって、その外観を作出しまたはその作出に関与した甲は、会社法9条〔商法14条に相当する規定〕の類推適用により、買物客と乙との取引に関して名板貸人と同様の責任を負う(最判平7・11・30総則・商行為百選〔4版〕21事件)。

2 同種の営業

他人に自己の商号を使用して営業〔現営業または事業〕を営むことを許諾した場合においても、その許諾を受けた者が当該商号を使用して業種の異なる営業〔現営業または事業〕を営むときは、特段の事情がないかぎり、商号許諾者は、本条の責任を負わない(最判昭和43・6・13総則・商行為百選〔4版〕20事件)。

3 「取引によって生じた債務」の意味

(1)不法行為に起因した債務

営業〔現事業〕につき他人からその名義の使用を許された者が、営業活動上惹起された交通事故に基づく不法行為上の損害賠償義務者であることを前提とし、被害者との間で、単にその支払金額と支払方法を定めるにすぎない示談契約を締結した場合には、その契約の締結にあたり、被害者が名義貸与者をもって営業主〔現事業主〕と誤認した事実があったとしても、その示談契約に基づき支払うべきものとされた損害賠償債務は、会社法9条〔商法14条に相当する規定〕にいう「取引によって

生じた債務」にあたらない(最判昭52・12・23総則・商行為百選[3版]23事件)。
(2)取引行為の外形をもつ不法行為による債務
　会社法9条〔商法14条に相当する規定〕の趣旨は、第三者が名義貸与者を真実の営業者〔現事業者〕であると誤信して名義貸与を受けた者との間で取引をした場合において、その外観を信頼した第三者を保護することにあるから、名義貸与を受けた者が取引行為の外形をもつ不法行為により負担することになった損害賠償債務も、「取引によって生じた債務」に含まれる(最判昭58・1・25判時1072-144)。

4　「営業の許諾」の意味
　AがB株式会社に自己の名称〔現商号〕で営業〔現事業〕することを許諾した場合において、Bがその名称〔現商号〕で営業〔現事業〕を営むことをしなかったが、その名称〔現商号〕で銀行と当座勘定取引契約を結び、その口座を利用してBの営業〔現事業〕のためにA名義で手形を振り出したときは、Aは、A名義の手形が決済されてきた状況を確かめたうえで、裏書譲渡を受けた者に対して、商法23条〔現14条〕の類推適用により手形金の支払義務を負う(最判昭55・7・15総則・商行為百選[4版]18事件)。

5　相手方の重過失と免責
　会社法9条〔商法14条に相当する規定〕の名義貸与者の責任は、その者を営業者〔現事業者〕と誤認して取引をした者に対するものであって、たとえ誤認が取引をした者の過失による場合であっても責任を免れないが、ただ重過失は悪意と同視すべきであるから、誤認して取引をした者に重過失があるときは、名義貸与者は責任を免れる(最判昭41・1・27総則・商行為百選[4版]19事件)。

第15条（商号の譲渡）　A
①商人の商号は、営業とともにする場合又は営業を廃止する場合に限り、譲渡することができる。
②前項の規定による商号の譲渡は、登記をしなければ、第三者に対抗することができない。

　商号の譲渡は、営業の譲渡とともにするか、または営業を廃止する場合にかぎり、認められます。また、商号の譲渡は、登記しなければ、これを第三者に対抗できません。

→試験対策・3章4節⑤

1　趣旨
　商号は社会経済的には営業の名称たる機能を有し、一般公衆は同一の商号に対しては同一の営業を予定している。そうすると、商号を営業と切り離して単独に譲渡することを認めるのは妥当でない。そこで、1項は、商号の譲渡を、営業とともにするか営業

を廃止する場合に限定した。

2 条文クローズアップ

1　商号譲渡の対抗要件
(1)趣旨

　商号の譲渡は当事者間の意思表示だけでその効力を生じるが、商号に対する一般公衆の信頼を保護するため、その譲渡を第三者に対抗するには登記を要するとした。

(2)登記の機能

　この登記は商号権の所在を定めるものであって、商号の二重譲渡の場合には、先に登記したものがその権利を取得する。すなわち、不動産物権変動の対抗要件(民177条)と同様の機能を有している。

2　営業譲渡

→試験対策・3章7節

(1)営業

　(a)営業の構成要素

　　商人は、各種の財産をもっている。その財産としては、土地建物、機械、有価証券などの有形資産にかぎらず、物権、債権、知的財産権、しにせ・のれん・評判などの事実関係といった無形資産も重要である。これらすべての積極財産や消極財産が営業を構成する。

　(b)客観的意義の営業と主観的意義の営業

　　営業の意義は多義的であり、営業活動という側面からとらえるものを主観的意義の営業といい、各種の財産という側面からとらえるものを客観的意義の営業という。

　　譲渡の対象となるのは、客観的意義の営業である。その意義について、通説は、一定の営業目的のために有機的に結合した組織的一体としての財産をもって営業とみている(有機的営業財産説)。

　(c)営業の権利関係

　　客観的意義の営業は、それ自体、売買・賃貸借などの債権的取引の対象となる。もっとも、営業は集合物としての公示制度がないので、それ自体、1個の物権の目的物となることはない。ただし、特別法により営業全体のうえに1個の担保権を設定できる場合もある。

(2)営業譲渡

　(a)営業譲渡の趣旨

　　各個の財産を別々に移転するのではなく、有機的一体としての営業をそのまま移転すれば、営業独自の高い価値を維持することができる。営業譲渡の制度は、かかる企業維持の精神のあらわれといえる。

(b)営業譲渡の意義

営業譲渡の意義について、法は何らの定義規定を設けておらず、営業譲渡をめぐる法律関係についての若干の規定(15条から18条)を置いているにすぎない。そこで、営業譲渡の意義をいかに解すべきかについて争いがある(Q_1)。

Q_1 営業譲渡(15条以下)の意義。

◀ランクA

A説 大隅、鴻等多数説
▶結論：営業譲渡とは、一定の営業目的によって有機的に結合された組織的一体としての財産を移転することをいう。

B説 少数説
▶結論：営業譲渡とは、営業者たる地位の承継に伴ってなされる営業財産の譲渡をいう。

(c)営業譲渡の効果
　(ⅰ)営業財産の移転
　　譲渡人は、営業の構成要素たる各種の財産を譲受人に移転する義務を負う。
　　営業譲渡は、合併などの包括承継などと異なり、それらの財産が一括して当然に譲受人に移転するものではない。したがって、譲渡人は、各財産について、個別の移転手続をとる必要がある。
　　さらに、譲渡人は、各財産につき第三者対抗要件を備える義務を負う。
　(ⅱ)競業避止義務
　　16条参照
　(ⅲ)第三者に対する関係
　　①商号の続用がある場合
　　　17条参照
　　②商号の続用がない場合
　　　18条参照

判例セレクト

営業譲渡の意義
　営業譲渡〔現事業譲渡〕とは、一定の営業目的のため組織化され、有機的一体として機能する財産の全部または重要な一部を譲渡し、これによって、譲渡会社がその財産によって営んでいた営業的活動の全部または重要な一部を譲受人に受け継がせ、譲渡会社がその譲渡の限度に

◆第15条

応じ法律上当然に会社法21条〔商法16条に相当する規定〕に定める競業避止義務を負う結果を伴うものをいう(最大判昭40・9・22総則・商行為百選[4版]22事件。会社の事例)。

> **第16条（営業譲渡人の競業の禁止）　　A**
> ①営業を譲渡した商人(以下この章において「譲渡人」という。)は、当事者の別段の意思表示がない限り、同一の市町村(東京都の特別区の存する区域及び地方自治法(昭和二十二年法律第六十七号)第二百五十二条の十九第一項の指定都市にあっては、区。以下同じ。)の区域内及びこれに隣接する市町村の区域内においては、その営業を譲渡した日から二十年間は、同一の営業を行ってはならない。
> ②譲渡人が同一の営業を行わない旨の特約をした場合には、その特約は、その営業を譲渡した日から三十年の期間内に限り、その効力を有する。
> ③前二項の規定にかかわらず、譲渡人は、不正の競争の目的をもって同一の営業を行ってはならない。

営業を譲渡した商人は、当事者の別段の意思表示がないかぎり、同一の市町村の区域内やこれに隣接する市町村の区域内においては、その営業を譲渡した日から20年間は、同一の営業を行うことはできません。

営業を譲渡した商人が同一の営業を行わない旨の特約をした場合には、その特約の効力は、その営業を譲渡した日から30年の期間内に限定されます。ただし、1項、2項の範囲外であっても、営業を譲渡した商人は、不正の競争の目的で同一の営業を行ってはなりません。

→試験対策・3章7節[2]【2】

1 趣旨

営業譲渡人が譲渡後に従来と同種の営業を始めるならば、得意先などの事実関係も含めた有機的一体として営業を譲り受けた意味が減少する。そこで、営業譲渡における競業避止義務につき規定している。

2 条文クローズアップ

営業譲渡人の競業避止義務

(1)原則

譲渡人は、同一の市町村の区域内およびこれに隣接する市町村の区域内において、20年間は同一の営業をしてはならない(1項)。ただし、これと異なる特約がある場合はそれに従う。

市町村（東京都、政令指定都市の場合は区）とは、譲渡人が従来営業活動を営んでいた営業所の所在していた市町村を意味する。
(2)特約の限界
　特約で制限を加重する場合には、30年を超えない範囲でのみ効力を認められる（2項）。この範囲を超える特約は、すべてが無効となるのではなく、法定の範囲内で効力が認められる。
(3)競業避止義務を負わない場合
　これらの条文・特約によっては競業避止義務を負わない場合でも、譲渡人が不正競争の目的をもって同一の営業をなすことはできない（3項）。
　「不正の競争の目的」とは、譲渡人が営業上の得意先を奪う目的で同種の営業を行うなど、一般公衆に旧営業を継続しているように誤信させる場合をいう。

> **第17条（譲渡人の商号を使用した譲受人の責任等）　A**
> ①営業を譲り受けた商人（以下この章において「譲受人」という。）が譲渡人の商号を引き続き使用する場合には、その譲受人も、譲渡人の営業によって生じた債務を弁済する責任を負う。
> ②前項の規定は、営業を譲渡した後、遅滞なく、譲受人が譲渡人の債務を弁済する責任を負わない旨を登記した場合には、適用しない。営業を譲渡した後、遅滞なく、譲受人及び譲渡人から第三者に対しその旨の通知をした場合において、その通知を受けた第三者についても、同様とする。
> ③譲受人が第一項の規定により譲渡人の債務を弁済する責任を負う場合には、譲渡人の責任は、営業を譲渡した日後二年以内に請求又は請求の予告をしない債権者に対しては、その期間を経過した時に消滅する。
> ④第一項に規定する場合において、譲渡人の営業によって生じた債権について、その譲受人にした弁済は、弁済者が善意でかつ重大な過失がないときは、その効力を有する。

　営業譲渡につき商号の続用がある場合において、譲受人は、譲渡人の営業により生じた債務について、原則として弁済する義務を負います。ただし、譲受人が弁済の責任を負わない旨の登記・通知をした場合は、譲受人は、弁済する義務を負いません。
　譲受人が弁済の義務を負う場合であっても、譲渡人の責任は、債権者が2年内に請求または請求の予告をしないときには、2年を経過すると消滅します。
　これらとは別に、譲渡人の営業によって生じた債権について、その債務者が善意・無重過失で譲受人に弁済した場合は、弁済は

→試験対策・3章7節2【2】

有効となります。

1 趣旨

　本条において譲受人の責任を規定した趣旨は、営業譲渡につき商号の続用がある場合には、譲渡人の営業が継続しているような外観があるし、また、債権者が営業主の交替を知っても債務が譲受人に移転したと思い込みやすいことから、譲受人にも弁済責任を負わせることによって債権者を保護することにある。

　また、4項において譲受人に対する弁済を有効とした趣旨は、営業譲渡につき商号の続用がある場合には、譲受人は営業上の債権者であるような外観を生じるところ、かかる外観を信頼して譲受人に弁済した債務者を保護することにある。

2 条文クローズアップ

1 譲受人の弁済義務

(1)弁済義務の性質

　商号の続用を伴う営業譲渡によっても、(債権者の承諾を得て譲受人に債務引受しないかぎり)譲渡人が債務を免れるわけでなく、譲受人も重畳的に債務を引き受けたのと同じ結果になるものである。すなわち、両者の責任は、不真正連帯債務となる。

(2)譲受人が責任を負う範囲

　本条は、譲渡人が営業譲渡前にその営業により負担した債務につき適用され、営業譲渡後に新たに負担した債務には適用されない(判例)。　　　　　　　　　　　　　　　　　→判例セレクト1

(3)譲渡当事者間の特約

　本条の趣旨は、商号続用をともなう営業譲渡により生じる営業継続の外観に対する債権者の信頼を保護する点にあるから、譲渡当事者間において債務の移転を除外した場合にも、本条の責任を免れるものではない。譲受人が弁済したときは、譲渡人に対して求償をすることができるにすぎない。

(4)商号移転登記の有無

　本条は、商号続用という事実に基づく責任であるから、商号移転登記の有無を問わない。

(5)「商号を引き続き使用する場合」

　「商号を引き続き使用する場合」とは、譲受人が譲渡人の商号と全く同一の商号を使用する場合のみならず、譲渡人の商号に何らかの字句を付加して使用した場合であっても、取引の社会通念上、譲渡人の商号を続用した場合にあたると判断される場合も含まれると解されている。

　判例は、「有限会社米安商店」から事業を譲り受けた者が、「合資会社新米安商店」という商号を使用する場合には、「新」の字句は取　　　　　　　　　　　　　　　　　　　→判例セレクト2

引の社会通念上は継承字句でなく、かえって新会社が旧会社の債務を承継しないことを示すための字句であると解せられることから、会社法22条1項(商法17条1項に相当する規定)の商号の続用にはあたらないとする(会社の事例)。

2　譲受人の弁済義務の免責
(1)責任を負わない旨の登記
営業譲渡後遅滞なく譲受人が譲渡人の債務につき責めに任じない旨の登記をした場合は、譲受人は1項の責任を免れる。かかる登記をすれば、営業が継続しているような外観に対する債権者の信頼を害するということはないからである。
(2)責任を負わない旨の通知
営業譲渡後遅滞なく譲渡人および譲受人の両者から、個々の債権者に対して譲受人が責めを負わない旨の通知をした場合にも、譲受人は1項の責任を免れる。登記の場合と同様に、かかる通知があれば、外観に対する債権者の信頼を害するということはないからである。

3　譲渡人の責任に関する特則
譲渡人の責任は、債権者が営業譲渡後2年内に請求または請求の予告をしない場合には、2年を経過すると消滅する(3項)。
(1)責任の消滅の性質
本条の定める2年の期間は、除斥期間であって時効期間ではない。
(2)請求の予告
本条が請求のほかに請求の予告を認めたのは、2年の期間経過後もなお条件の成否が未定である場合には、弁済期未到来であるため、請求できないことがあることを考慮したためである。

4　譲受人に対する弁済が有効となるときの要件
本条で弁済が有効となるためには、債務者が「善意」かつ「重大な過失がないとき」である必要がある。
善意とは、営業譲渡の事実を知らないことをいう。

判例セレクト

1　譲受人が責任を負う場合
会社法22条〔商法17条に相当する規定〕は、譲渡人が営業〔現事業〕を譲渡するまでの間にその営業〔現事業〕による債権者に対する債務を負担した場合に適用され、営業譲渡〔現事業譲渡〕後に新たに負担した債務には適用されない(東京高判昭56・6・18判時1016-110)。

2　「商号を引き続き使用する場合」
「有限会社米安商店」から営業〔現事業〕を譲り受けた者が、「合資会社新米安商店」という商号を使用する場合には、「新」の字句は取引の社会

通念上は継承的文句ではなく、かえって新会社が旧会社の債務を承継しないことを示すための字句であるから、会社法22条〔商法17条に相当する規定〕の商号の続用にあたらない(最判昭和38・3・1総則・商行為百選[4版]24事件)。

3 商法17条(会社22条)の類推適用

(1) 現物出資

会社法22条〔商法17条に相当する規定〕は、営業〔現事業〕の現物出資を受けて設立された会社が現物出資をした者の商号を続用する場合にも類推適用される(最判昭47・3・2総則・商行為百選[4版]25事件)。

(2) 名称の続用

預託金会員制のゴルフクラブの名称がゴルフ場の営業〔現事業〕主体を表示するものとして用いられている場合において、ゴルフ場の営業〔現事業〕の譲渡がされ、譲渡人が用いていたゴルフクラブの名称を譲受人が継続して使用しているときには、譲受人が譲受後遅滞なく当該ゴルフクラブの会員によるゴルフ場施設の優先的利用を拒否したなどの特段の事情がないかぎり、譲受人は、会社法22条1項〔商法17条1項に相当する規定〕の類推適用により、会員が譲渡人に交付した預託金の返還義務を負う(最判平16・2・20平16重判・商法1事件)。

第18条（譲受人による債務の引受け） B+

① 譲受人が譲渡人の商号を引き続き使用しない場合においても、譲渡人の営業によって生じた債務を引き受ける旨の広告をしたときは、譲渡人の債権者は、その譲受人に対して弁済の請求をすることができる。

② 譲受人が前項の規定により譲渡人の債務を弁済する責任を負う場合には、譲渡人の責任は、同項の広告があった日後二年以内に請求又は請求の予告をしない債権者に対しては、その期間を経過した時に消滅する。

営業譲渡において、譲受人が譲渡人の商号を続用しない場合にも、譲受人が特に譲渡人の営業によって生じた債務を引き受ける旨の広告をしたときは、債権者は譲受人に対して弁済の請求をすることができます。譲受人が譲渡人の債務を弁済する責任を負う場合であっても、譲渡人の責任は、債権者が広告後2年内に請求または請求の予告をしないときには、2年を経過すると消滅します。

1 趣旨

1項は、禁反言の法理のあらわれであり、債務引受の広告をなした場合には、譲受人は弁済の責任を負う。また、2項は、営業上の債務は、実質的には営業主の債務というよりも営業そのものの債務であるといえ、本来は、営業譲渡とともに譲受人のみが責

任を負うべきものであるから、営業譲渡後はなるべく速やかに譲渡人の責任を免れさせようとしたものである。

2 条文クローズアップ

責任の「消滅」

(1) 責任の消滅の性質

本条の定める2年の期間は、17条と同様に、除斥期間であって時効期間ではない。

(2) 請求の予告

この点も17条と同様である。

第5章
商業帳簿

> **第19条　B**
> ①商人の会計は、一般に公正妥当と認められる会計の慣行に従うものとする。
> ②商人は、その営業のために使用する財産について、法務省令で定めるところにより、適時に、正確な商業帳簿（会計帳簿及び貸借対照表をいう。以下この条において同じ。）を作成しなければならない。
> ③商人は、帳簿閉鎖の時から十年間、その商業帳簿及びその営業に関する重要な資料を保存しなければならない。
> ④裁判所は、申立てにより又は職権で、訴訟の当事者に対し、商業帳簿の全部又は一部の提出を命ずることができる。

　商業帳簿の作成に関する規定は、公正な会計慣行に従って解釈しなければなりません。

→試験対策・3章5節

　商人は、商業帳簿を適時に正確に作成しなければなりません。
　その商業帳簿およびその営業に関する重要な資料は、10年間保存しなければなりません。
　裁判所は申立てまたは職権をもって、訴訟の当事者に対して商業帳簿の全部またはその一部の提出を命ずることができます。

1 趣旨
　商人が合理的に企業経営を行っていくためには、会計帳簿を作成し、営業上の財産の状況（財政状態）、営業上の損益の状況（経営成績）を把握することが必要である。また、会計帳簿は、裁判において証拠となりうることから、その保存義務を定めておくことも意味をもつ。

2 語句の意味
　商業帳簿とは、商人がその営業上の財産および損益の状況を明らかにするために、法律上作成が要するものとされている帳簿をいう。

3 条文クローズアップ
1　商業帳簿の種類
　商法で作成を命じている商業帳簿には、**会計帳簿**および**貸借対照表**がある（2項）。

会計帳簿とは、一定時期における商人の営業上の財産およびその価額ならびに一定期間における取引その他営業上の財産に影響を及ぼすべき事項を記載する帳簿をいう（1項）。営業上の財産に影響を及ぼすべき事項には、法律行為のみならず、事故、災害などによる財産の滅失・毀損などを含む。典型的な会計帳簿としては、仕訳帳、日記帳、総勘定元帳、各種の補助元帳がある。

　貸借対照表とは、一定の時点（決算日）における営業用財産の状態を明らかにする一覧表をいう。貸借対照表は、資産の部、負債の部、純資産の部からなり、勘定科目毎に価額を示したものである（商法規則8条）。勘定式の場合には、借方（左側）には資産（財産的価値のあるもの）が記載され、貸方（右側）には負債（法律上の債務と負債性の引当金）と純資産（資本金・当期純利益）とが記載される。商人は、その開業時に貸借対照表を作成し（商法規則7条1項前段）、また、各営業年度にかかる貸借対照表を作成しなければならない（商法規則7条2項前段）。

2　商業帳簿制度の目的

　商業帳簿により、経営の一覧と自己監査が可能となり将来の計画の樹立と取引の証明に役立ち企業の維持が確保されるとともに、商人の支払能力・信用能力が明らかになり、商人と取引関係に立つ公衆の利益が保護される。このように、商業帳簿制度は、企業維持と公衆の利益保護を図るところに目的がある。それゆえ、商法は、商業帳簿作成を商人の自由に任せず、法律上の義務としている。

3　保存義務

　商人は、10年間その商業帳簿およびその営業に関する重要な資料を保存しなければならない。10年の期間は、帳簿閉鎖時から起算する（3項）。

　商業帳簿は、書面または電磁的記録（商法規則2条4号、商539条1項。なお、商法規則9条1項）をもって作成および保存をすることができる（商法規則4条3項）。

4　提出義務

　裁判所は申立てにより、または職権をもって、訴訟の当事者に対して商業帳簿の全部またはその一部の提出を命ずることができる（4項）。

　この規定により、裁判所は、当事者の申立てがある場合にかぎらず、職権で商業帳簿の提出を命じることができる。

　商業帳簿について、特別な証拠力は法定されていないので、その証拠力は一般原則に従って、裁判所の自由心証による（判例）。提出義務に違反した場合についても、民事訴訟法の一般原則に従って、裁判所は、商業帳簿に記載されたことに関する相手方の主張を真実と認めることができる（民訴224条）。

→大判明32・2・2民録5-2-6、大判昭17・9・8総則・商行為百選[4版]28事件

第6章
商業使用人

■総　説

1 意義

　個人企業であっても、規模が大きくなると、営業主みずからがすべての営業活動を行うことはできない。そこで、営業活動を適切かつ合理的に行うために補助者が必要となる。商法総則には、商業使用人と代理商につき規定がある。商法総則は、商業使用人として、①**支配人**(20条以下)、②**ある種類または特定の事項の委任を受けた使用人**(25条)、③**物品の販売等を目的とする店舗の使用人**(26条)の3者を規定している。

→試験対策・3章6節②【1】

2 種類

1　商業使用人

　商業使用人とは、雇用契約によって特定の商人に従属し、かつ、対外的な商業上の業務を補助する者をいう。

(1)「支配人」

　「**支配人**」とは、商人に代わってその営業に関するいっさいの裁判上または裁判外の行為をする権限を有する商業使用人をいう(21条1項。実質説、通説)。

(2)「営業に関するある種類又は特定の事項の委任を受けた使用人」

　「営業に関するある種類又は特定の事項の委任を受けた使用人」は、当該事項に関するいっさいの裁判外の行為をする権限を有する(25条1項)。

(3)「物品の販売等を目的とする店舗の使用人」

　「物品の販売等を目的とする店舗の使用人」は、その店舗にある物品の販売等をする権限を有するものとみなされる(26条本文)。

2　代理商

　代理商とは、商人のためにその平常の営業の部類に属する取引の代理または媒介をする者で、その商人の使用人でないものをいう(27条括弧書)。

3　相互の比較

(1)支配人・営業に関するある種類または特定の事項の委任を受けた使用人・物品販売者の使用人

　これらは、いずれも商業使用人であり、営業上の代理権を有する点で共通であり、与えられた代理権の広狭で区別される。

(2)商業使用人・代理商

→試験対策・3章6節

商業使用人は、特定の商人に従属してその企業組織の内部にあってこれを補助する者であるのに対し、代理商は、みずからも独立の商人として他の商人の企業組織の外部にあってこれを補助する者である。このように、前者は非独立的補助者であるのに対して、後者は独立的補助者であるという違いがある。

> **第20条（支配人）　　B**
> 商人は、支配人を選任し、その営業所において、その営業を行わせることができる。

　商人は、支配人を選任することができ、営業所において営業をさせることができます。

→試験対策・3章6節②【2】

1 趣旨
　営業主である商人に、支配人の選任の権利を与えて、営業所において営業をさせることができる旨を規定している。

2 条文クローズアップ

1　支配人の選任
(1)選任権者
　支配人の選任は、営業主たる商人またはその代理人が行う。
(2)選任の要件
　支配人に選任される者は自然人でなければならないが、行為能力者である必要はない（民102条）。
(3)選任行為の性質
　支配人の選任行為は、代理権の授与を伴う雇用契約である。ただし、包括的代理権の授与は、雇用契約と同時になされることを要しない。
　なお、支配人は、他の使用人を選任し、または解任することができる（商21条2項）。

2　支配人の終任
(1)支配人の終任事由
　支配人の選出行為は代理権の授与を伴う雇用契約であるから、代理権の消滅または雇用契約の終了によって、終任となる。
(2)代理権の消滅事由
　代理権の消滅事由としては、民法の定める代理権の消滅事由である解任および辞任（民111条2項、651条）、営業主の破産手続開始の決定（民111条2項、653条2号）、支配人の死亡・支配人の破産手続開始の決定、支配人の後見開始の審判（民111条1項2号、

653条各号)があり、これにより支配人は終任となる。ただし、営業主の死亡は支配人の終任事由とはならず(商506条)、支配人は当然に相続人の支配人となる。
(3)雇用契約の終了事由
　雇用契約は、雇用期間の満了・営業主または支配人からの解約申入れ(民626条から628条まで)、営業主が破産手続開始の決定を受けた場合における支配人または破産管財人からの解約の申入れ(民631条)によって消滅する。

3　営業所

(1)意義
　営業所とは、商人の営業上の活動の中心である一定の場所をいう。営業所かどうかは客観的に判断する。
　営業所は、商人の営業上の活動の中心である一定の場所をいうから、ある程度独立に対外的な取引をなしうる組織を備えていなければならない。単に商品の製造・受渡しなどの事実行為が行われるにすぎない工場・倉庫や、他所での決定に従い機械的に取引を行うにすぎない売店などは「営業所」にあたらない。
(2)営業所に結びつけられた効果
　①商行為によって生じた債務の履行場所(516条1項、2項)
　②営業所所在地の法務局における商業登記(商登1条の3)
　③裁判管轄の標準(民訴4条4項、5条5号)
　④民事訴訟法上の書類送達場所(民訴103条1項)
　⑤営業の主任者でなくして、営業所の営業の主任者であることを示す名称を付した使用人は、表見支配人となる(商24条)。

> **第21条（支配人の代理権）　A**
> ①支配人は、商人に代わってその営業に関する一切の裁判上又は裁判外の行為をする権限を有する。
> ②支配人は、他の使用人を選任し、又は解任することができる。
> ③支配人の代理権に加えた制限は、善意の第三者に対抗することができない。

　支配人の代理権の範囲は、その営業に関するいっさいの行為に及びます。支配人は、他の使用人を選任・解任することができます。支配人の代理権は制限しても、その制限を知らない第三者に対しては、代理権に制限が加えられていることを主張することができません。

→試験対策・3章6節２【2】(3)

1 趣旨

　支配人の代理権の範囲に関して規定している。支配人は、商人に代わって営業に関するいっさいの裁判上または裁判外の行為をする権限を有し、これに制限を加えても、善意の第三者に対抗することができない。取引の相手方にとっては、個別的に代理権の有無・広狭を調査する必要はなく、ただ支配人であることを確認するだけで、その代理権の存在なり法定範囲なりを確かめることができ、安心して取引をすることができるようになる。

2 条文クローズアップ

1　代理権の範囲

(1)包括的代理権

　支配人は、営業主に代わって営業に関するいっさいの裁判上または裁判外の行為をなす権限を有する（1項）。

　このように、支配人とは、商人に代わってその営業に関するいっさいの裁判上または裁判外の行為を有する商業使用人をいう（実質説、通説）。この通説によれば、ある商業使用人が支配人であるか否かは、このような包括的代理権（支配権）を有するかどうかという実質により決定される、一定の営業に関する包括的代理権を与えられた商業使用人をいう（Q_1）。

Q_1　支配人の意義。　　　　　　　　　　◀ランクA

A説　実質説
- ▶結論：商人に代わってその営業に関するいっさいの裁判上または裁判外の行為をする権限を有する商業使用人をいう。
- ▶理由：商法上の商業使用人の種類は、営業主より与えられた代理権の範囲の広狭により区別されているから、支配人か否かも、これと同一基準で決定する必要がある。
- ▶批判：①実際上、支配人の包括代理権の有無、範囲の認定が困難となり、支配人制度の趣旨が没却される。
　　　　②包括的代理権を与えられないかぎり支配人とならず、21条3項が無意味なものとなってしまう。
- ▶反論：①(批判①に対して)支配人の登記がある場合には、これにより支配人であることを判断し、また支配人に準ずる名称を使用する場合には、24条の規定によって第三者を保護することができる。
　　　　②(批判②に対して)21条3項の制限は内部的なもので、支配人の包括的代理権そのものを否定するわけではない。

B説　形式説
- ▶結論：営業の主任者として選任された商業使用人をいう。

▶理由：A説批判①②

(2)「営業に関する」「行為」
　(a)「営業」の意義
　　「営業」とは、営業主の営むすべての営業をいうものではなく、特定の商号または営業所によって個別化された特定の営業に限定される(商登43条1項3号、4号参照)。
　(b)「営業に関する」「行為」の判断基準
　　「営業に関する」「行為」であるか否かは、取引の安全を図るため、行為の性質・種類等から客観的・抽象的に判断し、支配人の主観的事情によるべきではない(判例)。　　　　→判例セレクト
　(c)権限濫用の場合
　　支配人が権限濫用行為をしたとしても、営業主たる商人に有効に帰属するのが原則であるが、支配人の意図が自己の利益を図ることにあり、かつ、相手方がその意図を知りまたは知りえた場合には、民法93条ただし書の類推適用により、営業主はかかる行為につき責任を負わないと解されている(判例)。　→最判昭51・10・1金商512-33

(3)「裁判上又は裁判外の行為」(1項)
　(a)裁判上の行為
　　ここでは、みずから訴訟行為を行うことだけではなく、訴訟代理人を選任することも含まれる。
　(b)裁判外の行為
　　私法上の適法行為をいう。

(4)他の使用人の選任解任行為(2項)
　営業に関して代理人を選任することも当然支配人の権限に属するものである(判例)。したがって、支配人が他の使用人を選任・解任することができるのは当然である。　→大判明34・3・4民録16-182

2　代理権の制限
　支配人の代理権に加えた制限は、これをもって善意の第三者に対抗することができない(3項)。

判例セレクト

「営業に関する」「行為」の意味
　会社法11条1項〔商法21条1項に相当する規定〕の「営業に関する」「行為」は、営業〔現事業〕の目的たる行為のほか営業〔現事業〕のために必要な行為を含み、かつ、それにあたるかどうかは、その行為の性質・種類等を勘案して客観的・抽象的に観察して決すべきである(最判昭54・5・1総則・商行為百選〔4版〕32事件)。

第22条（支配人の登記）　　B⁻
商人が支配人を選任したときは、その登記をしなければならない。支配人の代理権の消滅についても、同様とする。

商人は、支配人の選任した場合および支配人の代理権が消滅した場合には、そのことを登記しなければなりません。

→試験対策・3章6節②【2】(2)

1 趣旨

支配人の選任や支配人の代理権の消滅は、取引の相手方にとって重要な事項であるため、その公示を義務づけた。

第23条（支配人の競業の禁止）　　B⁺
①支配人は、商人の許可を受けなければ、次に掲げる行為をしてはならない。
　1　自ら営業を行うこと。
　2　自己又は第三者のためにその商人の営業の部類に属する取引をすること。
　3　他の商人又は会社若しくは外国会社の使用人となること。
　4　会社の取締役、執行役又は業務を執行する社員となること。
②支配人が前項の規定に違反して同項第二号に掲げる行為をしたときは、当該行為によって支配人又は第三者が得た利益の額は、商人に生じた損害の額と推定する。

支配人は、①みずから営業を行う場合、②自己または第三者のために営業主の営業の部類に属する取引を行う場合、③他の商人や会社の使用人になる場合、④会社の取締役などになる場合には、商人の許可を受けなければなりません。

支配人が前項の規定に違反して②の行為をしたときは、その行為によって支配人または第三者が得た利益の額は、商人に生じた損害の額と推定されます。

→試験対策・3章6節②【2】(4)

1 趣旨

支配人がその地位を利用して競業取引を行うことを防止し、また、雇用契約上の忠実義務としてその営業に専心させるため、支配人に特殊の不作為義務を課す旨を規定している。

2 条文クローズアップ

1 支配人の義務
(1) 一般的義務

支配人は営業主たる商人に対し、善管注意義務(民644条)、および報告義務(民645条)などの一般的義務を負っている。

(2) 競業避止義務・営業避止義務(精力分散防止義務)

(a) 義務の内容

(i) 競業避止義務

支配人は、営業主の許諾がなければ自己または第三者のために営業主の営業の部類に属する取引をなすことができない(競業避止義務〔1項2号〕)。

(ii) 営業避止義務(精力分散防止義務)

支配人は、みずから営業を行ったり、他の商人または会社もしくは外国会社の使用人となったり、会社の取締役、執行役または業務を執行する社員となったりすることができない(精力分散防止義務〔1項1号、3号、4号〕)。

(b) 趣旨

支配人は広範な代理権を有し、営業に精通していることから、支配人がかかる地位や情報を利用して営業主に損害を与えることを防ぎ、また、支配人が営業主のために専心勤務することを保障する必要がある。そこで、1項は、支配人に対し、民法上の一般的義務に加えて特別の不作為義務を課している。

2 義務違反の効果

支配人が義務に違反した場合は、営業主は、支配人に対する損害賠償や支配人の解任をなすことができる。

支配人が1項の規定に違反して1項2号の行為をしたときは、当該行為によって支配人または第三者が得た利益の額は、商人に生じた損害の額と推定される(2項)。

> **第24条（表見支配人）　　A**
> 商人の営業所の営業の主任者であることを示す名称を付した使用人は、当該営業所の営業に関し、一切の裁判外の行為をする権限を有するものとみなす。ただし、相手方が悪意であったときは、この限りでない。

商人の営業所の営業の主任者であることを示す名称を付けた使用人は、支配人と同一の権限をもつものとみなされます。ただし、相手方が支配人でないことを知っていたときは、このかぎりでありません。

→試験対策・3章6節 2 【2】(5)

1 趣旨

本来、営業所が設けられた場合において、そこに支配人を置くか否かは商人の自由である。しかし、支店長や営業所長などの名称を付された者は、その営業所におけるいっさいの取引につき営業主を代理する権限を有するとの外観が生じる。そこで、かかる外観を信頼して取引をした第三者を保護するため、表見支配人の制度を規定したものである。

2 条文クローズアップ

1 表見支配人の意義

支配人か否かを包括的代理権の有無で決する通説(実質説)の立場では、表見支配人とは、包括的代理権を与えられていない使用人で、商人の営業所の営業の主任者であることを示す名称を付された者をいうことになる。

これに対して、支配人を営業の主任者として選任された商業使用人であるとする形式説の立場では、表見支配人とは、営業所の営業の主任者であることを示す名称を付されているが、その実質を有しない使用人ということになる。形式説によれば、支配人の範囲が広くなるかわりに、表見支配人の範囲はそれだけ狭くなる。

2 要件

(1)「営業所」

判例(会社に関する判例)・通説は、「営業所」とは、営業所の実体を備えるものであることを要するとする。

→判例セレクト1(2)

(2)「営業の主任者であることを示す名称」

「名称」にあたるか否かは、一般取引社会の見解によって決すべきである。

支店次長・支店長代理・支店庶務係長などの名称は、客観的に上席者の存在を予定するもので、その名称自体は「主任者であることを示す」ものとはいえない。

(3)相手方の善意

本条は、「名称」の外観を信頼した第三者を保護するものであるから、相手方が「悪意」であるときは適用されない(ただし書)。

ここにいう「悪意」とは、支配人でないことを知っていることであって、その取引につき代理権がないことを知っていることではない。また、善意であっても重過失がある場合は「悪意」に準じて扱われると解する。

3 効果

表見支配人と認められた者は、当該営業所の営業に関し、いっさいの裁判外の行為をする権限を有するものとみなされる(本条

◆第24条 045

本文）。

判例セレクト
1　表見支配人の意義
(1)出張所長

　肥料販売会社の支店管下の出張所が、相場の著しい変動ある肥料の仕入には特にその支店の許可を要するが、それ以外はこれを要せずに仕入をすることもでき、年間4,000万円にも達する肥料を所在県下に販売し、それに伴う運送ならびに代金の回収等を行い、出張所長のもとに3名の職員を使用し、職員の給料を除いて日常経費を原則としてその取立金でまかなう等判示のようなものであるときは、その出張所を商法〔会社法〕上の支店と解して妨げないから、同出張所長は、会社法13条〔商法24条に相当する規定〕の表見支配人にあたる（最判昭39・3・10民集18-3-458。会社の事例）。

(2)生命保険相互会社の支社長

　生命保険相互会社支社は新規契約の募集と第1回保険料徴収の取次がその業務のすべてであって、一定の範囲で対外的に独自の事業活動をなすべき従たる事務所としての実質を備えていないから、同支社は「営業所」といえない（最判昭37・5・1総則・商行為百選〔4版〕30事件。会社の事例）。

(3)支店の庶務係長

　支店庶務係長は、「主任者であることを示す名称を付した使用人」にあたらない（最判昭30・7・15民集9-9-1069。会社の事例）。

2　本条ただし書の相手方と手形行為

　会社法13条ただし書〔商法24条ただし書に相当する規定〕の「相手方」は、取引の直接の相手方にかぎられるものであり、手形行為の場合には、この直接の相手方は、手形上の記載によって形式的に判断されるべきものではなく、実質的な取引の相手方をいう（最判昭59・3・29総則・商行為百選〔4版〕31事件。会社の事例）。

第25条（ある種類又は特定の事項の委任を受けた使用人）　　B
①商人の営業に関するある種類又は特定の事項の委任を受けた使用人は、当該事項に関する一切の裁判外の行為をする権限を有する。
②前項の使用人の代理権に加えた制限は、善意の第三者に対抗することができない。

　商人の営業に関するある種類または特定の事項の委任を受けた使用人は、その事項に関するいっさいの裁判外の行為をする権限をもちます。
　その使用人の代理権に制限を加えている場合において、その制限を知らない第三者に対しては、これを主張することができませ

→試験対策・3章6節②【3】

ん。

1 趣旨

反復的集団的取引であることを特質とする商取引において、取引のつどその代理権の有無および範囲について調査、確認しなければならないとすると、取引の円滑確実と安全が害されるおそれがあることから規定された。

2 条文クローズアップ

1 「営業に関するある種類又は特定の事項の委任を受けた使用人」(1項)

「営業に関するある種類又は特定の事項の委任を受けた使用人」は、当該事項に関するいっさいの裁判外の行為をする権限を有する。たとえば、販売・仕入れ・貸付け・出納など、営業に関するある種類または特定の事項に関する代理権を有する。このような代理権を有するかぎりで、部長・課長・係長・主任などがこれにあたる。

2 「善意の第三者」(2項)

商人は、営業に関するある種類または特定の事項の委任を受けた使用人の代理権に制限を加えたとしても、善意の第三者に対抗することができない。

会社法14条2項(商法25条2項に相当する規定)にいう「善意の第三者」には、代理権に加えられた制限を知らなかったことに過失のある第三者は含まれるが、重大な過失のある第三者は含まれない(判例)。

→最判平2・2・22総則・商行為百選[4版]33事件

第26条（物品の販売等を目的とする店舗の使用人）　C

物品の販売等(販売、賃貸その他これらに類する行為をいう。以下この条において同じ。)を目的とする店舗の使用人は、その店舗に在る物品の販売等をする権限を有するものとみなす。ただし、相手方が悪意であったときは、この限りでない。

物品の販売等を目的とする店舗の使用人は、相手方が悪意でないかぎり、その店舗にある物品の販売等をする権限をもつものとみなされます。

→試験対策・3章6節②【4】

1 趣旨

物品の販売等を目的とする店舗の使用人はその店舗にある物品については当然に販売の権限を有するものと考えるのが取引一般

上通常である。そこで、物品販売店の使用人は、たとえ販売の代理権が与えられていなくても、その権限があるものとみなし、取引の安全を図っている。

2 語句の意味

「物品の販売等」とは、販売、賃貸その他これらに類する行為をいう(本条括弧書)。

3 条文クローズアップ

権限の範囲

これらの使用人の権限の範囲は、物品販売等の代理権にとどまるから、物品買入れの権限を有しない。また、その店舗にある物品の販売にかぎられるから、その販売契約もその店舗内で行われなければならない(判例)。

→福岡高判昭25・3・20下民集1-3-371

第7章
代理商

■総　説

1 代理商の意義

→試験対策・3章6節③【1】

1 「代理商」
代理商とは、商人のためにその平常の営業の部類に属する取引の代理または媒介をする者で、その商人の使用人でないものをいう(27条括弧書)。

2 「商人」
「商人」は、代理商に対する本人である。
なお、商人でない者のために取引の代理または媒介をなす者は、27条の代理商ではなく、講学上、民事代理商とよばれる。

3 「取引の代理又は媒介」
「取引の代理」をするとは、本人の代理人として相手方との間で契約を締結することをいう。このように取引の代理を行う者を締約代理商という。たとえば、損害保険会社のために保険契約(海上保険契約を除く)の締結を代理する損害保険代理店や、他の旅行業者のために旅行者との契約の締結を代理する旅行業代理店がこれにあたる。

「取引の媒介」をするとは、本人と相手方との間で契約が成立することになるような、各種の仲介、あっせん、勧誘的事務を行うことをいう。このように取引の媒介を行う者を媒介代理商という。たとえば、損害保険会社のために海上保険契約の媒介をする損害保険代理店がこれにあたる。

4 「平常」
代理商は、一定の商人から取引の代理または媒介をなすことを継続的に委託されている者である。このように、代理商は、特定の商人との間に継続的委託関係がなければならない。「平常」とはこの意味である。この点で、不特定多数の者のために活動する問屋(551条)、仲立人(543条)とは異なる。

2 代理商の権利義務

→試験対策・3章6節③【3】

1 本人と代理商との内部関係
本人と代理商との間の契約を代理商契約という。
代理商契約は、代理を委託するときは委任契約、媒介のみを委託するときは準委任契約の性質を有する。

2　代理商の義務
(1)善管注意義務
　代理商は、委任(準委任)の本旨に従い、善良なる管理者の注意をもって、委任(準委任)事務を処理する義務を負う(善管注意義務〔民644条、656条〕)。代理商は、個々の代理または媒介を行う際に善管注意義務を尽くすことを要するほか、常に取引の機会をとらえるよう積極的に努力する義務を負う。
(2)通知義務
　代理商が取引の代理または媒介をしたときは、遅滞なく、商人に対して、その通知を発しなければならない(27条)。これは、商取引の迅速性の要請に基づき、委任に関する一般規定(民645条)を変更したものである。
(3)競業避止義務
　代理商は、商人の許可を受けなければ、①自己または第三者のためにその商人の営業の部類に属する取引をしたり、②その商人の営業と同種の事業を行う会社の取締役、執行役または業務を執行する社員となったりすることができない(28条1項各号)。
3　代理商の権利
(1)報酬請求権
　本来、委任は無償が原則であるが(民648条1項)、代理商は商人であるから、特約がなくとも商人に対し相当な報酬を請求することができる(512条)。
(2)費用償還請求権
　代理商は、民法の委任の規定の適用により、費用前払請求権(民649条)、費用償還請求権(民650条)などを有する。
(3)留置権
　代理商は、取引の代理または媒介によって生じた債権の弁済期が到来しているときは、その弁済を受けるまでは、商人のために当該代理商が占有する物または有価証券を留置することができる(31条)。

> **第27条（通知義務）　　B⁻**
> 代理商(商人のためにその平常の営業の部類に属する取引の代理又は媒介をする者で、その商人の使用人でないものをいう。以下この章において同じ。)は、取引の代理又は媒介をしたときは、遅滞なく、商人に対して、その旨の通知を発しなければならない。

　代理商は、取引の代理または媒介をしたときは、遅滞なく、商人に対して、その旨の通知をしなければなりません。

→試験対策・3章6節③【3】(1)(b)

1 趣旨

　代理商と本人との間の代理商契約は、通常委任または準委任の性質を有しているので、代理商は、本人の請求あるときおよび委託の終了時における報告義務を有している(民645条、656条)。しかし、このような報告義務だけでは、迅速を要する商行為の代理または媒介を内容とする代理商制度の目的に合致しない。そこで、商取引の迅速性の要請に基づき、通知義務の強化を図った。

2 条文クローズアップ

義務違反の効果

　代理商は、本条の義務に違反したときは損害賠償義務を負う(判例)。

→大判昭10・5・27民集14-959

第28条（代理商の競業の禁止）　　B

①代理商は、商人の許可を受けなければ、次に掲げる行為をしてはならない。
　1　自己又は第三者のためにその商人の営業の部類に属する取引をすること。
　2　その商人の営業と同種の事業を行う会社の取締役、執行役又は業務を執行する社員となること。

②代理商が前項の規定に違反して同項第一号に掲げる行為をしたときは、当該行為によって代理商又は第三者が得た利益の額は、商人に生じた損害の額と推定する。

　代理商は、商人の許可を受けなければ、自己もしくは第三者のためにその商人の営業の部類に属する取引をしたり、商人の営業と同種の事業を行う会社の取締役等になったりすることができません。

　商人の許可なく商人の営業の部類に属する取引をした場合には、代理商または第三者が得た利益の額は、商人に生じた損害の額と推定されます。

→試験対策・3章6節③【3】(1)(C)

1 趣旨

　代理商は商人のためにその平常の営業の部類に属する取引の代理または媒介をする者であり、その性質上、営業機密にも通じていることが多い。そこで、代理商がかかる知識を利用して商人に損害を与えることを防止するため、代理商の競業避止義務を規定した。

2 条文クローズアップ

違反の効果

代理商が競業避止義務に違反した場合には、商人は損害賠償請求をすることができる。また、場合によっては、本人は契約を解除することができる(30条2項)。

代理商が、商人の許可なく自己または第三者のためにその商人の営業の部類に属する取引を行った場合(28条1項1号)には、その行為によって代理商または第三者が得た利益の額は、商人に生じた損害の額と推定される(28条2項)。

> **第29条（通知を受ける権限）　B⁻**
> 物品の販売又はその媒介の委託を受けた代理商は、第五百二十六条第二項の通知その他売買に関する通知を受ける権限を有する。

物品の販売またはその媒介の委託を受けた代理商は、売買の目的物の瑕疵または数量の不足、その他売買に関する通知を受ける権限があります。

→試験対策・3章6節③【5】(3)

1 趣旨

締約代理商はもともと代理権を有するから、相手方から受けた通知は直接商人に対して効力を生じるが、媒介代理商は代理権を有しないので、本来、相手方は直接本人に対して通知するしかない(民101条1項)。そこで、物品の販売またはその媒介の委託を受けた代理商に売買の履行に関する通知を受ける権限を認め、相手方の便宜を図った。

> **第30条（契約の解除）　B⁻**
> ①商人及び代理商は、契約の期間を定めなかったときは、二箇月前までに予告し、その契約を解除することができる。
> ②前項の規定にかかわらず、やむを得ない事由があるときは、商人及び代理商は、いつでもその契約を解除することができる。

商人および代理商は、契約の期間を定めなかったときは、2か月前までに予告して、その契約を解除することができます。

当事者が契約の期間を定めたか否かを問わず、やむをえない事由があるときは、商人および代理商は、いつでもその契約を解除

→試験対策・3章6節③【4】(1)

することができます。

1 趣旨

　民法の委任契約の規定によれば、当事者はいつでもその契約を解除することができるが（民651条1項）、継続性を特質とする代理商契約にこの原則を適用することはできない。そこで、代理商契約の解除について特別の規定を設けた。

2 条文クローズアップ

1 予告による解除（1項）
(1)契約解除による損害賠償
　1項の予告による解除については、民法651条2項本文の規定の適用はなく、かかる解除によって相手方が損害を被っても、解除した者はこれを賠償する義務を負わないと解されている（判例）。

→東京控判昭2・5・28新聞2720-15

(2)当事者の特約
　1項は任意規定であるので、予告期間を伸縮する旨の当事者の合意は有効である（判例）。

→横浜地判昭50・5・28総則・商行為百選［3版］96事件

2 「やむを得ない事由」による解除（2項）
(1)「やむを得ない事由」の意義
　「やむを得ない事由」とは、たとえば代理商の競業避止義務違反とか、本人たる商人の手数料債務の不履行など、代理商契約を継続することが困難と考えられる事由をいう。

(2)契約解除と損害賠償
　やむをえない事由により解約告知がなされた場合において、当事者の一方に過失があるときは、相手方はその損害の賠償を求めることができる（民652条・620条）。

第31条（代理商の留置権）　B
代理商は、取引の代理又は媒介をしたことによって生じた債権の弁済期が到来しているときは、その弁済を受けるまでは、商人のために当該代理商が占有する物又は有価証券を留置することができる。ただし、当事者が別段の意思表示をしたときは、この限りでない。

　代理商は、取引の代理または媒介をしたことによって生じた債権の弁済期が到来しているときは、当事者が別段の意思表示をしないかぎり、その弁済を受けるまで商人のためにその代理商が占有する物または有価証券を留置することができます。

→試験対策・3章6節③【3】(2)(c)

◆第31条

1 趣旨

代理商の権利を保護し、会社の債務の履行を間接的に強制するとともに、優先弁済の実行を期すために、代理商に留置権を認めた。

2 条文クローズアップ

1 被担保債権と目的物との牽連性

被担保債権と留置目的物との牽連性は要求されない。これは、民法上の留置権(民295条)とは異なり、商人間の留置権(521条)と共通である。

2 留置目的物の占有原因

留置の目的物は、商人との間の商行為によって占有を取得した物にかぎられない。

これに対して、商人間の留置権(521条)の場合には、留置の目的物は債務者との間の商行為によって占有を取得した物にかぎられる。

代理商の業務の性質上、いまだ本人の所有に帰属しないかまたはすでに他人の所有に帰した物品を本人のために占有することが少なくないとともに、その占有も第三者から取得することが少ないため、所有権の所在および占有取得の原因を問うこと適当ではないので、代理商の留置権の範囲を拡張した。

3 本人が破産手続開始の決定を受けた場合

本人が破産手続開始の決定を受けた場合には、代理商の留置権は破産財団に対する特別の先取特権とみなされ、代理商には別除権が認められる(破65条、66条)。

判例セレクト

代理商の留置権

会社法20条〔商法31条に相当する規定〕は、目的物が債務者の所有に属するものであることを要件とするものではないが、委託者、本人がまったく無権原ないし無権限であったり、権原ないし取引権限を取得することが社会通念上不可能であったりした場合にまで、代理商に留置権を認めて、保護しようとするものではない(東京高判平12・6・22金商1103-23)。

第8章
雑　則

> **第32条　C**
> この法律の規定により署名すべき場合には、記名押印をもって、署名に代えることができる。

　商法の規定により署名すべき場合には、記名押印をもって代えることができます。

1 趣旨
記名押印による署名の代替について規定した。

2 条文クローズアップ

1　商法中署名スヘキ場合ニ関スル法律の廃止
　本条は、従来、「商法中署名スヘキ場合ニ関スル法律」で規律されていた内容（「商法中署名スヘキ場合ニ於テハ記名捺印ヲ以テ署名ニ代フルコトヲ得」）を商法中で規律することにしたものである。これに伴って、商法中署名スヘキ場合ニ関スル法律は廃止された。

2　「この法律の規定により署名すべき場合」
　「この法律の規定により署名すべき場合」とは、546条1項、571条2項、599条などの場合である。

> **第33条から第500条まで**
> 削除

第 2 編

商行為
（501条〜628条）

▶▶▶▶

第1章
総則

■総　説

1 総論

→試験対策・3章2節①

　商法は、原則として、当事者の一方のために商行為となる行為について、当事者の双方に適用される（3条1項）。しかし、商行為法には、当事者の両方が商人である場合にのみ適用される規定や、一方が商人である場合にのみ適用される規定がある。このことから、商法総則、商行為法の適用範囲は、商行為という概念と商人という概念によって決められていることがわかる。

　わが国の商法典の構造においては、商人概念と商行為概念は互いに入れ子の関係に立っている（折衷主義）。すなわち、まず、商行為概念の一部（絶対的商行為および営業的商行為）が決まり、それに基づいて商人概念（固有の商人）が決まるのが基本であるが、さらに、商人概念に基づいて、商行為概念の残り（附属的商行為）が決まる。

2 商行為

→試験対策・3章2節②

　商行為には、その行為の性質・態様に注目した、絶対的商行為および営業的商行為と、附属的商行為とがある。

1　基本的商行為と補助的商行為

　絶対的商行為および営業的商行為は、商人概念の基礎となるものであることから、基本的商行為とよばれる。これに対して、附属的商行為は、商人概念から導かれるものとして、補助的商行為とよばれる。

2　絶対的商行為と相対的商行為

　営業的商行為と附属的商行為は、商人という主体と結びついてはじめて商行為となるものであることから、行為の客観的性質から当然に商行為とされる絶対的商行為に対して、相対的商行為とよばれる。

```
                ┌─ 絶対的商行為 ──→ だれが行ってもよい
                │    (501)          1回だけでもよい
基本的商行為 ──┤
                │                    だれが行ってもよい
                └─ 営業的商行為 ──→ 営利目的で
                     (502)          反復継続して行うこと
```

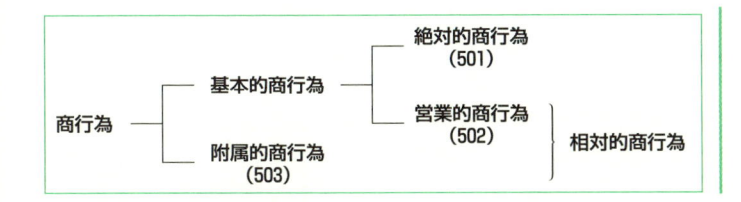

```
商行為 ─┬─ 基本的商行為 ─┬─ 絶対的商行為（501）
        │                └─ 営業的商行為（502） ─┐
        └─ 附属的商行為（503） ──────────────────┴─ 相対的商行為
```

> **第501条（絶対的商行為）　B⁺**
> 次に掲げる行為は、商行為とする。
> 1　利益を得て譲渡する意思をもってする動産、不動産若しくは有価証券の有償取得又はその取得したものの譲渡を目的とする行為
> 2　他人から取得する動産又は有価証券の供給契約及びその履行のためにする有償取得を目的とする行為
> 3　取引所においてする取引
> 4　手形その他の商業証券に関する行為

転売して利益を得るつもりで、動産、不動産、有価証券を買い受ける行為、またはそうして手にいれたものを売り渡す行為など、本条にあげる行為をすれば、どのような場合にも商行為になります。

→試験対策・3章2節②【2】

1　趣旨

商人概念（4条1項参照）の基礎となる基本的商行為のひとつである絶対的商行為を定めたものである。

2　条文クローズアップ

絶対的商行為とは、行為の客観的性質から強度の営利性があるものとして、それが営業としてなされるか否かにかかわりなく、商行為となる行為をいう。したがって、このような行為については、商人でない者が1回かぎりで行っても、商行為として商法の適用を受ける。

絶対的商行為は、501条に列挙するものおよび担保付社債信託法に定める信託の引受けからなる。

1　投機購買とその実行行為（1号）

安価に、目的物たる動産、不動産または有価証券を取得（投機購買）した後に、これを高価に譲渡して（その実行行為）、その差額を利得する行為である。すなわち、相場の上昇を期待し、それを投機の対象とする行為である。たとえば、スーパーマーケットなどが商品を仕入れてきて、客に販売することなどがこれにあた

る。

「取得」行為には、購買のほかに、交換、消費貸借、請負、委託売買を含む。

「譲渡」とは、必ずしも取得した動産等をそのまま譲渡する場合のみを意味するものではなく、製造または加工して譲渡する場合を含む(判例)。

→判例セレクト1

2 投機売却とその実行行為(2号)

高価に目的物たる動産または有価証券を譲渡する約束をしておき(投機売却)、後に安価に取得して(その実行行為)その履行にあて、その差額を利得する行為である。すなわち、相場の下落を期待し、それを投機の対象とする行為である。

501条1号と異なり、目的物が動産または有価証券にかぎられているのは、個性のある不動産は、先に売却しておき、後に取得して履行するのに適さないからである。

3 取引所においてする取引(3号)

「取引所」には、株式その他の有価証券の取引を目的とする証券取引所と、商品の取引を目的とする商品取引所がある。

取引所においてする取引は、取引所における売買の、技術性、定型性、大量性などから、絶対的商行為とされている。

4 手形その他の商業証券に関する行為(4号)

「商業証券に関する行為」とは、証券自体の上になされる振出、引受、裏書、保証などの証券上の行為のみを意味すると解されている。証券を目的とする売買などの行為が商行為に該当するか否かは、501条1号ないし2号、502条、503条によってすでに商行為性が認められているからである。

なお、白地手形の補充権授与行為は、本来の手形行為ではないが、501条4号の手形に関する行為に準じられる(判例)。

→判例セレクト2

5 担保付社債信託法に定める信託の引受け

担保付社債信託法は、社債発行会社の委託によって同法の信託を引き受ける行為を商行為としている(担信3条)。

判例セレクト

1 譲り受けた物を加工して販売する行為

501条1号は、譲り受けた物品をそのまま譲渡して利益を図るか、加工して、あるいはこれを原料として他の物品を製造し、これを譲渡して利益を図るかで区別する理由はなく、したがって土を買い入れてこれで瓦を製造販売する行為も同号の行為に含まれる(大判昭4・9・28総則・商行為百選[4版]36事件)。

2 白地手形の補充権授与行為

白地手形の補充権授与行為は、本来の手形行為ではないが、501条4

号所定の「手形……に関する行為」に準ずるものと解してよく、その消滅時効については522条の「商行為によって生じた債権」の規定を準用するのが相当である(最判昭36・11・24総則・商行為百選[4版]37事件)。

> **第502条（営業的商行為）　　B⁺**
> 次に掲げる行為は、営業としてするときは、商行為とする。ただし、専ら賃金を得る目的で物を製造し、又は労務に従事する者の行為は、この限りでない。
> 1　賃貸する意思をもってする動産若しくは不動産の有償取得若しくは賃借又はその取得し若しくは賃借したものの賃貸を目的とする行為
> 2　他人のためにする製造又は加工に関する行為
> 3　電気又はガスの供給に関する行為
> 4　運送に関する行為
> 5　作業又は労務の請負
> 6　出版、印刷又は撮影に関する行為
> 7　客の来集を目的とする場屋における取引
> 8　両替その他の銀行取引
> 9　保険
> 10　寄託の引受け
> 11　仲立ち又は取次ぎに関する行為
> 12　商行為の代理の引受け

　他人に賃貸するつもりで動産や不動産を買い受けたり、賃借りしたりすることなど、本条の行為は、営業として行った場合にだけ商行為となります。ただし、もっぱら賃金を得る目的で物を製造する者、または労務に従事する者の行為は商行為になりません。

→試験対策・3章2節②【3】

1 趣旨

　本条は、基本的商行為のうちの営業的商行為につき規定している。

2 条文クローズアップ

　営業的商行為とは、営業としてなされるとき、すなわち営利の目的で継続的になされるときに、はじめて商行為となる行為をいう。したがって、商人でない者が個々的に行っても商行為とならない。また、もっぱら賃金を得る目的で物を製造し、または労務に服する者の行為も、商行為とならない(本条ただし書)。これは、あまりに経営規模が小さいことから、商法を適用するのに適さな

いためである。

営業的商行為には、502条で列挙するものと、信託法、無尽業法の規定するものとがある。

1 投機貸借とその実行行為(502条1号)

他に賃貸する意思をもってする動産または不動産の有償取得または賃借を投機貸借といい、その有償取得または賃借した物を他に賃貸する行為をその実行行為という。たとえば、レンタカー業、貸衣装業、不動産賃貸業等、各種財産の賃貸業に関する行為がこれにあたる。

なお、投機購買(501条1号)の場合には、所有権自体の転換が投機の目的であるのに対し、投機貸借の場合には、物の利用が投機の目的である。

2 他人のためにする製造または加工に関する行為(2号)

他人から材料の給付を受け、または他人の計算において材料を買い入れ、これに製造または加工することを引き受け、これに対して報酬を受けることを約する行為である。

「製造」とは、材料をまったく異なる物とすることであり、紡績、酒類醸造などがこれにあたる。

「加工」とは、物の同一性を失わない程度で材料に変更を加えることであり、染色、洗濯などがこれにあたる。

なお、自己の計算において買い入れた材料に対して製造、加工をなし、製品を売却するときは、投機売買(501条1号、2号)にほかならない。

3 電気またはガスの供給に関する行為(3号)

電気またはガスの継続的給付を約する行為をいう。

4 運送に関する行為(4号)

運送、すなわち物または人を一定の場所から他の場所に移動させることを引き受ける行為をいう。

運送の行われる場所は、陸上、海上、空中を問わない。

5 作業または労務の請負(5号)

「作業」の請負とは、不動産上の工事を請け負う行為をいい、「労務」の請負とは、作業員その他の労働者の供給を請け負う行為をいう。

6 出版、印刷または撮影に関する行為(6号)

「出版」とは、文書・図画を複製して頒布する行為であり、新聞の発行もこれに含まれる。

「印刷」とは、機械力または科学力による文書・図画の複製を引き受ける行為をいう。

「撮影」とは、写真の撮影を引き受ける行為をいう。

7 客の来集を目的とする場屋における取引(7号)

公衆の来集に適する物的、人的設備をなして、これを利用させ

る行為である。たとえば、旅館、飲食店、浴場(594条1項)のほか、パチンコ店、劇場などの業務行為がこれにあたる。

判例は、理髪契約については、理髪業者の営業用施設は理髪のための設備であって、客に利用させる設備ではないとの理由で、「場屋における取引」に該当しないとする。

→判例セレクト2

8　両替その他の銀行取引(8号)

金銭または有価証券の転換を媒介する行為である。金銭または有価証券を受け入れる行為(受信)・これを需要者に供給する行為(与信)の両行為をなす金融業者や、両替商の行為がこれにあたる。

金銭または有価証券の転換を媒介するためには、与信行為とともに受信行為が行われることが必要である。したがって、受信行為を伴うことなく、自己の資金で貸付けを行うことを営業とする貸金業者または質屋営業者の行為は、金融取引であっても、「銀行取引」に該当しない(判例)。

→判例セレクト3(1)(2)

9　保険(9号)

「保険」とは、対価を得て保険を引き受ける行為をいうが、営利を目的とする保険行為(営利保険)にかぎられ、社会保険や相互保険における保険行為は、含まれない。

10　寄託の引受け(10号)

他人のために物の保管を引き受ける行為であり、倉庫寄託、手荷物預かり等がこれにあたる。

11　仲立ちまたは取次ぎに関する行為(11号)

「仲立ち」に関する行為とは、他人間の法律行為の媒介を引き受ける行為をいう。商法上の仲立人(543条)、民事仲立人、媒介代理商(27条)の行為がこれにあたる。

「取次ぎ」に関する行為とは、自己の名をもって他人の計算において法律行為をなすことを引き受ける行為をいい、問屋(551条)、運送取扱人(559条)、準問屋(558条)の行為が、これにあたる。

12　商行為の代理の引受け(12号)

他人の委託により、その者にとって商行為である行為の代理を引き受けることをいう。締約代理商(27条)の行為がこれにあたる。

13　信託法・無尽業法の規定する商行為

信託の引受け、無尽を営業としてなすときは商行為となる(信託6条、無尽2条)。

判例セレクト

1　他人のためにする加工(2号)と精米行為

賃金を得て精米をする賃搗きの業務も、相当の資本を投じ、主とし

て機械力を利用する設備経営の下に精米を請け負う場合には加工業として本条2号の商行為である(大判昭18・7・12総則・商行為百選[3版]37事件)。

2　場屋の取引(7号)の意義

本条7号にいう場屋における取引とは、客に一定の設備を利用させることを目的とする取引をいい、理髪業者の営業的設備は理髪のためだけのものであって客に利用させるためのものではないから、理髪業は7号の場屋の取引ではない(大判昭12・11・26総則・商行為百選[3版]25事件)。

3　銀行取引(8号)

(1)金貸業者であっても、預金その他の方法で収受した金銭を他人の需要に供するような媒介行為をするときでなければ、銀行取引をする商人に該当しない(大判昭13・2・28新聞4246-17)。

(2)質屋営業者の金員貸付行為は、8号の銀行取引にあたらない(最判昭50・6・27総則・商行為百選[4版]38事件)。

4　仲立ちに関する行為(11号)

宅地建物取引業者は、543条にいう「他人間の商行為の媒介」を業とする者ではないから、いわゆる商事仲立人ではなく、民事仲立人ではあるが、本条11号にいう「仲立に関する行為」を営業とする者であるから、4条1項に定めるところにより商人となる(最判昭44・6・26総則・商行為百選[4版]45事件)。

第503条（附属的商行為）　　B
①商人がその営業のためにする行為は、商行為とする。
②商人の行為は、その営業のためにするものと推定する。

商人が自分の営業のためにする行為は、たとえそれ自体が商行為にはならないものであっても、商行為となります。

商人の行為は、その営業のためにするものと推定されます。

→試験対策・3章2節2【4】

1　趣旨

本条は、商人がその営業のためにする行為を附属的商行為として、その商行為性を認めたものである。

2　条文クローズアップ

1　附属的商行為

附属的商行為とは、商人がその営業のために行うことによって商行為となる行為をいう。本条1項の規定により、擬制商人(4条2項)が営業のために行う行為も商行為となる。

なお、商人のうち、会社は、事業を離れては存在しないから、会社の行為は、事業の目的たる行為以外は、すべて附属的商行為

である。これに対して、個人商人の場合には、営業以外の活動があるため、各個の行為が営業のためになされるものであるかどうかが明らかでないことがある。そこで、商法は、取引の安全を図るため、商人の行為は、その営業のためにするものと推定している(503条2項)。したがって、商人の行為の商行為性を否定しようとする者が、その行為が営業のためになされたものでないことを証明しなければならない。

2　開業準備行為と商行為性

開業準備行為が附属的商行為となるかは、商人資格の取得時期の問題として論じられる。

→4条②3(1)

判例セレクト

1　商人資格の取得時期
2　商行為と認められるもの

→4条判例セレクト

(1)労働契約

商人が労働者と締結する労働契約は、反証なきかぎりその営業のためにする行為と推定され、上記契約に基づく賃金債務の遅延損害の利率は、商事法定利率によるべきである(最判昭51・7・9判時819-91)。

(2)会社・労働組合間の退職金についての協定

会社とその従業員をもって組織する労働組合との間に成立した退職金に関する協約上の約定は本条の商行為であって、上記約定に基づく退職金債権は商事債権と認めるべきである(最判昭29・9・10民集8-9-1581)。

3　営業のためにする推定

商人が雇主として締結する雇用契約は、その営業のためにするものと推定すべきである(最判昭30・9・29総則・商行為百選[4版]39事件)。

■総　　説

1　商行為の通則

→試験対策・4章1節

商行為も法律行為であるから、法律行為に関する一般原則たる民法の規定が適用されるはずである。しかし、商取引は、営利性・簡易迅速性が要求されるので、商法では、商行為に関して一般原則と異なる特則を置いている。

これらの特則は、①当事者が商人であるか否かに関係なく商行為であれば適用されるものと、②当事者の一方が商人であるときに適用されるものと、③当事者の双方が商人であるときに適用されるものとに分けることができる。

2 商行為の分類

1 **当事者が商人であるか否かに関係なく商行為であれば適用されるもの**
① 商行為の代理(504条)
② 商行為の委任(505条)
③ 多数当事者間の債務の連帯(511条)
④ 商事法定利率(514条)
⑤ 契約による質物の処分の禁止の適用除外(515条)
⑥ 債務の履行の場所(516条)
⑦ 取引時間(520条)
⑧ 商事消滅時効(522条)

2 **当事者の一方が商人であるときに適用されるもの**
① 商行為の委任による代理権の消滅事由の特例(506条)
② 契約の申込みを受けた者の諾否通知義務(509条)
③ 契約の申込みを受けた者の物品保管義務(510条)
④ 報酬請求権(512条)
⑤ 立替金の利息請求権(513条2項)
⑥ 受託者の注意義務(593条)

3 **当事者の双方が商人であるときに適用されるもの**
① 対話者間における契約の申込み(507条)
② 隔地者間における契約の申込み(508条)
③ 消費貸借の利息請求権(513条1項)
④ 商人間の留置権(521条)

> **第504条(商行為の代理)　B**
> 商行為の代理人が本人のためにすることを示さないでこれをした場合であっても、その行為は、本人に対してその効力を生ずる。ただし、相手方が、代理人が本人のためにすることを知らなかったときは、代理人に対して履行の請求をすることを妨げない。

商行為の代理人が、だれだれ(本人)のためにすることを示さないで代理行為をしたときであっても、その行為は本人に対して効力を生じます。ただし、相手方が、代理人が本人のためにすることを知らなかったときは、代理人に対して履行の請求をすることができます。

→試験対策・4章1節①【1】

1 趣旨

民法の原則によれば、代理人は相手方に対し本人のためにする

ことを示さなければ、その代理行為を有効に本人に帰属させることはできない(顕名主義〔民99条〕)。しかし、簡易迅速性が要求される商取引においては、いちいち相手方に顕名をしなければならないとすると煩雑である。また、反復継続的になされる商取引においては、相手方も事情を知っているのが通常である。そこで、本条本文は、顕名主義を修正して、商取引の簡易迅速性を図ったものである(**非顕名主義**)。

もっとも、非顕名主義を徹底すると、相手方が、代理人が本人のためにすることをまったく知らず、代理人自身を行為の当事者と信じて取引した場合には、その相手方に不測の損害を及ぼすおそれがある。そこで、本条ただし書は、「相手方が、代理人が本人のためにすることを知らなかったときは、代理人に対して履行の請求をすることを妨げない」と定め、相手方の保護を図っている。

2 条文クローズアップ

1 504条の解釈

本条ただし書が適用される場合、すなわち相手方が、代理人が本人のためにすることを知らなかった場合の効果について争いがある。判例・通説は、本人と相手方間には、すでに504条本文によって代理に基づく法律関係が生じているが、相手方と代理人間にも上記と同一の法律関係が生じるものとし、相手方が、その選択に従い、本人との法律関係を否定し、代理人との法律関係を主張することを許容したものであるとする。そして、相手方がその選択に従い、本人との法律関係を否定し、代理人との法律関係を主張した場合には、本人は、もはや相手方に対し、本人・相手方間の法律関係の存在を主張することができなくなるとする(Q_1のD説)。

→判例セレクト1

Q1 商行為の代理の非顕名主義とは、どのような内容のものか。

◀ランクB⁻

A説 松本、田中(誠)、鈴木、石井
- ▶結論:本人と相手方との間にのみ法律関係が生じるが、ただ、相手方が本人のためにすることを知らなかった場合には、代理人は、相手方に対して履行の責任を負う。
- ▶帰結:相手方に対して債権者的地位に立つのは本人だけであるが、債務者的地位に立つのは本人と代理人であって、この両者は不真正連帯債務の関係に立つ。
- ▶理由:条文に忠実な解釈である。
- ▶批判:①相手方が本人から請求を受けた場合には、相手方は代理人に対して有する抗弁を本人に対して主張できなくなり、代理人を本人と信じて取引した相手方は不測の損害を被ってしまう。

◆第504条 067

②代理関係の存在を認めるべき事情も外観もない場合に有効な代理行為と認めるのは行きすぎである。

B説 竹田、西原
- ▶結論：504条は民法100条ただし書と同趣旨のものにすぎず、両者の違いは、立証責任の差異にすぎない。すなわち、民法では、本人または代理人が代理の効果を主張するためには、相手方がその事情を知り、または知らないことが過失による旨を立証しなければならないが、商法では、代理の効果を否認する相手方において、代理人が本人のために行動したことを過失なくして知らなかった旨を立証しなければならない。
- ▶帰結：相手方が本人のためにすることを知りまたは知りうべかりしときは、本人と相手方との間の法律関係だけが生じ、相手方がそれを知らずかつ知りえないときは、代理人と相手方との間の法律関係だけが生ずることになる。
- ▶理由：A説批判②
- ▶批判：504条ただし書の規定と調和しない解釈である。

C説 小町谷、神崎、菅原
- ▶結論：相手方が本人のためにすることを知らなかった場合には、相手方は、本人と代理人に対して権利を有し、代理人に対して義務を負う。
- ▶帰結：相手方が本人のためにすることを知らなかった場合には、相手方に対して債権者地位に立つのは代理人であり、債務者的地位に立つのは本人と代理人であって、この両者は不真正連帯債務の関係に立つ。
- ▶理由：A説の批判①
- ▶批判：本人が相手方に対して債務のみを負担して債権を有しないと解することは、504条本文の解釈として無理がある。

D説 判例、田中(耕)、大隅
- ▶結論：相手方がその代理たることを知ると否とを問わず、本人に対して効力を生ずるが、相手方が本人のためにすることを知らず、かつ知りえなかった場合には、相手方と本人との間のほか相手方と代理人との間にも法律関係が成立することになり、相手方はそのいずれかを選択して請求することができる。
- ▶帰結：相手方が本人のためにすることを知らず、かつ知りえなかった場合には、相手方の選択のいかんにより、相手方と本人との間または相手方と代理人との間のいずれかに法律関係が生ずることになる。
- ▶理由：相手方の選択により本人または代理人がそれぞれ債権者的地位および債務者的地位に立つことになるので、関係者の妥当な利害調整を図ることができる。
- ▶批判：選択権は、その性質、要件、行使方法および効果のいずれについても明確ではない。

2 504条の適用範囲

504条は、本人のために商行為となる行為の代理についてのみ

適用される（判例）。また、会社の代表取締役が個人名義で土地家屋を購入した場合など、代表行為についても504条の類推適用がある（判例）。

→最判昭51・2・26金法784-33
→最判昭44・9・11判時570-77

判例セレクト

1 本条ただし書の趣旨
　本条ただし書の趣旨は、本人と相手方との間には本条本文の規定によって代理関係が生じているが、相手方において、代理人が本人のためにすることを知らなかったとき〔過失により知らなかったときを除く〕は、相手方保護のため、相手方と代理人との間にも上記と同一の法律関係が生ずるものとし、相手方は、その選択に従い、本人との法律関係を否定し、代理人との法律関係を主張することを許容したものである（最大判昭43・4・24総則・商行為百選［4版］40事件）。

2 本人の債権の請求とその訴訟係属中の代理人の債権の時効中断
　本条ただし書により、相手方がその選択により本人または代理人のいずれかに対して債務を負担することを主張することができる場合において、本人が相手方に対して上記債務の履行を求める訴えを提起し、その訴訟の係属中に相手方が債権者として代理人を選択したときは、本人の請求は、かかる訴訟が係属している間、代理人の債権につき催告に準じた時効中断の効力を及ぼす（最判昭48・10・30総則・商行為百選［4版］41事件）。

第505条（商行為の委任）　　B
商行為の受任者は、委任の本旨に反しない範囲内において、委任を受けていない行為をすることができる。

　商行為の受任者は、委任を受けた本来の趣旨に反しなければ、直接委任されていない事項についても、法律行為をすることができます。

→試験対策・4章1節[1]【2】

1 趣旨
　商行為の委任に関し、委任に関する民法644条の規定を明確にさせる規定である。

2 条文クローズアップ

1 本条の効力範囲
　通説は、民法上の受任者は委任の本旨に従い善管注意義務を負うのであるから（民644条）、明示の委任はなくても事情の変更に

応じて臨機の処置を講じうるとして、商法505条は民法644条を明確化した規定(確認規定)にすぎず、受任者の権限を拡張したものではないと解している。

2　「商行為の受任者」の意味
「商行為の受任者」とは、商行為をなすべき委任を受けた者であって、委任行為が商行為である必要はないと解されている。

第506条（商行為の委任による代理権の消滅事由の特例）　B
商行為の委任による代理権は、本人の死亡によっては、消滅しない。

商行為の委任による代理権は、本人が死亡しても消滅しません。　→試験対策・4章1節②【1】

1　趣旨
民法の一般原則によれば、代理人の代理権は本人の死亡により消滅する(民111条1項1号)。しかし、反復継続的に行われる商取引を円滑に行うには、相続人が営業を続け、別段の意思表示がないかぎり、従来の代理人の代理権を存続させることが望ましい。そこで、本条は、商行為の委任による代理権は本人の死亡によっては消滅しないとして、商取引の円滑な処理を図った。

2　条文クローズアップ
1　「商行為の委任による代理権」の意義
「商行為の委任による代理権」とは、代理を授権することが本人のために商行為であるその代理権に解されている(判例)。したがって、本人は商人にかぎられる。

なお、本条は当事者の一方が商人である場合の特則である。

→大判昭13・8・1総則・商行為百選[2版]42事件

2　「委任による代理権」
本条は「委任による代理権」と規定するが、授権行為の基礎となる法律関係は、委任にかぎらず雇用や組合などによる場合も含むと解されている。

第507条（対話者間における契約の申込み）　B⁻
商人である対話者の間において契約の申込みを受けた者が直ちに承諾をしなかったときは、その申込みは、その効力を失う。

商人である対話者の間(当事者間)において、契約の申込みを受けた者がただちに承諾をしなかったときは、その申込みは効力を

→試験対策・4章1節③【1】(1)

失います。

1 趣旨

商取引の迅速結了主義の要請に基づく規定である。

2 条文クローズアップ

「対話者の間」の意味

「対話者の間」とは、直接に意思の交換ができる関係にある当事者間という意味である。たとえば、相手方が遠隔地にいても、電話で交渉を行っている場合などは、対話者間と考えられる。

> **第508条（隔地者間における契約の申込み）　B⁻**
> ①商人である隔地者の間において承諾の期間を定めないで契約の申込みを受けた者が相当の期間内に承諾の通知を発しなかったときは、その申込みは、その効力を失う。
> ②民法第五百二十三条の規定は、前項の場合について準用する。

離れた場所にいる商人同士の間で、承諾の期間を定めないで契約の申込みを受けた者が、相当の期間が経過しているのに、承諾の返事をしなかったときは、申込みは効力を失います。遅延した承諾を新たな申込みとみなすことができるという民法523条の規定は、上記の場合に準用されます。

→試験対策・4章1節3【1】(2)

1 趣旨

民法上は、承諾期間を定めないで契約の申込みをした者は、承諾の通知を受けるのに相当な期間内にこれを受けないときに、申込みを撤回できるとする（民524条）。商取引には迅速性が要請されることから、本条は民法の特則として、相当の期間内に承諾の通知を発しなかったときには申込みは当然に失効する旨を定める。

2 条文クローズアップ

1 「隔地者の間」の意味

「隔地者の間」とは、直接に意思の交換ができる関係にない当事者間という意味であって、必ずしも場所的な遠近を問題とするものではない。

2 「相当の期間」

「相当の期間」は、被申込者において申込者が満足するであろうと合理的に考える期間であって、諸般の事情を考慮して具体的に

決定される。
　この期間を過ぎて承諾の通知を発しても契約は成立しないが、新たな申込みとみなすことができる（2項・民523条）。

> **第509条（契約の申込みを受けた者の諾否通知義務）　B⁻**
> ①商人が平常取引をする者からその営業の部類に属する契約の申込みを受けたときは、遅滞なく、契約の申込みに対する諾否の通知を発しなければならない。
> ②商人が前項の通知を発することを怠ったときは、その商人は、同項の契約の申込みを承諾したものとみなす。

　商人が普段取引をしている相手方から、その営業の範囲内に属する事柄について契約の申込みを受けたときは、すぐに承諾するかしないかの通知を出さなければなりません。もし通知を出さない場合は、相手方の申込みを承諾したものとして取り扱われ、契約は成立したことになります。

→試験対策・4章1節②【2】(1)

1 趣旨

　民法上は諾否通知義務などなく、承諾のないかぎり契約は成立しないのが原則である。しかし、商人の継続的取引関係、商行為の迅速性から取引の相手方を保護し、商人の義務を課すために、本条のような例外を置いた。

2 条文クローズアップ

1 「平常取引をする者」

　「平常取引をする者」は、商人である必要はないが、ある程度継続的な取引関係があった者であることを必要とする。1、2回程度の売買取引があった程度では、平常取引があるとはいえない（判例）。

→大判昭6・9・22法学1上-223

2 「営業の部類に属する契約」

　「営業の部類に属する契約」とは、商人がその営業とする基本的商行為に関連する契約の意味であると解されている（通説）。
　判例は、借地権放棄の申込みや銀行に対する保証人脱退の申込みは、本条にいう「契約」にはあたらず、本条の適用ないし類推適用の余地はないとしている。

→判例セレクト1、2

判例セレクト

1 借地権放棄の申込み

　商人の借地権の放棄に関する契約は、たとえその借地権がその営業

所の敷地に関する場合であっても、本条にいう「営業の部類に属する契約」とはいえない（最判昭28・10・9総則・商行為百選［4版］43事件）。

2　銀行に対する保証人脱退の申込み

銀行取引における保証人脱退の申込みは、承諾が当然に予想されるものではないことが明らかであるから、その申込みにつき本条の適用ないし類推適用の余地はない（最判昭59・5・29金法1069-31）。

> **第510条（契約の申込みを受けた者の物品保管義務）　　B⁻**
> 商人がその営業の部類に属する契約の申込みを受けた場合において、その申込みとともに受け取った物品があるときは、その申込みを拒絶したときであっても、申込者の費用をもってその物品を保管しなければならない。ただし、その物品の価額がその費用を償うのに足りないとき、又は商人がその保管によって損害を受けるときは、この限りでない。

商人が、その営業の範囲内に属する事柄について契約の申込みを受けた場合において、その申込みと同時に品物を受け取ったときは、その申込みを拒絶したときでも、申込みをした相手方の負担でその商品を保管しなければなりません。しかし、その商品の価格が保管の費用にもあたらないときなどは、その必要がありません。

→試験対策・4章1節2【2】(2)

1　趣旨

民法上は特に物品保管義務などはないが、本条は、商取引においては契約の申込みと同時に契約の目的物の全部または一部を送付することが少なくないことを前提に、商取引関係を円滑に処理し、商人に対する相手方の信頼を保護するために置かれた民法の特則である。

2　条文クローズアップ

物品保管義務

諾否通知義務（509条）と異なり、申込者が、平常取引をする者である必要はない。

> **第511条（多数当事者間の債務の連帯）　　B**
> ①数人の者がその一人又は全員のために商行為となる行為によって債務を負担したときは、その債務は、各自が連帯して負担する。
> ②保証人がある場合において、債務が主たる債務者の商行為によって生

じたものであるとき、又は保証が商行為であるときは、主たる債務者及び保証人が各別の行為によって債務を負担したときであっても、その債務は、各自が連帯して負担する。

数人の者がその1人または全員のために商行為となる行為によって債務を負担したときは、その債務は、連帯債務になります。保証人がある場合において、その債務が主債務者の商行為によって生じたとき、または保証が商行為であるときは、主債務者および保証人が各別の行為によって債務を負担したときであっても、原則として連帯保証になります。

→試験対策・4章1節①【3】

1 趣旨

民法上は、多数債務者の債務は分割債務になるのが原則であるし(民427条)、保証人についても催告の抗弁権(民452条)・検索の抗弁権(民453条)・分別の利益(民456条)などが認められるのが原則である。しかし、債務の履行を確実にし、取引の安全を図った方が商取引の敏活が図られる。そこで、本条は、取引の安全を図り商取引の敏活を図るため、商事債権の強化を図った。

2 条文クローズアップ

1 多数債務者の連帯(1項)

1項が適用されるためには、「債務」が債務者の「一人又は全員のために商行為となる行為」である必要がある。逆に、債権者のために商行為である必要はなく、また、債務者が商人である必要もない。

商行為によって負担した債務の不履行による損害賠償請求権や解除による原状回復請求権なども、商行為によって生じた債権と実質的に同一性を有すると認められるので、1項が適用される。

2 保証人の連帯(2項)

(1)要件(特に「保証が商行為であるとき」の意義)

「保証が商行為であるとき」の意義については争いがある(Q_1)。

判例は、債務者のために商行為になるときのみならず、債権者のために商行為性を有する場合も包含するとしている。他方、多数説は、債務者のために商行為である場合にかぎるとしている。

→判例セレクト3

Q1 「保証が商行為であるとき」の意義。

◀ランクB⁻

A説 判例
▶結論：債務者のために商行為なるときのみならず、債権者のために

　　　　商行為であるときも含む(保証する行為が商行為であるときのみ
　　　　ならず、保証させる行為が商行為であるときも含む)。
▶理由：①2項の趣旨は債務の履行の確保にあるところ、債務者のた
　　　　めに商行為とならない場合でも、債権者のために商行為と
　　　　なるのであれば、本条の趣旨を及ぼすべきである。
　　　　②文理上、このように解するのが素直である。

B説　多数説
▶結論：債務者のために商行為である場合にかぎる。
▶理由：①2項後段の趣旨は、商人の信用について責任を厳格にして、
　　　　取引の円滑と確実を期する点にある。すなわち、債務者側
　　　　にとって商行為となるのか否かが重要である。
　　　　②商事保証の場合には、保証に伴い保証人になんらかの営利
　　　　が帰属するのが通例であり、これを連帯保証としても保証
　　　　人に過度の負担を強いることにはならない。

(2) 効果(特に2項後段の「各自が連帯して」の意義)
　本条2項後段の「各自が連帯して」とは、主たる債務者と保証人とが連帯するのみならず、保証人相互間でも連帯して責任を負うという意味である(判例)。

→判例セレクト4

判例セレクト

1　1項の意義
　数人が1人または全員のために商行為である行為によって債務を負担したときは、相手方のために商行為でないときであっても、3条により、511条1項の規定が双方に適用されるが、その行為が1人のためにも商行為でないときは、たとえ相手方のために商行為であっても、同条項の規定は適用されない(大判明45・2・29民録18-148)。

2　1項の適用される場合——商行為を目的とする共同企業体の場合
　①構成員に会社を含む共同企業体の各構成員は、共同企業体がその事業のために第三者に対して負担した債務につき連帯債務を負う。②連帯債務関係が発生した後に連帯債務者の1人が和議開始の申立てをした場合において、その申立てを知って和議開始決定前の弁済により求償権を取得した他の連帯債務者は、その求償権をもって和議債務者の債権と相殺することができる。③連帯債務者の1人について和議認可決定が確定した場合において、和議開始決定後の弁済により求償権を取得した他の連帯債務者は、債権者が全額の弁済を受けたときにかぎり、その弁済によって取得する債権者の和議債権〔和議条件により変更されたもの〕の限度でその求償権をもって和議債務者の債権と相殺することができる(最判平10・4・14総則・商行為百選〔4版〕44事件)。

3　「保証が商行為であるとき」の意義

2項にいう「保証が商行為であるとき」とは、保証人にとり商行為であるだけでなく、債権者にとって商行為性を有する場合を包含する（大判昭14・12・27総則・商行為百選[3版]43事件）。

4 「各自が連帯して」（2項後段）の意義
2項は、数人の保証人がいる場合において、債務が主たる債務者の商行為で生じたとき、または保証自体が商行為であるときは、各保証人が主たる債務者と連帯すると同時に、保証人相互間でも連帯して債務を負担せしめる趣旨を包含する（大判明44・5・23民録17-320）。

第512条（報酬請求権）　　B
商人がその営業の範囲内において他人のために行為をしたときは、相当な報酬を請求することができる。

商人がその営業の範囲内で他人のために行為をしたときは、相当の報酬を請求することができます。

→試験対策・4章1節②【3】

1 趣旨
民法においては、他人のためにある行為をしても、特約がなければ無償である（民648条1項、656条、665条）。しかし、商人は営利を目的として活動するのであるから、商人の行為もまた営利を目的とするのが通常である。そこで、本条は、商人の行為を原則的に有償とした。

2 条文クローズアップ
1 「営業の範囲内」
「営業の範囲内」とは、営業に関連する行為という意味である。営業の部類に属する行為のみならず、その便益を図るいっさいの行為を含む。

2 「他人のため」
「他人のため」とは、行為者の主観において他人の利益のためにするだけでは足りず、客観的にみて他人の利益のためにする意思をもってしたと認められるものでなければならない。

判例は、宅地建物取引業者が、買主の委託によって売買の媒介をしても、売主から委託されたのではなく、また売主のためにする意思をもって売買の媒介を行ったのではないから、売主に対して報酬請求権を取得できないとする。

→判例セレクト(1)

3 「行為」
「行為」には、法律行為のみならず事実行為も含む。ただし、社会通念上無償でなされることが通常であると認められる行為については、特約のないかぎり報酬請求権は認められない。

> **判例セレクト**

宅地建物取引業者の報酬請求権
(1)委託を受けなかった者に対する報酬請求権
　宅地建物取引業者は、売主からの委託を受けず、かつ、売主のためにする意思を有しないでした売買の媒介については、売主に対し報酬請求権を有しない(最判昭44・6・26総則・商行為百選[4版]45事件)。
(2)仲介活動が途中で排除された場合
　土地等の買受人が、その買受につき宅地建物取引業者に仲介を依頼し、買受契約の成立を停止条件として一定額の報酬を支払う旨を約したのに、買受人がその業者を排除して直接売渡人との間に契約を成立させた場合において、その契約の成立時期が業者の仲介活動の時期に近接しているのみならず、当時その仲介活動により買受人の買受希望価額にあとわずかの差が残っているだけでまもなく買受契約が成立するに至る状態にあったのであり、しかも、買受契約における買受価額が業者と買受人が下相談した価額を僅かに上回る等の事情のあるときは、買受人は、業者の仲介によって間もなく買受契約の成立に至るべきことを熟知して故意にその仲介による契約の成立を妨げたものというべきであり、業者は、停止条件が成就したものとみなして、買受人に対し、約定報酬の請求をすることができる(最判昭45・10・22総則・商行為百選[4版]82事件)。
(3)無免許営業の場合
　無免許業者のなした媒介行為によって、一応私法上有効に本条に基づく報酬請求権が成立するとしても、その報酬請求権の行使に対して、依頼者が任意に報酬を支払う場合は格別、無免許営業に対する厳しい刑罰規定の存在にかんがみれば、民事裁判においても、裁判所が無免許業者にその報酬請求権の行使を認めて利益を得させることにより、無免許営業に加担することはできず、無免許業者に対する依頼者の報酬支払債務は自然債務にとどまる(東京地判平10・7・16判タ1009-245)。

第513条（利息請求権）　B
①商人間において金銭の消費貸借をしたときは、貸主は、法定利息(次条の法定利率による利息をいう。以下同じ。)を請求することができる。
②商人がその営業の範囲内において他人のために金銭の立替えをしたときは、その立替えの日以後の法定利息を請求することができる。

　商人間で金銭の消費貸借をしたときは、貸主は、法定利息を請求することができます。商人が営業の範囲内で他人のために金銭の立替えをしたときは、その立替日以後の法定利息を請求することができます。

1 趣旨

1 消費貸借の利息請求権（1項）

　民法においては、消費貸借契約は無償（無利息）を原則としている（民587条）。しかし、商人間の消費貸借については、商人である貸主は、営利を目的として活動しているし、貸主としては、もしここで貸付をしていなければ、金銭を他で有利に運用していたはずである。そこで、1項は、民法の例外を定めた。

　なお、1項は、当事者双方が商人である場合に適用される。

2 立替金の利息請求権（2項）

　民法においては、他人のために金銭の立替えをしても、それが委任によると事務管理によるとを問わず、特約のないかぎり無償である。しかし、もし、商人が立替えをしていなければ、金銭を他で運用できたはずである。そこで、2項は、商人の活動の営利性に着目して、立替金の利息請求権を定めた。

　なお、2項は、当事者の一方が商人である場合に適用される。

第514条（商事法定利率）　B
　商行為によって生じた債務に関しては、法定利率は、年六分とする。

　商行為によって生じた債務に関して、法定利率は、年6分となります。

→試験対策・4章1節① 【4】

1 趣旨

　民法上の法定利率は年5分であるが（民404条）、商人は一般人より有利に資金を運用できるはずであり、商人が負う債務については高い利息を払うべきであるから、民法の例外を定めた。

2 条文クローズアップ

「商行為によって生じた債務」

　「商行為によって生じた債務」の意義については争いがある。判例は、債務が債権者または債務者のどちらか一方にとって商行為である行為によって生じたものであれば足りるとしている。

→判例セレクト1

判例セレクト

1 「商行為によって生じた債務」の意義

　①本条にいう「商行為によって生じた債務」とは、単に債務者にとり商行為たる行為によって生じた債務にかぎらず、債権者にとり商行為

たる行為によって生じた債権をも含む。②売買契約が商行為であるときは、その解除による前渡代金返還債務にも本条の適用がある(最判昭30・9・8総則・商行為百選[4版]46事件)。

2　債務不履行による損害賠償債務

契約上の債務の不履行を原因とする損害賠償債務は、契約上の債務がその態様を変じたにすぎないものであるから、当該契約が商行為たる性質を有すれば、上記損害賠償債務も、その性格を同じくし、本条にいう「商行為によって生じた債務」にあたる(最判昭47・5・25判時671-83)。

3　自動車損害賠償保障法16条1項に基づく保険会社に対する請求

自動車損害賠償保障法16条1項による被害者の保険会社に対する直接の損害賠償請求権は、被害者の保険会社に対して有する損害賠償請求権であって、保険金請求権の変形ないしそれに準ずる権利ではないから、保険会社の被害者に対する損害賠償債務は、本条にいう「商行為によって生じた債務」にはあたらない(最判昭57・1・19総則・商行為百選[4版]47事件)。

4　不法行為に基づく損害賠償請求権

不法行為に基づく損害賠償請求権は、商行為によって生じた債権ではないから、本条は適用されない(最判昭62・5・29民集41-4-723)。

5　会社法429条1項に基づく取締役の損害賠償債務

会社法429条1項に基づく取締役の損害賠償債務は、「商行為によって生じた債務」とはいえず、その遅延損害金の利率も民法所定の年5分となる(最判平元・9・21判時1334-223)。

第515条（契約による質物の処分の禁止の適用除外）　　B⁻

民法第三百四十九条の規定は、商行為によって生じた債権を担保するために設定した質権については、適用しない。

商行為によって生じた債権を担保するために設定した質権については、民法349条は適用されず、弁済期前の流質契約を許容しています。

→試験対策・4章1節①【5】

1　趣旨

民法においては、一般に経済的に立場の弱い一般債務者を保護するため、設定行為または債務の弁済期前の契約において、質権者に弁済として質物の所有権を取得させ、その他法律に定める方法によらないで質物を処分させることを約すること(流質契約)は禁止される(民349条)。しかし、円滑迅速性を要求する商取引においては、金融を容易にするため、多様な担保の実現方法を認めるのが望ましい。そこで、本条は、民法上の原則の例外を定めた。

2 条文クローズアップ

「商行為によって生じた債権」

「商行為によって生じた債権」の意義については、本条の趣旨と関連して争いがある。

まず、本条の趣旨を商人の自己判断の尊重という点に重点をおいて解釈する見解からは、本条にいう「債権」とは、債務者にとって商行為である行為によって生じた債権にかぎると解することになる。

これに対して、本条の趣旨を商取引において金融を容易にするためであるとすれば、本条にいう「債権」とは、債権者または債務者のどちらか一方にとって商行為である行為によって生じた債権であれば足りると解することになる（通説）。

→近藤130頁

第516条（債務の履行の場所） B⁺

① 商行為によって生じた債務の履行をすべき場所がその行為の性質又は当事者の意思表示によって定まらないときは、特定物の引渡しはその行為の時にその物が存在した場所において、その他の債務の履行は債権者の現在の営業所（営業所がない場合にあっては、その住所）において、それぞれしなければならない。

② 指図債権及び無記名債権の弁済は、債務者の現在の営業所（営業所がない場合にあっては、その住所）においてしなければならない。

商行為によって発生した債務について、その債務を履行する場所が、その行為の性質または契約のなかで決まっていないときは、特定している物の引渡しについては、その行為をした時にその物があった場所で引き渡し、その他の債務については、債権者の現在の営業所に、営業所がなければ、債権者の住所に債務者が持参して履行しなければなりません。

また、裏書によって譲渡できる証券（指図債権）および持参人払式の証券（無記名債権）に対する弁済は、支払の時の債務者の現在の営業所に、営業所がなければ債務者の住所に債権者が取立てに行って、履行を受けなければなりません。

→試験対策・4章1節①【6】、④【1】(1)

1 趣旨

本条は、商行為によって生じた債務の履行場所および指図債権・無記名債権の弁済場所について定めた。

2 条文クローズアップ

1 商行為によって生じた債務の履行場所

商行為によって生じた債務の履行場所が、その行為の性質または当事者の意思表示によって定まらないときは、特定物の引渡しは行為の当時その物が存在した場所で、その他の履行は債権者の現在の営業所（営業所がないときは債権者の住所）で行うことを要する（1項）。

民法では、特定物の引渡し以外の一般債務については、債権者の住所でしなければならないと規定するが（民484条）、商行為によって生じる債務の債権者は通常商人であることが多いので、営業所を住所に先行させた。

2 指図債権・無記名債権の弁済場所

指図債権・無記名債権の弁済は、債務者の現在の営業所（営業所がないときは債務者の住所）でしなければならない（2項）。

このような債権は転々流通が予定されるなど、債務者が債権者を特定するのが困難である場合が多い。そこで、かかる債権は債権者の側が債務者のもとに出向いて取り立てる取立債権であるとした。

> **第517条（指図債権等の証券の提示と履行遅滞）　B**
> 指図債権又は無記名債権の債務者は、その債務の履行について期限の定めがあるときであっても、その期限が到来した後に所持人がその証券を提示してその履行の請求をした時から遅滞の責任を負う。

裏書によって譲渡できる証券（指図債権）および持参人払式の証券（無記名債権）の債務者は、その履行について期限の定めがあるときでも、その期限が到来した後に所持人がその証券を提示して履行の請求をした時から履行遅滞の責任を負います。

→試験対策・4章1節4【1】(2)

1 趣旨

一般の債務は、債務の履行について確定期限があるときはその起源の到来した時から、また、債務の履行について不確定期限があるときはその期限の到来したことを知った時から、それぞれ、債務者は遅滞の責任を負う（民412条1項、2項）。しかし、指図証券および無記名証券は取立債務であり、かつ、債務者は証券と引換えにのみ、その履行をすればよいのであるから、本条のような修正を加えた。

2 条文クローズアップ

1 証券の提示
証券の提示は、履行と引換えに証券を交付することができる現実の提示を意味する。

2 証券の提示を伴わない請求の効果
本条は、債務者を遅滞に付する要件に関する規定であって、時効の中断とは関係がないから、時効中断のための催告には証券の呈示を要しない（判例）。

→最大判昭38・1・30手形小切手百選[6版]78事件

3 裁判上の請求
(1)訴状の送達
訴状の送達は、手形債務者を遅滞に付するについて、手形の提示と同一の効力がある（判例）。

→大判大6・2・9民録23-33

(2)支払命令の送達
裁判上手形金の支払を請求する場合には、手形の提示を伴わないでも支払命令の送達により債務者を遅滞に付する効力がある（判例）。

→最判昭30・2・1総則・商行為百選[初版]62事件

判例セレクト

占有しない有価証券を受働債権とする相殺
有価証券に表章された金銭債権の債務者は、その債権者に対する弁済期にある自己の金銭債権を自働債権とし、有価証券に表章された金銭債権を受働債権として相殺するにあたり、有価証券の占有を取得することを要しない（最判平13・12・18重判平13・商法6事件）。

第518条（有価証券喪失の場合の権利行使方法）　B⁻
金銭その他の物又は有価証券の給付を目的とする有価証券の所持人がその有価証券を喪失した場合において、非訟事件手続法（明治三十一年法律第十四号）第百五十六条に規定する公示催告の申立てをしたときは、その債務者に、その債務の目的物を供託させ、又は相当の担保を供してその有価証券の趣旨に従い履行をさせることができる。

金銭その他の物または有価証券の給付を目的とする有価証券の所持人が、その証券を喪失した場合において、公示催告の申立てをしたときは、債務者に、その目的物を供託させるか、またはみずから相当の担保を提供したうえで、その有価証券の趣旨に従って履行させることができます。

→試験対策・4章1節4【2】

1 趣旨

　証券を喪失した場合には、有価証券上の権利は、公示催告の手続きを経て証券の除権決定を得なければ、その権利を行使することができない（非訟160条2項）。しかし、除権決定は公示催告の申立てをした後2か月以上の期間を経過してから行われるところ（非訟145条、159条2項）、その間に債務者が資力を失いまたは物が滅失もしくは損傷する危険がある。そこで、本条は、証券喪失者の保護のための特別の救済として定められた。

> **第519条（有価証券の譲渡方法及び善意取得）　　B⁻**
> ①金銭その他の物又は有価証券の給付を目的とする有価証券の譲渡については、当該有価証券の性質に応じ、手形法（昭和七年法律第二十号）第十二条、第十三条及び第十四条第二項又は小切手法（昭和八年法律第五十七号）第五条第二項及び第十九条の規定を準用する。
> ②金銭その他の物又は有価証券の給付を目的とする有価証券の取得については、小切手法第二十一条の規定を準用する。

　金銭その他の物または有価証券の給付を目的とする有価証券の譲渡については、その有価証券の性質に応じて、手形の裏書の要件、裏書の方式、白地式裏書の効力、または選択無記名式小切手の効力、裏書の資格授与的効力の規定が準用されます。また、金銭その他の物または有価証券の給付を目的とする有価証券の取得については、小切手に関する善意取得の規定が準用されます。

→試験対策・4章1節4【3】

1 趣旨

　本条は、金銭その他の物または有価証券の給付を目的とする有価証券について、当該有価証券の性質に応じて、手形の裏書の要件、裏書の方式、白地式裏書の効力、または選択無記名式小切手の効力、小切手の裏書の資格授与的効力の規定を準用する旨（1項）、および小切手の善意取得の規定を準用する旨（2項）を規定する。

判例セレクト

ゴルフクラブ入会金預り証
　ゴルフクラブ入会金預り証は、会員権に年会費納入等の義務を伴うものであり、会員権の譲渡に理事会の承認が必要とされ、預り証に指図文句の記載がなく、会員権の移転行為にそれが当然に必要であると

解すべき根拠がない等の事情があるときは、本条所定の有価証券にあたらない(最判昭57・6・24判時1051-84)。

> **第520条（取引時間）　C**
> 法令又は慣習により商人の取引時間の定めがあるときは、その取引時間内に限り、債務の履行をし、又はその履行の請求をすることができる。

商取引によって生じた債務については、法令または慣習により取引時間の定めがあるときは、その取引時間内にかぎり、債務の履行またはその履行の請求をすることができます。

→試験対策・4章1節①【7】

1 趣旨

民法には明文の規定はないが、信義則上同様に解することができるから、本条は、注意規定(確認規定)である。

なお、本条は、当事者が承認であるか否かに関係なく商行為一般に適用される。

判例セレクト

取引時間外になした履行

本条は任意規定であるから、取引時間外になした弁済の提供であっても、これが期日内であり債権者がこれを任意に受領したときは、有効な弁済があったといえる(最判昭35・5・6総則・商行為百選[3版]47事件)。

> **第521条（商人間の留置権）　B**
> 商人間においてその双方のために商行為となる行為によって生じた債権が弁済期にあるときは、債権者は、その債権の弁済を受けるまで、その債務者との間における商行為によって自己の占有に属した債務者の所有する物又は有価証券を留置することができる。ただし、当事者の別段の意思表示があるときは、この限りでない。

商人間において、その双方のために商行為となる行為によって生じた債権が弁済期にあるときは、債権者は、弁済を受けるまで、その債務者との間における商行為によって自己の占有に属した債務者所有の物または有価証券を留置することができます。この留置権は、特約によってその成立を排除することができます。

→試験対策・4章1節③【3】

1 趣旨

　民法においては、留置権が成立するためには、被担保債権と留置物との個別的な牽連関係が必要とされる（民295条1項本文）。しかし、商人間において個別に担保権を設定しなければならないのであれば、迅速性を重視する商取引にとっては、不便である。そこで、本条は、かかる商取引の実情に合わせるため、民法上の原則を修正して、被担保債権と留置物との間の個別的な牽連関係を要せずに留置権が成立するとした。

　ただし、商事留置権は商人間の継続的関係にかんがみて認められる権利であるから、その留置物は、債務者所有の物にかぎられ、民法のように第三者の所有物上には成立しない。

　なお、本条は、当事者の双方が商人である場合に適用される。

2 条文クローズアップ

1　要件

(1)当事者双方が商人であること
(2)被担保債権が、当事者双方のために商行為となる行為によって生じたこと
(3)留置権の目的物は、債務者の所有する物または有価証券であること
　民法と異なり、第三者の所有物を留置することはできない。
　「物」には不動産が含まれるかについて、判例においては見解が分かれている。　　　　　　　　　　　　　　→判例セレクト1(1)、(2)
(4)留置権の目的物は、債務者との間における商行為によって債権者の占有に属したものであること
　「商行為」とは、債権者にとって商行為であることを必要とし、かつ、それで足りるとする見解が有力である。
(5)債権の弁済期が到来していること

2　効力

　商法上、特別の規定はないから、民法の一般規定による。ただし、債務者が破産手続開始の決定を受けた場合には、商人間の留置権は特別の先取特権とみなされ、債権者には別除権が認められることもある（破66条1項、65条2項）。

3　特約による排除

　当事者の別段の意思表示によって、留置権の成立を排除することができる（本条ただし書）。

◆第521条

> 判例セレクト

1 不動産
(1)否定例
　商人間の留置権は、その沿革に照らすと、当事者の合理的意思に基礎を置くものと考えられるのであるが、商人間の商取引で一方当事者所有の不動産の占有が移されたという事実のみで、当該不動産を取引の担保とする意思が当事者双方にあるとみるのは困難であり、その事実のみを要件とする商人間の留置権を不動産について認めることは、当事者の合理的意思に合致しない。また、登記の順位により定まるのを原則とする不動産取引に関する法制度のなかに、目的物との牽連性さえも要件としない商人間の留置権を認めることは、不動産取引の安全を著しく害するものであって、法秩序全体の整合性を損なうものである。以上のような制度の沿革、立法の経緯、当事者意思との関係および法秩序全体の整合性を合わせ考えると、不動産は本条所定の商人間の留置権の対象とならない（東京高判平8・5・28判時1570-118）。
(2)肯定例
　商人間の商行為によって債権者の占有に帰した債務者所有の物に対して生ずるいわゆる商事留置権は、事案によっては不動産を目的としても成立しうる（東京高決平11・7・23総則・商行為百選[4版]49事件）。

2 被担保債権の債務者の破産と留置的効力
　手形につき商事留置権を有する者は、債務者が破産宣告〔現破産手続開始の決定〕を受けた後においても、その手形を留置する権能を有し、破産管財人からの手形の返還請求を拒むことができる。（最判平10・7・14総則・商行為百選[4版]50事件）。

第522条（商事消滅時効）　B⁺
　商行為によって生じた債権は、この法律に別段の定めがある場合を除き、五年間行使しないときは、時効によって消滅する。ただし、他の法令に五年間より短い時効期間の定めがあるときは、その定めるところによる。

　商行為によって生じた債権は、原則として5年の短期消滅時効によって消滅します。

→試験対策・4章1節①【8】

1 趣旨
　民法においては、債権の消滅時効期間は10年であるが（民167条1項）、商取引においては迅速な決済が要求される。そこで、本条は、商行為によって生じた債権は、原則として5年の時効によって消滅する旨を規定した。
　なお、本条は、当事者が商人であるか否かに関係なく商行為一

般に適用される。

2 条文クローズアップ

1 「商行為によって生じた債権」(本条本文)

「商行為によって生じた債権」は、当事者の少なくとも一方のために商行為である行為によって生じたことが必要であり、かつ、それで足りる。また、直接商行為によらないでも、それと同一性を有する債権、たとえば債務不履行による損害賠償請求権や契約の解除による原状回復請求権も、「商行為によって生じた債権」にあたる（判例）。

→判例セレクト5、6

2 「他の法令」(本条ただし書)

商行為によって生じた債権でも、他の法令に5年より短い時効期間の定めがあるときは、その定めるところによる（本条ただし書）。「他の法令」とは、たとえば会社法701条、民法170条から174条まで、手形法70条、小切手法51条などである。

判例セレクト

1 主債務が民事債務で保証債務のみ商行為による場合

主債務が民事債務であって保証債務が商行為によって生じた債務であるときは、主債務は10年の消滅時効にかかり、保証債務は5年の商事時効にかかる（大判昭13・4・8民集17-664）。

2 商人である主債務者の委託に基づく保証の商行為性

保証人自身は商人ではなくても、商人である主債務者の委託に基づくものであれば、その保証委託行為が主債務者の営業のためにするものと推定され、保証人が主債務者に代わって弁済したことによって発生した求償権にも、本条の適用がある（最判昭42・10・6総則・商行為百選［4版］51事件）。

3 払込取扱機関の責任に関する問題

銀行等が株式払込取扱委任契約に基づいて真正に払い込まれた払込金を会社に返還する債務は、商行為によって生じた債務であるから、これと同一に扱い取り扱われるべきものとしての商法189条2項〔現会社64条2項〕に基づく銀行等の債務も、商行為によって生じた債務である（最判昭39・5・26総則・商行為百選［4版］53事件）。

4 利息制限法の制限を超える利息等の不当利得返還請求権

利息制限法所定の制限を超えて支払われた利息・損害金の不当利得返還請求権は、法律の規定によって生じる債権であり、また、商事取引関係の迅速な解決のため短期消滅時効を定めた立法趣旨からみて、商行為によって生じた債権に準ずるものと解することもできないから、その消滅時効期間は民事上の債権として10年である（最判昭55・1・24総則・商行為百選［4版］52事件）。

◆第522条

5　商事契約の解除による原状回復請求権

　商事契約の解除による原状回復〔特定物の返還義務〕は商事債務であり、その履行不能による損害義務も商事債務である（最判昭35・11・1総則・商行為百選［初版］64事件）。

6　債務不履行による損害賠償請求権

　債務者が債務を履行しなかったことにより債権者が有する損害賠償請求権は、債権の効力にほかならず、本来の債権が変更したにとどまり、別個の債権をなすものではないから、本来の債権が商行為によって生じたものであれば、損害賠償請求権も同様である（大判明41・1・21民録14-13）。

7　商行為の解除権の時効

　商行為の解除権も商行為によって生じた債権と同視され、本条の商事時効が適用される（大判大5・5・10民録22-936）。

8　白地補充権

　補充権授与行為は、501条4号の「手形」「に関する行為」に準ずるものと解され、商行為にあたるので、本条の商事時効が適用される（最判昭36・11・24総則・商行為百選［4版］37事件）。

第523条
削除

第2章

売　買

■総　説

1 商事売買の適用対象
　本章の商事売買の規定は、商人間の、しかも、当事者双方のために商行為である売買について適用される。

→試験対策・4章2節①

2 趣旨
　商事売買の規定の趣旨は、商事売買の迅速な確定を図り、主として売主の利益を保護するところにある。

→試験対策・4章2節①

3 任意規定性
　本章の商事売買の規定は、いずれも任意規定であり、これと異なる特約または商慣習があるときはそれによる。

→試験対策・4章2節①

> **第524条（売主による目的物の供託及び競売）　B⁻**
> ①商人間の売買において、買主がその目的物の受領を拒み、又はこれを受領することができないときは、売主は、その物を供託し、又は相当の期間を定めて催告をした後に競売に付することができる。この場合において、売主がその物を供託し、又は競売に付したときは、遅滞なく、買主に対してその旨の通知を発しなければならない。
> ②損傷その他の事由による価格の低落のおそれがある物は、前項の催告をしないで競売に付することができる。
> ③前二項の規定により売買の目的物を競売に付したときは、売主は、その代価を供託しなければならない。ただし、その代価の全部又は一部を代金に充当することを妨げない。

　商人間の売買において、買主がその目的物の受領を拒み、またはこれを受領することができないときは、売主は、その物を供託し、または相当の期間を定めて催告をした後に競売に付することができます。この場合において、売主がその物を供託し、または競売に付したときは、遅滞なく、買主に対してその旨の通知を発しなければなりません。ただし、損傷その他の事由による価格の低落のおそれがある物は、催告をしないで競売に付することができます。また、売買の目的物を競売に付したときは、売主は、そ

→試験対策・4章2節②

の代価を供託しなければなりません。ただし、その代価の全部または一部を代金に充当することができます。

1 趣旨

　民法の原則によれば、買主が弁済の受領を拒みもしくはこれを受領することができない場合、または売主が過失なく買主を確知することができない場合は、売主は、買主のために売買の目的物を供託してその債務を免れることができ(民494条)、これらの場合において、売買の目的物が供託に適しないとき、その物に滅失もしくは損傷のおそれがあるとき、またはその物の保存について過分の費用を要するときは、売主は、裁判所の許可を得て、これを競売に付し、その代金を供託することができる(民497条)。

　しかし、商取引においては、取引の簡易・迅速な結了の要請のもとに、売主がすみやかに目的物の引渡義務を免れ、売買代金の回収をなるべく早く、しかも商機を失うことなく容易に実現できるようにする必要がある。

　そこで、本条は、商人間の売買において、買主がその目的物の受領を拒み、またはこれを受領することができないときは、売主は、その物を供託することができるのみならず、裁判所の許可を要することなく、競売に付することができ、しかも、競売代価の全部または一部を買主の代金債務に充当することができるものとしている。

2 条文クローズアップ

1　供託・競売権の要件

(1)商人間の売買であること

　本条は商人間の売買に適用される(1項前段)。本人が商人であれば、非商人である無権代理人が民法117条1項により、商人である本人と同一の買主としての責任を負う場合にも、商法524条が適用される(判例)。

→大判昭8・1・28民集12-10

　524条が適用されるのは、商人間の売買が当事者双方にとって商行為である場合にかぎられると解されている。

(2)買主の受領拒絶または受領不能があること

　売主が売買の目的物を供託しまたは競売に付するためには、買主に受領拒絶または受領不能の事実があることが必要である(1項前段)。通説は、受領拒絶または受領不能の事実があればよく、売主は履行の提供(民493条)をしなくてもよいと解している。

　売主の過失によらない買主の確知不能の場合(民494条後段参照)にも、本条の類推適用によって、売主は、売買の目的物を供託しまたは競売に付することができると解されている。

(3)買主に対する催告があること

売主が売買の目的物を競売に付するためには、相当の期間を定めて催告をしなければならない（1項前段）。「相当の期間」とは、買主が売買の目的物を受領するか否かを考慮するのに十分の期間をいう。

もっとも、損傷その他の事由による価格の低落のおそれがある物については、催告をしないで競売に付することができる（2項）。

買主の保護のため、売主が売買の目的物を供託しまたは競売に付したときは、遅滞なく、買主に対してその旨の通知を発しなければならない（1項後段）。もっとも、この通知は、供託、競売の効力発生要件ではなく（判例）、これを怠るときは、売主がそれによる損害を買主に賠償する責任を負うにとどまる。

→大判大10・6・10民録27-1127

2 売買代価の代金債務への充当（3項）

売主は、売買の目的物を競売に付したときは、競売代価を供託しなければならないが（3項本文）、その代価の全部または一部を代金に充当することができる（3項ただし書）。

第525条（定期売買の履行遅滞による解除）　　B⁻

商人間の売買において、売買の性質又は当事者の意思表示により、特定の日時又は一定の期間内に履行をしなければ契約をした目的を達することができない場合において、当事者の一方が履行をしないでその時期を経過したときは、相手方は、直ちにその履行の請求をした場合を除き、契約の解除をしたものとみなす。

商人間の売買において、売買の性質または当事者の意思表示によって、特定の日時または一定の期間内に履行をしなければ契約をした目的を達することができない場合において、当事者の一方が履行をしないでその時期を経過したときは、相手方は、ただちにその履行の請求をした場合を除いて、契約の解除をしたものとみなされます。

→試験対策・4章2節③

1 趣旨

民法の原則によれば、確定期売買のような定期行為において当事者の一方が履行期を徒過した場合は、相手方は、催告をすることなく、ただちにその契約の解除をすることができるが（民542条）、解除の意思表示は必要である。

これに対して、本条は、商取引の迅速性に配慮し、売主の利益保護を図るため、定期売買の場合には、履行期の徒過とともに契約が当然に消滅するものとし、契約を存続するためには、相手方

がただちにその履行を請求しなければならないとしている。

2 条文クローズアップ

1 要件
(1)確定期売買(「売買の性質又は当事者の意思表示により、特定の日時又は一定の期間内に履行をしなければ契約をした目的を達することができない場合」)

たとえば、クリスマス用品として売買されたときは、確定期売買である(判例)。

→大判昭17・4・4法学11-12-1289

(2)履行期の徒過(「履行をしないでその時期を経過したとき」)

債務者の不履行が履行遅滞にあたるかどうかとは関係なく、所定時期の経過という客観的事実があれば足りる(判例)。

→最判昭44・8・29総則・商行為百選[4版]54事件

2 定期売買の種類

定期売買には、売主の性質から定期売買とされるもの(絶対的定期売買)と、当事者の意思表示により定期売買とされるもの(相対的定期売買)とがある。

第526条（買主による目的物の検査及び通知）　　B⁻

①商人間の売買において、買主は、その売買の目的物を受領したときは、遅滞なく、その物を検査しなければならない。

②前項に規定する場合において、買主は、同項の規定による検査により売買の目的物に瑕疵があること又はその数量に不足があることを発見したときは、直ちに売主に対してその旨の通知を発しなければ、その瑕疵又は数量の不足を理由として契約の解除又は代金減額若しくは損害賠償の請求をすることができない。売買の目的物に直ちに発見することのできない瑕疵がある場合において、買主が六箇月以内にその瑕疵を発見したときも、同様とする。

③前項の規定は、売主がその瑕疵又は数量の不足につき悪意であった場合には、適用しない。

商人間の売買において、買主は、その売買の目的物を受領したときは、遅滞なく、その物を検査しなければなりません。この場合において、買主は、売買の目的物に瑕疵があることまたはその数量に不足があることを発見したときは、ただちに売主に対してその旨の通知を発しなければ、その瑕疵または数量の不足を理由として契約の解除または代金減額もしくは損害賠償の請求をすることができません。売買の目的物にただちに発見することのできない瑕疵がある場合において、買主が6か月以内にその瑕疵を発見したときも、同様です。ただし、売主がその瑕疵または数量の

→試験対策・4章2節4

不足につき悪意であった場合には、適用されません。

1 趣旨

　民法の原則によれば、買主が瑕疵または数量の不足を理由として、契約の解除、代金の減額、または損害賠償の請求をすることができるのは、瑕疵または数量の不足を知った時から１年以内であるとされている（民563条から566条まで、570条）。

　しかし、このような長期間にわたって取引関係を不安定なままにしておくことは、法律関係の迅速な確定を旨とする商取引の要請に合致しない。また、買主は、自己の権利行使が許される期間内において、売主の危険において投機を行う可能性もある。

　そこで、本条は、買主が商人であり、商品売買の専門家であることを考慮して、目的物の検査義務・通知義務に関する特則を設け、売主の利益の保護を図った。

2 条文クローズアップ

1 本条の適用範囲

　本条の規定は、特定物の売買のみならず、不特定物の売買にも適用される（判例）。その理由は、商事売買の目的物は不特定物であることが多いから、本条の適用を特定物の売買に限定すると、この規定の存在意義がなくなってしまうこと、売主の保護の必要性、買主の投機防止の要請、および瑕疵発見の容易性は、商人間の売買であれば、目的物が特定物であろうと不特定物であろうと変わらないはずであることなどにある。

→最判昭35・12・２総則・商行為百選[４版]55事件

　また、本条の規定は、買主が売主に対して瑕疵担保責任を追及する場合のみならず、債務不履行責任を追及する場合にも適用されると解されている。判例も、傍論においてであるが、商人間の不特定物の売買において、買主が完全履行の請求をする場合にも、本条の適用があることを認めている（判例）。

→最判昭47・１・25総則・商行為百選[４版]56事件

2 売主が瑕疵・数量の不足につき悪意の場合

　２項の規定は、売主がその瑕疵または数量の不足につき悪意であった場合には、適用されない（３項）。すなわち、売主が悪意の場合には、２項は適用されず、買主が瑕疵または数量の不足の通知義務を怠っても、民法の一般原則により瑕疵担保責任を追及することができる。目的物が引き渡された時点で瑕疵または数量の不足を知っている売主を保護する必要はないからである。

第527条（買主による目的物の保管及び供託）　　B⁻

①前条第一項に規定する場合においては、買主は、契約の解除をしたと

> きであっても、売主の費用をもって売買の目的物を保管し、又は供託しなければならない。ただし、その物について滅失又は損傷のおそれがあるときは、裁判所の許可を得てその物を競売に付し、かつ、その代価を保管し、又は供託しなければならない。
> ②前項ただし書の許可に係る事件は、同項の売買の目的物の所在地を管轄する地方裁判所が管轄する。
> ③第一項の規定により買主が売買の目的物を競売に付したときは、遅滞なく、売主に対してその旨の通知を発しなければならない。
> ④前三項の規定は、売主及び買主の営業所(営業所がない場合にあっては、その住所)が同一の市町村の区域内にある場合には、適用しない。

→試験対策・4章2節5

　商人間の売買において、買主がその売買の目的物を受領した場合には、買主は、契約の解除をしたときであっても、売主の費用をもって売買の目的物を保管し、または供託しなければなりません。ただし、その物について滅失または損傷のおそれがあるときは、裁判所の許可を得てその物を競売に付し、かつ、その代価を保管し、または供託しなければなりません。この裁判所の許可にかかる事件は、売買の目的物の所在地を管轄する地方裁判所が管轄します。また、買主が売買の目的物を競売に付したときは、遅滞なく、売主に対してその旨の通知を発しなければなりません。

　以上のことは、売主および買主の営業所・住所が同一の市町村の区域内にある場合には、適用されません。

1 趣旨

　民法の原則によれば、買主が契約を解除した場合には、各当事者は原状回復義務を負う(民545条)にすぎない。

　しかし、これでは、売主は、返送による運送途中の危険を負担し、また転売の機会を失い、特に物品の現所在地で転売可能な場合には、無駄な返送の費用と運送賃を負担するという不利益を受けることになる。

　そこで、本条は、売主の保護と取引の迅速かつ円滑な解決を図るために、買主に売主から受け取った物品の保管および供託義務を課した。

2 条文クローズアップ

1 要件

(1)商人間の売買であること
(2)買主が目的物の瑕疵または数量不足により契約を解除した場合であること

(3) 送付売買であること
　(a) 両当事者の営業所または住所が同一の市町村の区域内にないこと（4項）
　　物の引渡しが売主および買主の営業所または住所の属する市町村の区域内で行われるときは、売主が物品についてただちに適宜の措置をとることができるからである。
　(b) 送付売買であること
　　本条は4項の趣旨から、たとえ両当事者の営業所または住所が同一の市町村の区域内にあっても、売主が買主の指定した他の土地に目的物を送付した場合には、適用されると解される。
(4) 売主に悪意がないこと
　「前条第一項に規定する場合において」とあることから、文理上、当然に要求される要件であると考えられる。

2　1項ただし書の許可にかかる事件
　裁判所の1項ただし書の許可にかかる事件は、売買の目的物の所在地を管轄する地方裁判所が管轄する（2項）。

3　競売に付した場合の買主の義務
　買主が売買の目的物を競売に付したときは、遅滞なく、売主に対してその旨の通知を発しなければならず（3項）、これを怠るときは、それによる損害賠償の責任を負う。

4　費用・報酬の請求権
　物品の保管・供託またはその競売および競売代価の保管・供託は売主の費用をもって行われるので（1項）、買主は、売主に対し、その費用を求償することができる。また、商人は、その営業の範囲内において他人のために行為をしたときは、相当な報酬を請求することができるから(512条)、買主は、売主に対し、このような保管・供託についても相当な報酬を請求することができる。

第528条　　B⁻
前条の規定は、売主から買主に引き渡した物品が注文した物品と異なる場合における当該売主から買主に引き渡した物品及び売主から買主に引き渡した物品の数量が注文した数量を超過した場合における当該超過した部分の数量の物品について準用する。

　売主から買主に引き渡した物品が注文した物品と異なる場合におけるその売主から買主に引き渡した物品、および売主から買主に引き渡した物品の数量が注文した数量を超過した場合におけるその超過した部分の数量の物品についても、527条の規定が準用されます。

→試験対策・4章2節⑤

1 趣旨

　民法の原則によれば、買主が、注文品と異なる物品、注文数量超過の物品を受け取った場合には、その保管義務もなく、ただ、売主の返還請求に応じればよい。

　しかし、これでは、売主は、返送による運送途中の危険を負担し、また転売の機会を失い、特に物品の現所在地で転売可能な場合には、無駄な返送の費用と運送賃を負担するという不利益を受けることになる。

　そこで、本条は、売主の保護と取引の迅速かつ円滑な解決を図るために、買主に売主から受け取った物品の保管および供託義務を課した。

第3章

交互計算

> **第529条（交互計算）　　B⁻**
> 交互計算は、商人間又は商人と商人でない者との間で平常取引をする場合において、一定の期間内の取引から生ずる債権及び債務の総額について相殺をし、その残額の支払をすることを約することによって、その効力を生ずる。

　交互計算は、商人間または商人と商人でない者との間で通常の取引をする場合において、一定の期間内の取引から生ずる債権および債務の総額について相殺をし、その残額の支払をすることを約することによって、その効力を生じます。

→試験対策・4章3節①

1 趣旨

　継続的な取引関係がある場合において、相互に債権を取得する両当事者が、債権が発生するごとにいちいち決済するのは面倒である。交互計算は、一定の期間を定めて後でまとめて相殺する制度である。

2 語句の意味

　交互計算とは、商人間または商人と商人でないものとの間で平常取引をする場合において、一定の期間内の取引から生じる債権債務の総額につき相殺をし、その残額の支払をすべきことを約する契約をいう。

3 条文クローズアップ

1 要件

　交互計算は、商人間または商人と商人でない者との間で締結される契約であり、当事者の少なくとも一方は商人でなければならない。また、交互計算の当事者は、平常取引をする関係、すなわちある程度継続的に取引をする関係にあることを必要とする。
　交互計算の目的となる債権債務は、一定期間内の取引から生じる債権債務である。

2 交互計算の機能

(1)決済簡易化の機能

　交互計算においては、相互に債権を取得する両当事者は、取引から生ずる債権および債務をその発生のたびに決済すること

く、交互計算期間の経過後にその総額を一括相殺し、その残額のみを支払えばよい。したがって、両当事者は、その債権および債務を発生のたびごとに決済する場合の労力および費用を節約することができ、個々の債務の履行のために金銭の固定化を避けることができる(**決済簡易化の機能**)。

(2)担保的機能

交互計算においては、当事者間において交互計算期間内に発生する債権および債務はその期間が終了するまで個別的に取り立てられることはなく、その期間の終了時に総額が一括相殺される。したがって、両当事者は、相互に、相手方が過去に自己に対して取得した債権および将来自己に対して取得するであろう債権を担保として取引をすることができる(**担保的機能**)。

3　交互計算の種類

交互計算には**古典的交互計算**と**段階的交互計算**がある。前述1の交互計算の定義は古典的交互計算といわれるものである。

4　段階的交互計算

(1)意義

段階的交互計算とは、相互に債権および債務が発生する継続的な取引関係にある当事者間において、個々の債権および債務が発生するたびごとに自動的に相殺が行われ、残高債権が発生することを約束する契約をいう。

たとえば、銀行実務において、当座預金契約や当座貸越契約に基づいて、差引計算が行われているが、これは債権および債務が組み入れられるごとに差引計算が行われ、残額が算出されるものであり、段階的交互計算とよばれている。

(2)古典的交互計算との異同

継続的に取引している当事者間に行われるものである点では、古典的交互計算と同様であるが、交互計算不可分の原則(530条参照)を否定する点において、古典的交互計算と異なる。

(3)段階的交互計算の機能

段階的交互計算においても、債権および債務は、その発生のたびごとにその個別的な決済をする必要がないので、そのための労力および費用を節約することができる。すなわち、段階的交互計算も、決済簡易化の機能を有する。しかし、段階的交互計算では、債権および債務は発生するたびごとに自動的に相殺されて、消滅してしまうので、両当事者は相手方が自己に対して取得する債権を担保として取引をすることができない。すなわち、段階的交互計算は、担保的機能を有しない。

(4)本条の適用

段階的交互計算には、本条の適用はないが、それ以外の交互計算に関する規定は準用されると解されている。

> **判例セレクト**
>
> **各個の債権の譲渡・差押えの可否**
>
> 　交互計算に組み入れられた各個の債権は、格別に取立てまたは譲渡をすることができず、譲渡の不許については民法466条2項ただし書の適用がなく、したがって各個の債権の差押え・転付命令も第三者の善意悪意を問わず無効である（大判昭11・3・11総則・商行為百選[4版]79事件）。

> **第530条（商業証券に係る債権債務に関する特則）　C**
>
> 手形その他の商業証券から生じた債権及び債務を交互計算に組み入れた場合において、その商業証券の債務者が弁済をしないときは、当事者は、その債務に関する項目を交互計算から除外することができる。

　手形その他の商業証券から生じた債権および債務を交互計算に組み入れた場合において、その商業証券の債務者が弁済をしないときは、当事者は、その債務に関する項目を交互計算の対象から除くことができます。

→試験対策・4章3節[2]

1　趣旨

　交互計算の効力には、消極的効力（交互計算不可分の原則）と積極的効力がある。消極的効力は交互計算期間内の効力であり、積極的効力は交互計算期間経過後の効力をいう（積極的効力に関しては532条参照）。

　消極的効力（交互計算不可分の原則）の結果として、交互計算に組み入れられた債権は、支払猶予の状態におかれ、両当事者は、これを個別的に行使することができないのが原則である。

　本条は、その例外として、手形その他の商業証券から生じた債権および債務を交互計算に組み入れた場合において、その商業証券の債務者が弁済をしないときは、組入れ債務を負担した債務者に不利益にならないように、当事者は、その債務に関する項目を交互計算から除去することができると定めている。

2　条文クローズアップ

1　交互計算不可分の原則の内容

　交互計算に組み入れられたすべての債権および債務はその独立性を失い、両当事者は各個の債権を行使したり、これを個別に譲渡または質入れしたり、差押えをしたりすることができない。

　交互計算期間内は、債権は、支払猶予の状態におかれ、消滅時

効は進行せず、履行遅滞も生じない。

交互計算に組み入れられた個々の債権について、第三者が有効に差押えをすることができるか、すなわち交互計算不可分の原則の効力が第三者にも及ぶかが問題となる。判例は、交互計算不可分の原則の帰結として、交互計算に組み入れられた個々の債権について、第三者が有効に差押えをすることができないとしている。

→529条判例セレクト

2 「手形その他の商業証券から生じた債権及び債務」の意味

「手形その他の商業証券から生じた債権及び債務」とは、手形割引の代金債務のように、有価証券の授受に関する対価支払の債務と解されている。手形その他の有価証券上の債権のような特殊な権利行使を必要とする債権(証券の表章する債権債務)それ自体という意味ではない。

> ### 第531条（交互計算の期間） C
> 当事者が相殺をすべき期間を定めなかったときは、その期間は、六箇月とする。

当事者が相殺をすべき期間を定めなかったときは、その期間は、6か月とされます。

→試験対策・4章3節①【1】

1 趣旨

交互計算は、一定の期間内の取引から生ずる債権および債務の総額について一括相殺をし、その残額を支払うことを約する契約である。この一定の期間を**交互計算期間**といい、交互計算期間は当事者間で自由に決めることができるが、当事者がその期間を定めなかったときは、その期間は、6か月とされる。

> ### 第532条（交互計算の承認） C
> 当事者は、債権及び債務の各項目を記載した計算書の承認をしたときは、当該各項目について異議を述べることができない。ただし、当該計算書の記載に錯誤又は脱漏があったときは、この限りでない。

当事者は、債権および債務の各項目を記載した計算書の承認をしたときは、当該各項目について異議を述べることができませ

→試験対策・4章3節②【2】

ん。ただし、当該計算書の記載に錯誤または脱漏があったときは、異議を述べることができます。

1 趣旨

本条は、交互計算の積極的効力である計算書の承認の効果に関する規定である。

2 条文クローズアップ

計算書の承認の効果

交互計算期間が満了すると、各当事者は、その期間内に発生した債権および債務の各項目を記載し、その総額の一括相殺による残額を算出した計算書を承認して、残額を確定する。これを**交互計算の積極的効力**という。当事者は、債権および債務の各項目を記載した計算書の承認をしたときは、当該各項目について異議を述べることができない(本条本文)。交互計算関係の安定を害さないようにするためである。ただし、計算書の記載に錯誤または脱漏があったときは、異議を述べることができる(本条ただし書)。これは、不当利得返還請求権を行うことを明らかにしているにすぎないと解されている(通説)。

計算書の承認によって残額が確定し、当事者の一方がそれを支払う債務を負担する。この債務は、交互計算期間内に発生した各個の債務とは別個のものである。したがって、交互計算に組み入れられた各個の債権についての担保および保証は、特約がある場合を除き、残額債務に引き継がれない。その時効も新たに進行を開始する。また、当事者は、交互計算期間中に発生した各個の債権に利息を付している場合にも、残額債権について相殺によって生じた残額について計算の閉鎖の日以後の法定利息(514条)を請求することができる(533条)。すなわち、この場合には、重利禁止(民405条)の例外が認められる。

→近藤168頁

第533条（残額についての利息請求権等）　　C
①相殺によって生じた残額については、債権者は、計算の閉鎖の日以後の法定利息を請求することができる。
②前項の規定は、当該相殺に係る債権及び債務の各項目を交互計算に組み入れた日からこれに利息を付することを妨げない。

相殺によって生じた残額については、債権者は、計算の閉鎖の日以後の法定利息を請求することができます。また、その相殺に

→試験対策・4章3節2【2】

関する債権および債務の各項目を交互計算に組み入れた日からこれに利息をつけることもできます。

1 趣旨

交互計算に組み入れられた債権は、交互計算不可分の原則により、支払猶予の状態におかれるが、当事者の特約によって、その組み入れの日からこれに利息を付することを妨げない（2項）。さらに、残額債権については、計算閉鎖の日以後の法定利息を請求することができる（1項）。この結果は、重利禁止（民405条）に該当することになるが、本条はその例外として重利を認めたものである。

> **第534条（交互計算の解除）　　C**
> 各当事者は、いつでも交互計算の解除をすることができる。この場合において、交互計算の解除をしたときは、直ちに、計算を閉鎖して、残額の支払を請求することができる。

各当事者は、いつでも交互計算の解除をすることができます。この場合において、交互計算の解除をしたときは、各当事者は、ただちに、計算を閉鎖して、残額の支払を請求することができます。

→試験対策・4章3節③

1 趣旨

交互計算は当事者間の信用を基礎として成り立つものであるから、本条は、各当事者がいつでも交互計算の解除をすることができる旨を定めた。

2 条文クローズアップ

交互計算の終了
(1)存続期間の満了
　交互計算は、契約に存続期間の定めがあれば、その期間の満了によって当然に終了する。
(2)交互計算の解除
　各当事者は、いつでも交互計算の解除をすることができる（本条前段）。交互計算の解除がなされたときは、ただちに計算を閉鎖して、残額の支払を請求することができる（本条後段）。
(3)破産手続の開始（破59条）
　交互計算は、当事者の一方について破産手続が開始されたときは、終了し（破59条1項前段）、各当事者は、計算を閉鎖して、残

額の支払を請求することができる(破59条1項後段)。この請求権は、これを破産者が有するときは破産財団に属し、相手方が有するときは破産債権となる(破59条2項)。

第4章
匿名組合

■総　説

1 意義

→試験対策・4章4節① 【1】

1　定義
　匿名組合とは、当事者の一方が相手方の営業のために出資をし、その営業から生ずる利益を分配することを約束する契約をいう(535条)。当事者のうち、出資をする者を**匿名組合員**といい、営業を行う者を**営業者**という。

2　匿名組合の当事者
　匿名組合の当事者は、匿名組合員と営業者とからなる二当事者にかぎられ、民法上の組合のように3人以上の当事者の存在は認められない。すなわち、営業者は多数の匿名組合員と匿名組合契約を結ぶことができるが、その場合であっても、別個の匿名組合契約があるにすぎない。

3　匿名組合員
　匿名組合員は商人であると非商人であるとを問わないが、営業者は商人でなければならない。ただし、営業者は、商人であれば、その規模、すなわち完全商人であるか小商人であるか、あるいはその経営形態、すなわち個人商人であるか会社であるかなどは問われない。
　匿名組合員の出資は、法律上は営業者の財産に帰属する(536条1項)。したがって、それについて匿名組合員と営業者との共有関係は成立しない。また、営業者の出資というものはない。

4　利益の分配
　利益の分配は、匿名組合の要素であり、営業者の営業の成果に左右される。匿名組合では、利益の分配は必ず約定することを要するが、損失の分担は、その要件ではない。

2 沿革

→試験対策・4章4節① 【2】

　匿名組合は、合資会社とその起源を同じくし、10世紀頃から地中海沿岸(特にイタリアの諸都市)で広く行われたコンメンダ契約に由来する。コンメンダ契約は、本国にとどまる資本家が企業家(その多くは船長)に対し金銭・商品・船舶等を委託し、その企業家が海外に渡航して貿易を行い、その利益を分配することを内容としていた。
　後には企業家もまた資本の一部を出すようになり、これは一般

にコレガンチアとよばれた。コレガンチアは、15世紀頃からさらに分化して、資本家と企業家とが共同事業者として対外的にあらわれるものと、従来どおり資本家は対外的にあらわれないものとに分かれた。前者が合資会社に、後者が匿名組合に、それぞれ発展した。

3 特色

→試験対策・4章4節①【3】

　匿名組合は経済的・実質的には共同企業であるが、その特色は、出資者は隠れ（匿名）、対外的には営業者の単独企業としてあらわれる点にある。

　匿名組合の制度を利用すると、出資者（匿名組合員）からみれば、その社会的地位や法的制限のため、みずから営業者となることを好まず、またはなることができない場合において、投資の有利性と秘密性とを享受することができる。また、営業者からみれば、自分の営業として資本関係を秘密にし、消費貸借によれば負担すべき確定利息を免れ、自由な経営をすることができる。

4 他制度との相違点

→試験対策・4章4節④

1　組合との相違点

　民法上の組合の組合財産は、総組合員の共有に属する（民668条）。これに対して、匿名組合員が出資した財産は、すべて営業者の財産に帰属し（商536条1項）、共有財産とはならない。そのため、民法の組合と異なり、匿名組合員の持分という概念もない。

　また、匿名組合員は、営業者の行為について、第三者に対して権利および義務を有しない（536条4項）。民法上の組合の組合員が無限責任を負うのと大きく異なる。そのため、匿名組合と民法上の組合とを区別し、匿名組合は、商法の認める一種特別の契約であるとするのが通説である。しかし、内部的にはその共同事業性を認め、民法の組合に関する規定で可能なものについては、匿名組合にも類推適用を認めている。

2　持分会社の業務執行権を有しない有限責任社員との異同

(1) 共通点

　匿名組合は、実質的には、営業者と匿名組合員との共同事業であり、匿名組合員は、共同事業に資本的にのみ参加する無機能資本家である（536条3項）点において、持分会社の業務執行権を有しない有限責任社員と共通している。

(2) 相違点

　持分会社の業務執行権を有しない有限責任社員は、持分会社という社団の社員（会社の構成員）である。これに対して、匿名組合は契約であるから、匿名組合員は、契約の一方当事者にすぎない。そのため、両者間には、大きな違いがある。

持分会社の業務執行権を有しない有限責任社員と匿名組合員との異同

	有限責任社員	匿名組合員
地　位	経営に関与しない無機能資本家 （会社590Ⅰ参照、商536Ⅲ）	
	社員	契約の一方当事者
権　利	営業監視権あり （会社592、商539）	
	時期による制限なし （会社592Ⅰ）	①営業年度の終了時(商539Ⅰ) ②重要な事由があるときはいつでも(商539Ⅱ)
	裁判所の許可不要(会社592Ⅰ)	①の場合は裁判所の許可不要(商539Ⅰ) ②の場合は裁判所の許可要(商539Ⅱ)
義　務	出資義務あり （会社576Ⅰ⑥、商535）	
持分の有無	あり	なし(商536Ⅰ)
対第三者に対する関係	出資の価額を限度として会社債権者に対し、直接責任を負う(会社580Ⅱ)	営業者の行為について、第三者に対して権利および義務を有しない(商536Ⅳ)
投下資本回収の手段	利益配当請求（会社621Ⅰ）、退社による持分払戻請求（会社611Ⅰ本文）、持分譲渡（会社585Ⅱ、Ⅲ、Ⅳ）	利益配当請求（商538）、出資価額の返還請求（商542）
氏名開示の必要	あり（会社576Ⅰ④、913⑤）	なし
法律関係の終了原因	退社（会社606以下）	契約一般の終了原因、匿名契約特有の終了原因（商540、541）

> **第535条（匿名組合契約）　B**
> 匿名組合契約は、当事者の一方が相手方の営業のために出資をし、その営業から生ずる利益を分配することを約することによって、その効力を生ずる。

　匿名組合契約は、当事者の一方が相手方の営業のために出資をし、その営業から生ずる利益を分配することを約束することによって、効力が生じます。

→試験対策・4章4節①

1 趣旨

　社会的地位や職業などの関係から共同出資者として名前を出すことを避けようとする出資者がいる場合において、経営の才能があっても資本に乏しい商人としては、他人の企業参加を外部に秘匿し、単独の企業として営業できるならば、好都合である。この

ような要求をみたすものが匿名組合である。

2 語句の意味

匿名組合とは、当事者の一方が相手方の営業のために出資をし、その営業から生ずる利益を分配することを約束する契約をいう。当事者のうち、出資をする者を**匿名組合員**といい、営業を行う者を**営業者**という。

3 条文クローズアップ

匿名組合契約

営業者は多数の出資者と同一内容の匿名組合契約を結ぶことができるが、この場合において、営業者と各匿名組合員の間には、出資者の数だけ別個の匿名組合があるだけで、出資者相互間には何の法律関係も存しない。

匿名組合員は商人であると非商人であるとを問わないが、営業者は商人でなければならない。

匿名組合契約は、有償・双務・諾成契約である。

第536条（匿名組合員の出資及び権利義務）　　B
①匿名組合員の出資は、営業者の財産に属する。
②匿名組合員は、金銭その他の財産のみをその出資の目的とすることができる。
③匿名組合員は、営業者の業務を執行し、又は営業者を代表することができない。
④匿名組合員は、営業者の行為について、第三者に対して権利及び義務を有しない。

匿名組合員の出資は、営業者の財産に属します。匿名組合員は、金銭その他の財産のみをその出資の目的とすることができますが、他方で、営業者の業務を執行し、または営業者を代表することはできませんし、営業者の行為について、第三者に対して権利および義務がありません。

→試験対策・4章4節②

1 趣旨

本条は、匿名組合員の出資財産の営業者に対する帰属と、匿名組合員の対外関係を規定している。

2 条文クローズアップ

1 匿名組合の対外関係（当事者相互の関係）

◆第536条

(1)匿名組合員の出資義務

　匿名組合員は、営業者に対し、契約の定めに従って出資をする義務を負う(535条)。出資の目的は、金銭その他の財産にかぎられ(本条2項)、労務または信用の出資は認められない。匿名組合員の出資は、すべて営業者の財産に帰属し(1項)、共有財産とならない。

(2)営業者の利益分配義務

　営業者は、匿名組合員に対し、その営業から生ずる利益を分配する義務を負う(535条)。「利益」とは、営業年度の開始時と終了時との財産額を比較した、その年度の営業による増加額をいう。

　利益の分配は匿名組合の要素であり、これを欠く匿名組合はありえない。そして、利益の分配の割合は、通常匿名組合契約で定められるが、別段の定めがないときは、出資の割合によるものと解される(民674条1項類推適用)。

　出資が損失によって減少したときは、その損失をてん補した後でなければ、匿名組合員は、利益の配当を請求することができない(商538条)。

(3)匿名組合員の損失分担義務

　匿名組合は当事者の間では共同事業であるから、匿名組合員が利益の分配を受けるとともに損失の分担もするのが通常である(**損失分配義務**)。したがって、損失の分担は、匿名組合の常素とよばれる。しかし、損失の分担は、利益の分配のような匿名組合の要素ではないから、特約によってこれを排除することができる。損失とは、利益と同様に、営業年度における営業による財産の減少額をいう。損失の分担の割合について別段の定めがないときは、利益の分配の割合と共通である(民674条2項類推適用)。

　損失の分担は計算上の分担にすぎない。すなわち、匿名組合員の出資が損失の分担額だけ減少するだけであって、現実の支払によってこれをてん補する必要はない。

(4)営業者の営業執行義務

　営業者は、匿名組合員に対し、契約の定めに従い、善良な管理者の注意義務をもって、営業を執行し継続すべき義務を負う(**営業執行義務**〔民671条・644条類推適用〕)。

(5)匿名組合員の営業監視権

　匿名組合員は、営業者の業務を執行し、または営業者を代表することができない(3項)。しかし、匿名組合員は、営業者の営業自体には相当な関心を有するのが常である。そこで、商法は、匿名組合員に対し、持分会社の業務執行権を有しない社員と同様に(会社592条)、営業者の営業に関する監視権を認めている(商539条)。

→539条

2　匿名組合の対外関係(当事者と第三者との関係)

匿名組合においては、営業は、営業者のものとして営まれる。したがって、営業者のみが、第三者に対して権利および義務を有し、匿名組合員は、営業者の行為について、第三者に対して権利および義務を有しない（4項）。すなわち、匿名組合員は、第三者に対して直接の法律関係に立たない。ただし、商号使用による例外がある（537条）。

> **第537条（自己の氏名等の使用を許諾した匿名組合員の責任）　B⁻**
> 匿名組合員は、自己の氏若しくは氏名を営業者の商号中に用いること又は自己の商号を営業者の商号として使用することを許諾したときは、その使用以後に生じた債務については、営業者と連帯してこれを弁済する責任を負う。

　匿名組合員は、営業者の商号中に自己の氏・氏名を用いること、または営業者の商号として自己の商号を使用することを許諾した場合において、その使用以後に生じた債務については、営業者と連帯して弁済する責任を負います。

→試験対策・4章4節2【2】

1 趣旨

　匿名組合員は、第三者に対して権利・義務をもたないが、匿名組合員が、自分の氏もしくは氏名を営業者の商号の中に使うことを許諾した場合などは、営業者と連帯債務を負うこととし、禁反言の法理または外観法理を定めた。

2 条文クローズアップ

1　匿名組合員の許諾
　明示であっても、黙示であってもよい。
2　第三者の主観
　禁反言の法理または外観法理という観点からは、第三者が悪意の場合には、匿名組合員の責任は生じないと解すべきである。

> **第538条（利益の配当の制限）　B⁻**
> 出資が損失によって減少したときは、その損失をてん補した後でなければ、匿名組合員は、利益の配当を請求することができない。

　出資に損失が生じてきた場合には、営業によって生じた利益で補てんしていき、出資がプラスに転じるまで、匿名組合員は、利

→試験対策・4章4節2【1】(2)

益配当を受けることができません。

1 趣旨

匿名組合員が損失を分担する場合において、損失により出資が減少しているときは、次の利益でその減少額を補てんした後でなければ、利益配当をすることができない旨を規定している。

2 条文クローズアップ

1 営業者の利益配当義務

利益とは、営業年度の開始時と終了時との財産額を比較した、その年度の営業による増加額をいう。

営業者は匿名組合員に対してその営業から生じた利益を配当する義務を負う(535条)。利益の配当は匿名組合の要素であり、これを欠く匿名組合はありえない。

利益の分配の割合は、通常匿名組合契約で定められるが、別段の定めがないときは、出資の割合によるものと解される(民674条1項類推適用)。

2 匿名組合員の損失分担義務

損失とは、営業年度における営業による財産の減少額をいう。

損失の分担は、利益の分配のような匿名組合の要素ではないから、特約によってこれを排除することができる。

損失の分担は計算上の分担にすぎず、匿名組合員の出資が損失の分担額だけ減少するだけであって、現実の支払によってこれをてん補する必要はない。

第539条（貸借対照表の閲覧等並びに業務及び財産状況に関する検査）　B⁻

①匿名組合員は、営業年度の終了時において、営業者の営業時間内に、次に掲げる請求をし、又は営業者の業務及び財産の状況を検査することができる。
　1　営業者の貸借対照表が書面をもって作成されているときは、当該書面の閲覧又は謄写の請求
　2　営業者の貸借対照表が電磁的記録(電子的方式、磁気的方式その他人の知覚によっては認識することができない方式で作られる記録であって、電子計算機による情報処理の用に供されるもので法務省令で定めるものをいう。)をもって作成されているときは、当該電磁的記録に記録された事項を法務省令で定める方法により表示したものの閲覧又は謄写の請求
②匿名組合員は、重要な事由があるときは、いつでも、裁判所の許可を

得て、営業者の業務及び財産の状況を検査することができる。
③前項の許可に係る事件は、営業者の営業所の所在地（営業所がない場合にあっては、営業者の住所地）を管轄する地方裁判所が管轄する。

匿名組合員は、営業年度の終了時において、貸借対照表の閲覧・謄写の請求をし、または営業者の業務および財産の状況を検査することができます。

→試験対策・4章4節[2]【1】(5)

1 趣旨

匿名組合員の営業時間内における貸借対照表の閲覧・謄写請求権（1項）と、重要な事由がある場合に裁判所の許可を得てする業務・財産状況の検査権（2項）、およびこの裁判所の許可にかかる事件の管轄について規定している（3項）。

2 条文クローズアップ

1 貸借対照表の閲覧等

匿名組合員は、営業年度の終了時において、営業者の営業時間内に、次に掲げる請求をし、または営業者の業務及び財産の状況を検査することができる（1項）。
①営業者の貸借対照表が書面をもって作成されているときは、当該書面の閲覧または謄写の請求（1号）
②営業者の貸借対照表が電磁的記録（電子的方式、磁気的方式その他人の知覚によっては認識することができない方式で作られる記録であって、電子計算機による情報処理の用に供されるもので法務省令で定めるもの〔商法規則9条1項〕をいう）をもって作成されているときは、当該電磁的記録に記録された事項を法務省令で定める方法（商法規則9条2項）により表示したものの閲覧または謄写の請求（2号）

2 業務・財産状況に関する検査

匿名組合員は、重要な事由があるときは、いつでも、裁判所の許可を得て、営業者の業務および財産の状況を検査することができる（2項）。この許可にかかる事件は、営業者の営業所の所在地（営業者の住所地）を管轄する地方裁判所が管轄する（3項）。

第540条（匿名組合契約の解除） B⁻

①匿名組合契約で匿名組合の存続期間を定めなかったとき、又はある当事者の終身の間匿名組合が存続すべきことを定めたときは、各当事者

> は、営業年度の終了時において、契約の解除をすることができる。ただし、六箇月前にその予告をしなければならない。
> ②匿名組合の存続期間を定めたか否かにかかわらず、やむを得ない事由があるときは、各当事者は、いつでも匿名組合契約の解除をすることができる。

→試験対策・4章4節③【1】

匿名組合契約で匿名組合の存続期間を定めなかったとき、またはある当事者の終身の間において匿名組合が存続すべきことを定めたときは、各当事者は、営業年度の終了時に、契約の解除をすることができます。ただし、6か月前にその予告をしなければなりません。また、匿名組合の存続期間を定めたか否かにかかわらず、やむをえない事由があるときは、各当事者は、いつでも匿名組合契約を解除することができます。

1 趣旨

匿名組合は契約であるから、契約の一般的消滅原因の発生により、または、その存続期間の定めがある場合には、期間の満了により終了するが、このほかに、本条は、匿名組合の終了原因として、当事者の一方の意思による解約についての特則を定めた。

2 条文クローズアップ

1 予告による解除

匿名組合契約で匿名組合の存続期間を定めなかったとき、またはある当事者の終身の間匿名組合が存続すべきことを定めたときは、各当事者は、6か月前に予告をして、営業年度の終了時において、契約の解除をすることができる（1項）。

2 「やむを得ない事由」による解除

匿名組合の存続期間を定めたか否かにかかわらず、やむをえない事由があるときは、各当事者は、いつでも匿名組合契約の解除をすることができる（2項）。

「やむを得ない事由」とは、当事者が重要な義務を履行しない場合等である。たとえば、営業者が利益の配当をせず、また、その意思を有していないときは、これにあたる。

> **第541条（匿名組合契約の終了事由）　B⁻**
> 前条の場合のほか、匿名組合契約は、次に掲げる事由によって終了する。
> 　1　匿名組合の目的である事業の成功又はその成功の不能

2　営業者の死亡又は営業者が後見開始の審判を受けたこと。
　3　営業者又は匿名組合員が破産手続開始の決定を受けたこと。

　匿名組合契約は、匿名組合の目的である事業の成功またはその成功の不能、営業者の死亡または営業者が後見開始の審判を受けたこと、営業者または匿名組合員が破産手続開始の決定を受けたことによって終了します。

→試験対策・4章4節③【1】

1 趣旨

　本条は、匿名組合の終了原因として、当事者の意思によらず当然に終了する場合を法定している。

第542条（匿名組合契約の終了に伴う出資の価額の返還）　B⁻

匿名組合契約が終了したときは、営業者は、匿名組合員にその出資の価額を返還しなければならない。ただし、出資が損失によって減少したときは、その残額を返還すれば足りる。

　匿名組合契約が終了したときは、営業者は、匿名組合員にその出資の価額を返還しなければなりません。ただし、出資が損失によって減少したときは、営業者は、匿名組合員に残額を返還すれば足ります。

→試験対策・4章4節③【2】

1 趣旨

　本条は、匿名組合契約が終了した場合の効果について規定している。

2 条文クローズアップ

終了の効果

　匿名組合契約が終了したときは、営業者は、匿名組合員にその出資の価額を返還しなければならない（本文）。この場合の出資の払戻しは、すべて金銭をもってなされ（出資の「価額」の返還）、金銭以外の財産を出資したときも、その評価額を金銭で支払えばよい。なお、匿名組合員の出資価額返還請求権は純然たる債権であるから、営業者に対する他の債権者と平等の地位に立つ。

　出資が損失によって減少したときは、その残額を返還すれば足りる（ただし書）。

第5章
仲立営業

> **第543条【意義】　B**
> 仲立人トハ他人間ノ商行為ノ媒介ヲ為スヲ業トスル者ヲ謂フ

　仲立人というのは、他人同士の間で商行為が成立するように、媒介することを商売にしている者をいいます。

→試験対策・4章5節①

1 趣旨
　仲立人の定義についての規定である。

2 語句の意味
　仲立人とは、他人間の商行為の媒介をなすを業とする者をいう。

3 条文クローズアップ
1　仲立人の意義
(1)媒介
　仲立人は、「媒介」する者である。**媒介**とは、他人間に契約を成立させるために各種の活動をなすことをいう。すなわち、仲立人は、委託者の求めに応じて、たとえば、委託者が締結を希望する契約の相手方となりうべき者を探して、これを委託者に紹介したり、委託者と相手方の契約条件に差がある場合に、両者の間に入ってその調整を図ったりするなどの仕事をする者である。この点で、自己の名をもって第三者のために法律行為をする取次商（e.g. 問屋〔551条〕、締約代理商〔27条〕）とは異なる。

(2)商行為
　仲立人は、「商行為」の媒介をする者である。「商行為」とは、少なくとも委託者とその相手方のいずれか一方にとって商行為であることを必要とする。
　商行為でない法律行為の媒介を営業とする者は、民事仲立人となる。

(3)他人間
　仲立人は、「他人間」の商行為の媒介をする者である。媒介される他人は、広く不特定の者であり、かつ、商人であることを要しない。この点で、特定の商人のために継続的に媒介をする媒介代理商〔27条〕とは異なる。

(4) 営業

仲立人は、他人間の商行為の媒介を営業とする者である。営業として仲立を引き受ける行為は基本的商行為の一つであるから（502条11号）、仲立人は商人である（4条1項）。

2　仲立人の経済的機能

商行為を行おうとする者は仲立人を利用することによって、取引の適当な相手方をみつけ、取引を容易かつ円滑に行うことができるようになる。

3　仲立契約の種類

(1) 双方的仲立契約と一方的仲立契約

双方的仲立契約とは、仲立人が媒介に尽力または努力する義務を負い、仲立人が尽力せず契約が成立しなかったときは、仲立人は報酬の支払を受けられないというにとどまらず、仲立契約上の義務違反として委託者に対し損害賠償義務を負うことになる場合をいう。

一方的仲立契約とは、仲立人に尽力義務または努力義務がなく、仲立人が尽力せず契約が成立しなかったときでも、仲立人は報酬の支払を受けられないだけで、損害賠償義務は負わない場合をいう。

(2) 性質

双方的仲立契約は、媒介という事実行為をすることの委託を内容とするものであり、準委任（民656条）に該当する。これに対して、一方的仲立契約の場合には、仲立人は契約成立に尽力すべき義務を負わないので準委任とはいえず、契約成立（仕事の完成）を約しているわけでもないから請負（民632条）でもない。しかし、契約成立という結果が出たら報酬を請求できるものであるから、請負に類似した特殊の契約であると解するのが通説である。したがって、仲立契約に特別の定めがない問題については、商法の特別規定のほか、委任および請負に関する民法の規定の適用または類推適用を考えるべきことになる。

仲立契約は、通常は双方的仲立契約であると解するのが通説である。

第544条【当事者のための給付を受ける権限】　　B⁻

仲立人ハ其媒介シタル行為ニ付キ当事者ノ為メニ支払其他ノ給付ヲ受クルコトヲ得ス但別段ノ意思表示又ハ慣習アルトキハ此限ニ在ラス

仲立人は、自分が仲介した商行為の直接の当事者のために、自分自身で支払金を受け取ったり、品物等を受け取ったりすること

→試験対策・4章5節③【2】(3)

◆第544条

はできません。ただし、そうしてもよい旨の約束または慣習があるときは、受け取ることができます。

1 趣旨

本条は、仲立人は、あくまでも他人間の商行為を媒介するにとどまり、当事者や代理人となるものではない。そこで、仲立人は、別段の意思表示または慣習がある場合を除いては、行為の当事者のために支払その他の給付を受ける権限を有しない旨を規定している。

2 条文クローズアップ

1 「支払其他ノ給付ヲ受クルコトヲ得ス」(本文)

仲立人は、媒介した行為の当事者のために、支払その他の給付を受ける権限を有しないので、当事者は、仲立人に支払その他の給付をすることによって相手方に対する自己の債務を免れることはできない。

2 「別段ノ意思表示」(ただし書)

「別段ノ意思表示」は、明示によってのみならず、黙示的にもなされうる。たとえば、当事者がその氏名または商号を相手方に示さないように命じたときは、給付を受ける権限を仲立人に与える意思表示があったものと解される。

> **第545条【見本保管の義務】　　B⁻**
> 仲立人カ其媒介スル行為ニ付キ見本ヲ受取リタルトキハ其行為カ完了スルマテ之ヲ保管スルコトヲ要ス

仲立人が媒介する売買について見本を受け取ったときは、仲立人は、売買が完了するまでの間、その見本を保管しなければなりません。

→試験対策・4章5節③【1】
(1)

1 趣旨

後日における行為の当事者間の取引の目的物についての紛争を防止し、またはこれを迅速に解決するため、仲立人に証拠を保全させるために、仲立人に見本保管義務を課した。

2 条文クローズアップ

1 見本保管義務の内容

仲立人がその媒介する見本売買(売買の目的物が見本と同一の品質を有することを担保する売買)について見本を受け取ったとき

は、その行為を完了するまで見本を保管しなければならない。

2　保管時期

「行為カ完了スルマテ」とは、保管の目的から判断して、売買の目的物について当事者間に紛争が生じるおそれがなくなる時までをいう。

> **第546条【結約書に関する義務】　　B⁻**
> ①当事者間ニ於テ行為カ成立シタルトキハ仲立人ハ遅滞ナク各当事者ノ氏名又ハ商号、行為ノ年月日及ヒ其要領ヲ記載シタル書面ヲ作リ署名ノ後之ヲ各当事者ニ交付スルコトヲ要ス
> ②当事者カ直チニ履行ヲ為スヘキ場合ヲ除ク外仲立人ハ各当事者ヲシテ前項ノ書面ニ署名セシメタル後之ヲ其相手方ニ交付スルコトヲ要ス
> ③前二項ノ場合ニ於テ当事者ノ一方カ書面ヲ受領セス又ハ之ニ署名セサルトキハ仲立人ハ遅滞ナク相手方ニ対シテ其通知ヲ発スルコトヲ要ス

仲立人の仲介によって当事者間において商行為が成立したときは、仲立人は、遅滞なく契約の各当事者の氏名または商号、契約の年月日、契約の内容の要約を書いた書類を2通以上作り、署名したうえ、当事者双方に渡さなければなりません。法律行為がただちに実行される性質のものではない場合は、仲立人は、その書類に各当事者に署名をしてもらって、相手方へその書類を渡さなければなりません。以上の場合において、当事者のうちの一方が書類を受け取らないか、または署名に応じないときは、仲立人はすぐに、当事者のうちの他方にそのことを通知しなければなりません。

→試験対策・4章5節③【1】(2)

1　趣旨

仲立人が媒介した法律行為が成立した事実やその内容を明確にして、その証拠手段を各当事者に与えることにより、その行為の成立やその内容についての当事者間の紛争を防止し、またはこれを迅速に解決するために、仲立人に結約書交付義務を課した。

2　条文クローズアップ

1　結約書

(1)結約書の意義

当事者間に契約が成立したときは、仲立人は遅滞なく各当事者の氏名または商号、行為の年月日およびその要領を記載した書面を作り、署名の後これを各当事者に交付しなければならない（1項）。この書面を結約書という（契約証、締約書または仕切書という

こともある）。
(2)結約書の性質
　結約書は、仲立人の媒介によって成立する法律行為の成立要件ではなく、証拠書面にすぎない。また、それは唯一の証拠方法ではないので、裁判所は、その記載と異なった事実を認定することもできる。

2　当事者による結約書の受領・署名拒絶
　1項、2項の場合において、当事者の一方が結約書を受領せず、またはこれに署名しないときは、仲立人は遅滞なく相手方に対してその通知を発することを要する（3項）。このような場合には、その当事者が異議を有するものと認められるので、相手方当事者にすみやかに適当な処置をとる機会を与える必要があるからである。

第547条【帳簿に関する義務】　　B⁻
①仲立人ハ其帳簿ニ前条第一項ニ掲ケタル事項ヲ記載スルコトヲ要ス
②当事者ハ何時ニテモ仲立人カ自己ノ為メニ媒介シタル行為ニ付キ其帳簿ノ謄本ノ交付ヲ請求スルコトヲ得

　仲立人は帳簿を作り、これに契約の当事者の氏名または商号、契約の年月日、契約の内容の要約を記入しておかなければなりません。当事者は、いつでも、仲介を受けた契約について、仲立人にその写しを交付するように請求できます。

→試験対策・4章5節3【1】(3)

1　趣旨
　仲立人が媒介した法律行為が成立した事実やその内容について、仲立人に証拠を保全させることにより、紛争を防止しあるいはこれを迅速に解決するため、仲立人に仲立人日記帳の作成義務および謄本の交付義務を課した。

2　条文クローズアップ
仲立人日記帳作成および謄本交付義務
(1)仲立人日記帳の意義
　仲立人は、帳簿を作り、これにその媒介により成立した契約の各当事者の氏名または商号、行為の年月日およびその要領を記載しなければならない（1項）。この帳簿のことを仲立人日記帳という。
(2)仲立人日記帳の性質
　仲立人日記帳は、仲立人の営業上の財産および損益の状況を明

らかにすることを目的とするものではないので、商業帳簿には属しない。しかし、これは、営業に関する重要書類であり、10年間の保管義務があると解される（19条3項）。

(3)謄本交付義務の内容

当事者は、いつでも仲立人が自己のために媒介した行為につき、仲立人日記帳の謄本の交付を請求することができる（2項）。謄本の交付の請求はできるが、帳簿の閲覧の請求はできない。

第548条【氏名黙秘の義務】　　B⁻

当事者カ其氏名又ハ商号ヲ相手方ニ示ササルヘキ旨ヲ仲立人ニ命シタルトキハ仲立人ハ第五百四十六条第一項ノ書面及ヒ前条第二項ノ謄本ニ其氏名又ハ商号ヲ記載スルコトヲ得ス

当事者がその氏名や商号を相手方に伏せておくように仲立人に命じたときは、仲立人は、結約書や仲立人日記帳の写しにその当事者の氏名や商号を記載してはなりません。

→試験対策・4章5節③【1】(4)

1 趣旨

当事者は、自己の氏名や商号を相手方に知らせないことにより、有利に取引をなしうることがあることに加え、相手方にとっても、商取引においては取引当事者の個性が重要視されない面がある。また、匿名としたい当事者の意思は尊重されるべきである。そこで、当事者が氏名や商号の黙秘を命じた場合には、仲立人の氏名・商号の黙秘義務を課した。

2 条文クローズアップ

氏名・商号の黙秘義務の内容

当事者がその氏名または商号を相手方当事者に示さないように命じたときは、仲立人は結約書（546条1項）および帳簿の謄本（547条2項）に、その氏名または商号を記載してはならない。

もっとも、仲立人は謄本に記載してはならないのであって、帳簿には各当事者の氏名や商号を記載しなければならない。

この氏名・商号の黙秘義務は、媒介の委託者のみならず、その相手方が氏名または商号の黙秘を命じた場合にも生ずる。

第549条【介入義務】　　B⁻

仲立人カ当事者ノ一方ノ氏名又ハ商号ヲ其相手方ニ示ササリシトキハ之

ニ対シテ自ラ履行ヲ為ス責ニ任ス

仲立人が当事者の一方の氏名または商号を相手方に知らせなかったときは、相手方に対して仲立人がみずから履行する責任を負います。

→試験対策・4章5節3【1】(5)

1 趣旨

仲立人が当事者の名を秘して仲立行為を行った場合には、相手方当事者には他方の当事者が何人かわからないので、相手方当事者の保護のため、仲立人に介入義務を課し、仲立人に当然に履行の責任を負わせた。

2 条文クローズアップ

介入義務の内容

介入義務とは、仲立人が当事者の一方の氏名または商号を相手方に示さなかったときは、その相手方当事者に対して、仲立人みずから履行する責任を負うことをいう。

介入義務は仲立人がその契約の当事者となる効果をもたらすものではなく、契約は匿名の当事者と相手方の間で成立しており、仲立人は匿名の当事者と並んで履行の責任を負うにすぎない。

仲立人の介入義務は、仲立人が当事者の指示によらず、自己の判断で当事者の一方の氏名または商号を黙秘した場合にも認められる。

介入義務を履行した仲立人は、これによって免責を受けた匿名の当事者に対して求償することができる。

第550条【報酬請求権】　B⁻
①仲立人ハ第五百四十六条ノ手続ヲ終ハリタル後ニ非サレハ報酬ヲ請求スルコトヲ得ス
②仲立人ノ報酬ハ当事者双方平分シテ之ヲ負担ス

仲立人は、結約書を作ることを定めた手続きが終わった後でなければ、報酬を請求することができません。仲立人の報酬は、契約の当事者の双方が折半して負担しなければなりません。

→試験対策・4章5節3【2】(1)

1 趣旨

仲立人は商人であるから、特約がなくとも相当の報酬を請求す

ることができる(512条)。そして、1項は、仲立人は、結約書の交付後に報酬(仲立料)の請求が可能になることとし、2項は、仲立人の報酬は当事者双方が平分して負担することとした。

2 条文クローズアップ

1 要件(1項)

(1)媒介された当事者間に法律行為が成立したこと

法律行為の不成立が当事者にとって正当な理由のない相手方の拒絶に基づく場合でも、仲立料請求権は発生しない。

法律行為が成立したかぎり、成立した契約が履行されたか否かを問わず、仲立人は報酬を請求することができる(判例)。

→大判明41・7・3民録14-820

(2)法律行為が仲立人の媒介によって成立したこと

仲立料請求権が発生するためには、仲立人の媒介と法律行為の成立との間に因果関係がなければならない。

この因果関係が認められるかぎり、仲立人に対する報酬支払義務を免れるために、仲立人に対する媒介委託を解除して当事者間で直接法律行為を成立させても、仲立人は報酬請求権を有する(判例)。

→最判昭39・7・16民集18-6-1160

(3)結約書の作成・交付が終わったこと

2 仲立料請求権の内容

仲立料は当事者が平分して負担すると定められている(2項)。これは、仲立人が直接各当事者に対して報酬の半額を請求しうることを定めたものであり、この規定により仲立人は委託を受けていない相手方に対しても報酬を請求することができる。

民事仲立人も商人として報酬請求権を有するが(512条)、2項の規定の適用はない(判例)。

→512条判例セレクト(1)

3 費用償還請求権

仲立人は、特約または慣習がないかぎり、媒介をするにあたって支出した費用の償還を請求することができないと解されている(民649条、650条参照)。通例は、費用も報酬に含まれているものと解されるからである。

◆第550条

第6章

問屋営業

> **第551条【意義】　B⁺**
> 問屋トハ自己ノ名ヲ以テ他人ノ為メニ物品ノ販売又ハ買入ヲ為スヲ業トスル者ヲ謂フ

　問屋というのは、他人の依頼を受け、その人のために、自分の名前で物の売買をすることを商売にしている者をいいます。

→試験対策・4章6節①

1 趣旨
問屋の定義についての規定である。

2 語句の意味
問屋（とい や）とは、自己の名をもって他人のために物品の販売または買入れをすることを業とする者をいう。たとえば、証券会社である。

3 条文クローズアップ

1 問屋契約
問屋契約とは、問屋が自己の名をもって他人（委託者）の計算において物品の販売または買入れの委託を引き受ける契約をいう。

2 問屋の意義
(1)「自己ノ名ヲ以テ」
　「自己ノ名ヲ以テ」とは、自己が直接に行為の**当事者**となり、その行為から生じる権利義務の主体となることをいう。この意味で、問屋は、本人の名をもって行為する締約代理商（27条、会社16条）その他の代理人、法律行為の媒介をするにすぎない媒介代理商（商27条、会社16条）または仲立人（543条）とは異なる。

(2)「他人ノ為メニ」
　「他人ノ為メニ」とは、**他人の計算において**というのと同じであり、行為の経済的効果（損益）が他人に帰属することを意味する。行為の経済上の効果が自己に帰属する自己売買商とは異なる。
　なお、卸売商（いわゆる問屋（とんや））は、通常は自己売買商であって、問屋ではない。

(3)「物品」
　「物品」とは、動産および有価証券をいう（判例）。

→最判昭32・5・30民集11-5-854

(4)取次ぎ
　問屋は**取次ぎ**をする者である。取次ぎとは、法律的には自己が

権利義務の主体となるが、経済的には他人の計算で法律行為をすることを引き受ける行為をいう。取次ぎを営業とする者には、問屋・準問屋(558条)・運送取扱人(559条)などがある。問屋は取次業の典型例である。

(5) 商人資格

問屋は、自己の名をもって他人のために物品の販売または買入れをすることを引き受けることを営業とすることによって、商人資格を取得する。物品の販売または買入れは、問屋の営業自体ではなく、そのための附属的商行為である(503条)。

3　問屋の機能

企業は、問屋を利用することによって、問屋の信用・知識・経験を利用できるし、支店設置・人員派遣等の経費を節約できる。また、代理商の利用により生ずるような権限濫用の危険がない。

取次物品が問屋にとって担保となるので、販売代金の前貸し・買入代金の立替えによる金融を受けうるという利点がある。

問屋と売買する相手方にとっても、委託者の資力調査や代理権の調査が必要でなくなるという利点がある。

一般人も問屋が大量の売買委託を引き受けるときは、売買の相手方を検索する手間が省け、問屋に委託することにより、みずから売買したのと同様の経済的効果を実現することができる。

第552条【問屋の法律上の地位】　　B⁺

① 問屋ハ他人ノ為メニ為シタル販売又ハ買入ニ因リ相手方ニ対シテ自ラ権利ヲ得義務ヲ負フ

② 問屋ト委託者トノ間ニ於テハ本章ノ規定ノ外委任及ヒ代理ニ関スル規定ヲ準用ス

問屋が、依頼により他人のために物の売買をしたときは、その売買の相手方に対して、問屋みずから物の売主または買主として、権利を得たり義務を負ったりします。問屋と依頼者との関係については、問屋に関する本章の規定のほか、民法の委任および代理についての規定が準用されます。

→試験対策・4章6節[2]、[4]

1　趣旨

問屋の法律上の地位についての規定である。

2　条文クローズアップ

1　問屋契約の性質

2項は、問屋と委託者との間においては、委任および代理に関

する規定が準用されるとしている。しかし、問屋契約は一種の委任契約であるから、問屋と委託者の間においては、委任に関する規定は準用されるのではなく、むしろ当然に適用されると解されている(判例)。

→判例セレクト1

これに対して、問屋と委託者との間における代理に関する規定の準用については解釈上議論がある。すなわち、問屋は、自己の名をもって物品の販売または買入れをするので、売買契約上の効果(法律的効果)は問屋に帰属する。したがって、問屋は、法律上の代理ではない。しかし、他方で、取次ぎにおいては、問屋から生じるすべての損益が委託者に帰属し、経済的には代理と同様の働きをするので、間接代理ともよばれる。

このような法律的形式と経済的実質の違いが、代理規定の準用を解釈するに際して問題となる。この問題については、2(3)で特に問題となる。

民法104条は、代理人はやむをえない事由があるときは復代理人を選任することができる旨を、民法105条1項は、代理人は復代理人の選任および監督について本人に対して責任を負う旨を、それぞれ規定しているが、これらの規定は、問屋と委託者との間においても準用されると解されている。したがって、委託者から売買の委託を受けた問屋は、やむをえない事由があるときは、他人に再委託をすることができる。この場合の再委託は、復代理と異なって、問屋の名で委託するのであり、委託者の名で再委託するのではない。

そこで、民法107条2項が問屋の再委託の場合にも準用されるか、すなわち元の委託者は再委託を受けた者に対して委託者と問屋の関係に立つと主張することができるかが問題となる。判例は、民法107条2項は、その本質が単なる委任であって代理権を伴わない問屋の性質に照らし再委託の場合にはこれを準用すべきでないとしている。

→判例セレクト1

2　問屋をめぐる関係

(1)問屋と相手方の関係

問屋は、自己の名をもって物品の販売または買入れをするから、問屋みずからが売主または買主として、権利を有し義務を負う(552条1項)。契約の成立、効力に影響を与える事情は、問屋を基準にして決せられる。ただし、問屋が委託者の指図に従って売買したときは、委託者の悪意は問屋の悪意と同視すべきであると解される。

(2)委託者と相手方との関係

委託者と相手方との間には、何ら直接の法律関係は生じない。

問題は、相手方に債務不履行があった場合である。この場合において、実際上損害を被るのは委託者であるが、委託者は問屋の

相手方に対して直接の債権関係がない以上、損害賠償請求できない。また、問屋が請求しようとしても、問屋の損害は、履行担保義務(553条)を負う場合を除けばせいぜい手数料であるから、債務不履行による全損害の賠償は求められないことになりそうである。しかし、債務不履行に基づく損害賠償請求権は、契約に定める債務の履行に代わるものであることから、相手方に対して債務の履行を請求することができる問屋は、相手方に対して債務不履行に基づく損害賠償請求権を有するものと解すべきである。

(3)問屋と委託者の関係

　問屋が物品の販売または買入れによって取得した権利は、いったんは問屋に帰属する。しかし、これらの権利は委託者の計算で取得されたものであって、経済的には委託者に帰属する。そこで、問屋が上記権利を取得した後にこれを委託者に移転する前に破産手続開始の決定を受けた場合において、委託者が上記権利について取戻権(破62条)を行使することを認めて、委託者を救済できないかが問題となる。

　たしかに、法律上の権利の帰属の点のみに着目すると、委託者のそのような救済は否定されるようにみえる。しかし、問屋が委託者の計算で行為をするものであり、これらの権利が経済的には委託者に帰属していることに着目するときは、委託者のこのような救済を肯定すべきである。そして、その根拠についてはさまざまな見解があるが、有力な見解は、552条2項が問屋と委託者との間においては代理に関する規定を準用するという場合の「問屋」のなかには、問屋自身の他に問屋の債権者も含むと解しうることを根拠とする。

　判例は、もっぱら利益衡量の観点から、委託者の取戻権を肯定する。　　　　　　　　　　　　　　　　　　　　　　　→判例セレクト2

判例セレクト

1　再委任と民法107条2項の準用の有無

　物品販売の委託を受けた問屋が他の問屋にこれを再委託した場合において、再委託を受けた問屋と委託者本人との間に民法107条2項を準用すべきでない(最判昭31・10・12総則・商行為百選[3版]67事件)。

2　問屋の破産と取戻権

　問屋が委託の実行としてした売買により取得した権利につき実質的利益を有するのは委託者であるから、問屋がこの権利を取得した後これを委託者に移転しない間に破産した場合〔現破産手続開始の決定を受けた場合〕においては、委託者はその権利につき取戻権を行使しうる(最判昭43・7・11総則・商行為百選[4版]85事件)。

3　受注者の委託者に対する報酬請求権

　証券取引所の会員が顧客の委託を受けて売り渡した株券が自己株で

あったため会員間の申合せにより買い戻した場合、会員は顧客に対し、民法650条3項に基づき、買戻しに要した代金に相当する損害賠償を請求できる（大阪高判平12・7・31会社法百選22事件）。

> **第553条【履行担保義務】　　B**
> 問屋ハ委託者ノ為メニ為シタル販売又ハ買入ニ付キ相手方カ其債務ヲ履行セサル場合ニ於テ自ラ其履行ヲ為ス責ニ任ス但別段ノ意思表示又ハ慣習アルトキハ此限ニ在ラス

問屋が依頼者のために物の売買をしたが、取引の相手方が義務を実行しないときは、問屋は自分でその義務を果たさなければなりません。ただし、これとは異なる意思があらかじめ表示されていた場合、または特別の慣習があった場合は、それに従います。

→試験対策・4章6節③【1】(2)(b)

1 趣旨

問屋が委託に基づいてする販売や買入れは、委託者の計算で行われるのであるから、相手方の債務不履行によって損害を被るのは委託者である。しかし、委託者は問屋の知識・経験・技量を利用するために問屋営業を利用するのであるから、委託者を保護して問屋制度の信用を確保する必要がある。そこで、問屋が自己の責任と判断に基づいて取引の相手方として選んだ第三者が債務を履行しない場合には、問屋がみずから履行の責任を負うものとした。

2 条文クローズアップ

履行担保義務の内容

履行担保義務は、相手方の不履行の場合に認められる責任であり、保証債務に類似するが、主たる債務がないので保証債務ではなく、法定の特別の担保責任である。

相手方の債務の種類を問わない。

この義務は、相手方が問屋に対して負う責任と同一内容であるから、相手方が問屋に対抗しえた抗弁は、問屋も委託者に対して主張することができる。

ただし書の問屋の履行担保義務を排除する別段の意思表示は、明示にかぎらず黙示的なものでもよい。

第554条【指値遵守義務】　　B
問屋カ委託者ノ指定シタル金額ヨリ廉価ニテ販売ヲ為シ又ハ高価ニテ買入ヲ為シタル場合ニ於テ自ラ其差額ヲ負担スルトキハ其販売又ハ買入ハ委託者ニ対シテ其効力ヲ生ス

問屋が依頼者の指定した価格より安く物を売り、または高く買った場合において、問屋がその差額を負担したときは、その売買の効果は依頼者に対して生じます。

→試験対策・4章6節3【1】(2)(a)

1 趣旨
問屋は、善管注意義務を負っているから(民644条)、委託者が契約の範囲内において販売または買入価格について行った指定(指値)に従わなければならない。本条は、この指値遵守義務について規定している。

2 条文クローズアップ
指値遵守義務の内容
(1)総説
　委託者が指値による売買の委託をした場合において、その指値により売買を行うべく、問屋が指値未満の価格で販売し、または指値を超える価格で買い入れたときには、委託者は、それが自己のために行われたことを否認することができる。
(2)指値と差額がある場合
　問屋が指値未満の価格で販売し、または指値を超える価格で買い入れた場合においても、問屋が指定価格と売買価格の差額を負担するときは、その販売または買入れは委託者に対して効力が生じ、委託者はその効力が自己に生じることを否認することができない。
　問屋の差額負担によって委託者の否認権が排除されるためには、問屋が差額負担の意思表示をすることを要するが、その意思表示は遅くとも販売または買入れの通知と同時に委託者に到達する必要がある。
　問屋の差額負担は、問屋の指値遵守義務違反に基づく損害賠償義務を免れさせるものではない。この損害が発生する場合としては、問屋が指値以下の価格で販売したことによって市場価格が下落し、委託者が損害を被った場合などが考えられる。
　問屋が指値を超える価格で販売し、または、指値未満の価格で買入れしたときは、その利益はすべて委託者に帰属する。

> **第555条【介入権】　　B**
> ①問屋カ取引所ノ相場アル物品ノ販売又ハ買入ノ委託ヲ受ケタルトキハ自ラ買主又ハ売主ト為ルコトヲ得此場合ニ於テハ売買ノ代価ハ問屋カ買主又ハ売主ト為リタルコトノ通知ヲ発シタル時ニ於ケル取引所ノ相場ニ依リテ之ヲ定ム
> ②前項ノ場合ニ於テモ問屋ハ委託者ニ対シテ報酬ヲ請求スルコトヲ得

問屋が、取引所の相場がある物の売買を依頼されたときには、みずから買主または売主となることができます。この場合の売買の代金は、問屋が依頼者に、自分が買主または売主となったことの通知を発送した時点における取引所の相場によって定めます。この場合でも、問屋は、依頼者に対して報酬を請求することができます。

→試験対策・4章6節③【2】(2)(c)

1 趣旨

本条は、問屋が取引所の相場がある物品の販売または買入れの委託を受けた場合には、みずからが買主または売主となることができる旨を規定する。問屋のこの権利を介入権といい、客観的な相場がある場合には、委託者の利益が害されることがないことから、認められている。

2 条文クローズアップ

1　介入権の要件
①販売または買入れの委託を受けた物品に取引所の相場があること
②当事者の特約、または委託の趣旨により介入が禁じられていないこと
③問屋がすでに委託者のために販売または買入れを行っていないこと

2　介入権行使の方法
介入は、問屋が委託者に対して介入を行う旨の意思表示をなすことによって行われる。

3　介入権行使の効果
介入の効果は、介入の意思表示が委託者に到達したときに生じる。売買価格は介入の意思表示を発したときの相場による（1項後段）。

問屋は介入により委託者に対して売主または買主と同一の地位につくが、それは委託実行の一方法であるから、問屋は売買当事者としての地位とともに、問屋の地位も有しており、問屋として

の報酬請求権、費用償還請求権も有する（2項）。

> **第556条【問屋の供託・競売権】　　B⁻**
> 問屋カ買入ノ委託ヲ受ケタル場合ニ於テ委託者カ買入レタル物品ヲ受取ルコトヲ拒ミ又ハ之ヲ受取ルコト能ハサルトキハ第五百二十四条ノ規定ヲ準用ス

　問屋が依頼により物を買い入れたが、依頼者がその物を受け取らない場合、または受け取ることができない場合には、524条の規定が準用されます。

→試験対策・4章6節③【2】(2)(a)

1 趣旨

　本条は、問屋保護のため、問屋が買入れの委託を受けた場合において、委託者が問屋の買い入れた物品を受け取ることを拒み、または受け取ることができないときは、問屋はその物品を供託し、または相当の期間を定めて催告をした後で競売することができるという供託権および競売権について規定している。

> **第557条【通知義務および留置権】　　B⁻**
> 第二十七条及ビ第三十一条ノ規定ハ問屋ニ之ヲ準用ス

　問屋についても、代理商の通知義務の規定（27条）および代理商の留置権の規定（31条）がそれぞれ準用されます。

→試験対策・4章6節③【1】(1)(b)、【2】(2)(a)

1 趣旨

　本条は、代理商の規定を準用することによって、問屋の通知義務および留置権について規定している。

2 条文クローズアップ

1 通知義務

　取引の迅速性の要請から、問屋は、委託者のために売買をしたときは、遅滞なく、委託者に対して、その旨の通知を発しなければならない。この義務は民法645条に対する特則であり、問屋は委託者の請求を待たずに通知をすることを要する。通知は単に販売または買入れをなした旨のみでは足りず、売買の相手方・時期・内容などを包含することを要する。

2　留置権

　問屋は、別段の意思表示がないかぎり、委託者のためにした物品の販売または買入れによって生じた債権が弁済期にあるときは、委託者のために占有する物または有価証券を留置することができる。これを問屋の留置権というが、この他にも問屋は、521条の商事留置権、および民法295条の一般留置権を有する。

> ### 第558条【準問屋】　　B
> 本章ノ規定ハ自己ノ名ヲ以テ他人ノ為メニ販売又ハ買入ニ非サル行為ヲ為スヲ業トスル者ニ之ヲ準用ス

　本章(551条から558条まで)の規定は、自己の名前で依頼者のために、物の売買以外のことを行うことを商売にしている者にも準用されます。

1　趣旨

　自己の名をもって他人のために物品の販売または買入れ以外の行為をなすことを営業とする者を準問屋といい、本条は、問屋に関する規定を準問屋に準用する旨を規定している。ただし、物品運送の取次ぎについては別に運送取扱営業として規定されている(559条以下)。

2　条文クローズアップ

具体例
　準問屋の例は、出版、広告、旅客運送、宿泊の取次業者などである。

第7章

運送取扱営業

> **第559条【意義】　B**
> ①運送取扱人トハ自己ノ名ヲ以テ物品運送ノ取次ヲ為スヲ業トスル者ヲ謂フ
> ②運送取扱人ニハ本章ニ別段ノ定アル場合ヲ除ク外問屋ニ関スル規定ヲ準用ス

　運送取扱人というのは、自己の名前で、物品運送の取次ぎをすることを営業としている者のことです。運送取扱人には、本章で特別の定めがしてある場合のほかは、問屋についての規定が準用されます。

→試験対策・4章8節①

1 趣旨

　本条は、運送取扱人の意義（1項）を定めるとともに、運送取扱人と問屋とはいずれも自己の名をもって他人の計算で法律行為を行うことを業とする取次商（502条11号）であるという点で共通しているから、原則として問屋の規定を準用することを定めている（2項）。

2 語句の意味

　運送取扱人とは、自己の名をもって物品運送の取次ぎをなすを業とする者をいう（1項）。

3 条文クローズアップ

1　運送取扱人の意義（1項）

　運送取扱人とは、①「自己ノ名ヲ以テ」、②「物品運送ノ取次ヲ為スヲ業トスル者」である。なお、旅客運送は運送取扱人の営業の目的ではないから、旅客運送の取次ぎを業とする者は、運送取扱人ではなく準問屋（558条）である。

(1)「自己ノ名ヲ以テ」

　「自己ノ名ヲ以テ」とは、自己が直接に行為の**当事者**となり、その行為から生ずる権利義務の主体となることをいう。

(2)「取次」

　「取次」とは、自己の名をもって**委託者の計算において**運送人を選択し、その運送人と物品運送契約を締結することをいう。

◆第559条　131

2　問屋に関する規定の準用（2項）
(1) 総説

運送取扱人は、問屋と同様に取次商であるから、「本章ニ別段ノ定」のないかぎり、問屋に関する規定が準用される。

(2)「本章ニ別段ノ定」のある場合
 (a) 560条（損害賠償責任）
  553条は準用されない。
 (b) 562条（留置権）
  557条が準用する31条は準用されない。
 (c) 565条（介入権）
  555条の規定は準用されない。

3　運送取扱契約

運送取扱契約とは、運送取扱人が自己の名をもって委託者のために運送人と物品の運送契約を締結することを引き受ける契約をいう。

運送取扱契約の当事者は、**運送取扱人**と**委託者**である。このほかに、運送取扱契約において委託者によって運送品の受取人として指定された者があり、これを**荷受人**という。運送取扱いにおける荷受人は、運送契約上の荷受人と一致することが多いが一致しない場合もある。荷受人は、運送契約の荷受人と同様に、契約当事者ではないが、運送の進行に伴って運送人に対し一定の権利義務を有するに至る（568条・583条）。

運送取扱契約は、問屋契約と同様の性質を有するから、運送取扱人には、別段の定めのないかぎり、問屋に関する規定が準用される（2項）。また、補充的に民法の委任の規定（民643条以下）が適用されると解されている（商559条2項・552条2項）。

判例セレクト

運送取扱人には問屋に関する規定が準用されるから、運送取扱人と委託者との間では、運送取扱人が取得した権利はただちに委託者に帰するが、委託者は取次行為の相手方その他の第三者に対しては運送取扱人が取次ぎ行為により取得した権利をただちに行使することはできない（大判明40・6・21民録13-694）。

第560条【運送取扱人の損害賠償責任】　　B⁻

運送取扱人ハ自己又ハ其使用人カ運送品ノ受取、引渡、保管、運送人又ハ他ノ運送取扱人ノ選択其他運送ニ関スル注意ヲ怠ラサリシコトヲ証明スルニ非サレハ運送品ノ滅失、毀損又ハ延著ニ付キ損害賠償ノ責ヲ免ルルコトヲ得ス

運送取扱人は、自分または自分の使用人が、運送品の受取り、引渡し、保管、運送人または他の運送取扱人の選択、そのほか運送について、注意を怠らなかったことを証明しないかぎり、運送品がなくなったこと、壊れたり傷ついたりしたこと、引渡しが遅れたことについて生じた損害を償う責任を負います。

→試験対策・4章8節③【1】

1 趣旨

運送取扱人が負う善管注意義務(民644条)違反による債務不履行責任を、運送取扱人の通常行う業務に即して具体的に明確化したものである(通説)。

2 条文クローズアップ

1 本条の意義

運送取扱契約は委任契約であるから、運送取扱人は善管注意義務を負い(民644条)、この義務に違反した場合は債務不履行の損害賠償責任を負う。本条は、これを運送取扱人の行う業務に即して具体的に明確化したものである(通説)。

2 不法行為責任との関係

運送人の責任の場合と同様の問題がある。

→577条

判例セレクト

1 過失が認定された事例

荷受人が荷物の受取りを拒否した場合には、発送人に通知をせずに第三者に荷物を引渡した運送取扱人は、荷物引渡しにつき注意義務を尽くしたとはいえない(最判昭30・4・12民集9-4-474)。

2 不法行為責任との関係

→577条判例セレクト3

第561条【報酬請求権】　B⁻

①運送取扱人カ運送品ヲ運送人ニ引渡シタルトキハ直チニ其報酬ヲ請求スルコトヲ得

②運送取扱契約ヲ以テ運送賃ノ額ヲ定メタルトキハ運送取扱人ハ特約アルニ非サレハ別ニ報酬ヲ請求スルコトヲ得ス

運送取扱人は、運送品を運送人に引き渡したときは、ただちに依頼者に対し、その報酬を支払うように要求することができます。運送取扱人と依頼者の間の運送取扱契約で運送賃の額を定めたときは、運送取扱人は、特別の約束がないかぎり、別に報酬を払うように要求することはできません。

→試験対策・4章8節③【2】(1)

1 趣旨

運送取扱人は商人であるから、特約のないときでも相当の報酬を請求することができる(512条)。1項は、通常の場合における報酬請求の時期を定めている。

また、いわゆる確定運賃運送取扱契約の場合には、当事者が報酬をも含めてその運送賃額を確定し、それと実際に運送人に支払う運賃との差額を運送取扱人が利得すべきものとするというのが当事者の合理的意思と考えられるから、特約のないかぎり別に報酬を請求できないことを定めている(2項)。

2 条文クローズアップ

1 通常の場合(1項)

「運送品ヲ運送人ニ引渡シ」たときに、運送取扱人は報酬を請求することができる。運送人に運送品を引き渡したときに委任事務を終了したことになるからである。

2 確定運賃運送取扱契約(2項)

確定運賃運送取扱契約とは、運送取扱契約で運送賃の額を定めた場合である。

確定運賃運送取扱契約の場合には、運送取扱人は、特約がなければ、「別ニ報酬ヲ請求」することはできない。この場合には、当事者は運送取扱人の報酬を含めて運送賃を定めたもの解されるからである。

第562条【留置権】　　B⁻

運送取扱人ハ運送品ニ関シ受取ルヘキ報酬、運送賃其他委託者ノ為メニ為シタル立替又ハ前貸ニ付テノミ其運送品ヲ留置スルコトヲ得

運送取扱人は、その運送品に関して受取るべき報酬、運送賃のほか依頼者のためにした立替えまたは前貸しについてだけ、その支払があるまで、運送品の引渡しを拒むことができます。

→試験対策・4章8節③【2】(3)

1 趣旨

本条は、問屋の留置権(557条・31条)に関する規定の準用を排除し、被担保債権と留置物との間に牽連関係を要するものとしている。

委託者と運送品受取人は別人であることが多く、当該運送取扱契約以外の契約に基づき運送品が留置されることになれば、運送品受取人にとっては、自己が受け取るべき運送品と関係のない被

担保債権のためにその運送品が留置され、いわば不測の損害を受けることになる。そこで、本条は、運送品受取人を保護するために定められた。

> **第563条【相次運送取扱い―中間運送取扱人の権利義務】　C**
> ①数人相次テ運送ノ取次ヲ為ス場合ニ於テハ後者ハ前者ニ代ハリテ其権利ヲ行使スル義務ヲ負フ
> ②前項ノ場合ニ於テ後者カ前者ニ弁済ヲ為シタルトキハ前者ノ権利ヲ取得ス

　1個の運送品について、数人の運送取扱人が相次いで運送の取次ぎをする場合には、後の運送取扱人は、前の運送取扱人に代わって、その権利を行使する義務を負います。この場合において、後の運送取扱人が前の運送取扱人に、前の運送取扱人の受け取るべき報酬などを支払ったときは、後の者は前の者の権利を取得します。

→試験対策・4章8節⑤

1　趣旨

　相次運送取扱いの場合には、第1の運送取扱契約の他に第2以下の運送取扱契約が連鎖的に成立し、各運送取扱人相互間の関係が問題となるので、関係を調整するために本条と次条が設けられた。

2　語句の意味

　相次運送取扱いとは、中継運送を必要とする運送品につき、運送取扱人が自己の名で委託者の計算において他の運送取扱人(中間運送取扱人といい、到達地の運送取扱人も含む)と運送取扱契約(到達地運送取扱いの委託を含む)をなすことを引き受ける場合をいう。

3　条文クローズアップ

1　中間運送取扱人の義務(1項)

　相次運送取扱いの場合においては、中間運送取扱人は自己の前者に代わってその権利を行使する義務を負う。すなわち、中間運送取扱人は、直前の運送取扱人のために手数料などを取り立て、また、その支払がないときは留置権を行使する義務を負う。

　1項の「前者」とは、自己に運送取扱いを委託した直接の前者をいうと解する。直接の前者が中間運送取扱人にとって委託者にあたり、受託者は委託者の利益を保護する義務を負うことが、1項

の立法趣旨と考えられるからである。

2　中間運送取扱人の権利（2項）

相次運送取扱いの場合において、後者が前者に弁済したときは、後者は前者の権利を取得する。

2項の「前者」は、直接の前者にかぎられず、すべての前者を含む。直接の前者でない者に対し、後者が弁済しても弊害がないからである。

第564条【相次運送取扱い―運送人の権利の取得】　　C
運送取扱人カ運送人ニ弁済ヲ為シタルトキハ運送人ノ権利ヲ取得ス

後の運送取扱人が運送人に運送費その他の費用を支払ったときは、前の運送取扱人に対してもっていた運送人の権利を後の運送取扱人が取得します。

→試験対策・4章8節⑤【2】(2)

1　趣旨

前条2項で述べたことと同様のことが、中間運送取扱人や到達地運送取扱人と運送人との間でも考えられるから、本条は、前条2項と同じ趣旨にのっとり、運送人に運送賃等を弁済したこれらの運送取扱人が、法律上当然に「運送人ノ権利ヲ取得」する旨を定めた。

2　語句の意味

到達地運送取扱人とは、到達地において運送人から運送品を受け取り、それを運送品の受取人に引き渡す業務を行うものをいう。

到達地運送取扱人は運送の取次ぎを行う者ではないから、商法の定める運送取扱人ではないが、性質の許すかぎり、運送取扱人の規定を準用すべきであるとされる。

第565条【介入権】　　B⁻
①運送取扱人ハ特約ナキトキハ自ラ運送ヲ為スコトヲ得此場合ニ於テハ運送取扱人ハ運送人ト同一ノ権利義務ヲ有ス
②運送取扱人カ委託者ノ請求ニ因リテ貨物引換証ヲ作リタルトキハ自ラ運送ヲ為スモノト看做ス

運送取扱人は、特別の約束がないかぎり、自分で運送をするこ

→試験対策・4章8節③【2】(4)

とができます。この場合において、運送取扱人は運送人と同じ権利義務をもちます。運送取扱人が、依頼者の要求で貨物引換証を作成交付したときは、みずから運送することを引き受けたものとみなされます。

1 趣旨

運送取扱人は、しばしば運送営業を兼営しており、直接に、あるいは他の運送機関を下請けの形式で利用して、運送人を兼ねることがある。そして、運送取扱人が運送人を兼ねることは関係者にとって便宜であることが多い。そこで、本条は、運送取扱人の介入権を認めた。

2 語句の意味

運送取扱人の**介入権**とは、反対の特約のないかぎり、運送取扱人が他の運送人と運送契約を締結することなくみずから運送を引き受けることができる権利をいう。その性質は形成権である。

3 条文クローズアップ

1　介入権行使の要件
　介入禁止の特約がないことである。
2　介入の方法
　委託者に対する介入をなす旨の明示または黙示の意思表示による。
3　介入権行使の効果（1項）
　運送取扱人は、介入権を行使することによって、「運送人ト同一ノ権利義務ヲ有ス」る。
　介入は運送取扱契約の委託実行の一方法と解されるから、介入権の行使によって運送取扱契約に代わって運送契約が成立するのでなく、運送契約と運送取扱契約とは併存する。
4　介入の擬制（2項）
　「運送取扱人」が「委託者ノ請求ニ因リ」貨物引換証を作ったときは「自ラ運送ヲ為ス」ものとみなし、介入を擬制している。

第566条【運送取扱人の責任の短期時効】　　B⁻
①運送取扱人ノ責任ハ荷受人カ運送品ヲ受取リタル日ヨリ一年ヲ経過シタルトキハ時効ニ因リテ消滅ス
②前項ノ期間ハ運送品ノ全部滅失ノ場合ニ於テハ其引渡アルヘカリシ日ヨリ之ヲ起算ス
③前二項ノ規定ハ運送取扱人ニ悪意アリタル場合ニハ之ヲ適用セス

運送取扱人の運送品についての責任は、荷受人が運送品を受け取った日から1年を経過すると、時効によって消滅します。運送品が全部滅失した場合には、この1年の期間は、その引き渡されるべき日の翌日から起算することになります。運送取扱人が、わざと損害を発生させるようなことをした場合には、522条によって5年の時効となります。

→試験対策・4章8節3【1】(4)

1 趣旨

運送取扱人の運送品の滅失・毀損または延着による損害賠償責任は、証拠の保全の困難性・責任関係の迅速解決の要請から、1年の短期消滅時効が認められる（1項）。また、2項では時効の起算点、3項で運送取扱人が悪意の場合の短期消滅時効の不適用を定めている。

2 条文クローズアップ

1 短期消滅時効の適用範囲（1項）

1の趣旨に照らし、1項の短期消滅時効の適用があるのは、運送品の滅失・毀損または延着による損害賠償責任についてのみであり、それ以外の運送取扱人の義務違反の責任は原則どおり5年の時効（522条）となると解されている。

2 時効の起算点（2項）

「運送品ノ全部滅失」の場合には、1項が時効の起算点とする運送品の受取りという事実がないから、それに代わり運送品の引渡しをなすべきであった日を時効の起算点としている。

3 悪意の場合（3項）

(1)総説

「運送取扱人ニ悪意」があった場合には本条の1年の短期消滅時効の適用はない。

(2)運送取扱人の「悪意」の意義

判例は、運送取扱人が、運送品に滅失または一部滅失のあることを知って引き渡すこととしている。これに対して、多数説は、故意に運送品の滅失・毀損または延着を生ぜしめ、または特に滅失・毀損を隠蔽するような行為にでたことと解している。

→最判昭41・12・20総則・商行為百選[4版]88事件

第567条【債権の短期時効】　B⁻

運送取扱人ノ委託者又ハ荷受人ニ対スル債権ハ一年ヲ経過シタルトキハ時効ニ因リテ消滅ス

運送取扱人が、依頼者または運送品の受取人に対してもっている報酬請求権などの債権は、その債権を行使できる時から1年の間、そのままにしておくと、時効によって消滅します。

→試験対策・4章8節③【2】(5)

1 趣旨

前条で運送取扱人の責任につき1年の短期消滅時効を定めたのに、運送取扱人の権利が商事債権として5年の消滅時効にかかるものとすれば(522条)、運送取扱人の責任が消滅したのに権利だけは依然として存続するという不公平な結果が生じる。そこで、本条は、前条とのバランスから、運送取扱人の委託者または運送品受取人に対する債権につき1年の短期消滅時効を定めた。

第568条【物品運送に関する規定の準用】　B⁻
第五百七十八条及ヒ第五百八十三条ノ規定ハ運送取扱営業ニ之ヲ準用ス

高価品に関する特則(578条)および荷受人による荷送人の権利の取得(583条)の規定は、運送取扱営業にも準用されます。

→試験対策・4章8節②、③【1】(3)、④

1 趣旨

本条は、運送人の損害賠償責任につき、いわゆる高価品に関する特則を定めたものである。また、荷受人は運送契約の当事者ではないが、運送の過程における一定の時点で荷送人の権利を取得するとともに、運送人に対する義務をも負担することを定める。

2 条文クローズアップ

1 高価品に関する特則(578条)の準用
運送取扱人の損害賠償責任(560条)についても運送人と同様高価品に関する特則が認められ、高価品の種類・価額の明告がなければ運送取扱人は損害賠償の責めを負わない。

2 荷受人による荷送人の権利の取得(583条)の準用
運送品受取人は契約の当事者ではないが、運送品受取人と運送取扱人の関係は、運送における荷受人と運送人と同様の関係にある。そこで、本条は、583条を準用し運送品受取人(583条にいう荷受人)は一定の時点で委託者の権利を取得し、義務を負担することとした。

第8章
運送営業

■第1節 総　則

> **第569条【意義】　B**
> 運送人トハ陸上又ハ湖川、港湾ニ於テ物品又ハ旅客ノ運送ヲ為スヲ業トスル者ヲ謂フ

運送人とは、陸上または湖川、港湾において、物品または旅客の運送をすることを業とする者をいいます。

→試験対策・4章7節①

1 趣旨
本条は、運送人の意義について規定している。

2 語句の意味
運送とは、物品または旅客を場所的に移動させることをいう。運送は、その行われる地域により、陸上運送、海上運送、航空運送に分かれ、その対象により、物品運送と旅客運送とに分かれる。

運送人とは、陸上または湖川、港湾で物品または旅客の運送をすることを業とする者(569条)をいう。運送人は商人である(502条4号、4条1項)。

3 条文クローズアップ
運送人の意義
運送人は、陸上または湖川、港湾において運送をする者、すなわち陸上運送をする者である。海上運送をする者は、本条にいう運送人ではなく、海商編(第3編第3章)で規定される。

■第2節　物品運送

■総　説

1 物品運送契約

→試験対策・4章7節②

1　意義
物品運送契約とは、運送人がその保管のもとに物品の運送をなすことを引き受ける契約をいう。物品運送契約の本質的要件は、

運送人が運送品の占有を保持することである。

2　物品運送契約の当事者

物品運送契約の当事者は、運送人と荷送人(運送委託者)である。荷受人(到達地において運送品の引渡しを受けるべき者)は、契約当事者ではないが、運送の進行に伴って運送人に対して一定の権利義務を有するに至る(583条)。

3　物品運送人の義務

①貨物引換証交付義務(571条1項)
②運送品処分義務・指図遵守義務(582条1項前段)
③損害賠償義務(577条から581条まで)

4　物品運送人の権利

①運送状交付請求権(570条)
②運送賃請求権(512条、576条)
③費用償還請求権(513条2項、583条2項)
④留置権(589条・562条)
⑤先取特権(民318条)
⑥供託権・競売権(商585条から587条まで)

5　荷受人の地位(583条)

第570条【運送状】　　B

①荷送人ハ運送人ノ請求ニ因リ運送状ヲ交付スルコトヲ要ス
②運送状ニハ左ノ事項ヲ記載シ荷送人之ニ署名スルコトヲ要ス
　　1　運送品ノ種類、重量又ハ容積及ヒ其荷造ノ種類、個数並ニ記号
　　2　到達地
　　3　荷受人ノ氏名又ハ商号
　　4　運送状ノ作成地及ヒ其作成ノ年月日

運送人は、荷送人に対し、法定の事項を記載した運送状の交付を請求することができます。

→試験対策・4章7節②【3】(1)

1　趣旨

運送状(送り状ともいわれる)によって、運送人は運送品や荷受人等について知ることができ、また運送契約の内容を荷受人に知らせることもできる。そこで、本条は、荷送人の運送状交付義務(運送人の運送状交付請求権)を法定するとともに、荷送人が運送人に交付すべき運送状につき、その記載事項を定めた。

2　語句の意味

運送状とは、物品運送の便宜のために、荷送人が作成・交付す

る書面で、運送契約の内容を記載したものをいう。

3 条文クローズアップ

運送状の性質と荷送人の責任
(1)運送状の性質
　運送状は、運送人や荷受人等に運送品その他契約内容を確知させるために作成される一種の証拠証券にすぎない。運送状の作成・交付は契約の成立要件ではない。
(2)運送状の記載と荷送人の責任
　荷送人の故意・過失により運送状に不実または不正確な記載がなされ、これにより運送人が損害を被った場合には、荷送人は、作成義務の不完全な履行をした者として損害賠償責任を負う。

第571条【貨物引換証の交付】　　B⁺
①運送人ハ荷送人ノ請求ニ因リ貨物引換証ヲ交付スルコトヲ要ス
②貨物引換証ニハ左ノ事項ヲ記載シ運送人之ニ署名スルコトヲ要ス
　1　前条第二項第一号乃至第三号ニ掲ケタル事項
　2　荷送人ノ氏名又ハ商号
　3　運送賃
　4　貨物引換証ノ作成地及ヒ其作成ノ年月日

　運送人は、荷送人の請求があるときは、貨物引換証を交付しなければなりません。貨物引換証には、運送品の種類、重量または容積およびその荷造の種類、個数ならびに記号、到達地、荷受人の氏名または商号、荷送人の氏名または商号、運送賃、貨物引換証の作成地およびその作成の年月日を記載して、運送人がこれに署名しなければなりません。

→試験対策・4章7節③

1 趣旨

　本条は、運送人の貨物引換証交付義務(1項)および貨物引換証の記載事項(2項)について規定する。

2 語句の意味

　貨物引換証とは、運送人が運送品を受け取ったことを認証し、これを到達地に運送のうえ、証券の正当な所持人に引き渡すことを約束した有価証券をいう。これを所持人の側からみると、貨物引換証は、運送人に対する運送品引渡請求権を表章する有価証券である。
　貨物引換証は、商品の隔地売買の決済を容易・確実ならしめる

ため、為替手形と結合して荷為替の形で利用される。

荷為替(荷為替手形)とは、隔地者間の取引において売主が代金を回収するために買主またはその指定する銀行を支払人として振り出す為替手形で、売買の目的物の引渡請求権を表章する運送証券(貨物引換証・船荷証券)が担保として付されたものをいう。

3 条文クローズアップ

1 貨物引換証の性質

(1)有因証券(要因証券)・非設権証券

貨物引換証は、荷送人の運送人に対する運送品引渡請求権という、既存の運送契約上の権利を表章する証券であるから、**有因証券**(要因証券)であって、手形のような設権証券ではない(非設権証券)。

(2)要式証券

貨物引換証は、いわゆる**要式証券**であって、法定の事項を記載し、運送人がこれに署名しなければならない(2項)。しかし、手形のような厳格な要式証券(手2条1項)ではなく**ゆるやかな要式証券**)、運送品および権利者が特定し、運送人の署名があるかぎり、その他の法定記載事項の若干を書き落としたとしても、証券は必ずしも無効とはならないとするのが、通説である。

(3)指図証券

貨物引換証は、記名式のときでも裏書によって譲渡することができ(**法律上当然の指図証券性**)、裏書による譲渡を禁ずるためには、特にその旨を証券に記載しなければならない(574条)。

(4)文言証券(572条)　　　　　　　　　　　　　　→572条
(5)呈示証券・受戻証券(584条)　　　　　　　　　→584条
(6)引渡証券(575条)　　　　　　　　　　　　　　→575条

2 貨物引換証の発行(1項)

「運送人」は「荷送人ノ請求」があるときは「貨物引換証」を発行しなければならない。

貨物引換証は運送品を受け取ったことを認証する証券であるから、その発行時期は、運送人が運送品を受け取った後である。

3 貨物引換証の記載事項

(1)法定記載事項(2項)
　(a)運送品の種類、重量または容積およびその荷造の種類、個数ならびに記号、到達地、荷受人の氏名または商号(1号・570条2項1号から3号まで)
　(b)荷送人の氏名または商号(2号)
　(c)運送賃(3号)
　(d)貨物引換証の作成地およびその作成の年月日(4号)
(2)任意的記載事項

法定記載事項以外の記載も、貨物引換証の本質に反しないかぎり、効力が認められる（たとえば、運送の方法、運送品の価額、運送約款など）。

> **第572条【貨物引換証の文言証券性】　B⁺**
> 貨物引換証ヲ作リタルトキハ運送ニ関スル事項ハ運送人ト所持人トノ間ニ於テハ貨物引換証ノ定ムル所ニ依ル

貨物引換証が作られたときは、運送人と貨物引換証を持っている人との間では、運送に関する事柄は、貨物引換証に記載されている文言によって決められます。

→試験対策・4章7節③【2】(1)(b)

1 趣旨

本条は、善意の証券所持人を保護し、貨物引換証の流通性を確保する必要上から、貨物引換証を作ったときには、運送人と所持人との間の運送に関する事項は、貨物引換証の記載によることとした。

2 条文クローズアップ

1 貨物引換証の債権的効力

貨物引換証の債権的効力とは、運送人と引換証所持人との間の債権的関係を定める効力をいう。内容的には、文言的効力（**文言証券性**）と受戻証券性である。

→584条

2 貨物引換証の有因証券性と文言証券性との関係

貨物引換証は、荷送人の運送人に対する運送品引渡請求権という、既存の運送契約上の権利を表章する有因証券と解されている。そこで、貨物引換証の文言証券性を、その有因証券性との関係でどのように理論構成するかが問題となる（Q_1）。

実際に問題となる場面としては、運送人が品物を受け取っていないにもかかわらず、受け取ったと記載されている空券の場合と、記載されている品物と実際に受け取った品物が食い違っている品違いの場合である。

判例は、空券の場合は、有因証券性を強調して無効とし、他方、品違いの場合には、文言証券性を強調して債務不履行責任を追及できるとしている。品違いの場合には、一応、運送品の授受はあるのだから、有因証券性はみたされていると考えているようである。

→判例セレクト(1)

Q1 空券の場合や品違いの場合において、運送人は、証券の所持人に対し、証券記載どおりの運送品を引き渡す義務を負うか（貨物引換証の有因証券性と文言証券性の関係）。

◀ ランクB+

A説 有因証券性重視説（松本、田中〔耕〕、大橋）
- ▶結論：空券の場合は原因を欠いたものとして証券は無効である。品違いの場合にも、運送人は実際に受け取った物品を引き渡す義務を負うにすぎない。証券の記載を信頼して不測の損害を受けた証券の所持人は、運送人に対して不法行為に基づく損害賠償責任を追及することができる。
- ▶理由：文言証券性とは、証券の記載に、一応の証拠能力が認められるという効力を意味するにすぎない。
- ▶批判：証券の所持人は運送人の故意・過失を立証する必要があるので、証券の所持人に不利となり、572条の証券の流通確保の規定が無意味になることもありうる。

B説 文言証券性重視説（竹田、小町谷、田中〔誠〕、大隅）
- ▶結論：空券の場合も品違いの場合も、証券は記載された文言どおりの効力を有し、運送人は、証券の記載に従った運送品の引渡義務または債務不履行に基づく損害賠償責任を免れることはできない。
- ▶理由：有因性とは、証券上の権利の原因を証券に記載しなくてはならないことを意味し、その原因が事実存在することを要しない。
- ▶批判：空券についても絶対的効果を認めることになり、貨物引換証は無因証券になる。

C説 部分的無因化説（鈴木）
- ▶結論：空券の場合も品違いの場合も、証券は記載された文言どおりの効力を有し、運送人は、証券の記載に従った運送品の引渡義務または債務不履行に基づく損害賠償責任を免れることはできない。
- ▶理由：有因性を通常用いられる意味に解しつつ、貨物引換証に関しては、本来の有因証券たるものに対して高められた権利流通性を付与する必要性から、できるだけ証券上の記載によってその効力を決定する趣旨でもって、運送契約を離れて証券の文言自体に権利関係のいわば創造的効力を認めたものと解し、部分的に無因証券化されたものとする。

D説 禁反言則説（西原、菅原、小島）
- ▶結論：有因証券である以上、空券は原因を欠くものとして無効であるが、運送人は証券の善意の所持人に対しては、禁反言則等

◆第572条

の法理により、その無効を主張しえず、運送人は、証券の記載に従った運送品の引渡義務または債務不履行に基づく損害賠償責任を免れることはできない。
▶理由：572条は、法が証券の善意の所持人保護のために禁反言の原則ないし外観法理を宣言したものである。

E説 折衷説(戸田、蓮井、村田)

▶結論：空券の場合には証券は無効であり、運送人は不法行為に基づく損害賠償責任を負うにすぎないが、品違いの場合には証券は有効であり、運送人は、証券の記載に従った運送品の引渡義務または債務不履行に基づく損害賠償責任を免れることはできない。
▶理由：貨物引換証が有効に成立するためには、運送品が運送のために受け取られることが原因として必要である。
▶批判：たとえ、がれきでも受け取れば文言どおりの責任を負うという点で形式的すぎる。

F説 契約締結上の過失説(落合、鴻、江頭)

▶結論：運送人は、その無過失を証明しないかぎり、契約締結上の過失に基づく責任を免れず、証券の所持人に信頼利益を賠償すべきである。
▶理由：空券や品違いに関する運送人の責任について、証券の有因性、文言証券性という性質論から考察するだけでは適当ではない。

判例セレクト

貨物引換証の有因証券性と文言証券性の関係

(1)運送品の授受のない貨物引換証の効力
　運送品を受取らない場合に作成された貨物引換証は、原因を具備しないと同時に目的物を欠くもので無効であり、それが流通に置かれた後に運送品が運送人に引き渡されても有効とならない(大判昭13・12・27総則・商行為百選[4版]89事件)。

(2)運送人の債務―運送品を受取らない場合
　貨物引換証は有因証券であって、運送人の貨物引渡債務は荷送人より受取った運送品を目的とする債務であるから、運送人が運送品を受取らなかったかぎりは貨物引換証が発行されてもこれを引き渡すべき債務を発生する理由はない(大判大2・7・28民録19-668)。

第573条【貨物引換証の処分証券性】　B[+]

貨物引換証ヲ作リタルトキハ運送品ニ関スル処分ハ貨物引換証ヲ以テスルニ非サレハ之ヲ為スコトヲ得ス

貨物引換証が作られたときは、運送品の処分(売却、質入れなど)は、貨物引換証の裏書、交付などによってしなければなりません。

→試験対策・4章7節③【2】(2)(a)

1 趣旨

本条は、貨物引換証の発行後における運送品に関する処分(所有権の移転・質権の設定など)は貨物引換証(の裏書、交付)をもってしなければならないと規定し、貨物引換証の処分証券性を明らかにしている。

2 条文クローズアップ

貨物引換証をもってしない処分の効力

貨物引換証が発行されたときは、貨物引換証の適法な所持人でないかぎり、運送品の処分ができなくなる。

ただし、運送品自体の引渡しによってなされる運送品物権の善意取得(民192条)は可能であり、善意取得者の権利が、証券の所持人に優先する(判例)。

→大判昭7・2・23総則・商行為百選[4版]91事件

判例セレクト

貨物引換証により貨物を処分できる者

貨物引換証によってその記載の貨物を自由に処分できる者はその適法な所持人にかぎられ、無記名式の場合はその証券の所持人、記名式の場合はその名宛人または被裏書人が適法な所持人であるから、記名式貨物引換証については、単に証券を所持するだけでは貨物を自由に処分することができない(大判大13・7・18民集3-399)。

第574条【貨物引換証の法律上当然の指図証券性】　B

貨物引換証ハ其記名式ナルトキト雖モ裏書ニ依リテ之ヲ譲渡スコトヲ得但貨物引換証ニ裏書ヲ禁スル旨ヲ記載シタルトキハ此限ニ在ラス

貨物引換証が指図式(「甲殿または指図人に渡す」)でなく、記名式(単に「甲殿に渡す」)であっても、その所持人は、裏書によってこれを他人に譲渡することができます。ただし、貨物引換証に裏書を禁止する旨の記載があれば、裏書によって譲渡することはできません。

→試験対策・4章7節③【1】(2)

1 趣旨

本条は、荷受人が特定されている記名式の貨物引換証にも流通性を付与するため、指図文句の記載を欠いても、法律上当然に指

図証券とすることにした。

2 語句の意味

貨物引換証の裏書譲渡

指図式の貨物引換証はいうまでもなく、記名式の貨物引換証も、原則として裏書によって譲渡することができる(本条本文)。

裏書を禁止する場合には、特に「貨物引換証ニ裏書ヲ禁止スル旨ヲ記載」しなければならない(本条ただし書)。

> **第575条【貨物引換証の物権的効力】　B⁺**
> 貨物引換証ニ依リ運送品ヲ受取ルコトヲ得ヘキ者ニ貨物引換証ヲ引渡シタルトキハ其引渡ハ運送品ノ上ニ行使スル権利ノ取得ニ付キ運送品ノ引渡ト同一ノ効力ヲ有ス

貨物引換証によって運送品を受取ることができる者に貨物引換証を引き渡したときは、その引渡しは、所有権の移転などに関しては、運送品を引き渡したのと同一の効力があります。

→試験対策・4章7節3【2】(2)

1 趣旨

本来、運送品を譲渡したり、運送品に質権を設定したりするには、対抗要件ないし効力要件として引き渡さなければならない(民178条、344条)。しかし、運送中は、荷送人は運送品を直接占有していないから、現実に引き渡すことはできない。また、民法344条にいう引渡しには指図による占有移転(民184条)も含まれるが、いちいち、荷送人が直接占有者である運送人に指図をしなければならないようでは不便である。

そこで、本条は、貨物引換証により運送品を受け取るべき者に貨物引換証を引渡したときは、その引渡しは、運送品の上に行使する権利について、運送品の引渡しと同一の効力を有するとし、貨物引換証に物権的効力(処分証券性)を認めた。

2 語句の意味

物権的効力とは、貨物引換証が運送品の上の物権関係に対して有する効力のことをいう。

3 条文クローズアップ

1　貨物引換証の物権的効力(引渡証券性)

質権設定の合意とともに貨物引換証の引渡しを受けた者は、運送品自体の引渡しを受けたのと同様に、運送品の上に動産質権を

取得できることになる(民344条)。

　貨物引換証を善意取得(商519条2項・小21条)した者は、証券を取得することにより運送品の引渡しを受けたことになるから、ひいては民法192条以下の規定により運送品上の物権を善意取得できることになる。

　運送品の所有権譲渡の合意とともに貨物引換証の引渡しを受けた者は、運送品自体の引渡しを受けたのと同様に、その所有権をもって第三者に対抗することができる(民178条)。

2　引渡証券性の法的性質

　貨物引換証の引渡証券性、すなわち証券の引渡しが運送品の占有を移転する効力を有することの法的性質については、相対説と絶対説とが対立する。相対説のなかでも代表説が通説である(Q_1)。

Q1　貨物引換証の引渡証券性の法的性質。

◀ランクB

A説　相対説
- ▶結論：運送品の直接占有は運送人が有しているが、証券所持人は、運送品引渡請求権をもつことにより運送品を間接占有しており、この間接占有が証券の引渡しによって移転する。
- ▶帰結：証券の引渡しがこの効力を有するためには、運送人が運送品を直接占有していることが要件となる。

A-1説　代表説(竹田、大隅、西原、小島)
- ▶結論：民法の指図による占有移転の手続き(民184条)を要せずして、証券の引渡しが運送品の間接占有を移転する効力を有する。
- ▶批判：運送人が一時運送品の占有を失った場合には、その間において、証券の引渡証券性が認められず、証券取得者は、自己のまったく関知しない事情によって不利益を被ってしまう。
- ▶反論：運送人が一時運送品の占有を失った場合においても、運送人が占有回収の訴権(民200条)を有するかぎり、なお証券は運送品の間接占有を代表するとして、証券の引渡証券性を認める。

A-2説　厳正相対説
- ▶結論：証券の引渡しにより運送品の間接占有を移転するには、別に、民法の指図による占有移転の手続き(民184条)を要する。
- ▶批判：575条を空文化してしまう。

B説　絶対説(鈴木、西島、石井、戸田)
- ▶結論：民法の定める占有移転方法(民182条から184条まで)とは別に認められた証券引渡しの特別な効力である。
- ▶帰結：運送人が運送品を占有すると否とに関係なく、証券の引渡しが運送品の占有を移転する効力を有する。
- ▶理由：運送人が一時運送品の占有を失った場合にも証券の引渡証券

性を認めることができ、証券の流通性保護に役立つ。

> **第576条【運送賃請求権】　　B⁻**
> ①運送品ノ全部又ハ一部カ不可抗力ニ因リテ滅失シタルトキハ運送人ハ其運送賃ヲ請求スルコトヲ得ス若シ運送人カ既ニ其運送賃ノ全部又ハ一部ヲ受取リタルトキハ之ヲ返還スルコトヲ要ス
> ②運送品ノ全部又ハ一部カ其性質若クハ瑕疵又ハ荷送人ノ過失ニ因リテ滅失シタルトキハ運送人ハ運送賃ノ全額ヲ請求スルコトヲ得

運送品の全部または一部が地震などの不可抗力によって滅失したときは、運送人は、その運送賃を請求することができません。もし運送人がすでに運送賃の全部または一部を受け取っていたときは、これを返還しなければなりません。運送品の全部または一部がその性質や瑕疵または荷送人の過失によって滅失したときは、運送人は、運送賃の全額を請求することができます。

→試験対策・4章7節②【3】(2)

1 趣旨

本条は、運送品の全部または一部が不可抗力（1項）や荷送人の過失など（2項）で滅失した場合の運送賃の請求権について規定している。

2 条文クローズアップ

1 運送品の不可抗力による滅失（1項）

運送品が不可抗力によって滅失した場合には、運送人は運送賃を請求することができない。

「不可抗力」とは、民法536条1項の「当事者双方の責めに帰することができない事由」と同じ意味に解されている（通説）。

不可抗力によって単に運送品が毀損した場合には、1項の適用はなく、民法536条1項が適用される。

2 運送品の荷送人の過失などによる滅失（2項）

この場合には、荷送人側の事情により滅失が生じており、危険を荷送人に負担させるのが公平である。そこで、運送品がその性質もしくは瑕疵または荷送人の過失によって滅失したときには、運送人は運送賃を請求することができる。

> **第577条【運送人の損害賠償責任】　　B**
> 運送人ハ自己若クハ運送取扱人又ハ其使用人其他運送ノ為メ使用シタル

> 者カ運送品ノ受取、引渡、保管及ヒ運送ニ関シ注意ヲ怠ラサリシコトヲ証明スルニ非サレハ運送品ノ滅失、毀損又ハ延著ニ付キ損害賠償ノ責ヲ免ルルコトヲ得ス

　運送人は、自己もしくは運送取扱人またはその使用人その他運送のために使用した者が運送品の受取り、引渡し、保管または運送に関して、注意を怠らなかったことを証明しなければ、運送品の滅失、毀損または延着について損害賠償責任を負います。

→試験対策・4章7節[2]【2】(3)

1 趣旨

　運送人は、善管注意義務をもって物品を保管しなければならず、これに違反した場合には、債務不履行責任を負う。本条では、運送人の債務の主要な内容を明示するとともに、その責任を生ずべき顕著な場合を列挙している。

2 条文クローズアップ

1 運送人の債務不履行責任

(1)本条の意義

　債務不履行を理由とする損害賠償責任に関しては、民法415条の解釈として、一般に、債務者は履行補助者の故意または過失についても責任を負うこと、および無過失の立証責任を負うことが認められているが、通説は、商法本条はこの2点を文言上明らかにした民法上の原則の確認規定にすぎないと解している。

(2)成立要件

　(a)運送人またはその履行補助者(「運送取扱人又ハ其使用人其他運送ノ為メ使用シタル者」)の行為によって損害が生じたこと

　(b)運送人またはその履行補助者に故意または過失があったこと
　証明責任(挙証責任)は転換され、運送人の側で自己および履行補助者の無過失を立証しなければならない。

(3)「運送品ノ滅失」・「延著」の意義

　「運送品ノ滅失」とは、物理的滅失のほか、紛失・盗難・無権利者への引渡しなどを含む。

　「延著」とは、特約または慣習により定められた時期より遅延して到達地に到着することをいう。

2 不法行為責任との関係

→578条

判例セレクト

1 無過失の立証
　運送人は、自己または運送に使用した者に過失がなかったことを立証しないかぎり、これらの者に対する選任・監督につき注意を怠らなかったことを証明しえたとしても、損害賠償責任を免れない（大判昭5・9・13新聞3182-14）。

2 過失が認定された場合
　運送人甲の使用人乙が、かつて荷受人を天草郡本渡町丙（設立準備中の旧有限会社）とする物品運送に従事した際、丙の設立事務所に目的物を運送したことがあるにもかかわらず、約1か月後に締結された上記と同様の荷受人の表示がある運送契約において、運送品を丁の指示に従い同人の居宅に配達してこれを滅失させたときは、前記設立事務所にはこれを示すに足りる設備もなく、丁は当時丙の設立準備委員の1人であり、かつ、乙は配達をするにあたり丁から同人名義の甲に対する虚偽の注文書写を呈示されたなどの事情があっても、甲に運送契約上の債務不履行につき過失がないとはいえない（最判昭35・3・17総則・商行為百選[4版]92事件）。

3 債務不履行責任と不法行為責任との関係
　①運送品の取扱上通常予想される事態ではなく、契約本来の目的範囲を著しく逸脱する態様において、運送品の滅失、毀損が生じた場合には、運送取扱人ないし運送人に対する債務不履行に基づく損害賠償請求権と不法行為に基づく損害賠償請求権との競合が認められる。②不法行為に基づく損害賠償請求権の成立が認められるためには、運送取扱人ないし運送人に、必ずしも故意または重過失があることを要しない（最判昭38・11・5総則・商行為百選[3版]70事件）。

4 宅配便の荷受人の運送会社に対する損害賠償請求の限度
　賠償額をあらかじめ定めた責任限度額に限定することは、運賃を可能なかぎり低い額にとどめて宅配便を運営していくうえで、合理的なものであり、その趣旨からすれば、責任限度額の定めは、運送人の荷送人に対する債務不履行に基づく責任についてだけでなく、荷送人に対する不法行為に基づく責任についても適用されるものと解するのが当事者の合理的な意思に合致するものというべきであり、荷受人も、少なくとも宅配便によって荷物が運送されることを容認していたなどの事情が存するときは、信義則上、責任限度額を超えて運送人に対して損害の賠償を求めることは許されない（最判平10・4・30総則・商行為百選[4版]97事件）。

5 運送品の滅失による損害賠償請求権と貨物引換証
　貨物引換証所持人は、その証券譲受け当時、証券記載の運送品が運送人の故意・過失により滅失して運送品返還請求権が変じて損害賠償請求権となったときは、損害賠償請求権を取得する（大判昭6・11・3総則・商行為百選[4版]90事件）。

> ### 第578条【高価品に関する特則】　B⁺
> 貨幣、有価証券其他ノ高価品ニ付テハ荷送人カ運送ヲ委託スルニ当タリ其種類及ヒ価額ヲ明告シタルニ非サレハ運送人ハ損害賠償ノ責ニ任セス

　貨幣、有価証券その他の高価品については、荷送人が運送を委託するにあたってその種類および価額を明示して告げなかったときは、運送人は、損害賠償責任を負いません。

→試験対策・4章7節②【2】(3)(C)

1 趣旨

　高価品は盗難その他の滅失が生じやすく、損害も多額にのぼるので、運送人に損害賠償の最高限度を予知させて相当の注意を促すため、本条は、高価品の場合には、契約にあたり種類および価額を明告しなければ、運送人は損害賠償の責任を負わないこととした。

2 語句の意味

　<u>高価品</u>とは、容積または重量の割に著しく高価な物品をいう(判例)。

→判例セレクト1

3 条文クローズアップ

1　明告された価額

　明告された価額は損害賠償額の予定として運送人を拘束するのではなく、運送人は、実際の価額と損害を立証してその範囲内の賠償をすればよい。
　一方、荷送人は、明告額に拘束され、明告額以上の損害賠償請求はできない。

2　明告がなかった場合

　高価品について普通品としての価額を算定することはできないから、高価品につき種類および価額の明告をしなかったときは、運送人は、高価品としてだけではなく普通品を基準としても損害賠償の責任も負わない。
　もっとも、高価品につき種類および価額の明告がない場合でも、運送人または履行補助者が故意に運送品に損害を生ぜしめたときは、明告があれば防止できた損害とはいえないから、本条の責任は認められない。
　明告はなかったが運送人が高価品であることを知っていた場合について、多数説は、運送人に高価品としての損害賠償責任を負わせても不意打ちにならない反面、高価品としての割増運賃を受

◆第578条

け取っていないから、普通の運送品として必要な注意を怠ったかぎり、運送人は高価品としての損害賠償責任を負うと解している。

3　不法行為責任との関係

⑴運送人の不法行為責任

本条(および580条、588条、589条・566条)の規定は、運送契約に基づく債務不履行責任に関する規定であるが、運送品が運送人またはその履行補助者の故意・過失によって滅失・毀損した場合には、不法行為(民709条、715条)の要件も備わるときが多い。そこで、このような場合において、運送人の債務不履行責任と不法行為責任とが併存するか否かが問題となる(Q_1)。

→578条

判例は、請求権競合説の立場から、債務不履行責任と不法行為責任の並存を肯定し、しかも、578条などの規定は不法行為責任には適用されないとしている。

→大判大15・2・23民集5-104

Q1　運送人の債務不履行責任と不法行為責任とが併存するか。

◁ランクB

　　A説　請求権競合説
▶結論：債務不履行責任と不法行為責任は併存する。
▶帰結：荷送人などは、債務不履行に基づく損害賠償請求権と不法行為に基づく損害賠償請求権のいずれをも主張することができる。
▶理由：①債務不履行責任と不法行為責任とは、実定法上別々に要件や効果が定められている。
　　　　②その選択に従って、荷送人などに権利行使を認めることが被害者である債権者の保護に資する。

　　A-1説　578条、580条、588条、589条・566条は不法行為責任に適用されない(判例)。

→大判大15・2・23民集5-104

▶理由：578条等が適用されるのは、契約責任だけである。

　　A-2説　578条、580条、588条、589条・566条は不法行為責任に適用される(竹田、大森)。
▶理由：578条等が不法行為責任に適用されないとすると、これらの規定の存在意義が没却されることになる。

　　B説　法条競合説(大隅、鈴木、石井)
▶結論：債務不履行責任と不法行為責任は併存しない。
▶帰結：荷送人などは債務不履行に基づく損害賠償請求権しか主張することができない。
▶理由：債務不履行は特殊な不法行為の性格をもつため、一般の不法行為の成立を阻却する。

　　C説　折衷説(松本、小松谷)
▶結論：運送品の取扱い上、通常予想される事態ではなく、契約本来の目的範囲を著しく逸脱する態様において運送品の滅失・毀

損が生じた場合にのみ、債務不履行責任と不法行為責任は併存する。
- ▶帰結：契約本来の目的範囲を著しく逸脱する態様において運送品の滅失・毀損が生じた場合にのみ、荷送人などは、債務不履行に基づく損害賠償請求権と不法行為に基づく損害賠償請求権のいずれをも主張できる。
- ▶理由：運送品の滅失・毀損は運送品の取扱いに際して起こりやすいから、荷送人はこのことを予期して運送契約を締結しているとすれば、運送品の取扱いに通常伴うような原因による滅失・毀損については、荷送人が運送人の不法行為責任を黙示的に免除していると解することができる。

(2) 履行補助者の不法行為責任

運送品が運送人の履行補助者の過失によって滅失・毀損した場合において、その履行補助者自身が荷送人に対して直接不法行為責任を負うかが問題となる（Q₂）。

判例はこれを肯定するが、履行補助者の態様に応じて区別する説も有力である。

→双書238頁

Q₂ 運送品が運送人の履行補助者の過失によって滅失・毀損した場合において、その履行補助者自身が荷送人に対して直接不法行為責任を負うか。

◀ランクB

A説 判例・通説

→最判昭44・10・17判時575-71

- ▶結論：履行補助者自身が荷送人に対して直接に不法行為責任を負い、しかも、運送人が契約責任を追及された場合に援用できる法定抗弁事由は、不法行為責任を追及された運送人の履行補助者自身はこれを援用できない。
- ▶理由：理論的にいえば、運送契約の効果は当然には第三者たる履行補助者に及ぶものではない。

B説 有力説

- ▶結論：運送人の指揮監督のもとにその事業行為を履行する補助者は、運送企業組織の一部を構成するものとして、故意・重過失のないかぎり、運送人自身の負う契約責任の範囲内でのみ不法行為責任を負うにすぎないが、履行補助者でも、運送人の指揮監督を受けない下請運送人のようないわゆる独立の契約者は、荷送人に対して独自に不法行為責任を負う。
- ▶理由：履行補助者の多くが運送人と法的・経済的に密接に結びついていることを考えると、通説のように解すれば、結局その不利益は経済的に運送人に帰属することになる。

4　免責約款

不当に荷送人の利益を制限する免責約款は、公序良俗違反として無効になったり、適用範囲を制限されたりする可能性がある。

◆第578条

宅配便の運送約款の責任限度の定めは、運送人の荷送人に対する不法行為に基づく責任にも適用される（判例）。

→577条判例セレクト4

判例セレクト

1 高価品の意義
本条所定の高価品とは、容積または重量の割に著しく高価な物品をいい、容積重量ともに相当巨大であって、その高価なことも一目明瞭なものはそれにあたらない（最判昭45・4・21総則・商行為百選[4版]96事件）。

2 不法行為責任への適用
本条は運送契約上の損害賠償責任の減免に関する規定であるが、運送契約の当事者が不法行為による損害賠償請求をすると、この規律を免れる結果になるのでは同条の趣旨を没却することになるから、不法行為責任にも適用される（東京地判平2・3・28判時1353-119）。

→577条判例セレクト4

3 宅配便の荷受人の運送会社に対する損害賠償請求の限度
4 鉄道営業法11条の2第2項の適用がある場合と本条の適用関係
鉄道営業法11条の2第2項および鉄道運輸規程73条2号は、本条の特則であると解すべきであるから、荷送人が運送人に対し高価品の運送を委託するにあたり、その種類および価額を明告した場合であっても、要償額を表示し、かつ、表示料を支払っていなければ、運送人は、荷送人に対し、鉄道運輸規程73条2号所定の金額を超えて損害賠償責任を負うものではない（最判昭63・3・25総則・商行為百選[3版]81事件）。

第579条【相次運送人の連帯責任】　C
数人相次テ運送ヲ為ス場合ニ於テハ各運送人ハ運送品ノ滅失、毀損又ハ延著ニ付キ連帯シテ損害賠償ノ責ニ任ス

数人の運送人が相次いで運送をする場合には、各運送人は、運送品の滅失、毀損、または延着について、連帯して損害賠償責任を負います。

→試験対策・4章7節2【5】(2)

1 趣旨
相次運送の場合には、荷送人や荷受人はどの段階で「運送品ノ滅失、毀損、又ハ延著」したかを立証することは困難なので、本条は、各運送人に「連帯シテ損害賠償ノ責ニ任ス」と定めた。

2 語句の意味
広義の**相次運送**とは、同一の運送品につき、数人の運送人が相次いで運送をなす場合をいう。これには、部分運送、下請運送、

共同運送、連帯運送（狭義の相次運送）がある。

部分運送とは、数人の運送人が各自独立して特定区間の運送を順次に引き受ける場合をいう。

下請運送とは、1人の運送人が全区間の運送を引き受け、その全部または一部について他の運送人を使用する場合をいう。

共同運送とは、数人の運送人が共同して全区間の運送を引き受け、その内部において各自の担当区間を定める場合をいう。

連帯運送（狭義の相次運送）とは、数人の運送人が順次に各特定区間の運送を行うが、各運送人は一通の通し運送状によって運送を引き継ぎ、共同して全区間の運送を引き受けたものと認められる場合をいう。

3 条文クローズアップ

1 相次運送人の責任

本条の定める相次運送人の連帯責任は、荷送人・荷受人に対するいわば外部関係に関するものである。

運送人相互間の関係では、各自の担当部分についてのみ責任を負い、損害賠償をした運送人は、過失ある他の運送人に対して求償することができる。

2 相次運送人の権利

相次運送の後の運送人は、前の運送人に代わってその権利を行使する義務を負うとともに、後の運送人が前の運送人に弁済するときは、前の運送人の権利を取得する（589条・563条）。

この規定は、広義の相次運送のすべてに適用されると解される。

第580条【損害賠償の額】　B$^+$

① 運送品ノ全部滅失ノ場合ニ於ケル損害賠償ノ額ハ其引渡アルヘカリシ日ニ於ケル到達地ノ価格ニ依リテ之ヲ定ム

② 運送品ノ一部滅失又ハ毀損ノ場合ニ於ケル損害賠償ノ額ハ其引渡アリタル日ニ於ケル到達地ノ価格ニ依リテ之ヲ定ム但延著ノ場合ニ於テハ前項ノ規定ヲ準用ス

③ 運送品ノ滅失又ハ毀損ノ為メ支払フコトヲ要セサル運送賃其他ノ費用ハ前二項ノ賠償額ヨリ之ヲ控除ス

運送品の全部滅失の場合における損害賠償の額は、運送品がなくなっていなかったなら引渡しがなされたと考えられる日における、到達地の価格によって決められます。運送品の一部滅失または毀損の場合における損害賠償の額は、その引渡しのあった日に

→試験対策・4章7節[2]【2】(3)(b)

おける到達地の価格によって決められます。ただし、延着の場合には、運送品の全部が滅失した場合の例にならって額が決められます。運送品が滅失または毀損のため支払う必要がなくなった運送賃その他の費用は、賠償額から差し引くことになります。

1 趣旨

本条は、大量の運送品を扱う運送営業の特殊性を考慮し、運送人を保護するため、損害賠償額の算定基準の定型化を図っている。

2 条文クローズアップ

1 損害賠償額の算定基準

(1)「運送品ノ全部滅失」の場合（1項）
　引渡しがあるはずだった日の到達地の価格によって定めた額
(2)「運送品ノ一部滅失又ハ毀損」の場合（2項本文）
　その引渡しがあった日における到達地の価格によって定めた額
(3)「運送品ノ一部滅失又ハ毀損」し「延着」の場合（2項ただし書）
　引渡しがあるはずだった日の到達地の価格によって定めた額（1項の準用）
(4)完全な運送品が単に延着した場合
　本条には規定がないので、民法の一般原則（民415条、416条）による。
(5)損害賠償額から控除される費用（3項）
　運送品の滅失・毀損のため「支払フコトヲ要セサル運送賃其他ノ費用」は、損害賠償額から控除される。

2 損害賠償額の制限

運送品の滅失・毀損による実損額が本条の定める額を超える場合でも、運送人の責任は、本条の法定額に制限される。

実損額が本条の定める額に達しない場合でも、運送人は、この法定額を払わなければならない。

運送人に悪意・重過失がある場合は、本条の損害賠償額の制限は適用されず、一般原則による（581条）。

判例セレクト

損害が生じない場合と本条1項の適用の有無

本条1項は、運送品が全部滅失したにもかかわらず荷送人または荷受人にまったく損害が生じない場合についてまで運送人に損害賠償責任を負わせるものではない（最判昭53・4・20総則・商行為百選［4版］93事件）。

> **第581条【定額賠償主義の例外】　　B⁻**
> 運送品カ運送人ノ悪意又ハ重大ナル過失ニ因リテ滅失、毀損又ハ延著シタルトキハ運送人ハ一切ノ損害ヲ賠償スル責ニ任ス

運送品が運送人の悪意または重大な過失によって滅失、毀損、または延着したときは、運送人は、いっさいの損害賠償責任を負います。

→試験対策・4章7節②【2】(3)(b)

1 趣旨

運送人に悪意・重過失がある場合は、運送人を保護するという前条の趣旨は妥当しない。そこで、本条は、運送人に悪意または重大なる過失がある場合は、一般原則によりいっさいの損害を賠償することとした。

2 条文クローズアップ

「運送人ノ悪意又ハ重大ナル過失」の意義

「運送人ノ悪意又ハ重大ナル過失」には、運送人の履行補助者に悪意・重過失ある場合も含まれる(判例)。

→最判昭55・3・25総則・商行為百選[4版]94事件

> **第582条【運送品の処分権】　　B**
> ①荷送人又ハ貨物引換証ノ所持人ハ運送人ニ対シ運送ノ中止、運送品ノ返還其他ノ処分ヲ請求スルコトヲ得此場合ニ於テハ運送人ハ既ニ為シタル運送ノ割合ニ応スル運送賃、立替金及ヒ其処分ニ因リテ生シタル費用ノ弁済ヲ請求スルコトヲ得
> ②前項ニ定メタル荷送人ノ権利ハ運送品カ到達地ニ達シタル後荷受人カ其引渡ヲ請求シタルトキハ消滅ス

荷送人または貨物引換証の所持人は、運送人に対し、運送の中止、運送品の返還その他の処分を請求することができます。この場合には、運送人は、すでになした運送の割合に応じて、運送賃、立替金、およびその処分によって生じた費用の弁済を請求することができます。以上のような荷送人の権利は、運送品が到達地に到着した後に荷受人がその引渡しを請求したときは、消滅します。

→試験対策・4章7節②【2】(2)

1 趣旨

本条は、運送品の処分権について規定している。

2 条文クローズアップ

1 意義
運送人は、荷送人または貨物引換証所持人が運送の中止、運送品の返還その他の処分(1項前段)を命じたときは、その指図に従うことを要し、このような指図をなす権利を処分権という。

2 内容
荷送人又は貨物引換証の所持人は運送人に対して「運送ノ中止、運送品ノ返還其他ノ処分」を請求することができる(1項前段)。

運送人が指図に従った場合には、運送人は「既ニ為シタル運送ノ割合ニ応スル運送賃、立替金及ヒ其ノ処分ニ因リテ生シタル費用ノ弁済」を請求することができる(1項後段)。

荷送人の処分権は、運送品が到達地に到着した後、「荷受人カ其引渡ヲ請求」したときは、消滅する(2項)。ただし、運送品の引渡しに争いがある場合は、運送人は荷送人の指図を催告すべきとされていることから推知して(586条1項・585条2項)、荷送人の権利は消滅せず、ただ荷受人の権利が荷送人の権利に優先するだけであると解すべきである。

第583条【荷受人による荷送人の権利取得】　B
①運送品カ到達地ニ達シタル後ハ荷受人ハ運送契約ニ因リテ生シタル荷送人ノ権利ヲ取得ス
②荷受人カ運送品ヲ受取リタルトキハ運送人ニ対シ運送賃其他ノ費用ヲ支払フ義務ヲ負フ

運送品が到達地に到達した後は、荷受人は、運送契約によって生じた荷送人の権利を取得します。荷受人が運送品を受取ったときは、荷受人は、運送人に対し、運送賃その他の費用を支払う義務を負います。

→試験対策・4章7節②【4】

1 趣旨
本条は、運送品が到達地に達した後は荷受人が荷送人の権利と同一の内容の権利を取得することを規定する。

2 条文クローズアップ

1 荷受人が取得する権利(1項)
(1)運送品引渡請求権
(2)運送品処分権(582条)

(3)運送品の一部滅失・毀損・延着などによる損害賠償請求権
2　荷受人が負担する義務(2項)
　荷受人が運送品を受け取った場合には、荷受人は、運送人に対し、「運送賃其他ノ費用ヲ支払フ義務」を負う(2項)。

> **第584条【貨物引換証の受戻証券性】　　B**
> 貨物引換証ヲ作リタル場合ニ於テハ之ト引換ニ非サレハ運送品ノ引渡ヲ請求スルコトヲ得ス

　貨物引換証を作成した場合においては、これと引換えでなければ、何人も運送品の引渡しを請求することができません。

→試験対策・4章7節3【2】(1)(a)

1 趣旨
　本条は、貨物引換証が発行された場合には、証券と引換えでなければ、運送品の引渡しを請求できないとして、貨物引換証の受戻証券性を規定した。

2 条文クローズアップ
本条の意義
　本条は、運送人が貨物引換証と引換えでなければ運送品を引渡すことを要しないとしただけであって、証券と引換えでなければ運送品を引き渡してはならないという義務を課したものではない(通説。ただし、判例は反対)。したがって、運送人において自己の危険で貨物引換証と引換えなしに運送品を引き渡すことは妨げられない(判例)。
　ただし、運送品の引渡しを受けた者が正当な証券所持人でなかった場合には、運送人は、後日に正当な証券所持人から請求を受けたときは、先に引き渡した運送品を取り戻して引き渡すか、それができないときは損害を賠償しなければならない(577条)。なお、場合によっては、刑事責任(背任罪〔刑247条〕)に問われることもある。

→判例セレクト

→大判昭10・3・25民集14-395

判例セレクト
貨物引換証と引換えでなしに引き渡す約定
　本条は強行規定ではなく、運送人が荷受人に対し、後日貨物引換証の交付を受ける約定のもとにそれと引換えでなく貨物を引き渡したときは、その後貨物引換証の正当な所持人の請求による貨物引渡しの不履行による損害賠償の責任を免れることはできないが、上記の約定は

◆第584条

無効とはいえない（大判大15・9・16民集5-688）。

> ### 第585条【荷受人不明の場合の供託・競売権】　C
> ①荷受人ヲ確知スルコト能ハサルトキハ運送人ハ運送品ヲ供託スルコトヲ得
> ②前項ノ場合ニ於テ運送人カ荷送人ニ対シ相当ノ期間ヲ定メ運送品ノ処分ニ付キ指図ヲ為スヘキ旨ヲ催告スルモ荷送人カ其指図ヲ為ササルトキハ運送品ヲ競売スルコトヲ得
> ③運送人カ前二項ノ規定ニ従ヒテ運送品ノ供託又ハ競売ヲ為シタルトキハ遅滞ナク荷送人ニ対シテ其通知ヲ発スルコトヲ要ス

荷受人をはっきりと知ることができないときは、運送人は、運送品を供託することができます。この場合において、運送人が荷送人に対しそれ相当の期間を定めて、運送品の処分について指図をすべき旨の催告をしたのに、荷送人がその指図をしないときは、運送品を競売することができます。運送人が運送品の供託または競売をしたときは、遅滞なく、荷送人に対して、通知を発送しなければなりません。

→試験対策・4章7節②【3】(6)

1 趣旨

本条は、荷受人を確知することができないときに、運送人に運送品の引渡しを速やかに完了させて、運送賃請求権を取得させるため、運送人に運送品の供託権（1項）、競売権（2項）を認めた。

> ### 第586条【運送品の引渡に争いがある場合の供託・競売権】　C
> ①前条ノ規定ハ運送品ノ引渡ニ関シテ争アル場合ニ之ヲ準用ス
> ②運送人カ競売ヲ為スニハ予メ荷受人ニ対シ相当ノ期間ヲ定メテ運送品ノ受取ヲ催告シ其期間経過ノ後更ニ荷送人ニ対スル催告ヲ為スコトヲ要ス
> ③運送人ハ遅滞ナク荷受人ニ対シテモ運送品ノ供託又ハ競売ノ通知ヲ発スルコトヲ要ス

585条の規定は、運送品の引渡しに関して争いがある場合にも、運送人は、運送品の供託権、競売権が認められます。運送人が競売をするには、あらかじめ荷受人に対し、相当の期間を定めて運送品の受取りを催告し、その期間経過の後、さらに荷送人に対する催告をしなければなりません。運送人は、遅滞なく荷受人に対

→試験対策・4章7節②【3】(6)

しても、運送品の供託または競売の通知を発しなければなりません。

1 趣旨

運送品の引渡しに争いがある場合においても、運送人に運送品の引渡しを速やかに完了させて、運送賃請求権を取得させるという前条の趣旨は妥当する。そこで、本条は、前条と同様に、運送人に運送品の供託権・競売権を認めた。

2 条文クローズアップ

「運送品ノ引渡ニ関シテ争アル場合」の意義

「運送品ノ引渡ニ関シテ争アル場合」とは、運送品の数量不足、品質の相違などの理由により、荷受人が運送品の受領を拒んだ場合をいい、荷受人が無条件に受領を拒んだときは、前条によって処理すべきものと解される。

第587条【売買に関する規定の準用】　C
第五百二十四条第二項及ヒ第三項ノ規定ハ前二条ノ場合ニ之ヲ準用ス

運送品が「損傷その他の事由による価格の低落のおそれがある物」である場合には、524条2項、3項が準用され、催告をしないで供託、競売をすることができます。

→試験対策・4章7節2【3】(6)

1 趣旨

本条は、損傷その他の事由による価格の低落のおそれがある運送品の供託権、競売権について、商人間の売買における供託権、競売権に関する規定(524条2項、3項)を準用したものである。

第588条【責任の特別消滅事由】　B
① 運送人ノ責任ハ荷受人カ留保ヲ為サスシテ運送品ヲ受取リ且運送賃其他ノ費用ヲ支払ヒタルトキハ消滅ス但運送品ニ直チニ発見スルコト能ハサル毀損又ハ一部滅失アリタル場合ニ於テ荷受人カ引渡ノ日ヨリ二週間内ニ運送人ニ対シテ其通知ヲ発シタルトキハ此限ニ在ラス
② 前項ノ規定ハ運送人ニ悪意アリタル場合ニハ之ヲ適用セス

運送人の責任は、荷受人が、留保をせず運送品を受け取り、かつ、運送賃その他の費用を支払ったときは、消滅します。ただし、

→試験対策・4章7節2【2】(3)(d)(i)

運送品を受け取った時にただちに発見することができない毀損または一部滅失がある場合において、荷受人が引渡しの日から2週間以内に運送人に対して、その通知を発送したときは、運送人の責任は消滅しません。これらの運送人の責任は、運送人に悪意がある場合には、適用されません。

1 趣旨

大量の運送品を扱う運送営業の特殊性から、運送品の状態についての証拠を長期間保全しておくことは困難である。そこで、本条は、運送人保護のため、荷受人が留保しないで運送品を受け取り、かつ、運送賃その他の費用を支払ったときは、運送人の責任は消滅することとした。

2 条文クローズアップ

運送人の責任の特別消滅事由

(1)原則（1項本文）

「荷受人カ留保ヲ為サスシテ運送品ヲ受取リ」、かつ、「運送賃其他ノ費用ヲ支払ヒタルトキ」は、「運送人ノ責任」は「消滅ス」る（1項本文）。

(2)例外的に消滅しない場合

(a)運送品に「直チニ発見スルコト能ハサル毀損又ハ一部滅失」があった場合であって、「荷受人が引渡ノ日ヨリ二週間内」に「運送人ニ対シテ其通知ヲ発シタ」とき（1項ただし書）

(b)運送人が悪意の場合（2項）

悪意の意義について、多数説は、運送人が運送品に故意に毀損・一部滅失を生ぜしめ、または毀損・一部滅失を故意に隠蔽した場合をいうと解している。これに対して、判例は、運送人が運送品の毀損または一部滅失のあることを知っていた場合をいうとしている。

→最判昭41・12・20総則・商行為百選[4版]88事件

第589条【運送取扱人に関する規定の準用】　B
第五百六十二条、第五百六十三条、第五百六十六条及ヒ第五百六十七条ノ規定ハ運送人ニ之ヲ準用ス

運送取扱人の留置権、中間運送取扱人の権利義務、権利・責任の短期消滅時効に関する規定は、運送人にも準用されます。

→試験対策・4章7節②【2】(3)(d)(ⅱ)(ⅲ)

1 趣旨

大量の運送品を扱う運送営業の特殊性から、運送品の状態につ

いての証拠を長期間保全しておくことは困難である。そこで、本条は、運送人保護のため、運送取扱人に関する規定を準用する。

2 条文クローズアップ

準用内容
(1)留置権(562条)
(2)中間運送取扱人の権利義務(563条)
　相次運送の場合において、後者は前者に代わって留置権・運送賃請求権などの権利を行使する義務を負う(563条1項)。
　後者が前者に対して運送賃・立替金その他の費用を弁済した場合には、前者の権利を取得する(563条2項)。
(3)権利・責任の短期消滅時効(566条、567条)
　運送品の滅失・毀損・延着によって生じた損害についての運送人の債務不履行責任は、運送人が悪意の場合を除き、「荷受人カ運送品ヲ受取リタル日ヨリ1年ヲ経過」すると時効消滅する(566条)。
　運送人の「委託者又ハ荷受人ニ対スル債権」は「1年ヲ経過」したときは時効消滅する(567条)。

■第3節　旅客運送

■総　説

1 意義

1 定義
　旅客運送契約とは、運送人が人(旅客)の運送を引き受ける契約をいう。
2 性質
　請負契約(民632条以下)の1種である。
　本来、諾成・不要式の契約であるが、旅客運送契約の締結に際しては乗車券が発売されるのが通例であり、旅客運送契約成立の時期は、通常は乗車券購入の時であるが、乗車後購入の場合(バスの場合や鉄道でも無人駅から乗車した場合など)は乗車の時と解されている(判例)。

→試験対策・4章7節4【1】(1)

→大判大6・2・3総則・商行為百選[4版]101事件
→試験対策・4章7節4【1】(2)

2 乗車券の法的性質

1 普通乗車券(乗車前に発行される無記名式の乗車券)
　通説は、運送債権を表章する有価証券であると解している。すなわち、乗車券は引渡しにより自由に譲渡することができるが、入鋏後は譲渡性を失うと解している。

2　回数券

　判例は、通用区間・期限が明記されている場合と単に金額のみが表示されている場合とを問わず、回数券は運送契約またはその予約上の債権を表章するものではなく、乗車賃の支払を証し乗車賃に代用される票券にすぎないとしている（判例）。

→大判大6・2・3総則・商行為百選[4版]101事件、大判昭14・2・1民集18-77

　これに対して、多数説は、包括的な運送契約に基づく運送債権を表章する有価証券と解している。

3　定期乗車券

　運送賃の前払いを証明する証拠証券にすぎないとする見解と、乗車にその所持が必要であるから有価証券であり、ただ譲渡性がないだけであるとする見解とに分かれる。

第590条【旅客運送人の責任】　　C
①旅客ノ運送人ハ自己又ハ其使用人カ運送ニ関シ注意ヲ怠ラサリシコトヲ証明スルニ非サレハ旅客カ運送ノ為メニ受ケタル損害ヲ賠償スル責ヲ免ルルコトヲ得ス
②損害賠償ノ額ヲ定ムルニ付テハ裁判所ハ被害者及ヒ其家族ノ情況ヲ斟酌スルコトヲ要ス

　旅客の運送人は、自己またはその使用人が運送に関し注意を怠らなかったことを証明しなければ、旅客が運送のために受けた損害を賠償する責任を免れません。損害賠償額の算定については、裁判所は、被害者およびその家族の情況を斟酌しなければなりません。

→試験対策・4章7節4【2】(1)

1　趣旨

　本条は、旅客運送人の旅客の損害に対する責任について定めている。

2　条文クローズアップ

1　旅客運送人の旅客の損害に対する責任（1項）

　旅客運送人は、自己またはその使用人が「運送ニ関シ注意ヲ怠ラサリシコトヲ証明」しなければ、責任を免れることはできない。

　1項は、物品の運送人の責任に関する商法577条と同様に、民法上の原則の確認規定にすぎないと解されている（通説）。

　「旅客カ運送ノ為メニ受ケタル損害」とは、生命身体上の損害のみならず衣服の損害や延着損害を含み、被った損害と失った利益とを問わず、また、財産的損害のほか精神的損害も含む。この賠償請求権は、旅客が死亡した場合においては、その相続人が相続

する(判例)。

2　損害賠償額(2項)

→最大判昭42・11・1民集21-9-2249

　損害賠償額の算定については、裁判所は「被害者及ヒ其家族ノ情況ヲ斟酌」しなければならない。すなわち、運送人が予見し、または予見することができたかどうかを問わず、裁判所は、被害者の収入や家族構成などの特別事情を考慮して損害賠償額を算定しなければならない。したがって、2項は、民法416条2項の例外をなしている。

第591条【引渡しを受けた手荷物に関する責任】　C
①旅客ノ運送人ハ旅客ヨリ引渡ヲ受ケタル手荷物ニ付テハ特ニ運送賃ヲ請求セサルトキト雖モ物品ノ運送人ト同一ノ責任ヲ負フ
②手荷物カ到達地ニ達シタル日ヨリ一週間内ニ旅客カ其引渡ヲ請求セサルトキハ第五百二十四条ノ規定ヲ準用ス但住所又ハ居所ノ知レサル旅客ニハ催告及ヒ通知ヲ為スコトヲ要セス

　旅客運送人は、旅客から引渡しを受けた手荷物については、特に運送賃を請求しないときでも、物品の運送人と同一の責任を負います。手荷物が到達地に到達した日から1週間内に旅客がその引渡しを請求しないときは、運送人は、商人間の売買における売主と同様に、手荷物を供託したり、競売したりすることができます。この場合において、旅客の住所または居所が不明なときには、運送人は、催告および通知をする必要はありません。

→試験対策・4章7節4【2】(2)

1　趣旨

　本条は、旅客運送人が旅客より引渡しを受けた手荷物(託送手荷物)については、特に運送賃を請求しないときでも、物品運送人と同様の責任を負うことを規定している(1項)。また、旅客が引渡しを請求しない託送手荷物については、524条を準用して、供託や競売をすることができることとした(2項)。

第592条【引渡しを受けない手荷物に関する責任】　C
旅客ノ運送人ハ旅客ヨリ引渡ヲ受ケサル手荷物ノ滅失又ハ毀損ニ付テハ自己又ハ其使用人ニ過失アル場合ヲ除ク外損害賠償ノ責ニ任セス

　旅客運送人は、旅客から引渡しを受けていない手荷物の滅失または毀損については、自己またはその使用人に過失がある場合を

→試験対策・4章7節4【2】(3)

除いて、損害賠償責任を負いません。

1 趣旨

　本条は、旅客から引渡しを受けない手荷物（携帯手荷物）については、運送人やその使用人に過失があったことを旅客の側が立証したときにかぎり、旅客運送人は損害賠償責任を負うことを規定している。

第9章

寄　託

■第1節　総　　則

> **第593条【寄託を受けた商人の責任】　　B**
> 商人カ其営業ノ範囲内ニ於テ寄託ヲ受ケタルトキハ報酬ヲ受ケサルトキト雖モ善良ナル管理者ノ注意ヲ為スコトヲ要ス

　商人がその営業の範囲内において寄託を受けたときは、報酬を受けないときであっても、善良な管理者の注意をもって保管しなければなりません。

→試験対策・4章9節②【1】(1)

1 趣旨

　民法の原則によれば、無償寄託の場合には、自己の財産に対するのと同一の注意義務しか負わない(民659条)。しかし、注意義務の軽い民法の原則をそのまま適用すると、商人の信用を維持できなくなるおそれがある。そこで、本条は、商人がその営業の範囲内で寄託を受けたときは、無報酬であっても、善良な管理者の注意をもって保管するべきこととした。

> **第594条【客の来集を目的とする場屋の主人の責任】　　B**
> ①旅店、飲食店、浴場其他客ノ来集ヲ目的トスル場屋ノ主人ハ客ヨリ寄託ヲ受ケタル物品ノ滅失又ハ毀損ニ付キ其不可抗力ニ因リタルコトヲ証明スルニ非サレハ損害賠償ノ責ヲ免ルルコトヲ得ス
> ②客カ特ニ寄託セサル物品ト雖モ場屋中ニ携帯シタル物品カ場屋ノ主人又ハ其使用人ノ不注意ニ因リテ滅失又ハ毀損シタルトキハ場屋ノ主人ハ損害賠償ノ責ニ任ス
> ③客ノ携帯品ニ付キ責任ヲ負ハサル旨ヲ告示シタルトキト雖モ場屋ノ主人ハ前二項ノ責任ヲ免ルルコトヲ得ス

　旅店、飲食店、浴場その他客の来集を目的とする場屋の主人は、客から寄託を受けた物品の滅失または毀損については、不可抗力によることを証明しなければ、損害賠償責任を免れることができません。客が特に寄託しない物品であっても、場屋中に携帯した物品が場屋の主人またはその使用人の不注意によって滅失ま

→試験対策・4章9節②

◆第593条〜第594条

たは毀損したときは、場屋の主人は、損害賠償責任を負います。客の携帯品について責任を負わない旨を告示したときであっても、場屋の主人は、損害賠償責任を免れることができません。

1 趣旨

場屋営業においては、多数の客の出入集散があり、客はみずから所持品の安全を守ることができない。そこで、本条は、場屋営業者に対し、厳格な責任を負わせた。

2 語句の意味

場屋営業(じょうおく)とは、「客の来集を目的とする場屋における取引」(502条7号)を営業する補助商をいう。

「客の来集を目的とする場屋における取引」は**営業的商行為**に属し(502条7号)、それを営業としてする**場屋営業者**(場屋の主人)は商人である(4条1項)。

3 条文クローズアップ

1 沿革

本条は、ローマ法のレセプツム責任を踏襲するものである。すなわち、古代および中世においては、強盗等の危険が多く、かつ、船主、旅店・駅舎の主人やその使用人がしばしば強盗等と通謀することがあった。そこで、ローマ法において、旅店の主人等は、運送あるいは寄託を引き受けた物品を客に安全に返還すべき絶対的義務を負うものとされていた。この責任は、レセプツム責任とよばれ、物品を受領したことに基づいて、法律上当然に課せられる結果責任であった。

ただし、今日では、外部の強盗等との通謀などは一般的に考えられないので、運送人などと異なる重い責任が場屋営業者に認められる理由として、場屋営業においては、多数の客の出入集散があり、客はみずから所持品の安全を守ることができないことなどがあげられている。

2 場屋営業者の責任

(1) 客から寄託を受けた物品に関する責任(1項)

場屋営業者は、客から寄託を受けた物品の滅失または毀損について、不可抗力によることを証明するのでなければ、損害賠償責任を免れることはできない(1項)。

(a)「客」の意義

「客」とは、場屋の施設の利用者をいう。ただし、通説は、「客」といえるためには必ずしも場屋の利用についての契約が成立していることは必要ではなく、事実上客として待遇されている者、すなわち待合室で部屋が空くのを待っている者なども

「客」に含まれると解している。
　(b)「不可抗力」の意義
　　通説は、事業の外部から発生した出来事で、かつ、通常の注意を尽くしてもその発生を防止できないものと解している（折衷説）。
　　「事業の外部から発生した出来事」とは、事業者の組織体の外にある原因から生じたものをいい、天災などの自然現象や戦争などの人為的出来事の双方を含む。したがって、使用人の引き起こした火災などは、外部から発生した出来事とは解されないが、客が引き起こした火災などは、場屋内で引き起こしたとしてもそれに該当することになる。
　　「通常の注意を尽くしてもその発生を防止できないもの」については、各々の事業の性質に従って、客観的・抽象的に決定されるべきであり、事業者の主観的事情は考慮されるべきではない。
(2)客から寄託を受けない物品に関する責任（2項）
　客が特に寄託しないで場屋内に携帯した物品でも、場屋営業者は、自己またはその使用人の不注意によって生じた物の滅失・毀損については損害賠償責任を負う（2項）。
　(a) 2項の責任の法的性質
　　客が場屋中に携帯した物品については当然に寄託契約が成立するということはないので、この責任は、寄託契約上の責任ではなく、場屋の利用関係に基づく付随的な特別の法定責任である（通説）。
　(b)「不注意」の意義
　　「不注意」とは過失の意味であり、過失の立証責任は、責任を追及する客側が負うものと解されている。
　(c)「使用人」の意義
　　「使用人」とは、場屋営業に従事するすべての者をいい、場屋営業者との間に雇用関係があるかどうかを問わない。したがって、「使用人」には家族も含まれる（判例）。
　　→大判昭3・6・13新聞2866-6
(3)特約による責任減免
　場屋営業者の責任の規定は強行規定ではないので、公序良俗（民90条）に反しないかぎり、責任減免の特約も認められる。
　ただし、単に一方的に場屋内に「責任ヲ負ハサル旨ヲ告示」しただけでは、特約としての効力はなく、免責されない（3項）。

判例セレクト

1　寄託を受けた物品
　ホテル利用者が自己所有の自動車をホテル側でホテルの敷地内で移

動させることを了承し、その鍵を従業員に交付した場合には、それによりホテルに対してその保管を委託し、ホテルがこれを承諾したのであるから、ホテルはその営業の範囲内において、無償でホテルの利用者から本件自動車の寄託を受けたというべきであり、ホテル利用者が交付した鍵がスペアキーであり、マスターキーは自己のもとに所持していたこと、ホテルにおいて短時間だけ鍵を預かる意図であったことは、いずれも上記認定を左右するものではない（大阪高判平12・9・28判時1746-139）。

2 不可抗力

旅館の玄関前面の丘陵部分が集中豪雨により崩落し、それに接して設けられていた駐車場に駐車していた車両が損傷を受けた場合において、上記丘陵部分になんらかの土留め設備が設けられていれば本件崩落事故は生じなかったとの可能性があり、また、土砂崩れが始まってから旅館従業員等が事態に迅速に対応していれば本件車両の損傷の被害を防止できたとの疑いがあるから、車両の損傷が不可抗力によるものとは認められない（東京地判平8・9・27判時1601-149）。

第595条【高価品に関する特則】　　B

貨幣、有価証券其他ノ高価品ニ付テハ客カ其種類及ヒ価額ヲ明告シテ之ヲ前条ノ場屋ノ主人ニ寄託シタルニ非サレハ其場屋ノ主人ハ其物品ノ滅失又ハ毀損ニ因リテ生シタル損害ヲ賠償スル責ニ任セス

貨幣、有価証券その他の高価品については、客がその種類および価額を明らかにして告げて場屋の主人に寄託しなければ、その場屋の主人は、その物品の滅失または毀損によって生じた損害賠償責任を負いません。

→試験対策・4章9節②【4】

1 趣旨

寄託を受けた物品が高価品の場合には、盗難の危険性や損害賠償の負担は大きくなるので、場屋営業主に物品の保管に特別の注意を払う機会を与える必要がある。そこで、本条は、高価品については客がその種類および価額を明告して寄託しなければ、場屋営業主はその物品の毀損・滅失について責任を負わないこととした。

2 語句の意味

高価品とは、容積または重量の割に著しく高価な物品をいう（判例）。

→578条判例セレクト1

3 条文クローズアップ

1　明告された価額

明告された価額は損害賠償額の予定として場屋営業者を拘束するのではなく、場屋営業者は、実際の価額と損害を立証してその範囲内の賠償をすればよい。

一方、客は、明告額に拘束され、明告額以上の損害賠償請求はできない。

2　明告がなかった場合

高価品について普通品としての価額を算定することはできないから、高価品につき種類および価額の明告をしなかったときは、場屋営業者は、高価品としてだけではなく普通品を基準としても損害賠償の責任も負わない。

もっとも、高価品につき種類および価額の明告がない場合でも、場屋営業者が故意に高価品に損害を生ぜしめたときは、明告があれば防止できた損害とはいえないから、本条の責任は認められない。

明告はなかったが場屋営業者が高価品であることを知っていた場合について、多数説は、普通品として必要な注意を怠ったかぎり、場屋営業者は高価品としての損害賠償責任を負うと解している。

3　不法行為責任との関係　　　　　　　　　　　　　→578条

判例セレクト

1　不法行為責任との関係

債務不履行による損害賠償責任を負わない場合であっても、不法行為による損害賠償責任を負うことはありうる（大判昭17・6・29総則・商行為百選[3版]91事件）。

2　不法行為責任への類推適用

本条は、債務不履行についてのみならず、不法行為にも類推適用される（大阪高判平13・4・11総則・商行為百選[4版]109事件）。

3　同趣旨の約款の適用範囲

宿泊客の携行品等のうちフロントに預けなかった物については、あらかじめ種類および価額の明告がないかぎり、ホテル側が負担すべき損害賠償額の上限を15万円とする旨の約款は、ホテル側に故意または重過失がある場合には適用されない（最判平15・2・28判時1829-151）。

第596条【場屋の主人の責任の短期時効】　　B

①前二条ノ責任ハ場屋ノ主人カ寄託物ヲ返還シ又ハ客カ携帯品ヲ持去リタル後一年ヲ経過シタルトキハ時効ニ因リテ消滅ス

②前項ノ期間ハ物品ノ全部滅失ノ場合ニ於テハ客カ場屋ヲ去リタル時ヨ

◆第596条　173

> リ之ヲ起算ス
> ③前二項ノ規定ハ場屋ノ主人ニ悪意アリタル場合ニハ之ヲ適用セス

　場屋の主人の損害賠償責任は、場屋の主人が寄託物を返還し、または客が携帯品を持ち去った時から1年、物品の全部滅失の場合においては客が場屋を去った時から1年を経過したときは、時効によって消滅します。ただし、場屋の主人が悪意の場合には、一般の商事時効の原則により5年の時効になります。

→試験対策・4章9節[2]【6】

1 趣旨

　場屋営業主には594条1項のように寄託物に関し重い責任が課されている。そこで、本条は、責任の短期消滅時効を認め、責任の軽減を図っている。

2 条文クローズアップ

責任の短期時効
(1)一部滅失・毀損の場合（1項）
　場屋の主人が寄託物を返還し、または客が携帯品を持ち去った時から1年
(2)物品の全部滅失の場合（2項）
　客が場屋を去った時から1年
(3)場屋の主人またはその使用人に悪意がある場合（3項）
　1年の短期時効の適用はなく、一般の商事時効の原則により5年の時効（522条本文）に服する。
　「悪意」とは、場屋営業者が寄託物に滅失または一部滅失のあることを知って引き渡すことと解される。

■第2節　倉庫営業

■総　　説

1 意義

　倉庫営業者とは、他人のために物品を倉庫に保管することを業とする者をいう（597条）。
　「保管」とは、「寄託の引受け」であり、これは営業的商行為に属するので(502条10号)、それを営業としてする倉庫営業者は商人である（4条1項）。

→試験対策・4章10節[1]

2 倉庫寄託契約

1 意義

倉庫寄託契約とは、倉庫営業者が寄託者のために物品を倉庫に保管することを約する契約をいう。倉庫寄託契約は、寄託契約の一種として、商法に別段の定めがない事項については、民法の寄託に関する規定(民657条以下)の適用を受ける。

2 性質

倉庫寄託契約は、寄託契約の一種であるから、従来の通説は、要物契約であると解していた。しかし、最近の有力説は、倉庫営業者は寄託を引き受けるのであって、寄託の引受けは寄託物の引渡しの前から存しうる行為であることから、諾成契約と解している。

→試験対策・4章10節②

第597条【意義】　　B
倉庫営業者トハ他人ノ為メニ物品ヲ倉庫ニ保管スルヲ業トスル者ヲ謂フ

倉庫営業者とは、他人のために物品を倉庫に保管することを業とする者をいいます。

→試験対策・4章10節①

1 趣旨

本条は、倉庫営業者の定義を規定する。

2 語句の意味

倉庫営業者とは、他人のために物品を倉庫に保管することを業とする者をいう。

3 条文クローズアップ

倉庫営業者の要件
(1)「他人ノ為メニ」
(2)「物品」の「保管」
　物品とは、保管に適するいっさいの動産であって、不動産を含まない。
(3)「倉庫ニ」
　物品の滅失または損傷を防止するための施設であれば、商法上の倉庫にあたる。
(4)「保管スルヲ業トスル者」
　倉庫営業者とは、「寄託の引受け」(502条10号)を業とする者をいう。

> **第598条【預証券及び質入証券の交付義務】　B**
> 倉庫営業者ハ寄託者ノ請求ニ因リ寄託物ノ預証券及ヒ質入証券ヲ交付スルコトヲ要ス

倉庫営業者は、寄託者の請求があれば、寄託物の預証券および質入証券を交付しなければなりません。

→試験対策・4章10節③【1】(3)、④

1 趣旨

本条は、倉庫証券としての預証券および質入証券の発行義務を倉庫営業者に課する規定である。

2 条文クローズアップ

1 倉庫証券

(1)意義・種類

　(a)意義

　　倉庫証券とは、倉庫営業者に対する寄託物返還請求権を表章する有価証券の総称をいう。

　(b)種類

　　倉庫証券には、**預証券**および**質入証券**、**倉荷証券**(627条)が含まれる。倉荷証券が単独で寄託物返還請求権を表章する有価証券であるのに対し、預証券は、質入証券と一体としてのみ寄託物返還請求権を表章する有価証券である。

(2)立法主義

　(a)単券主義

　　単券主義とは、1枚の倉庫証券によって、寄託物の譲渡も質入れも行うことをいう。

　(b)複券主義

　　複券主義とは、2枚の倉庫証券を発行し、寄託物の譲渡は預証券によって、質入れは質入証券によって行うことをいう。

　(c)併用主義

　　併用主義とは、単券主義と複券主義を寄託者の選択により併用することをいう。わが国では、併用主義が採られている(598条、627条)。

2 預証券・質入証券

(1)意義

　預証券とは、寄託物を譲渡するために用いられるもので、寄託物返還請求権を表章する証券をいう。

　質入証券とは、寄託物上に質権を設定するために用いられ、証券記載の債権およびそれに対する質権を表章する証券をいう。

預証券と質入証券とは、両者が一体となって寄託物返還請求権を表章し、預証券所持人は、預証券と質入証券の双方と引換えでなければ寄託物の返還を請求することができない（620条）。
(2)交付
　倉庫営業者は、寄託者の請求に基づき、預証券および質入証券を交付しなければならない。また、必ず両証券をあわせて交付する必要がある。

3　関連事項—荷渡指図書
(1)意義
　荷渡指図書とは、倉庫寄託物の引渡しを指図する証書をいう。
(2)寄託者が発行する荷渡指図書
　寄託者が発行する荷渡指図書は、寄託者が倉庫営業者に対し、寄託物の全部またはその一部をその所持人に引き渡すことを委託するものである
　荷渡指図書の所持人は、倉庫営業者から引渡しを受けた寄託物の受領権限を有するが、倉庫営業者に寄託物の引渡しを請求することはできない。したがって、荷渡指図書は、倉庫営業者に対する寄託物返還請求権を表章する有価証券ではなく、単なる**免責証券**である。
(3)倉庫営業者が発行する荷渡指図書
　倉庫営業者が発行する荷渡指図書は、倉庫営業者がその履行補助者である倉庫係員に対し、荷渡指図書に記載された寄託物を引渡すことを指図するものである。
　倉庫営業者が発行する荷渡指図書は、本来、寄託物の返還義務を負う倉庫営業者が、寄託物の返還義務の履行方法として履行補助者に寄託物の引渡しを指図する趣旨で署名したものであるから、この証券の所持人は、これによって、寄託物の引渡しを請求する権利を有し、そのかぎりにおいて、**有価証券**と認められる。なお、判例は、荷渡指図書には物権的効力はないとする。

→判例セレクト2(2)

判例セレクト

1　荷渡指図書による占有移転
　寄託者が倉庫業者に対して発行した荷渡指図書に基づき倉庫業者が寄託者台帳上の寄託者名義を変更してその寄託の目的物の譲受人が指図による占有移転を受けた場合には、民法192条の適用がある（最判昭57・9・7総則・商行為百選［4版］60事件）。

2　荷渡指図書の性質
(1)指図の撤回の可能性
　寄託者から受寄者である倉庫業者に対し荷渡先を指定したうえこれに受寄物たる商品を引き渡すことを依頼するいわゆる荷渡依頼書が、

荷渡先の第三者に交付された後であっても、その第三者がこれを受寄者に呈示する以前には、寄託者において受寄者に対する通知により依頼を撤回することを妨げない(最判昭35・3・22民集14-4-501)。

(2) 物権的効力の有無

荷渡指図書による指図は、いつでも電話や口頭で取り消し、撤回をすることができるから、貨物引換証や倉庫証券とは異なり、それには物権的効力はなく、その交付に占有移転を指図する効力があるとはいえない(最判昭48・3・29判時705-103)。

> **第599条【倉庫証券の記載事項】　　B**
> 預証券及ヒ質入証券ニハ左ノ事項及ヒ番号ヲ記載シ倉庫営業者之ニ署名スルコトヲ要ス
> 　1　受寄物ノ種類、品質、数量及ヒ其荷造ノ種類、個数並ニ記号
> 　2　寄託者ノ氏名又ハ商号
> 　3　保管ノ場所
> 　4　保管料
> 　5　保管ノ期間ヲ定メタルトキハ其期間
> 　6　受寄物ヲ保険ニ付シタルトキハ保険金額、保険期間及ヒ保険者ノ氏名又ハ商号
> 　7　証券ノ作成地及ヒ其作成ノ年月日

預証券および質入証券には、受寄物の種類、品質、数量およびその荷造の種類、個数ならびに記号などの事項と番号を記載し、倉庫営業者はこれに署名しなければなりません。

→試験対策・4章10節 4【1】(2)

1 趣旨

預証券および質入証券によって寄託物の譲渡・質入れがなされるので、寄託物の同一性を客観的に明らかにするために、本条は、預証券・質入証券の記載事項を法定する(**要式証券性**)。

2 条文クローズアップ

1 法定記載事項

①受寄物の種類、品質、数量およびその荷造の種類、個数ならびに記号(1号)
②寄託者の氏名または商号(2号)
③保管の場所(3号)
④保管料(4号)
⑤保管の期間を定めたるときはその期間(5号)
⑥受寄物を保険に付したるときは保険金額、保険期間および保険者の氏名または商号(6号)

178　◆第599条

⑦証券の作成地およびその作成の年月日（7号）

2　法定記載事項欠缺の効果

通説は、記載事項の瑕疵があれば必ず証券を無効とするのではなく、要式性を緩和して、重要性の低い要件の記載を欠いても寄託物が証券上で特定され証券の表章する権利が明らかであれば、証券は無効とはならないとする。

3　任意的記載事項

法定記載事項以外でも、証券の本質または強行法規に反しないかぎり、任意の事項を記載することもできる。任意的記載事項で問題となるのが不知約款（免責条項）である（602条参照）。

判例セレクト

倉荷証券の譲渡と保管料等の費用の負担者

倉荷証券に保管料等寄託物に関する費用は証券所持人の負担とする趣旨の文言の記載がある場合において、第三者が裏書譲渡によりその倉荷証券を取得したときは、特段の事情のないかぎり、各当事者間にその所持人が記載の文言の趣旨に従いその費用支払の債務を引き受けるという意思の合致があるものと解するのを相当とする（最判昭32・2・19総則・商行為百選［4版］107事件）。

第600条【帳簿の記載】　　C

倉庫営業者カ預証券及ヒ質入証券ヲ寄託者ニ交付シタルトキハ其帳簿ニ左ノ事項ヲ記載スルコトヲ要ス
1　前条第一号、第二号及ヒ第四号乃至第六号ニ掲ケタル事項
2　証券ノ番号及ヒ其作成ノ年月日

倉庫営業者が預証券および質入証券を寄託者に交付したときは、倉庫証券帳簿に、受寄物の種類、品質、数量およびその荷造の種類、個数ならびに記号、寄託者の氏名または商号、保管料、保管の期間を定めたときはその期間、受寄物を保険に付したときは保険金額、保険期間および保険者の氏名または商号、証券の番号およびその作成の年月日を記載しなければなりません。

1　趣旨

本条は、交付された預証券および質入証券の状況を明らかにし、後日の紛失等に備えるため、預証券および質入証券を寄託者に交付した場合において、倉庫営業者に対して一定の事項を倉庫証券帳簿に記載する義務を課した。

> **第601条【分割部分に対する倉庫証券の請求】　C**
> ①預証券及ヒ質入証券ノ所持人ハ倉庫営業者ニ対シ寄託物ヲ分割シ且其各部分ニ対スル預証券及ヒ質入証券ノ交付ヲ請求スルコトヲ得此場合ニ於テハ所持人ハ前ノ預証券及ヒ質入証券ヲ倉庫営業者ニ返還スルコトヲ要ス
> ②前項ニ定メタル寄託物ノ分割及ヒ証券ノ交付ニ関スル費用ハ所持人之ヲ負担ス

　預証券および質入証券の所持人は、倉庫営業者に対し、寄託物を分割し、かつ、その各部分に対する預証券および質入証券の交付を請求することができます。この場合においては、所持人は、前の預証券および質入証券を倉庫営業者に返還しなければなりません。このような寄託物の分割および証券の交付に関する費用は、所持人が負担します。

1 趣旨

　本条は、倉庫証券を利用することによる寄託物の分割取引を可能とするために、預証券および質入証券の所持人に対し証券の分割交付請求権を認めた。

2 条文クローズアップ

1　証券分割請求権者
　預証券および質入証券の所持人（1項）と、倉荷証券の所持人（627条2項・601条1項）である。

2　証券分割交付手続
　証券所持人が、本条の権利を行使するためには、預証券および質入証券、または倉荷証券の呈示が必要である。
　証券分割交付は分割取引を行うという証券所持人の便宜のために認められたものであるから、分割交付にかかる費用は、証券所持人が負担する（2項）。ただし、特約で費用は所持人の負担としない、とされることも多い。

> **第602条【倉庫証券の文言証券性】　B**
> 預証券及ヒ質入証券ヲ作リタルトキハ寄託ニ関スル事項ハ倉庫営業者ト所持人トノ間ニ於テハ其証券ノ定ムル所ニ依ル

預証券および質入証券が作られたときは、寄託に関する事柄　｜　→試験対策・4章10節4【2】

は、倉庫営業者と預証券および質入証券の所持人との間では、その証券に記載されている文言によって決められます。

1 趣旨

本条は、預証券および質入証券を作成した場合には、倉庫営業者と所持人との間の寄託に関する事項は証券に記載された文言によるとした(**文言証券性**)。

2 条文クローズアップ

1 有因証券性と文言証券性との関係

貨物引換証と同様の議論がある。　　　　　　　　→572条

2 免責約款(不知約款)の有効性

倉庫営業者は、証券の記載と寄託物が不一致である場合には、本条による文言責任を負うことになる。そこで、このような不都合を回避するために、倉庫証券に「寄託物の内容を検査しないときは、不一致について責任を負わない」といういわゆる不知約款が挿入されることが多い。

商法には倉庫証券について免責約款を禁ずる規定はないので、学説は、不知約款も有効とする。

判例セレクト

1 証券の記載と寄託物とが不一致の場合

倉庫業者が、寄託を受けた物品が厳重に包装されていてその内容を点検することができなかったため、外装に記載してあるとおりに真実在中しているものと信じて、実際に預かった物でないものを寄託物として倉荷証券に記載した場合にも、特に内容につき責任を負わない旨を記入しないかぎり、善意の証券所持人に対して、責任を免れない(大判昭11・2・12民集15-357)。

2 免責条項の効力

(1)免責される場合

内容を検査することが不適当な受寄物については、その種類、品質および数量を記載しても文言上の責任を負わない旨の倉庫証券約款は有効であり、倉庫営業者は、その証券に表示された荷造りの方法、受寄物の種類からみて、その内容を検査することが容易でなく、または荷造りを解いて内容を検査することによりその品質または価格に影響を及ぼすことが、一般の取引通念に照らして明らかな場合にかぎり、上記免責条項を援用して証券の所持人に対する文言上の責任を免れることができる(最判昭44・4・15総則・商行為百選[4版]106事件)。

(2)免責されない場合

倉庫業者は、荷造りの性質上受寄物の内容を検査することができない場合には、証券上に受寄物の内容に責任を負わない旨の免責文句を記載することができるが、容易に点検することができるにもかかわら

ず、包装すら点検せずに寄託者の申出だけに頼って受寄物に関し証券に虚偽の記載をし、そのため証券所持人に損害を生ぜしめた場合には、たとえ上記のような免責文句を記入したとしても責任を免れない（大判昭14・6・30民集18-729）。

> **第603条【倉庫証券の法律上当然の指図証券性】　B**
> ①預証券及ヒ質入証券ハ其記名式ナルトキト雖モ裏書ニ依リテ之ヲ譲渡シ又ハ之ヲ質入スルコトヲ得但証券ニ裏書ヲ禁スル旨ヲ記載シタルトキハ此限ニ在ラス
> ②預証券ノ所持人カ未タ質入ヲ為ササル間ハ預証券及ヒ質入証券ハ各別ニ之ヲ譲渡スコトヲ得ス

　預証券および質入証券が指図式（「甲殿または指図人に渡す」）でなく、記名式（単に「甲殿に渡す」）であっても、その所持人は、裏書によってこれを他人に譲渡することができます。ただし、預証券・質入証券に裏書を禁止する旨の記載があれば、裏書によって譲渡することはできません。預証券の所持人がいまだ質入れをしていない間は、預証券および質入証券は、個別に譲渡することができません。

→試験対策・4章10節 4【1】(2)

1 趣旨

　本条は、預証券および質入証券が当然に指図証券であること、そのため譲渡は原則として裏書によるべきこと（1項）、そして、質入れ前は2券を各別に譲渡することはできない旨を規定している（2項）。

判例セレクト

会社の記名捺印があるが代表者の記名捺印がない裏書の効力
　倉荷証券の裏書人欄に裏書人である会社の記名捺印がなされていれば、会社の代表機関が会社のためにすることを示して記名捺印していなくても、適式の裏書として取り扱う商慣習法ないし商慣習は存在しない（最判昭57・7・8総則・商行為百選[3版]88事件）。

> **第604条【貨物引換証に関する規定の準用】　B**
> 第五百七十三条及ヒ第五百七十五条ノ規定ハ預証券及ヒ質入証券ニ之ヲ準用ス

貨物引換証の処分証券性、物権的効力(引渡証券性)に関する規定は、預証券および質入証券についても準用されます。 →試験対策・4章10節④【2】

1 趣旨
本条は、貨物引換証の規定を準用し、倉庫証券についても処分証券性、物権的効力(引渡証券性)を認めている。

2 条文クローズアップ

1 処分証券性(573条の準用)
倉庫証券が発行された場合には、寄託物に関する処分は、倉庫証券をもってしなければならない。

2 物権的効力(575条の準用)
倉庫証券により寄託物を受け取ることができる者に倉庫証券を引き渡した場合には、証券の引渡しは、寄託物の上に行使する権利(所有権や質権)の取得につき寄託物を引き渡したのと同一の効力を有する。

> **第605条【倉庫証券の滅失・再交付】　B⁻**
> 預証券又ハ質入証券カ滅失シタルトキハ其所持人ハ相当ノ担保ヲ供シテ更ニ其証券ノ交付ヲ請求スルコトヲ得此場合ニ於テハ倉庫営業者ハ其旨ヲ帳簿ニ記載スルコトヲ要ス

預証券または質入証券が滅失したときは、その所持人は、相当の担保を提供してさらに証券の交付を請求することができます。この場合には、倉庫営業者は、その旨を帳簿に記載しなければなりません。

1 趣旨
倉庫証券が滅失した場合には、その所持人は、公示催告の申立てをして除権決定を得たり(非訟事件手続法156条以下)、債務者に供託をさせたり、相当の担保を提供して履行をさせたりすることができる(518条)。本条は、それに加えて、所持人に、滅失した証券に代わる証券の再発行請求権を認めた。

2 条文クローズアップ

1 要件
(1) 証券の滅失
「滅失」は、物理的滅失のみならず、盗難・紛失も含み、喪失と同義と解されている(通説)。

(2) 相当の担保の提供

相当であるかの決定は、倉庫営業者によって、通常、寄託物の時価を基準として決定される。

2　旧証券に裏書がなされていた場合

喪失した証券に裏書がなされていた場合において、再発行される新証券がそれと同一のものである必要があるかについては争いがあるが、同一の形式をもって再発行するものとし、所持人に旧証券上の裏書人に対する再裏書請求権を認めるべきであるとの見解が有力である。

第606条【質入証券の第一の質入裏書】　　B

①質入証券ニ第一ノ質入裏書ヲ為スニハ債権額、其利息及ヒ弁済期ヲ記載スルコトヲ要ス

②第一ノ質権者カ前項ニ掲ケタル事項ヲ預証券ニ記載シテ之ニ署名スルニ非サレハ質権ヲ以テ第三者ニ対抗スルコトヲ得ス

質入証券に第1の質入裏書をするには、債権額、その利息および弁済期を記載しなければなりません。第1の質権者がこれらの事柄を預証券に記載してこれに署名しなければ、質権を第三者に対抗することができません。

→試験対策・4章10節④【3】(3)(a)

1　趣旨

本条は、1項で、質入証券の第1の質入裏書の方式と、寄託物に対する質権の成立要件を、2項で、第三者対抗要件を規定している。

2　条文クローズアップ

1　質入証券の流通

質入証券を寄託物の質入に利用することで、寄託物に対する資金の調達・回収をなすことができるようになる。また、質入証券は、第1の質入裏書がなされることにより、はじめて独立した有価証券となって、預証券から独立して譲渡することができるようになる。

2　質権の成立要件(1項)

(1)質入証券に第1の質入裏書をなすこと

第1の質入裏書には、債権額、その利息および弁済期を記載する必要がある。

(2)質入証券の債権者への交付(604条・575条)

3　質権の第三者対抗要件(2項)

預証券が質入証券とは別に流通することになるから、預証券所持人に質権の範囲を明確にするため、第1の質権者が預証券に「債権額、其利息及ヒ弁済期」を記載したうえで署名しなければ、第三者に対抗することができない。

第607条【預証券所持人の義務】　　B
預証券ノ所持人ハ寄託物ヲ以テ預証券ニ記載シタル債権額及ヒ利息ヲ弁済スル義務ヲ負フ

預証券の所持人は、寄託物を限度として、預証券に記載した債権額および利息を弁済する義務を負います。

→試験対策・4章10節4【3】(2)(b)

1 趣旨

本来、質入証券所持人に対する債務者は第1の質入裏書の裏書人であるが、その者が預証券を譲渡した後にみずから進んで債務の弁済をするとは期待できない。また、質入裏書後の預証券は、寄託物の時価から債権額・利息を差し引いた額で譲渡されるのが通常と考えられる。そこで、本条は、預証券の所持人に対して、預証券に記載された債権額および利息の弁済義務を、寄託物をもってする物的有限責任(寄託物に対する質権実行による競売代金が債権額および利息の弁済に不足しても証券所持人は危険を負担しない)として負わせた。

第608条【質入証券所持人の債権の弁済の場所】　　B⁻
質入証券所持人ノ債権ノ弁済ハ倉庫営業者ノ営業所ニ於テ之ヲ為スコトヲ要ス

質入証券の所持人による債権の弁済は、倉庫営業者の営業所においてしなければなりません。

→試験対策・4章10節4【3】(3)(b)

1 趣旨

本条は、預証券と質入証券が別々に流通している場合には、互いにもう一方の証券所持人がだれかを知ることは不可能であるので、指図証券に関する債務履行の一般原則(516条2項)の例外として、預証券所持人の質入証券所持人に対する債務は「倉庫営業者ノ営業所」で弁済すべきこととした。

> ### 第609条【支払拒絶証書の作成】　　B⁻
> 質入証券ノ所持人カ弁済期ニ至リ支払ヲ受ケサルトキハ手形ニ関スル規定ニ従ヒテ拒絶証書ヲ作ラシムルコトヲ要ス

質入証券の所持人が弁済期において支払を受けないときは、手形に関する規定に従って、拒絶証書を作成させなければなりません。

→試験対策・4章10節④【3】(3)(b)(i)

1 趣旨
本条は、質入証券の所持人が支払を受けられなかった場合には、支払を受けられなかったことを証明する唯一の手段として、手形に関する規定に従った支払拒絶証書の作成を要求した。

2 条文クローズアップ
1 弁済がなされた場合
質入証券は受け戻されて預証券と再結合する。これにより、両証券を所持する者は、寄託物の返還を請求することができる(620条)。
2 弁済がなされない場合
(1)総説
手形に関する規定(手84条)に従って支払拒絶証書を作成し、その作成の日から1週間経過後に寄託物の競売を請求し(610条)、その競売代金から弁済を受ける(611条)。
(2)競売代金だけでは弁済額に不足する場合
倉庫営業者から支払受領額の記入を受けて(612条)、その不足額について質入証券の裏書人に償還請求をすることができる(613条)。

> ### 第610条【質入証券所持人の競売請求】　　C
> 質入証券ノ所持人ハ拒絶証書作成ノ日ヨリ一週間ヲ経過シタル後ニ非サレハ寄託物ノ競売ヲ請求スルコトヲ得ス

質入証券の所持人は、拒絶証書作成の日から1週間を経過した後でなければ、寄託物の競売を請求することができません。

→試験対策・4章10節④【3】(3)(b)(i)

1 趣旨
本条は、預証券所持人に資金調達などの猶予を与えるため、質

入証券の所持人は、拒絶証書作成の日から1週間を経過しないと競売の請求をすることができないことを定めている。

> **第611条【寄託物競売代金中からの支払】　　B⁻**
> ①倉庫営業者ハ競売代金ノ中ヨリ競売ニ関スル費用、受寄物ニ課スヘキ租税、保管料其他保管ニ関スル費用及ヒ立替金ヲ控除シタル後其残額ヲ質入証券ト引換ニ其所持人ニ支払フコトヲ要ス
> ②競売代金ノ中ヨリ前項ニ掲ケタル費用、租税、保管料、立替金及ヒ質入証券所持人ノ債権額、利息、拒絶証書作成ノ費用ヲ控除シタル後余剰アルトキハ倉庫営業者ハ之ヲ預証券ト引換ニ其所持人ニ支払フコトヲ要ス

　倉庫営業者は、競売代金のなかから競売に関する費用、受寄物に課された租税、保管料その他保管に関する費用および立替金を除いた後、その残額を質入証券と引換えに所持人に支払わなければなりません。競売代金のなかから費用、租税、保管料、立替金および質入証券所持人の債権額、利息、拒絶証書作成の費用を除いた後、余りがあるときは、倉庫営業者は、これを預証券と引換えに所持人に支払わなければなりません。

→試験対策・4章10節④【3】(3)(b)(ⅰ)

1 趣旨
　本条は、質入証券所持人の請求により寄託物の競売がなされた場合の競売代金の支払、および倉庫営業者の保管料・費用償還請求権に対する先取特権について定めている。

2 条文クローズアップ
1　競売代金に対する倉庫営業者の権利（1項）
　競売代金に対して、倉庫営業者が保管料など保管に関する費用と立替金について優先弁済権を有する。これは、質権者の債権に優先するので、民法334条の例外規定である。
2　競売代金に対する質入証券所持人の権利（1項）
　競売代金のなかから、競売に関する費用、寄託物に課すべき租税、保管に関する費用および立替金を控除した後、質入証券と引換えに残額の支払を請求することができる。
3　競売代金に対する預証券所持人の権利（2項）
　競売により寄託物の負担する債務を清算後なお余剰がある場合には、預証券所持人は、預証券と引換えに残額の支払を請求することができる。
　預証券所持人は寄託物の所有者なので、寄託物を競売後に残っ

た額を受領できるのは当然だからである。
　なお、競売代金が質権者の債権額以下であっても、預証券所持人は危険を負担しない（607条）。

> ### 第612条【競売代金不足の場合の処置】　C
> 競売代金ヲ以テ質入証券ニ記載シタル債権ノ全部ヲ弁済スルコト能ハサリシトキハ倉庫営業者ハ其支払ヒタル金額ヲ質入証券ニ記載シテ其証券ヲ返還シ且其旨ヲ帳簿ニ記載スルコトヲ要ス

　競売代金をもって質入証券に記載した債権の全部を弁済することができないときは、倉庫営業者は、その支払った金額を質入証券に記載して、その証券を返還し、かつ、その旨を帳簿に記載しなければなりません。

→試験対策・4章10節4【3】(3)(b)(ⅱ)

1 趣旨

　本条は、寄託物の競売代金が質入証券所持人の有する債権額より少ない場合には、質入証券所持人と裏書人との間の遡求に関する事項を明らかにするために、倉庫営業者に支払金額の質入証券および帳簿への記載義務を定めた。

> ### 第613条【質入証券裏書人に対する遡求】　B⁻
> ①質入証券ノ所持人ハ先ツ寄託物ニ付キ弁済ヲ受ケ尚ホ不足アルトキハ其裏書人ニ対シテ不足額ヲ請求スルコトヲ得
> ②手形法第四十五条第一項第三項第五項第六項、第四十八条第一項、第四十九条及ヒ第五十条第一項ノ規定ハ前項ニ定メタル不足額ノ請求ニ之ヲ準用ス
> ③手形法第五十二条第三項ノ規定ハ不足額ノ請求ヲ受クル者ノ営業所又ハ住所ノ所在地カ其請求ヲ為ス者ノ営業所又ハ住所ノ所在地ト異ナル場合ニ於ケル償還額ノ算定ニ付キ之ヲ準用ス

　質入証券の所持人は、まず寄託物について弁済を受け、なお不足があるときは、その裏書人に対して不足額を請求することができます。遡求の通知、遡求の金額に関する手形法の規定は、不足額の請求について準用されます。戻り為替相場主義による遡求金額の算定の規定は、不足額の請求を受ける者の営業所または住所の所在地がその請求をする者の営業所または住所の所在地と異なる場合における償還額の算定について準用されます。

→試験対策・4章10節4【3】(3)(b)(ⅱ)

1 趣旨

預証券所持人の責任を、寄託物を限度とする物的有限責任にとどめたことから(607条)、質入証券所持人の債権の弁済を確保するためには、別に担保責任を負う者が必要である。そこで、本条は、質入証券所持人の質入証券裏書人に対する遡求権というかたちで、質入証券の裏書人に手形の裏書人と同様に(手15条1項)、支払担保責任を負わせた。

> **第614条【遡求権の喪失】　B⁻**
> 質入証券ノ所持人カ弁済期ニ至リ支払ヲ受ケサリシ場合ニ於テ拒絶証書ヲ作ラシメサリシトキ又ハ拒絶証書作成ノ日ヨリ二週間内ニ寄託物ノ競売ヲ請求セサリシトキハ裏書人ニ対スル請求権ヲ失フ

質入証券の所持人が弁済期になって支払を受けなかった場合において、拒絶証書を作成させなかったとき、または拒絶証書作成の日から2週間内に寄託物の競売を請求しなかったときは、裏書人に対する請求権を失います。

→試験対策・4章10節④【3】(3)(b)(ⅱ)

1 趣旨

本条は、質入証券裏書人の担保責任(613条1項)が質入証券所持人保護のために認められた法定責任であることにかんがみ、質入証券所持人が権利保全に必要な手続きをしないときは、前条の遡求権は消滅することとした。

2 条文クローズアップ

遡求権が消滅する場合
(1)支払拒絶証書を作成しなかった場合
(2)支払拒絶証書作成の日より2週間内に寄託物の競売請求をしなかった場合

> **第615条【質入証券所持人の権利の短期時効】　B⁻**
> 質入証券所持人ノ預証券所持人ニ対スル請求権ハ弁済期ヨリ一年質入証券裏書人ニ対スル請求権ハ寄託物ニ付キ弁済ヲ受ケタル日ヨリ六个月質入証券裏書人ノ其前者ニ対スル請求権ハ償還ヲ為シタル日ヨリ六个月ヲ経過シタルトキハ時効ニ因リテ消滅ス

質入証券所持人の預証券所持人に対する請求権は弁済期から1年、質入証券裏書人に対する請求権は寄託物について弁済を受けた日から6か月、質入証券裏書人のその前者に対する請求権は償還をした日から6か月を経過したときは、時効によって消滅します。

→試験対策・4章10節4【3】(3)(c)

1 趣旨

本条は、当事者間の法律関係をすみやかに確定するため、短期消滅時効を定めたものである。

2 条文クローズアップ

権利の短期消滅時効
(1) 質入証券所持人の預証券所持人に対する請求権(607条参照)
　弁済期より1年(前段)
(2) 質入証券裏書人に対する遡求権(613条参照)
　寄託物について弁済を受けた日から6か月(中段)
(3) 質入証券の裏書人の前者に対する再遡求権
　償還をなした日から6か月(後段)

第616条【寄託者、証券所持人の倉庫営業者に対する権利】　　B⁻
①寄託者又ハ預証券ノ所持人ハ営業時間内何時ニテモ倉庫営業者ニ対シテ寄託物ノ点検若クハ其見本ノ摘出ヲ求メ又ハ其保存ニ必要ナル処分ヲ為スコトヲ得
②質入証券ノ所持人ハ営業時間内何時ニテモ倉庫営業者ニ対シテ寄託物ノ点検ヲ求ムルコトヲ得

寄託者または預証券の所持人は、営業の時間内であればいつでも、倉庫営業者に対して、寄託物の点検もしくはその見本の摘出を求め、またはその保存に必要な処分をすることができます。質入証券の所持人は、営業時間内であればいつでも、倉庫営業者に対して、寄託物の点検を求めることができます。

→試験対策・4章10節3【1】(2)

1 趣旨

寄託者は寄託物を商取引の目的物とするので、確実に保管されているかを点検する必要がある。また、寄託物に質権を有する質入証券所持人も、寄託物が確実に保管されているかについて大きな利害関係を有する。そこで、本条は、寄託者または預証券所持人による点検、見本摘出、保存行為の請求や、質入証券所持人による点検の請求があった場合において、倉庫営業者にこれに応じ

る義務があることを定めた。
　なお、本条の義務は、単なる認容義務ではなく、必要な協力をなすべき義務であると解するのが通説である。

2 条文クローズアップ

寄託物の点検・見本摘出・保存処分権
(1)寄託者・預証券所持人(1項)
　寄託物の点検、見本の摘出、保存に必要な処分をすることができる。
(2)質入証券の所持人(2項)
　寄託物の点検のみを請求できるにとどまる。

第617条【倉庫営業者の損害賠償責任】　　B
倉庫営業者ハ自己又ハ其使用人カ受寄物ノ保管ニ関シ注意ヲ怠ラサリシコトヲ証明スルニ非サレハ其滅失又ハ毀損ニ付キ損害賠償ノ責ヲ免ルルコトヲ得ス

　倉庫営業者は、自己またはその使用人が受寄物の保管に関し注意を怠らなかったことを証明しなければ、その滅失または毀損について損害賠償責任を免れません。

→試験対策・4章10節③【1】(4)

1 趣旨

　本条は、倉庫営業者が、受寄物の保管について善管注意義務(593条)に違反したため受寄物に損害が生じた場合における、債務不履行による損害賠償責任を規定する。
　なお、本条は任意規定と解されているので、当事者間で責任を軽減する特約を結ぶことはできる。

2 条文クローズアップ

1　本条の意義
　債務不履行を理由とする損害賠償責任に関しては、民法415条の解釈として、一般に、債務者は履行補助者の故意または過失についても責任を負うこと、および無過失の立証責任を負うことが認められているが、通説は、商法本条はこの2点を文言上明らかにした民法上の原則の確認規定にすぎないと解している。

2　責任原因
　自己またはその使用人の過失による受寄物の滅失または毀損である。

3　損害賠償額

運送営業のような特別規定（580条、581条）はないので、民法の一般原則による。

4 不法行為責任との関係
運送取扱人、運送人の責任と同様の争いがある。

→578条

5 責任の消滅
運送人の責任と同様に、特別の消滅原因がある（625条・588条）。
悪意がある場合を除いて、短期消滅時効の特則がある（626条）。

判例セレクト

受寄者の責めに帰すべき事由により寄託物返還義務が履行不能になったとしても、寄託者が即時取得しなかったため寄託物の所有者でなく、寄託物がその真の所有者の手中に帰した等の場合には、寄託者が寄託物の価格相当の損害を被ったといえないから、寄託者は寄託物の返還に代わるてん補賠償を請求する権利を有しない（最判昭42・11・17総則・商行為百選[4版]105事件）。

第618条【保管料等の請求権】　　B⁻
倉庫営業者ハ受寄物出庫ノ時ニ非サレハ保管料及ヒ立替金其他受寄物ニ関スル費用ノ支払ヲ請求スルコトヲ得ス但受寄物ノ一部出庫ノ場合ニ於テハ割合ニ応シテ其支払ヲ請求スルコトヲ得

倉庫営業者は、寄託物を出庫した時でなければ、保管料および立替金その他受寄物に関する費用の支払を請求することができません。ただし、受寄物の一部が出庫された場合においては、倉庫営業者は、割合に応じて支払を請求することができます。

→試験対策・4章10節③【2】(1)

1 趣旨
倉庫営業者も商人であるため、特に無償寄託の引受けをした場合を除き、相当の報酬（保管料）を請求できる（512条）。本条は、その保管料等の請求時期を規定したものである。

2 条文クローズアップ
1　請求時期
(1)原則（本条本文）
　受寄物を出庫した時に保管料等を請求することができる。
(2)一部出庫の場合（本条ただし書）
　出庫した割合に応じて請求することができる。
　本条は任意規定なので、特約によって本条と異なる請求方法を

定めてもよい。
2 請求の相手方
　寄託契約の相手方である寄託者であるが、倉庫証券が発行された場合において、倉庫証券所持人も相手方になるかについては争いがある。
　判例は、倉庫証券上に証券所持人が保管料等寄託物に関する費用の請求に応ずるとの記載があった場合において、所持人への請求を肯定している。学説には、物品運送の場合の583条2項を類推して、証券所持人の支払義務を認める見解もある。

→最判昭32・2・19総則・商行為百選[4版]107事件

3 留置権・先取特権
　倉庫営業者の保管料等の債権に関しては、物品運送のような特別の留置権(589条・562条)は認められないが、民法上・商法上の留置権(民295条、商521条)が認められる。
　また、寄託物競売の場合についての先取特権が認められる(611条1項)。

第619条【保管の期間】　　B⁻
当事者カ保管ノ期間ヲ定メサリシトキハ倉庫営業者ハ受寄物入庫ノ日ヨリ六个月ヲ経過シタル後ニ非サレハ其返還ヲ為スコトヲ得ス但已ムコトヲ得サル事由アルトキハ此限ニ在ラス

　当事者が保管の期間を定めなかったときは、倉庫営業者は、受寄物の入庫の日から6か月を経過した後でなければ、返還することができません。ただし、やむをえない事由があるときは、6か月を経過しなくても、返還することができます。

→試験対策・4章10節③【1】(1)

1 趣旨
　本条は、保管期間について特約がない場合において、民法では受寄者はいつでも受寄物を返還できるが(民663条1項)、現実の需要があるまでは商品を保管するという倉庫営業の経済的機能を考慮し、従来の商慣習に従い寄託者保護のため、民法の例外を認めた。

2 条文クローズアップ
倉庫営業者の保管期間
(1)特約がある場合
　特約があればそれによる。
(2)特約がない場合
　受寄物の入庫の日より6か月経過しないと返還できない(本条

本文）。ただし、やむえない事由がある場合は、6か月経過しなくとも返還できる（本条ただし書）。

> ### 第620条【受戻証券性】　　B
> 預証券及ヒ質入証券ヲ作リタル場合ニ於テハ之ト引換ニ非サレハ寄託物ノ返還ヲ請求スルコトヲ得ス

預証券および質入証券を作成した場合には、これと引換えでなければ、寄託物の返還を請求することはできません。

→試験対策・4章10節4【3】(2)(a)

1 趣旨

本条は、質入証券所持人の利益を保護するため、預証券所持人は、預証券および質入証券と引換えでなければ、寄託物の返還を請求することができないとし、倉庫証券の受戻証券性について規定している。

判例セレクト

受戻証券性
倉庫業者は、倉荷証券と引換えでなければ受寄物を返還すべきではなく、それと引換えでなしに受寄物を返還したときは、特別の事情のないかぎり、証券所持人がそれにより受けた損害を賠償しなければならない（大判昭8・2・23総則・商行為百選[3版]89事件）。

> ### 第621条【預証券所持人の寄託物全部の返還請求権】　　C
> 預証券ノ所持人ハ質入証券ニ記載シタル債権ノ弁済期前ト雖モ其債権ノ全額及ヒ弁済期マテノ利息ヲ倉庫営業者ニ供託シテ寄託物ノ返還ヲ請求スルコトヲ得

預証券の所持人は、質入証券に記載した債権の弁済期前であっても、その債権の全額および弁済期までの利息を倉庫営業者に供託して、寄託物の返還を請求することができます。

→試験対策・4章10節4【3】(2)(a)

1 趣旨

質入証券上の債権の弁済期前には、質入証券所持人がだれであるかは預証券所持人には不明であることが多いため、預証券の所持人は、債務を弁済して寄託物を出庫することができない。そこ

で、本条は、質入証券所持人の利益を害しないように、預証券所持人に債権全額と弁済期までの利息の供託を要求したうえで、質入証券上の債権の弁済期前の寄託物返還請求を認め、預証券所持人の便宜を図った。620条の例外である。

> **第622条【預証券所持人の寄託物一部の返還請求権】　C**
> ①寄託物カ同種類ニシテ同一ノ品質ヲ有シ且分割スルコトヲ得ヘキ物ナルトキハ預証券ノ所持人ハ債権額ノ一部及ヒ其弁済期マテノ利息ヲ供託シ其割合ニ応シテ寄託物ノ一部ノ返還ヲ請求スルコトヲ得此場合ニ於テ倉庫営業者ハ供託ヲ受ケタル金額及ヒ返還シタル寄託物ノ数量ヲ預証券ニ記載シ且其旨ヲ帳簿ニ記載スルコトヲ要ス
> ②前項ニ定メタル寄託物ノ一部出庫ニ関スル費用ハ預証券ノ所持人之ヲ負担ス

寄託物が同種類で同一の品質であり、かつ、分割することができる物であるときは、預証券の所持人は、債権額の一部およびその弁済期までの利息を供託して、その割合に応じて寄託物の一部の返還を請求することができます。この場合には、倉庫営業者は、供託を受けた金額および返還した寄託物の数量を預証券に記載し、かつ、その旨を帳簿に記載しなければなりません。寄託物の一部の出庫に関する費用は、預証券の所持人が負担します。

→試験対策・4章10節4【3】(2)(a)

1 趣旨

本条は、621条と同様に、預証券所持人の便宜のため、一部出庫の場合についても、質入証券所持人の利益を害しない範囲で、預証券所持人に一部返還請求を認めたものである。本条も620条の例外である。

> **第623条【質入証券所持人の供託金に対する権利】　C**
> ①前二条ノ場合ニ於テ質入証券ノ所持人ノ権利ハ供託金ノ上ニ存在ス
> ②第六百十二条ノ規定ハ前条第一項ノ供託金ヲ以テ質入証券ニ記載シタル債権ノ一部ヲ弁済シタル場合ニ之ヲ準用ス

寄託物返還請求の場合において、質入証券の所持人の権利は、供託金の上に存在します。競売代金不足の場合の処置に関する規定は、供託金をもって質入証券に記載した債権の一部を弁済した場合において準用されます。

→試験対策・4章10節4【3】(2)(a)

1 趣旨

本条は、621条および622条の場合において、預証券の所持人が供託した供託金に対する質入証券所持人の権利について規定するとともに（1項）、一部弁済の手続きについても規定した（2項）。

> ### 第624条【倉庫営業者の供託・競売権】　　C
> ①第五百二十四条第一項及ヒ第二項ノ規定ハ寄託者又ハ預証券ノ所持人カ寄託物ヲ受取ルコトヲ拒ミ又ハ之ヲ受取ルコト能ハサル場合ニ之ヲ準用ス此場合ニ於テ質入証券ノ所持人ノ権利ハ競売代金ノ上ニ存在ス
> ②第六百十一条及ヒ第六百十二条ノ規定ハ前項ノ場合ニ之ヲ準用ス

売主による供託権・競売権の規定は、寄託者または預証券の所持人が寄託物を受け取ることを拒み、またはこれを受け取ることができない場合にも準用されます。この場合には、質入証券の所持人の権利は、競売代金の上に存在します。また、この場合には、寄託物競売代金の支払および競売代金不足の場合の処置に関する規定が準用されます。

→試験対策・4章10節③【2】(4)

1 趣旨

本条は、寄託者または預証券所持人の寄託物の受取拒否または受取不能の場合において、倉庫営業者を保護するため、倉庫営業者に商事売買における売主と同様の供託権・競売権を定めている。

> ### 第625条【運送人の責任の消滅事由の規定の準用】　　B
> 第五百八十八条ノ規定ハ倉庫営業者ニ之ヲ準用ス

運送人の責任の特別消滅事由に関する規定は、倉庫営業者に準用されます。

→試験対策・4章10節③【1】(4)(d)(i)

1 趣旨

本条は、多数の受寄物を扱う倉庫営業の特殊性から、受寄物の状態についての証拠を長期間保全しておくことは困難なので、倉庫営業者の保護のため、運送人の責任の特別消滅事由に関する規定（588条）を準用したものである。

> ### 第626条【責任の短期時効】　　B
> ①寄託物ノ滅失又ハ毀損ニ因リテ生シタル倉庫営業者ノ責任ハ出庫ノ日ヨリ一年ヲ経過シタルトキハ時効ニ因リテ消滅ス
> ②前項ノ期間ハ寄託物ノ全部滅失ノ場合ニ於テハ倉庫営業者カ預証券ノ所持人、若シ其所持人カ知レサルトキハ寄託者ニ対シテ其滅失ノ通知ヲ発シタル日ヨリ之ヲ起算ス
> ③前二項ノ規定ハ倉庫営業者ニ悪意アリタル場合ニハ之ヲ適用セス

寄託物の滅失または毀損によって生じた倉庫営業者の責任は、出庫の日から1年を経過したときは、時効によって消滅します。この期間は、寄託物の全部滅失の場合において、倉庫営業者が預証券の所持人、もしその所持人がわからなかったときは寄託者に対して、その滅失の通知を発した日から起算されます。これらの規定は、倉庫営業者が悪意の場合には適用されません。

→試験対策・4章10節3【1】(4)(d)(ii)

1 趣旨

本条は、625条とともに倉庫営業者の受寄物に関する責任関係を迅速に解決し、倉庫営業者の地位の安定を図るため、倉庫営業者の責任につき、運送人の場合と同様の短期消滅時効を認めたものである。

2 条文クローズアップ

責任の短期消滅時効
(1)寄託物の滅失・毀損の場合(1項)
　出庫の日より1年
(2)寄託物の全部滅失の場合(2項)
　預証券の所持人(所持人がわからないときは寄託者)に対して滅失の通知を発した日より1年
(3)倉庫営業者が悪意の場合(3項)
　短期消滅時効の規定は適用されない。

> ### 第627条【倉荷証券の発行、預証券に関する規定の準用】　　B
> ①倉庫営業者ハ寄託者ノ請求アルトキハ預証券及ヒ質入証券ニ代ヘテ倉荷証券ヲ交付スルコトヲ要ス
> ②倉荷証券ニハ預証券ニ関スル規定ヲ準用ス

倉庫営業者は、寄託者の請求があるときは、預証券および質入

→試験対策・4章10節4【4】

証券に代えて倉荷証券を交付しなければなりません。倉荷証券には、預証券に関する規定が準用されます。

1 趣旨

本条は、倉荷証券の発行について規定するとともに（1項）、倉荷証券に預証券の規定を包括的に準用することを規定（2項）したものである。

2 語句の意味

倉荷証券とは、単独に、倉庫営業者に対する寄託物返還請求権を表章した有価証券をいう。

3 条文クローズアップ

倉荷証券
(1)倉荷証券の発行
　倉庫営業者は、寄託者の請求があるときは、預証券および質入証券に代えて倉荷証券を発行する必要がある（1項）。
(2)倉荷証券の記載と譲渡方法
　倉荷証券は、預証券と同様に記載事項が法定されているが、緩やかな要式証券（2項・599条）である。
　倉荷証券は、法律上当然の指図証券であり、裏書禁止の記載がないかぎり、裏書譲渡をすることができる（2項・603条1項）。
(3)倉荷証券による寄託物の質入れ
　倉荷証券による寄託物の質入れには、貨物引換証と同様に、債権者と質権設定契約を行い、債権者に倉荷証券を引き渡すことが必要である（2項・604条・575条、民344条）。
(4)倉荷証券の効力―貨物引換証と同様の効力を有する。
　(a)債権的効力（証券所持人・倉庫営業者間）
　　①有因証券性
　　②文言証券性（2項・602条）
　　③呈示証券性、受戻証券性（2項・620条）
　(b)物権的効力（倉荷証券が寄託物の上の物権関係に対して有する効力）
　　①処分証券性（2項・604条・573条）
　　②引渡証券性（2項・604条・575条）

第628条【倉荷証券による寄託物質入れの場合の一部出庫】　C
倉荷証券ヲ以テ質権ノ目的ト為シタル場合ニ於テ質権者ノ承諾アルトキハ寄託者ハ債権ノ弁済期前ト雖モ寄託物ノ一部ノ返還ヲ請求スルコトヲ

> 得此場合ニ於テ倉庫營業者ハ返還シタル寄託物ノ種類、品質及ヒ數量ヲ倉荷證券ニ記載シ且其旨ヲ帳簿ニ記載スルコトヲ要ス

　倉荷証券をもって質権の目的とした場合において、質権者の承諾があるときは、寄託者は、債権の弁済期前であっても、寄託物の一部の返還を請求することができます。この場合において、倉庫営業者は、返還した寄託物の種類、品質および数量を倉荷証券に記載し、かつ、その旨を帳簿に記載しなければなりません。

→試験対策・4章10節4【4】(2)

1 趣旨

　本来、寄託者が倉荷証券により寄託物の質入れをした場合には、債務の弁済期前に寄託物の一部出庫を望んでも、証券を所持していないから出庫を求めることができないはずである。しかし、本条は、寄託者の商取引の便宜を図るため、寄託者に対し、預証券所持人の一部出庫の権利(622条)と同様の一部出庫権を認めた。

◆第628条

第 2 部

手形法
[1条―94条]

第 1 編

為替手形

(1条〜74条)

第1章
為替手形ノ振出及方式

■手形総説

1 為替手形の法的性質

→試験対策・5章2節

1 設権証券
為替手形上の権利は、為替手形という証券の上になされる法律行為、すなわち手形行為によって初めて生ずる。ここから文言証券性が導かれる。

2 要式証券
手形の流通を円滑に行うためには記載内容が明確であることが望ましく、為替手形には法定の記載事項を記載しなければ、為替手形としての効力を生じない。

3 文言証券
為替手形上の法律関係は、当該手形上の記載文言によって決定される。したがって、手形を取得しようとする者は、実質的な法律関係を調査しなくてよい。

4 無因証券
手形上の権利は原因関係の有無や消長に左右されない。よって、手形を取得しようとする者は、手形自体の有効性にのみ注目すればよい。

5 指図証券
為替手形は、指図式のときはもとより、指図文句がないときでも裏書によって譲渡することができ(11条1項)、振出人が裏書譲渡されることを望まないときはその旨を手形上に明記しなければならない(11条2項)。そこで、為替手形は、法律上当然の指図証券であるといわれる。

6 呈示証券
債務者の知らないところで流通することが予定されている為替手形では、債務者は手形の呈示があるまでは履行遅滞の責を負わず、手形上の権利を行使するには、現実に手形を呈示する必要がある(38条1項)。

7 受戻証券
手形債務者は、手形と引換えでなければ、債務を履行しなくてもよい(39条1項)。二重払の危険を防止するためである。

2 手形行為の成立要件

→試験対策・6章2節2

1 手形理論

手形理論とは、手形行為ないし手形に関する権利義務関係についての理論をいい、**手形学説**、**手形行為論**ともよばれる。
　手形理論に関しては、さまざまな見解が対立している。手形理論の中心問題は、①手形行為とはどのような法律行為か、②手形行為は手形の作成があれば成立し、手形上の権利義務が発生するのか、言い換えると手形行為は手形の交付があるまでは成立せず、手形上の権利義務は発生しないのか（手形債務の発生時期）、という点にある（Q₁）。

Q1　手形理論。　　　　　　　　　　　　　　　　◀ランクA

A説　交付契約説（小橋、木内、田邊、弥永）　　→小橋129頁、木内56頁　田邊68頁、弥永60頁
▶結論：①手形行為は、手形行為者とその直接の相手方との手形の授受によってなされる契約である。
　　　　②手形行為者が手形を作成・署名し、これを直接の相手方に交付したときに、手形行為が成立する。
▶理由：手形行為も法律行為であるところ、民法上、債権債務関係を発生させる法律行為の大半は契約であることから（民法第3編第2章）、手形行為も手形の授受という方式によって行われる契約と考えるべきである。

B説　発行説

　B-1説　一般発行説（伊沢）　　　　　　　　　→伊沢115頁
▶結論：①手形行為は契約ではなく単独行為であり、この意思表示は特定の相手方に対する一方的意思表示である。
　　　　②手形行為者が手形を作成し、その直接の相手方に交付したときに、手形行為が成立する。
▶理由：交付契約説では、相手方の承諾まで効力発生要件となって、現実的ではない。

　B-2説　修正発行説（田中〔誠〕）　　　　　　→田中（誠）・上84頁
▶結論：①手形行為は契約ではなく単独行為であり、この意思表示は不特定多数人に対する一方的意思表示である。
　　　　②手形行為者が手形の占有の任意の手放しをしたときに、手形行為が成立する。
▶理由：一般発行説よりも手形取引の安全を図ることができる。

C説　創造説（高窪）　　　　　　　　　　　　　→高窪111頁
▶結論：①手形行為は単独行為であり、その意思表示は不特定多数人に対する受領を要しない一方的意思表示である。
　　　　②手形行為者が手形を作成・署名すれば、手形行為は成立する。
▶備考：創造説は、手形債権者となる者の条件についてさらに説が分かれ、①手形債権者として指定された者が手形の占有を取得すれば足りるとする説（占有説）、②手形の占有を善意で取得した者であることを要するとする説（善意説）、③手形の所有権を取得した者であることを要するとする説（所有権説）などがある。

◆手形総説

D説　二段階創造説
▶結論：手形行為を手形の作成行為と交付行為との二段階で理解する。

→鈴木＝前田147頁

D-1説　鈴木説
▶結論：①第一段階の手形の作成行為は、署名者の手形債務負担を目的とした単独行為であり（手形債務負担行為）、この意思表示は不特定多数人に対する一方的意思表示である。この行為が有効に成立するためには、手形行為者が手形であることを認識しまたは認識すべくして手形に署名すればよい。
　　　　②第二段階の手形の交付行為は、手形債権の移転を目的とした行為であり（手形権利移転行為）、行為者とその直接の相手方との契約である。この行為が有効に成立するためには、手形行為者が手形をその直接の相手方に交付することが必要である。
▶理由：①手形取引の安全を図るために早期に手形債務の成立を認め、かつ、手形に関する諸問題を統一的に説明することができる。
　　　　②7条は手形行為独立の原則を債務負担の局面に限定して定めているし、16条はもっぱら権利移転に関する規定であるから、手形行為を二段階に分けて把握することは、手形法の条文と矛盾するものではない。

D-2説　前田説（権利移転行為有因論）

→前田46頁

▶結論：手形行為を債務負担行為と権利移転行為とに分ける二段階創造説を前提としたうえで、前者は無因行為であるが、後者は原因関係によって影響を受ける有因行為である。
▶理由：①D-1説の理由①②
　　　　②手形権利移転行為を有因行為とすることが当事者の合理的意思に合致する。

2　手形交付の欠缺（交付欠缺）

　手形が盗難、紛失のため署名者の意思に基づかないで流通するに至った場合（手形交付の欠缺の場合）において、署名者は手形上の責任を負担しなければならないかについては争いがある。この点については、先に示した手形理論によって、その結論を異にする。
(1)交付契約説・一般発行説
　これらの見解では、手形交付の欠缺の場合には、手形行為は有効に成立せず、署名者は手形上の責任を負担しないことになる。
　なお、修正発行説によると、手形交付の欠缺の場合であっても、たとえばAがBに対して約束手形を郵便で送ったが、郵送中にこの手形がCにより盗取されたようなときには、（手形の交付はないものの）手形の占有の任意の手放しはある以上、手形行為は有効に成立し、署名者は手形上の責任を負担することになる。
(2)二段階創造説
　この見解では、手形の作成行為がなされれば、手形債務負担行為は有効に成立し、署名者は手形債務を負担し、みずから最初の権利者となる。手形交付の欠缺の場合には、手形債権の譲渡行為である交付行為が有効に成立していないので、署名者が依然とし

て権利者である。手形を盗取した者や拾得した者は無権利者である。しかし、第三者がこの無権利者から善意で取得すればこの第三者は手形上の権利を善意取得(16条2項)する。
(3)判例

判例は、いずれの手形理論に立つかは明らかでないが(一般的には、発行説に位置づけられている)、流通におく意思で約束手形に振出人として署名または記名捺印をした者は、手形が盗難・紛失等のため自己の意思によらずに流通におかれた場合でも、連続した裏書のある手形の所持人に対しては、悪意または重大な過失によって同人がこれを取得したことを主張・立証しないかぎり、振出人としての責任を免れないとしている。

→判例セレクト1

3　権利外観理論
(1)総説

交付契約説または一般発行説の立場に立った場合において、手形交付の欠缺があったときは、前述のように、手形行為は有効に成立せず、署名者は手形上の責任を負担しないことになる。そうすると、当該手形を取得した第三者は、善意取得によって保護されない。しかし、これでは、善意の第三者である手形取得者の利益を害する。すなわち、手形の流通促進を目的とする手形法において、あまりに不都合な結論である。そこで、交付契約説または一般発行説は、手形行為が有効に成立しない場合であっても、手形署名者は、善意の第三者に対しては、権利外観理論に基づいて、例外的な表見責任を負うとしている。

(2)意義

権利外観理論とは、手形行為が有効に成立していない場合でも、手形が流通過程におかれているときは、署名者が手形債務を負っているという蓋然性が存し、第三者はこの外観を信頼して手形を取得するので、このような表見事実を信頼した第三者は保護されなければならないとして、手形署名者は、このような権利の外観を帰責的に惹起せしめたことに基づいて、善意の第三者たる手形取得者に対して、例外的に手形責任を負担しなければならないとする一般表見責任理論をいう。

(3)要件

(a)外観の存在

外観の存在という要件は、手形要件が記載され、署名がなされていれば、交付あるいは署名者の意思に基づく占有の手放しがなくても、あった場合と同じ外観を呈することから、容易にみたされる。

(b)外観作出への帰責(本人の帰責性)

外観作出への帰責をどこに求めるかについては争いがある(Q_2)。

◆手形総説

Q2 権利外観理論における外観作出への帰責（本人の帰責性）の内容。 ◀ランクA

A説 大隅＝河本、木内
- ▶結論：手形用紙に要件を記入して署名したこと、すなわち手形の作成・署名に求める。
- ▶理由：証券が署名者以外の第三者の手中にあるというのは信頼の基礎であって、責任の基礎は証券の作成にある。
- ▶批判：手形の作成・署名のみで手形債務の発生を認めるのでは、創造説との区別が曖昧となる。

B説 田邊、弥永
- ▶結論：意思によらない手形の流通を防止するために必要とされる相当な注意を欠いたこと、保管に帰責性を求める。
- ▶理由：署名した手形の不用意な放置ないし保管のために盗まれた場合と、厳重に保管していたのが強奪された場合とを同一に評価できない。

(c) 外観への信頼（相手方の信頼）

　外観への信頼は、善意・無重過失で足りると解されている。民法では、外観への信頼を保護する制度（たとえば、即時取得〔民192条〕、表見代理〔民109条、110条、112条〕）で求められる主観的要件は原則として善意・無過失であるが、手形法では、手形の流通の迅速・確実を図るため、善意・無重過失が原則となっている（手10条、16条2項、40条3項等）。

　なお、権利外観理論の実体法上の根拠については争いがある（Q3）。

Q3 権利外観理論の実体法上の根拠は何か。 ◀ランクA

A説 16条2項説
- ▶結論：16条2項に求めるべきである。
- ▶理由：犠牲を要求される者の側の主観的事情においてほぼ同様である。
- ▶批判：16条2項は占有喪失者の帰責性を問題としない以上、外観法理とはいっても権利外観理論とは異質である。
- ▶備考：16条2項と17条の同時的類推適用に求める見解もある（川村）。

B説 10条説（田邊）
- ▶結論：10条に求めるべきである。
- ▶理由：交付が欠けるために手形債務が発生しなかった場合であり、不当補充により手形債務が発生しなかった場面と共通するといえる。

3 手形行為の形式的要件(手形要件)

為替手形については1条、約束手形については75条参照。

→試験対策・6章3節

4 手形行為の実質的要件

→試験対策・6章4節

1 手形能力

手形行為が有効に成立するためには、一般の法律行為と同様に、手形行為者は手形権利能力と手形行為能力とを有していなければならない。両者を合わせて**手形能力**という。

(1)手形権利能力

手形権利能力とは、手形行為の主体となりうる能力、言い換えれば、手形上の権利義務の主体となりうる能力のことをいう。

手形法には手形権利能力に関する特別の規定はなく、民法により権利能力を有する者はすべて手形権利能力を有することになる。

(a)自然人の場合

民法の一般原則によれば、自然人はすべて権利能力を有するとされる(民3条1項)。したがって、自然人は、すべて手形権利能力を有する。

(b)法人の場合

法人の権利能力について、判例は、公益法人のみならず、営利法人を含めて、法人はその目的の範囲内で権利能力を有するとする(民43条参照、権利能力・行為能力制限説。判例)。そして、すべての法人はその目的を達成するために金銭取引およびその決済手段としての手形・小切手取引を必要とするから、一般に手形行為はすべての法人にとってその目的の範囲内の行為に属すると解される。したがって、法人もすべて手形権利能力を有する。

→最大判昭45・6・24民法判例百選Ⅰ[5版新法対応補正版]7事件

(2)手形行為能力

手形行為能力とは、みずから有効な手形行為をなしうる能力、言い換えれば、自己の行為によって有効に手形に関する権利義務関係の発生・変動を生ぜしめる能力をいう。

手形法には手形行為能力に関する特別の規定はなく、しかも、制限行為能力者(および意思無能力者)保護の必要性は、手形行為についても変わりがないから、民法の一般原則が適用される。

(a)意思無能力者

意思無能力者(幼児や泥酔者など、正常な判断能力を欠く者)はまったく行為能力を有せず、意思無能力者の手形行為は当然に無効である。

(b)未成年者

未成年者が法定代理人の同意を得ないで手形行為をした場合には、その手形行為は原則として取り消すことができる(民5条

1項本文、2項)。ただし、未成年者が法定代理人から財産の処分を許された場合、または1種または数種の営業(特定の営業)を許された場合には、通説は、未成年者は許された財産の処分の範囲内で、あるいは許された営業に関してのみ手形行為能力を有するとしている(民5条3項、6条1項)。
(c)成年被後見人
　成年被後見人は行為能力を有せず、この者の手形行為は、成年後見人の同意の有無にかかわらず、常に取り消すことができる(民9条本文)。
(d)被保佐人
　被保佐人は、民法13条1項本文各号の列挙行為についてだけ行為能力を有しない。被保佐人がこの列挙行為をなす場合には、保佐人の同意を得なければならず(民13条1項柱書本文)、この同意(またはこれに代わる許可)を得ないでしたものは、取り消すことができる(民13条4項)。

　被保佐人が手形行為をなす場合には、保佐人の同意を要するか、手形行為が民法13条1項本文各号の列挙行為のいずれかにあたるかについて争いがある。

　通説は、手形行為は、いわゆる無因行為として原因行為から切断された厳格な債務を負担する行為であるから、民法13条1項本文2号の「借財」または「保証」にあたるとし、ただ、無担保裏書は、手形債務の負担を伴わず、手形上の権利の譲渡の性質を有する行為であるから、民法13条1項本文3号の「重要な財産に関する権利の得喪を目的とする行為」にあたると解し、いずれにしても、被保佐人が手形行為をなす場合には、保佐人の同意を要するとしている。

　判例も、手形行為(振出・裏書)は民法13条1項本文2号の「借財」にあたるとしている。　　　　　　　　　　　　　　→判例セレクト3
(e)制限行為能力者(意思無能力者)の手形行為の効果
　手形行為が無効な場合にはもちろん、手形行為が取り消された場合にも、その行為は初めから無効であったものとみなされるから(民121条本文)、手形行為者は、何人に対しても手形上の義務を負わず、しかも、相手方または第三者の善意・悪意を問わない。すなわち、手形行為能力(および手形意思能力)を欠いてなされた手形行為は無効であり、制限行為能力者(および意思無能力者)は手形債務を負担しない(物的抗弁)。
(f)制限行為能力者による取消しおよび追認
　制限行為能力者が手形行為を取り消したときは、手形行為は初めから無効であったものとみなされるから(民121条本文)、制限行為能力者は手形上の義務を負わない。また、制限行為能力により取り消すことができる手形行為は、行為者や法定代理人な

どがこれを追認することができる(民122条本文参照)。

この取消し・追認に関して、その意思表示はいかなる者に対してなすべきかが問題となる。

通説は、取消し・追認いずれの場合にも、直接の相手方のみならず、現在の手形所持人に対してもなしうるとしている。これに対して、判例は、取消しの場合には、手形を交付した直接の相手方にかぎるとし、追認の場合には、直接の相手方にかぎらず、現在の手形所持人に対してもなしうるとしている(判例。ただし、無権代理についての追認の事例)。

→判例セレクト4

→大判昭7・7・9民集11-1604

なお、取消し、追認いずれの場合にも、直接の相手方、現在の手形所持人のみならず、その中間の取得者に対してもなしうるとする見解もある。

2 手形意思表示

手形行為は、法律行為の一種として意思表示を要素とする行為であるから、民法の意思表示に関する規定(民93条から96条まで)が適用されるかが問題となる(Q_4)。判例は、裏書人が手形であることを認識してその裏書人欄に署名または記名捺印した以上、裏書として有効に成立し、裏書人は、錯誤その他の事情によって手形債務負担の具体的意思がなかった場合でも、手形の記載内容に応じた償還義務の負担を免れないとしている。

→判例セレクト5(2)

Q4 民法の意思表示に関する規定は手形行為に適用されるか。

◁ランクA

A説 全面適用説・厳格適用説(弥永、福瀧)
▶結論：民法の意思表示に関する規定は手形行為にも全面的に適用される。したがって、錯誤・強迫による手形行為の無効・取消しは善意の第三者にも対抗することができる。
▶理由：手形法には意思表示の瑕疵等に関する特別の規定がないため、一般法たる民法の規定が適用されると考えるのが法律構成としてはもっとも自然である。
▶批判：民法の規定をそのまま適用すると、善意の手形取得者の保護には不十分な結果となるので(錯誤・強迫の場合)、手形の流通性と矛盾する。

B説 修正適用説①——個別的修正説(田中〔耕〕、田中〔誠〕)
▶結論：①民法の意思表示に関する規定のうち、心裡留保・虚偽表示・詐欺のように、無効または取消しをもって善意の第三者に対抗することができない旨の規定があり、またはそう解釈されるものについては、そのまま手形行為に適用される。
②民法の意思表示に関する規定のうち、錯誤・脅迫のように、無効または取消しをもって善意の第三者に対抗することができるとする規定については、善意の第三者に対抗することができないものと修正して適用すべきである。

◆手形総説

▶理由：手形行為は不特定多数人との間の法律関係を形成する法律行為
であり、手形取得者の証券に対する信頼を重視しなければなら
ないので、民法の規定が意思主義によっている場合には、これ
を修正し、表示主義の優位を認める必要がある。
▶批判：ある場合には民法の規定をそのまま適用し、ある場合には民法
の規定を修正して適用するとする積極的な理由が乏しい。

C説 修正適用説②（一般的修正説）

C-1説 一般的修正説①（小橋）

▶結論：民法の意思表示に関する規定は取引の直接の当事者間の関係を
規律するものであり、そのかぎりで手形に関する法律関係にも
適用されるが、手形行為者と第三者たる手形取得者との間の関
係は民法が予定するところではなく、そこには手形法17条を適
用し、手形行為の意思表示の瑕疵等は、手形行為自体の要素の
錯誤を除き、悪意の第三者たる手形取得者に対してのみ主張す
ることができる。
▶批判：民法の原則的適用ということから遠ざかるきらいがある。

C-2説 一般的修正説②（木内、田邊）

▶結論：民法の意思表示に関する規定は手形行為の当事者間ではそのま
ま適用されるとしつつ、特に第三者たる手形取得者の保護を別
に考える必要があるとして、権利外観理論を適用し、意思表示
の瑕疵等は善意・無重過失の第三者たる手形取得者には対抗す
ることができない。
▶理由：①一方では手形取引の安全を図りつつ、他方では何ら落度もな
く攻められるべき事由もない者に承服しがたい責任を負わせ
ない解決を図るべきである。
②手形交付の欠缺の場合と統一的解決を図ることができる。す
なわち、手形行為も法律行為である以上、有効な意思表示と
その到達とは手形行為が有効に成立するための要件であり、
そのいずれが欠けた場合でも、不都合は権利外観理論により
別途修正すれば足りる。
▶批判：①民法の原則的適用ということから遠ざかるきらいがある。
②署名者にどの程度の帰責原因があったときに責任が発生する
かの限界、すなわち権利外観惹起の帰責性の限界について、
その理論的根拠が明確でない。

D説 適用排除説・形式行為説（高窪、石井＝鴻、濱田）

▶結論：①民法の意思表示に関する規定はまったく適用されない。
②手形であることを認識して署名（または記名捺印）した以上、手
形行為は有効に成立する（なお、認識すべくして署名した場合を
含む見解もある）。すなわち、手形意思表示には具体的な効果
意思（たとえば、100万円の債務を発生するという明確な意思）は必
要ではない。
③手形行為の直接の相手方および悪意のある手形取得者に対し
ては、意思表示の瑕疵等を17条の人的抗弁として主張するこ
とができる（一般悪意の抗弁と考える見解もある）。
▶理由：手形法のもとでは、一般私法上の基本原則である法律行為事由

の原則が修正され、手形行為は厳格な要式行為とされ、その意思表示は極度に定型化されており、さらに、手形行為は無因行為として処理され、手形行為の文言性が認められているので、民法の一般原則の手形行為に関する適用は排除されていると考えるべきである。
- ▶批判：交付契約説あるいは一般発行説に立って、手形行為に民法の規定の適用を全面的に排除することは、理論的に説明することが困難である。

E説 二段階創造説(鈴木、前田)
- ▶結論：二段階創造説に立って、債務負担行為が成立するためには、手形であることを認識しまたは認識すべくして署名することを要し、かつ、それで足り、このような要件がみたされていれば、錯誤・強迫等により手形債務を負担する具体的意思がなかったとしても、手形債務自体を否定することはできず、ただ、悪意の相手方に対しては、一般悪意の抗弁により権利行使を拒むことができる。そして、手形権利移転行為は当事者間の契約であるから、これに対しては民法の規定の適用があり、意思表示の瑕疵等があるため手形権利移転行為が無効となりあるいは取り消されれば、直接の相手方は権利を有せず、直接の相手方に対しては無権利の抗弁をもって対抗することができるが、その者から善意・無重過失で手形を取得した者は善意取得する(この立場でも、直接の相手方にも善意取得の成立を認める見解もある)。
- ▶理由：①手形債務負担行為は書面を通じてなすものであって、相手方の主観的事情により影響を受けない単独行為である。したがって、手形であることを認識しまたは認識すべくして手形に署名すれば、手形債務負担行為は有効である。
  ②これに対して、手形権利移転行為は、発生した手形債務に応じた手形債権を特定の相手方に移転する契約である。したがって、手形権利移転行為には民法の意思表示に関する規定が適用される。
- ▶批判：①善意取得での保護を受けるためには善意・無重過失を要するが(16条2項)、これは人的抗弁切断での保護要件(17条)よりも厳しく、手形取引の安全のために二段階創造説を採った意味が失われかねない。
  ②(直接の相手方にも善意取得の成立を認める見解に対して)手形取引であるからといって、直接の相手方を他の取引の場合以上に保護する根拠はない。

3 手形行為独立の原則

実質的要件を欠いた手形行為の瑕疵を治癒する制度として、手形行為独立の原則がある。

→7条

5 手形関係と原因関係

→試験対策・6章1節

1 手形関係の原因関係への影響
(1)原因関係の消長
 (a)判断基準

原因債務の履行に際して手形が授受された場合には、原因債権が消滅するときと、原因債権が消滅しないで手形債権と併存するときとがある。そして、判例は、そのいずれにあたるかは、**当事者の意思**によって判断するとしている。

→判例セレクト6(1)

　原因債権が存続するような振出のことを、「(広義の)**支払のために(＝支払確保のために)**」振り出したといい、原因債権が消滅するような振出のことを、「**支払に代えて**」振り出したという。

　なお、当事者の意思により原因債権を消滅させた場合には、後に手形が不渡りとなっても、原因債権は復活しない(判例)。

→大判大9・5・15民録26-669

　また、原因債権を消滅させる場合の法律構成については、更改説と代物弁済説とに分かれるが、代物弁済(民482条)と考えるべきである(通説)。なぜなら、更改は有因契約であるから、旧債務(既存債務)が存在しないと新債務(手形債務)が成立しなかったこととなり、手形債務の無因性と相容れないからである。他方で、当事者が特に支払に代えて手形を授受したのであるから、その手形に瑕疵があるときには、代物弁済としては有効であり、原因関係上の扱いを民法の一般原則(担保責任など)により解決するのはやむをえない。

(b)当事者の意思が不明な場合

　当事者の意思が不明な場合には、原因債権と手形債権とが併存する。すなわち原因債権は消滅しないものと推定すべきである(判例・通説)。なぜなら、手形の授受があったとしても、必ずしも手形金の支払があるとはかぎらない以上、手形の授受のみで原因債権が消滅するというのは、当事者の通常の意思に反するからである。また、原因債務が消滅すると、債権者は抵当権や先取特権などの担保権や抗弁権を失うという不利益を受ける場合もあるし、さらに、原因債権の消滅時効期間の方が手形債権の消滅時効期間よりも長いことがあるので、原因債権が消滅しないと推定するのが当事者の合理的意思に合致するからである。

→判例セレクト6(1)

(2)行使の順序

(a)判断基準

　手形債権と原因債権とが併存する場合について、手形債権を先に行使すべきか（**(狭義の)支払のために**）、あるいはどちらを先に行使するか債権者が自由に選択しうるか（**担保のために**）は、**当事者の意思**によって決せられる(判例)。

→大判大5・5・24民録22-1019

　「支払のために」手形が振り出されたときは、債権者としてはまず手形債権を行使し、それにより満足を得られなかった場合にはじめて原因債権を行使することができる。この場合には、原因債務も取立債務化され、債権者が先に原因債権を行使してきたときは、債務者は先に手形債権を行使すべきことを抗弁と

して主張することができ、手形の呈示がないかぎり履行遅滞にならない(判例)。

これに対して、「担保のために」手形が振り出されたときは、債権者が手形債権、原因債権のいずれを先に行使するのも自由であり(判例)、したがって原因債権の弁済期が到来すれば、手形の呈示を受けるまでもなく債務者は当然履行遅滞に陥る(判例)。

(b)当事者の意思が不明な場合

当事者の意思が不明な場合には、当事者の意思の合理的解釈によって決せられる(Q_5)。

→大判大5・5・24民録22-1019
→判例セレクト6(2)
→大判大5・5・24民録22-1019

Q5 手形債権と原因債権が併存する場合において、いずれの債権を先に行使すべきかは当事者の意思によるべきであるが、当事者の意思が不明のときにはいかに解すべきか。

◁ランクA

A説 判例、通説

→判例セレクト6(2)

▶結論：原因関係上の債務者が手形上の唯一の義務者であって、他に手形上の義務者がいないときは、「担保のために」授受されたものと推定すべきであり、それ以外のときは、「支払のために」授受されたものと推定すべきである。もっとも、原因関係上の債務者が手形上の唯一の義務者であっても、第三者が支払担当者として記載されているときは、「支払のために」手形が授受されたものと推定すべきである。

▶理由：①原因関係上の債務者が手形上の唯一の義務者である場合には、両債権のどちらが先に行使されても債務者の利害には無関係である。

②原因関係上の債務者が手形上の唯一の義務者の場合でも、第三者方払手形のときは、その第三者方に債務者は資金を用意しているのが普通であり、もし原因債権も行使できるとすれば、みずから別の所にも資金を準備しなければならなくなり不当である。

B説 前田

▶結論：当事者間で「担保のために」という明確な特約がないかぎり、単名手形であっても、狭義の「支払のために」手形は授受されたものと考えるべきである。

▶理由：①手形を原因債権のために授受している以上、当事者の意思としては手形により第一次的にその決済がなされるのが当然と考えられる。

②もし手形が「担保のために」授受されたとみると、手形債務者すなわち原因関係上の債務者としては、依然として手形を授受の相手方が持っているか否か不明なのに原因債務につき履行遅滞にならないよう、履行期到来後は原因関係上の債権者の事業所等に行って履行せねばならないことになるし、同時履行の抗弁権を主張しなければ無条件の原因債務の履行を命

じる判決を受けることとなる点で、きわめて不利となる可能性がある。

(3) 手形返還の要否

原因債権と手形債権のどちらを先に行使することもできる場合(担保のために)において、債権者が原因債権を先に行使してきたときは、債務者は、手形と引換えにのみ原因債権の支払に応じる旨の抗弁をなしうるか。

原因債務を履行することにより原因債務自体は消滅するが、これにより手形債務まで消滅するわけではない。原因債務が消滅したということは、手形関係においては当事者間の人的抗弁になるにとどまる。そうすると、債務者は善意で手形を取得した第三者に原因債務の消滅を対抗できず、二重払の危険がある。そこで、判例(ただし、小切手の事例)・通説は、原因債務の請求を受けた債務者は、手形と引換えにのみ原因債務の支払に応じる旨の抗弁(**引換給付の抗弁**)をなしうるとしている。すなわち、原因債権に基づく支払請求権と手形の返還請求権は同時履行の関係に立つと考えている。

→最判昭33・6・3手形小切手百選[6版]89事件

もっとも、ここでいう同時履行の関係とは、民法533条でいう同時履行の抗弁とは法的性質を異にする。すなわち、原因債権に基づく支払請求権とその支払確保のために振り出された手形の返還請求権は、民法533条にいう対価的関係に立つ双務契約上の債権関係ということはできず、債務者の二重払の危険を回避するために認められた**特別の抗弁**と解されている。

判例は、債務者が手形と引換えに原因債務を支払うべき旨の抗弁をなしうる場合でも、原因債務の履行期が徒過していれば、債権者から手形の返還を受けていなくても、債務者は履行遅滞の責任を負うとしている。

→最判昭40・8・24民集19-6-1435

(4) 手形の譲渡と原因関係の消滅

原因債権と手形債権とが併存する場合においては、原因債権は、手形債務の履行または原因債務の履行によって消滅する。ところで、当該手形が譲渡され、それによって債権者が満足を得た場合には、原因債権は消滅するか。

裏書譲渡により、債権者は手形金を得る反面、被裏書人に対して遡求義務を負う。すなわち、裏書によって得た金銭を後に吐き出さなくてはいけない可能性がある。それゆえ、債権者は手形を譲渡しただけでは、確定的に手形金を取得し、債権の満足を得たとはいえない。したがって、手形の譲渡により原因債権が消滅するのは、後者から遡求を受けるおそれがなくなり、対価を決定的におさめたときであると解される(判例)。

→判例セレクト6(3)

(5)手形金請求の訴え提起と原因債権の消滅時効

　手形金請求の訴えの提起によって、手形債権だけでなく原因債権の消滅時効も中断するか(Q_6)。判例は、これを肯定している。

→判例セレクト6(6)

Q6 手形金請求訴訟の提起によって原因債権の消滅時効も中断するか。

◀ランクB

A説 否定説(木内、田邊)
▶結論：原因債権の消滅時効は中断しない。
▶理由：①時効中断効は、原告の請求する訴訟物が既判力によりその存在が確定した場合に反射的に生ずる効果であるから、訴訟物と既判力と時効中断の範囲とは一体的に捉えられるところ、旧訴訟物理論では原因債権と手形債権とはそれぞれ別個独立の訴訟物である。
　　　②原因債権の時効消滅は人的抗弁事由となるという肯定説の前提が不合理である。

B説 肯定説(判例、多数説)

→判例セレクト6(6)

▶結論：原因債権の消滅時効は中断する。
▶理由：①手形授受の当事者間では、手形債権は原因債権と法律上別個の債権ではあっても、経済的には同一の給付を目的とし、原因債権の支払手段として機能しこれと併存するものにすぎず、債権者の手形金請求の訴えは、原因債権の履行請求に先立ちその手段として提起されるのが通例である。
　　　②原因債権の時効消滅は手形金請求訴訟において人的抗弁事由になるところ、手形金請求訴訟の提起後も原因債権の消滅時効が進行し完成するとすれば、債権者としては、原因債権の支払手段としての手形債権の履行請求をしていながら、原因債権の時効完成の結果を回避するためさらに原因債権について訴えを提起するなどして別途に時効中断の措置を講ずることを余儀なくされ、債権者の通常の期待に著しく反する結果となる。
　　　③債務者が、手形金請求訴訟継続中に完成した原因債権の消滅時効を援用して手形債務を免れるという不合理な結果を防ぐ必要がある。

2　原因関係の手形関係への影響

(1)総論

　前述した手形の無因性という性質より、たとえ原因関係が無効であったり、取り消されたり、弁済等によって消滅したりしたとしても、手形関係には影響しない(通説)。もっとも、当事者間および害意ある第三者との関係では、人的抗弁の対抗を受ける。そのかぎりにおいては影響を受けるといえるだろう。

(2)原因債権の時効消滅と人的抗弁

　原因債権が時効消滅した場合において、手形関係にいかなる影響を及ぼすかについて、判例は、手形債務自体は消滅しないが、

→最判昭43・12・12判時545-78

原因債権の時効消滅は人的抗弁事由となるとする(Q_7)。

Q_7 原因関係の時効消滅が人的抗弁となるか。

◀ランクB

A説 有力説（木内、田邊、大塚）
▶結論：人的抗弁とはならない。
▶理由：①原因債権について消滅時効が完成したにすぎないときは、債権者は満足を得たわけではなく、その後に債権者が手形金の支払を受けても、何ら不当利得の関係は生じない。
②手形債務が負担されるときには原因債権の時効については煩わされないというのが、当事者の意図である。

B説 判例、通説
▶結論：人的抗弁となる。
▶理由：時効消滅も弁済等と同様に債権の消滅原因である。

→最判昭43・12・12判時545-78

C説 弥永
▶結論：そもそも原因関係の時効消滅が人的抗弁となるか問題とならない。
▶理由：手形債権は残るが原因債権は時効消滅するということ自体が観念できない。

6 公示催告手続と除権決定

→試験対策・6章13節

1 総説

除権決定とは、手形上の権利と証券との結びつきを解いて、証券を無効とする決定をいう。除権決定は、公示催告手続を経たうえでなされる

手形上の権利は証券とかたく結びついていて、権利の行使には必然的に証券の所持が必要であるところ、手形上の権利者が、手形を盗取、紛失または滅失により喪失した場合において、それによりただちに手形上の権利を失うわけではなく、また、手形上の権利が消滅するわけでもない。しかし、この手形上の権利者は、証券なしに権利を行使することはできないから、権利行使の手段を失ってしまう。そこで、手形証券の盗取、紛失、滅失といった場合において、手形上の権利と証券との結びつきを解いて、証券の不存在を補って、手形上の権利者に証券なしに権利を行使することができるための制度、すなわち公示催告・除権決定の制度が設けられている（非訟141条以下）。

2 手続きの流れ

(1)喪失手形の最終の所持人による公示催告の申立て

喪失手形の最終の所持人は、支払地の簡易裁判所に公示催告を申し立てる（非訟156条1号、157条）。156条に規定する公示催告を有価証券無効宣言公示催告という（非訟157条1項括弧書）。申立人は、盗取、紛失、滅失の事実および有価証券無効宣言公示催告の申立

てをすることができる理由を疎明しなければならない(非訟158条2項)。

　なお、判例は、手形の署名後、交付する前に手形を喪失した約束手形の振出人も申立権が認められるとしている。　　→判例セレクト7(2)

(2)公示催告手続

　裁判所は、公示催告の申立てが適法であり、かつ、理由があると認めるときは、公示催告手続開始の決定をするとともに、申立人の表示等の事項を内容とする公示催告をする旨の決定をし(非訟143条1項)、公示催告についての公告をする(非訟144条)。

　公示の日と権利を争う旨の申述の終期との間は、少なくとも2か月以上であることを要する(非訟145条、159条2項)。

　権利を争う旨の申述の終期までに、当該手形につき権利を争う旨の申述がないときは、裁判所は、146条1項の場合を除き、決定で、当該公示催告の申立てにかかる権利につき失権の効力を生ずる旨の裁判(除権決定)をしなければならない(非訟148条1項、159条2項)。

3　除権決定の効力

(1)除権決定の消極的効力

　除権決定においては、権利につき失権の効力を生ずる旨の裁判がなされるから、手形は、物理的に存在していても、単なる反故となってしまう(消極的効力)。すなわち、手形の現在の所持人は、形式的資格を失い、除権決定後は新たに善意取得は生じない。

(2)除権決定の積極的効力

　除権決定により、申立人は、手形上の権利を手形の所持なくして行使することができる(**積極的効力**〔非訟160条2項〕)。すなわち、除権決定を得た者には権利者たる形式的資格が認められる。

　なお、除権決定を得た者は、手形債務者に対して手形の再発行請求権を有するかが問題となるが、有しないと解すべきである。白地手形で特に問題となる。　　→10条

(3)除権決定と善意取得者の権利

　除権決定以前の善意取得者の実質的権利は、除権決定によって消滅するかが問題となるが、判例は消滅しないとしている。　　→判例セレクト7(1)

判例セレクト

1　手形交付の欠缺

　流通におく意思で約束手形に振出人として署名または記名捺印をした者は、その手形が盗難・紛失等のため自己の意思によらずに流通におかれた場合でも、連続した裏書のあるその手形の所持人に対しては、悪意または重大な過失によって同人がこれを取得したことを主張・立証しないかぎり、振出人としての責任を免れない(最判昭46・11・16手形小切手百

選[6版]8事件)。

2 法人の権利能力
(1)手形行為自体を標準として権利能力の有無を判断
　法人の行為が当該法人の目的の範囲内に属するかどうかは、農業協同組合のように営利を目的としない法人にあっても、その行為が法人としての活動上必要な行為でありうるかどうかを客観的、抽象的に観察して判断すべきものであるから、法人のした手形行為についてこれを決する場合においては、その原因関係をも含めて判断すべきものではなく、手形行為自体を標準として判断すべきものと解するのが相当である(最判昭44・4・3手形小切手百選[6版]15事件)。

(2)原因関係が法人の目的外の場合
　手形行為とその原因関係とは区別して考えなければならず、手形行為自体は抽象的手段的行為であるから、たとえその原因関係が法人の目的の範囲外にわたる場合であっても、そのために手形行為そのものの効力に影響を及ぼすわけではなく、この場合はただ直接の取引当事者間において原因関係より生ずる人的抗弁が存在するにすぎない(大阪高判昭29・10・15高民7-10-795)。

3 被保佐人の手形行為能力
　約束手形を振り出す行為は、それにより振出人が一定の金額を支払うべき債務を負担するから、金銭の消費貸借と異なるところはなく、民法13条1項2号にいう「借財」に包含される(大判明39・5・17民録12-837)。

4 手形振出行為の取消しの相手方
　手形の振出が取り消しうる場合における取消しの意思表示は、民法123条の規定に従い、その確定した相手方、すなわち振出人から手形の交付を受けた最初の取得者に対してなすべきであり、最後に手形を譲り受けて所持人となった者に対してなすべきではない(大判大11・9・29手形小切手百選[6版]9事件)。

5 意思表示の瑕疵・意思の不存在
(1)要素の錯誤
　手形の振出行為の要素に錯誤があるというのは、手形の振出行為の主要な内容自体に錯誤の存する場合を指すものであって、その振出行為の縁由に錯誤のある場合をいうものではない。されば、上告人が本件手形の振出にあたり本件手形を他に裏書譲渡せず、かつ、本件手形と引換えに旧手形が返却されるものと誤信したとしても、それらは手形振出の縁由に関する錯誤であって、その要素の錯誤といえない(最判昭29・11・18民集8-11-2052)。

(2)錯誤と手形債務の成立
　手形の書替えは、裏書人が手形であることを認識してその裏書人欄に署名または記名捺印した以上、裏書として有効に成立し、裏書人は、錯誤その他の事情によって手形債務負担の具体的意思がなかった場合でも、手形の記載内容に応じた償還義務の負担を免れないが、債務負担の意思がないことを知って取得した悪意の取得者に対しては、人的抗弁として償還義務を免れる(最判昭54・9・6手形小切手百選[6版]6事件)。

(3)手形金額の錯誤と悪意の取得者
　Aが金額1,500万円の手形を金額150万円の手形と誤信して裏書をした

場合には、Aの錯誤は150万円を超える部分についてのみ存し、その余の部分については錯誤はなかったと解する余地があり、そうだとすると、特段の事情がないかぎり、Aが悪意の取得者に対する関係で錯誤を理由に償還義務の履行を拒むことができるのは、150万円を超える部分についてだけである（最判昭54・9・6手形小切手百選［6版］6事件）。

(4)「見せ手形」として詐取された場合

「見せ手形」として貸す約束で手形を振り出した場合であっても、この事由は悪意の手形取得者に対する人的抗弁事由となるにとどまり、善意の手形取得者に対しては、振出人は手形上の義務を免れることはできない（最判昭25・2・10手形小切手百選［6版］7事件）。

(5)強迫による手形行為

強迫による手形行為取消しの抗弁は、手形法上、人的抗弁として、善意の手形所持人には対抗することができない（最判昭26・10・19民集5-11-612）。

6　手形関係と原因関係

(1)既存債務の弁済確保のための振出と推認

既存の債務につき約束手形を発行した場合において、既存債務が更改によって消滅するかどうかは、当事者の意思によって決定されるべきであり、当事者の意思が不明なときは、既存債務の弁済を確保するために振り出されたものと認めるべきであって、債務の更改があったとすべきでない（大判大7・10・29民録24-2079）。

(2)「担保のために」と推定される場合

手形が既存債務の支払確保のため振り出された場合には、当事者間に別段の意思表示がなく、かつ、債務者自身が手形上の唯一の義務者であるときは、その手形の授受は、既存債務の担保のためになされたものと推定するのが相当である。手形が既存債務の担保のため授受せられた場合には、債権者は、既存の債権と手形上の権利とのいずれをも任意に選択して行使することができる（最判昭23・10・14手形小切手百選［6版］88事件）。

(3)受取人の手形裏書と振出人に対する原因債権消滅の時期

売買代金債務の支払確保のため手形の振出を受けた債権者が、担保のため第三者にこれを裏書譲渡しても、裏書人としての償還義務を免れるまでは、債務者のその代金債務は消滅しない（最判昭35・7・8民集14-9-1720）。

(4)原因債権行使の方法

売買代金債務の支払確保のため手形を振り出した債務者は、特段の事由のないかぎり、その売買代金の支払は手形の返還と引換えにする旨の同時履行の抗弁をなしうる（最判昭35・7・8民集14-9-1720）。

(5)手形債権の判決による確定と原因債権の時効

手形の原因債権の消滅時効が完成しない間に手形授受の当事者間で仮執行宣言付支払命令により手形債権が確定した場合には、原因債権の消滅時効期間はその支払命令確定の時から10年となる（最判昭53・1・23民集32-1-1）。

(6)手形金請求の訴え提起と原因債権の時効中断

債務の支払のために手形の交付を受けた債権者が債務者に対して手形金請求の訴えを提起したときは、原因債権についても消滅時効中断の効

力を生ずる(最判昭62・10・16手形小切手百選[6版]80事件)。
7　除権決定
(1)除権決定確定前の地位―受取人が盗取され除権決定を得た場合

　手形について除権判決〔現除権決定〕の言渡しがあったとしても、これよりも前に当該手形を善意取得した者は、当該手形に表章された手形上の権利を失わない(最判平13・1・25手形小切手百選[6版]82事件)。

(2)除権決定確定前の地位―振出人が盗取され除権決定を得た場合

　約束手形に振出人として署名したが、これを流通におく前に盗取されまたは紛失した者の得た除権判決〔現除権決定。以下同じ〕は、その振出署名者において、除権判決後その手形を取得した者に対し支払を拒絶しうる効力を有するにとどまり、除権判決前に手形を悪意または重大な過失なく取得し、振出署名者に対して振出人としての責任を追及しえた者の有する実質的権利までも消滅させる効力を有するものではない。約束手形の振出署名者の申立てにかかる除権判決により手形が無効となった場合において、無効となった手形を所持する実質的権利者は、除権判決前すでに手形上の権利を取得し、除権判決当時手形の適法な所持人であったことを主張・立証することにより、その権利を行使することができる(最判昭47・4・6手形小切手百選[6版]81事件)。

第1条【手形要件】　　B
為替手形ニハ左ノ事項ヲ記載スベシ
1　証券ノ文言中ニ其ノ証券ノ作成ニ用フル語ヲ以テ記載スル為替手形ナルコトヲ示ス文字
2　一定ノ金額ヲ支払フベキ旨ノ単純ナル委託
3　支払ヲ為スベキ者(支払人)ノ名称
4　満期ノ表示
5　支払ヲ為スベキ地ノ表示
6　支払ヲ受ケ又ハ之ヲ受クル者ヲ指図スル者ノ名称
7　手形ヲ振出ス日及地ノ表示
8　手形ヲ振出ス者(振出人)ノ署名

　為替手形には、証券の文言中にその証券に用いたと同じ国語で記載された為替手形であることを示す文字(為替手形文句)などを記載しなければなりません。

1　趣旨
　本条は、為替手形の手形要件を規定する。

2　語句の意味
　為替手形とは、満期に一定の金額(手形金額)を受取人その他証券の正当な所持人に支払うことを、振出人が支払人に委託する、支

3 条文クローズアップ

1 為替手形の経済的機能

為替手形は、主として国際取引の決済のための送金および取立ての手段として用いられてきた。国内取引においては、為替手形はめったに利用されず、かりに利用されるとしても、振出人自身が支払人となって引受をして約束手形の振出人と同じ絶対的義務を負い、約束手形の振出と同じ経済的機能を果たすために用いられるのがほとんどである。

具体的には、現金を送金する代わりに為替手形を送付する場合や、物品の売主が、自己を受取人、買主を支払人とする為替手形を振り出し、銀行でその手形の割引を受けるか、銀行に手形の取立てを委任することによって代金を取り立てる場合がある。

2 約束手形との条文上の関係

為替手形と約束手形の法的性質は共通するものであるから、手形法は、まず為替手形について規定し(1〜74条)、それらの規定のうち引受および複本に関する部分を除いて、これを約束手形に準用する(77条)。約束手形については、手形要件(75条)、手形要件の欠缺(76条)、振出の効力・一覧後定期払の特則(78条)について3条を規定するのみである。

3 手形要件(手形行為の形式的要件)

手形要件とは、手形を作成する際に必ず記載しなければならない法定の記載事項をいう。手形要件に不備がある場合には、法律に別段の定めがないかぎり、手形は無効である(2条1項)。

なお、約束手形についても同様の規定があるが(76条)、その文言解釈は本条と同様である。

⑴証券の文言中のその証券の作成に用いる語をもって記載する為替手形なることを示す文字(為替手形文句)(1号)

為替手形であることを示す文字である。証券の作成に用いられる国語であることを要する。

⑵手形金額(2号前段)

支払われるべきものとして手形上に記載された金額である。手形金額は、一定していることを要し、金額の不確定的記載や選択的記載は、一見して手形金額を了解できず、手形取引の円滑を害するので、許されないと解されている。

⑶支払委託文句(2号後段)

一定の金額を支払うべき旨の単純なる委託をいう。支払の委託は、単純でなければならない。支払に条件を付したり、支払の資金や方法を限定したりすると、手形は無効となる。

⑷支払をなすべき者(支払人)の名称(3号)

◆第1条

支払をなすべき者、すなわち支払委託の名宛人の名称である。特定人を指すものとして認められる名称であれば、氏名、商号その他のいずれでもよく、その者が実在しなくても手形要件に欠けるところはない。

支払人は数人でもよいが、その場合には、重畳的記載であることを要し、選択的記載は、支払人を不確定ならしめるから、許されないと解されている。

振出人が自己を支払人とすることもできる（自己宛手形〔3条2項〕）。なお、判例は、支払人と受取人との兼併を認めている。　→判例セレクト1

(5) 満期の表示(4号)

満期とは、手形金額が支払われるべき日として手形上に記載された日をいう。満期日または支払期日ともいう。　→33条

(6) 支払地の表示(5号)

支払地とは、満期に為替手形金が支払われるべき一定の広がりをもった地域をいう。支払場所（支払がなされる場所として手形上に記載された地点）のような地点より広い地域をさす。支払地の記載は、履行場所の探知に役立つものである。

判例は、手形の流通性からして、支払「地」は全国に周知された地域でなければならないとして、最小の独立行政区画（市町村および東京都の区）であることを要するとしている。　→大判明治34・10・24民録7-9-124

(7) 支払を受けまたはこれを受ける者を指図する者の名称(6号)

「支払ヲ受ケ又ハ之ヲ受クル者ヲ指図スル者」を受取人と称する。特定人をさすものとして認められる名称であれば、氏名、商号その他のいずれでもよく、その者が実在しなくても手形要件に欠けるところはない。

数人の受取人を重畳的・選択的に記載することができる。この場合には、権利の行使や裏書は、重畳的記載のときは総受取人が共同してなすべきであるが、選択的記載のときは各人独立してなしうる。

振出人が自己を受取人とすることもできる（自己指図手形・自己受手形〔3条1項〕）。

(8) 手形を振り出す日(振出日)の表示(7号前段)

振出日とは、手形が振り出された日として手形に記載される日のことをいう。

(9) 手形を振り出す地(振出地)の表示(7号後段)

振出地とは、その地で手形が振り出されたものとして手形上に記載された地をいう。

振出地は、準拠法の決定、暦・通貨の異なる場合に意味をもつにとどまるから(37条・41条4項)、支払地の場合ほど厳格に解する必要はなく、真実の振出地と一致する必要はない。また、振出地の記載がない場合において、振出人の名称に付記した地があれば、

これが振出地とみなされる(2条4項)。
(10) 手形を振り出す者(振出人)の署名(8号)

振出人の署名と認めうる記載があればよい。また、署名に用いられる名称は、氏名、商号、通称などいずれでもよい。

署名とは、本来の意味での署名たる自署、すなわち行為者の名称をみずから手書きする場合のほか、記名捺印も含む(82条)。 →82条

他人名義の手形行為は、行為者自身の手形行為として効力を生ずるかについては争いがある。

Q1 他人名義の手形行為は、行為者自身の手形行為として効力を生ずるか。 ◀ランクA

A説 周知性・慣用性必要説(従来の通説)
▶結論：その名義が平常の取引上、行為者を表示する名称として周知性・慣用性が認められる場合にかぎり、他人名義の署名を行為者の署名と解し、手形上の責任を認める。
▶理由：署名とは、手形面に手形行為者を表示する名称を顕現させることをいうから、当該手形の流通する取引界でその名称が行為者を表示するものと客観的に認められる場合にかぎるべきである。

B説 周知性・慣用性不要説(近時の有力説)
▶結論：単に1回だけ使われた名称であっても、いやしくも自己を表示するためにそれを用いた以上、当然に手形行為者としての責任を認めるべきである。
▶理由：①通常の法律行為と同様に、実質的行為者に手形上の責任を負わせるべきである。
②みずから署名した者を不当に利するべきでない。
③署名は、手形債務の内容を決する問題とは異なるため文言性の議論は妥当しない。
▶批判：社会通念上、単にその時だけ使われた名称を常にその者の署名と認めるのは行きすぎである。

代理の場合には、代理人が意思表示をするのであり、署名は意思表示をする者の確認形式であるから、本人のためにすることを示して代理人みずから署名することを要する。

4　手形要件以外の記載事項
(1) 任意的記載事項(有益的記載事項)

任意的記載事項とは、手形要件のように、記載しないと手形が無効となるというものではないが、記載されれば手形上の効力が認められる事項をいう。

　　①一覧払手形・一覧後定期払手形の利息文句(5条1項前段)
　　②指図(裏書)禁止文句(11条2項)
　　③第三者方払文句(支払場所の記載〔4条〕)

④支払呈示期間の伸長短縮(34条1項3文、23条2項)
⑤支払拒絶証書作成免除文句(46条)
⑥戻手形の禁止文句(52条1項)
⑦準拠すべき暦の指定文句(37条4項)
⑧明文のない有益的記載事項

　法定された有益的記載事項以外に、解釈上、有益的記載事項が認められるかについて争いがある。たとえば、違約金の記載文句である。判例は、その手形上への記載に対して手形上の効力を否定しつつ、ただ、直接の当事者である記載者とその相手方との間には、民法上の契約を生ぜしめる効力を認め、この文句は契約成立の証拠としての価値を有するとしている。

→判例セレクト7(1)

(2)無益的記載事項

　無益的記載事項とは、その事項が記載されても無視される無意味な記載事項のことをいう。
①確定日払・日付後定期払の手形における利息文句(5条1項後段)
②指図文句(11条1項)、引換文句(39条1項)、呈示文句(38条1項)など。

(3)有害的記載事項

　有害的記載事項とは、それを記載すると手形が無効になる事項をいう。
①法定の満期と異なる満期や分割払い文句の記載(33条2項)
②支払委託を条件付きにしたり、支払の資金や方法を限定したりする等、委託の単純性に反する文句(2号参照)

判例セレクト

1　支払人の名称(3号)

　手形法3条は、振出人が自己を受取人または支払人として振り出すことができる旨を定めるが、支払人と受取人とが同一人であってはならない旨を定めた規定がなく、また、振出人と受取人または支払人とが同一人であってよいのに、支払人と受取人とは同一人であっていけない理由はないから、両者が同一人であってもよい(大判大13・12・25民集3-570)。

2　満期の表示(4号)

→33条判例セレクト1、2

3　支払をなすべき地の表示(5号)

(1)記載方法

　支払地の表示方法については、特に規定がないから、手形面上の記載により最小行政区画たる地域を推知するに足りるものでよい(大連判大15・5・22民集5-426)。

(2)支払場所の記載による支払地の記載の補充

　支払地「東京都」、支払場所「自宅払」、振出地「東京都」、振出人「東京都世田谷区……『甲』」なる記載のある約束手形の支払地は、東京都世田谷区

と解するのを相当とする(最判昭37・2・20民集16-2-341)。

4　手形を振り出す日(振出日)の表示(7号前段)
(1)振出日等が事実と異なる場合と手形の効力
　実際の振出日と手形に記載された振出日が一致しない場合であっても、手形はその記載によって要件の有無を判定すべきである(大判昭3・2・6民集7-45)。
(2)振出日として暦にない日を記載した手形の効力
　約束手形に振出日として暦にない日が記載されているときは、その手形は要件を欠き、無効である(大判昭6・5・22民集10-262)。

5　手形を振り出す地(振出地)の表示(7号後段)
　振出地とは、市町村のような行政区画中、独立した最小区域をいう(大判明34・10・24民録7-9-124)。

6　手形を振り出す者(振出人)の署名(8号)
(1)拇印―捺印としての効力の有無
　拇印はその指紋によって異同真偽を鑑別することができるが、そのためには機械の力を借りなくてはならないだけでなく、特別の技能を有する者でなくてはならないから、転々流通する手形の性質上、そのような同一認識の表示方法を許容するものとは解されず、したがってそれは捺印には含まれない(大判昭7・11・19民集11-2120)。
(2)印章
　記名押印による手形行為の場合の印章は、印鑑届出のあるものにかぎられず、日常所用のものであることも要せず、三文判でもよく、手刻してもよく、雅号あるいは古来の成句を彫出した印でもよい(大判昭8・9・15民集12-2168)。

7　明文のない有益的記載事項の効力
(1)法定利息以外の損害金を支払う旨の記載
　手形は、法定要件にだけ注意してこれを授受することによって手形取引の安全迅速を期することができるものであるから、支払遅延の場合には法定利息のほか、手形金額の10分の3の金額の損害金を支払う旨の手形上の記載は、手形授受の当事者間で民法上の契約として成立しうることは別として、その特約の記載は無効であって、そのような記載のある手形に手形行為をしても、そのような損害金支払の契約は成立しない(大連判大14・5・20民集4-264)。
(2)合意管轄文句の記載
　振出人が手形表面にその事件に関する合意裁判管轄地を記載した場合において、手形所持人が書面で承諾の表示をしたときには、当事者間に裁判管轄に関する書面上の合意が成立する(大判大10・3・15民録27-434)。

8　受取人の所持している手形に対する共同振出人の署名
　振出によりすでに受取人の所持に帰した約束手形に共同振出人として署名した者は、あらためてこれを受取人に交付する行為がなくても、手形振出人としての債務を負担する(最判昭39・4・21民集18-4-552)。

9　他人名義の手形行為
　甲を代表取締役とする会社が手形取引停止処分を受けたため、甲が実兄乙名義で銀行の当座取引口座を設け、その後、半年間に多数回にわた

り乙名義を使用して約束手形を振り出しており、乙が経済的な信用や実績のない者であるなど判示の事情のもとにおいては、甲は、その約束手形の振出人として責任を負う(最判昭43・12・12手形小切手百選[6版]1事件)。

> **第2条【手形要件の記載の欠缺】　　B$^+$**
> ①前条ニ掲グル事項ノ何レカヲ欠ク証券ハ為替手形タル効力ヲ有セズ但シ次ノ数項ニ規定スル場合ハ此ノ限ニ在ラズ
> ②満期ノ記載ナキ為替手形ハ之ヲ一覧払ノモノト看做ス
> ③支払人ノ名称ニ附記シタル地ハ特別ノ表示ナキ限リ之ヲ支払地ニシテ且支払人ノ住所地タルモノト看做ス
> ④振出地ノ記載ナキ為替手形ハ振出人ノ名称ニ附記シタル地ニ於テ之ヲ振出シタルモノト看做ス

　1条にあげられている事項のうち1つでも欠けているときは、為替手形としての効力がありません。ただし、満期の記載のない為替手形は一覧払手形とみなされ、支払地の記載がないときは、支払人の名称を付記した地(支払人の肩書地)を支払地とし、かつ、支払人の住所地とみなされます。振出地の記載がない為替手形は、振出人の名称に付記した地(振出人の肩書地)で振出されたものとみなされます。

1 趣旨

　為替手形はもっとも厳格な要式証券であるから、手形要件(絶対的記載事項・必要的記載事項)を1つでも欠けば、為替手形としての効力を生じないのが原則である。本条は、このような原則を規定するとともに、手形要件のうち若干のものについては、例外的にその記載を欠いても為替手形が無効にならないことを定める。約束手形においても、ほぼ同様の規定がある(76条)。

2 条文クローズアップ

1　手形の要式証券性
(1)原則
　手形要件は法定されており、その要件を1つでも欠く手形は原則としてその効力を生じない。このような手形は絶対的に無効であるから、その手形の上になされた他の手形行為もすべて無効である。したがって、手形債務者は、その無効を物的抗弁としてすべての所持人に対し対抗することができる。
(2)判断基準時

手形要件を具備しているかの判断基準時は、振出の時である。振出の時に要件不備のために無効であった手形は、後日補正がなされても追完しえない。
(3)万効手形
万効手形とは、手形要件を欠いている場合であっても有効とする旨の特約が記載された手形をいう。
万効手形については、民法上の指図債権としての効力は認められると解される。

2　手形要件欠缺の法による救済

(1)満期の記載を欠く場合(2項)
　満期の記載がない手形は、一覧払のものとみなされる(2項)。
　「満期ノ記載ナキ」場合とは、手形にまったく満期日の記載がないか、またはこれと同視すべき場合をいい、不適法な記載がある場合を含まない。したがって、分割払の記載や振出日付より以前の日を満期と記載した手形は、本条により有効とすることはできない(判例)。

→1条判例セレクト2

　また、満期の記載がまったくなくても、振出人が満期白地の白地手形として振出したことが明白な場合には、本条の適用はない(判例)。

→判例セレクト(1)

(2)支払地の記載を欠く場合(3項)
　支払地の記載がない場合には、「支払人ノ名称ニ附記シタル地」が支払地として扱われる(3項)。
　「支払人ノ名称ニ附記シタル地」とは、支払人の肩書地のことをいう。支払「地」は最小独立行政区画たる地域を意味するという判例の立場からは、肩書「地」もかかる区画たる地域を示すか、これを推知させるに足りる地名を含んでいなければならない。
　支払人の肩書地による支払地記載の補充的効力は、支払地の記載がまったくない場合にのみ生ずると解するのが通説である。
(3)振出地の記載を欠く場合(4項)
　振出地の記載がない場合には、「振出人ノ名称ニ附記シタル地」、すなわち振出人の肩書地が振出地とみなされる(4項)。

判例セレクト

満期日を記載すべき場所を空白とした手形
(1)白地手形
　手形面上満期日を記載すべき場所に何ら塗抹を施した跡がなく、単に空白にしたままの手形は、白地手形としてみるべきであり、満期日の記載のない一覧払手形として取り扱うべきではない(大判大14・12・23民集4-761)。
(2)当事者の意思で決定

白地手形の振出の有効なことは商慣習法上自明であるから、満期日を記載すべき場所を空白とした手形は必ずしも一覧払手形でなければならないわけではなく、白地手形であることもあるから、そのいずれかは各場合における当事者の意思で定められるものである（大判大15・10・18評論16-商158）。

> **第3条【自己指図手形、自己宛手形、委託手形】　　C**
> ①為替手形ハ振出人ノ自己指図ニテ之ヲ振出スコトヲ得
> ②為替手形ハ振出人ノ自己宛ニテ之ヲ振出スコトヲ得
> ③為替手形ハ第三者ノ計算ニ於テ之ヲ振出スコトヲ得

振出人は、自分を受取人とする為替手形（自己指図手形）や、自分を支払人とする為替手形（自己宛手形）を振り出すことができます。また、振出人は、他人のために自分名義の為替手形を振り出すことができます。

→試験対策・7章1節②

1 趣旨

本条は、振出人と受取人とが同一人である自己指図手形（自己受手形）や、振出人と支払人とが同一人である自己宛手形のような当事者資格を同一人が兼ねる為替手形が有効であることを明らかにしている。

2 条文クローズアップ

1 自己指図手形（自己受手形）（1項）

自己指図手形とは、振出人と受取人とが同一人である手形をいう。振出人自身が、他地にある自己の本店・支店を受取人としてその地の支払人から支払を受けさせる場合などに利用される。

2 自己宛手形（2項）

自己宛手形とは、振出人と支払人とが同一人である手形をいう。振出人自身が、他地にある自己の本店・支店を支払人とする場合などに利用される。

3 委託手形（3項）

委託手形とは、振出人以外の第三者（委託者）が支払資金の提供をなし、それに基づいて支払人が支払をする手形をいう。

委託手形は、委託者に信用がなく、自己が振出人になることを好まない場合などに、他人に振出を委託するものである。

判例セレクト

支払人と受取人との兼併

→1条判例セレクト1

第4条【第三者方払の記載】　B⁺
為替手形ハ支払人ノ住所地ニ在ルト又ハ其ノ他ノ地ニ在ルトヲ問ハズ第三者ノ住所ニ於テ支払フベキモノト為スコトヲ得

為替手形には、支払人の住所以外の場所(支払場所)で支払う、あるいは他人(支払担当者)に支払事務を担当してもらうように記載することができます。

→試験対策・6章3節③【3】

1 趣旨
支払は、支払人自身がその現在の営業所・住所で支払うのが原則である(商516条2項)。しかし、支払の際には支払人(振出人)がみずからの営業所・住所で支払うよりも、他の場所でみずから支払ったり、他人をして支払の事務にあたらせたりすることが便利なことが少なくない。そこで、本条は、支払人(振出人)の現在の営業所または住所以外の場所で支払う旨を手形上に記載することを認めた。

なお、約束手形の場合も同様で、77条2項で本条が準用されている。

2 条文クローズアップ
1　第三者方払手形(他所払手形)
第三者方払手形とは、支払人(振出人)の現在の営業所または住所以外の場所で支払う旨の記載のある手形をいう。

2　支払地と支払場所との関係
支払地以外の場所が支払地として記載されている場合には、支払場所の記載が無効となり、手形の所持人は支払地内の債務者または支払人の現在の営業所・住所で呈示しなければならない(判例)。

→大決明36・5・19民録9-629

もっとも、みずから不適法な記載をした支払人(振出人)がそれによって生ずる不利益を手形の所持人に転嫁するような主張をすることは、信義則(民1条2項)に反する。そこで、支払場所の方になされた呈示に対して、支払人(振出人)は、みずから記載した支払場所が(あるいはこの記載を承知で裏書した裏書人もまた)無効であると主張することはできないと解すべきである。

3　支払呈示期間経過後の支払と支払地・支払場所の記載の効力
支払呈示期間経過後も、手形上に記載された支払場所および支払地の記載はなお有効か否かについては争いがある。言い換えると、手形の所持人は、支払呈示期間経過後はいかなる場所に請求したらよいかが問題となる。

→40条Q₃、Q₄

判例・多数説は、支払場所の記載は無効になるが、支払地の記

→40条判例セレクト1

◆第4条　231

載は有効であるから、手形の所持人は、支払地内の手形債務者の現在の営業所・住所に請求すればよいとしている。

判例セレクト

1 支払場所として銀行店舗が記載されている趣旨
支払場所として、株式会社甲銀行乙支店という記載がある場合には、支払場所を甲銀行乙支店と定めると同時に、同銀行をして手形金の支払をも担当させることを定めたものと解すべきである（大判昭13・12・19民集17-2670）。

2 支払場所の記載方法
支払場所の記載は、正確に町名番地を表示しなくても、その記載自体から一定の場所を推知せしめるに足りるときは、有効な支払場所の記載となる（大判昭7・4・30新聞3408-8）。

3 為替手形の支払呈示期間経過後に支払場所にした呈示の効力　→40条判例セレクト1

第5条【利息の約定】　　C
①一覧払又ハ一覧後定期払ノ為替手形ニ於テハ振出人ハ手形金額ニ付利息ヲ生ズベキ旨ノ約定ヲ記載スルコトヲ得其ノ他ノ為替手形ニ於テハ此ノ約定ノ記載ハ之ヲ為サザルモノト看做ス
②利率ハ之ヲ手形ニ表示スルコトヲ要ス其ノ表示ナキトキハ利息ノ約定ノ記載ハ之ヲ為サザルモノト看做ス
③利息ハ別段ノ日附ノ表示ナキトキハ手形振出ノ日ヨリ発生ス

一覧払手形または一覧後定期払の為替手形には、振出人は、手形金額に利息をつけるという約定を記載することができます。日付後定期払と確定日払の為替手形には利息を記載することができません。利息の記載をするときは、利率を為替手形に表示しなければなりません。利率を表示していないときは、利息の約定の記載はないものとみなされます。利息は、特別の記載がないときは、手形の振出日から計算します。

1 趣旨

本条は、一覧払、一覧後定期払の手形についてのみ利息文句の記載を認め、日付後定期払、確定日払の手形(33条1項、77条1項2号参照)については利息文句の記載を認めないことを定めた。前者においては、満期日は所持人がいつ手形を呈示するかにかかっており、振出当時はそれがいつ到来するかを知りえないから、利息文句の記載を認める必要があるのに対して、後者においては、満

期日があらかじめわかっているから、利息は振出日から満期日までの利息を手形金額の中に含めればよく、利息文句の記載を認める必要がないからである。

なお、本条も、約束手形に準用される（77条2項）。

2 条文クローズアップ

1 利息文句の記載方法（2項）

利息文句とは、たとえば「右金額につき振出日から満期まで年10パーセントの割合による利息を支払う」というように記載することをいう。

2 利息の起算日（3項）

利息をいつから発生させるかについては、特にその約定がある場合にはその約定に従うが、その約定がない場合には、振出の日からとされる（3項）。

> **第6条【手形金額に関する記載の差異】　　B**
> ①為替手形ノ金額ヲ文字及数字ヲ以テ記載シタル場合ニ於テ其ノ金額ニ差異アルトキハ文字ヲ以テ記載シタル金額ヲ手形金額トス
> ②為替手形ノ金額ヲ文字ヲ以テ又ハ数字ヲ以テ重複シテ記載シタル場合ニ於テ其ノ金額ニ差異アルトキハ最小金額ヲ手形金額トス

為替手形の金額を文字および数字で記載した場合において、その金額に差異があるときは、文字で記載した金額を手形金額とします。為替手形の金額を文字でまたは数字で重複して記載した場合において、その金額に差異があるときは、最小金額を手形金額とします。

→試験対策・6章3節②
【2】(2)

1 趣旨

異なる手形金額が重複して記載された場合には、手形金額は一定であるべきであるから（1条2号）、手形は無効となるとも思える。しかし、このような場合にも、手形金額を1つに定めて、手形が無効となることを救済するのが手形取引の円滑・迅速に資するため、本条が規定された。

なお、本条も、約束手形に準用される（77条2項）。

2 条文クローズアップ

1 文字と数字とで金額が食い違う場合（1項）

金額が文字と数字で記載されているような場合には、文字による金額が手形金額とされる。文字のほうが数字よりも慎重に扱われ、

かつ、変造も困難であると考えられたからである。

判例は、「壱百円」が1項の「文字」にあたるとしている。また、判例は、明らかに誤記であると認められる場合においても、1項が適用されるとしている。

→判例セレクト

2 文字間または数字間で金額が食い違う場合（2項）

金額がそれぞれ数字で記載されている場合、または金額がそれぞれ文字で記載されている場合には、最小金額が手形金額とされる。

判例セレクト

「壱百円」の記載と1項

①約束手形の金額欄の「壱百円」の記載は、1項にいう文字をもってした記載にあたる。②金額欄に文字で「壱百円」と記載され、その右上段に数字で「¥1,000,000-」と記載されている約束手形の手形金額は、100円が手形金額としてはほとんどありえない低額であり、その手形に100円の収入印紙が貼付されているとしても、100円と解するのが相当である（最判昭61・7・10手形小切手百選［6版］39事件）。

第7条【手形行為独立の原則】　A

為替手形ニ手形債務ノ負担ニ付キ行為能力ナキ者ノ署名、偽造ノ署名、仮設人ノ署名又ハ其ノ他ノ事由ニ因リ為替手形ノ署名者若ハ其ノ本人ニ義務ヲ負ハシムルコト能ハザル署名アル場合ト雖モ他ノ署名者ノ債務ハ之ガ為其ノ効力ヲ妨ゲラルルコトナシ

為替手形に手形債務を負担する能力のない者、偽造の署名、架空の人の署名またはその他の理由で為替手形の署名者あるいは自己名義の署名をされた者に手形債務を負わせることのできない署名が、手形のどの部分にあったとしても、他の署名者の債務は、このことによって何らの影響も受けません。

→試験対策・6章4節③

1 趣旨

手形行為のなかには、振出のように他の手形行為を論理的前提としない手形行為（基本的手形行為）と、引受・裏書・保証のように他の手形行為を論理的前提とする手形行為（附属的手形行為）とがあるが、これらの手形行為は、1通の手形上に重畳的になされる。特に附属的手形行為については、先行する振出・裏書などの行為が無効となった場合において、それに続く裏書などの手形行為が無効となるのではないかが問題となる。しかし、無効となるとすると、手形取得者は、手形取得の際に、先行の手形行為すべてについてその有効性を確認しなければならず、手形の流通性が著し

く阻害される。そこで、本条は、形式を充足した完全な手形に署名した者は、先行の手形行為が実質的に無効（制限行為能力、無権代理、偽造等その他の事由により無効となる場合）であってもその影響を受けず、独立して自己の手形行為により債務を負担すると定めた。

なお、手形行為独立の原則については32条2項にも規定があるが、32条は、手形保証についてのみ規定したものであることから、本条が手形行為一般についての規定であって、32条2項は本条を念のため繰り返した規定と考えるべきである。

なお、本条も、約束手形に準用される（77条2項）。

2 条文クローズアップ

1　手形行為独立の原則──総説

(1) 意義

手形行為独立の原則とは、同一の手形上の各手形行為はそれぞれ独立して効力を生じ、論理的前提となった他の手形行為の実質的効力の有無によって影響を受けないという原則をいう。

(2) 留意点

手形行為独立の原則は、本条から明らかなように、債務負担の面で働くものである。また、手形行為独立の原則は、先行する手形行為の実質的効力の有無の影響を受けないだけであって、形式的要件を欠いた場合には影響を受け、手形行為独立の原則とは関係なく物的抗弁になってしまう（ただし、後述する政策説を前提とする）。

(3) 理論的根拠

手形行為独立の原則の理論的根拠については争いがあるが、通説は、本来、手形行為は先行の手形行為を前提としてなされるものであり、一般私法上の原則によれば、先行行為が無効であれば、それを前提とする後行行為も無効になるが、**手形行為独立の原則**は、このような一般原則に対する例外をなすものであって、手形取引の安全ないし手形の流通保護のために、法が特に政策的に認めた特則であるとする（政策説）（Q_1）。

Q1　手形行為独立の原則の理論的根拠。　　◀ランクA

A説　政策説
- ▶結論：手形取引の安全ないし手形の流通保護のために、法が特に政策的に認めた特則である。
- ▶理由：①1個の手形上になされる数個の手形行為はその間に論理的な関連性があるから、先行行為の無効により後行行為は無効とならざるをえないが、これを貫くと手形の流通性を害するので、外形上無効原因が現れない実質上の無効原因については、他の行為に影響を及ぼさない。

②本条の規定がなければ、手形行為者の自然な意思としては、他の手形行為の有効性を前提として債務を負担すると考えられる。

B説 当然説
- ▶結論：各手形行為がおのおの手形上の記載に従って手形債務を負担するという意思表示からなる法律行為であることに基づく当然の原則である。
- ▶理由：各手形行為は、それぞれ手形上の記載を自己の意思表示の内容とする法律行為であり、行為者は手形の記載文言に従って責任を負う以上、各手形行為が他人の手形行為の有効・無効によって影響を受けないのは当然である。

2 手形行為独立の原則の裏書への適用

手形行為独立の原則は、債務負担面で働くものである。したがって、他の手形行為を論理的前提とする手形行為(附属的手形行為)のうち、引受、参加引受(小切手の支払保証も同じ)は、債務負担それ自体を内容とする行為であるから、これらの行為について手形行為独立の原則が適用されることには問題がない。

これに対して、裏書は、債務負担それ自体を内容とする行為ではなく、権利移転を内容とする行為である。そこで、裏書についても手形行為独立の原則が適用されるかが問題となる(Q_3)。この点は、手形行為独立の原則の理論的根拠および裏書の担保的効力の理論的根拠(Q_2)と関係する。

判例は、理論的根拠は明らかではないが、手形行為独立の原則は裏書にも適用されるとしている。

→大判大12・4・5民集2-206

Q₂ 裏書の担保的効力の理論的根拠。

◀ランクA

A説 法定効果説(法定責任説)
- ▶結論：裏書の担保的効力は手形の流通性確保のために法が認めた責任(法定の効果)である。
- ▶理由：担保的効力が認められるためには、担保責任を負う意思表示を要せず、また、担保責任を負う旨が手形に記載されているわけでもない。

B説 意思表示説
- ▶結論：裏書の担保的効力は裏書による債務負担行為の効果であり、裏書人の意思表示に基づくものである。
- ▶理由：①裏書が有効となるためには、手形行為能力や瑕疵なき意思表示が必要であるから、振出と同様に扱ってしかるべきであり、裏書人の担保責任も債務負担の意思表示に基づく責任と考えられる。
  ②裏書による債務の負担だけを意思表示の効果ではなく法定の効果と解さなければならない根拠はない。
- ▶批判：有効な意思表示の存在は、法律行為としての裏書(債権譲渡)が

有効であるための要件の1つにほかならず、直接に担保的効力を発生させる要件ではない。

Q3 裏書に手形行為独立の原則は適用されるか。 ◀ランクA

A説 否定説（田中〔耕〕）←当然説＋法定効果説
- ▶結論：裏書には手形行為独立の原則は適用されない。
- ▶理由：裏書人が善意の所持人に対して担保責任を負うのは善意取得の効果である。
- ▶批判：①本来存在しない権利までが善意取得の対象になると考えることはできない。
  ②無権利者が裏書した場合には担保責任を認めないとすると、手形の流通促進が大きく損なわれ、法の趣旨が大きく没却されるし、手形行為独立の原則が裏書に適用されないとすると、本条の存在意義は少なくなりすぎる。

B説 肯定説←政策説＋法定効果説
- ▶結論：裏書にも手形行為独立の原則は適用される。
- ▶理由：手形行為独立の原則は手形取引の安全ないし手形の流通保護のために、法が特に政策的に認めた特則であり、裏書の担保的効力は手形の流通性確保のために法が認めた責任であることから、裏書に手形行為独立の原則を適用させることが理論的に可能となる。

C説 肯定説←当然説＋意思表示説
- ▶結論：裏書にも手形行為独立の原則は適用される。
- ▶理由：手形行為独立の原則は手形行為の債務負担の面をいうのであって、裏書人が無権利者である場合には、権利移転の面では裏書も無効となるが、担保責任は裏書人の債務負担の意思表示の効果であるから、債務負担の面では同原則の適用がある。
- ▶備考：政策説＋意思表示説によっても、裏書に手形行為独立の原則は適用される。

3 手形行為独立の原則の悪意者への適用

手形行為独立の原則は、悪意の手形取得者に対しても適用されるのかについては争いがある（Q4）。この点は、手形行為独立の原則の理論的根拠と関連する。

判例は、約束手形の受取人から裏書を受けた被裏書人が、振出人の代表者名義が真実に反することを知っていたとしても、その裏書人の責任は影響を受けないとし、肯定説に立っている。

→判例セレクト2

Q4 手形行為独立の原則は悪意の手形取得者に対しても適用されるか。 ◀ランクA

A説 肯定説←当然説
- ▶結論：手形行為独立の原則は悪意の手形取得者に対しても適用される。
- ▶理由：手形行為独立の原則は、単独行為たる手形債務負担行為に関す

る制度であって、取得者の主観的事情による影響を受けないから、その善意悪意にかかわらず適用される（二段階創造説を前提とする）。
▶備考：手形行為独立の原則の適用によって債務を負担した者に対し、悪意取得者が手形金を請求することができるかどうかはまったくの別問題である（裏書無効の場合には、手形金の請求を否定する）。

B説　肯定説←政策説
▶結論：手形行為独立の原則は悪意の手形取得者に対しても適用される。
▶理由：手形行為独立の原則は、単に手形の善意取得者の保護という要請だけから生まれたものではなく、それぞれの手形行為の確実性を高め、手形の信用を増進させようとする制度である。

C説　否定説←政策説
▶結論：手形行為独立の原則は悪意の手形取得者に対しては適用されない。
▶理由：手形行為独立の原則は、手形の善意取得者の保護という要請から生まれたものである。

判例セレクト

1　手形振出行為が形式的要件を欠く場合
　手形の振出行為が形式的要件を欠くため無効であるときは、手形行為独立の原則の適用はなく、その手形上になされたすべての手形行為は無効になる（大阪高判昭28・3・23高民6-2-78）。

2　手形行為独立の原則の悪意者への適用
　本条による裏書人の手形上の責任は、取得者の悪意により消長を来さないと解すべきである（最判昭33・3・20手形小切手百選[6版]47事件）。

> 第8条【手形行為の代理】　　A
> 代理権ヲ有セザル者ガ代理人トシテ為替手形ニ署名シタルトキハ自ラ其ノ手形ニ因リ義務ヲ負フ其ノ者ガ支払ヲ為シタルトキハ本人ト同一ノ権利ヲ有ス権限ヲ超エタル代理人ニ付亦同ジ

　代理権をもっていない者が代理人として為替手形に署名したときは、みずからその手形に基づく責任を負います。その者が支払をしたときは、本人と同一の権利を取得します。代理人が代理権の範囲を超えて署名したときも同様です。

→試験対策・6章5節

1　趣旨
　本条は、無権限の者が代理方式で手形に署名した場合（無権代理）の効果について規定する。

2 条文クローズアップ

1 他人による手形行為の方式

他人による手形行為の方式には、**代理方式**と**機関方式**(**代行方式**)とがある。

代理方式とは、代理人が手形上に本人のためにすること(代理文句)を記載して自己の署名または記名捺印をする方式をいう。代理文句の記載は、「A代理人B」と表示するのが典型的な形式である。

機関方式(**代行方式**)とは、他人が手形上にその名義を表すことなく直接本人の署名または記名捺印を手形上に表す方式をいう。他人Bが手形上にその名義を表すことなく、直接本人名義でする方法である。また、「A代理人B」という手形をCが振り出した場合も機関方式である。

2 代理方式

(1)代理権限に基づく場合

　(a)形式的要件(方式)

　　手形行為の代理の場合には、形式的要件として、本人のためにすること(代理文句)を手形上に記載し、代理人が自己の署名または記名捺印することが必要である。法人の代表機関が法人のために手形行為をなす場合にも、この方式による。

　　(i)代理関係の表示(代理文句の記載)

　　　代理文句は、代理または代表たることを直接意味する文字を用いなければならないものではなく、署名者自身のためではなく、他人のためのものであることを認めうるような記載があればよい(判例)。たとえば、「A会社甲営業所支配人B」、「A会社甲営業所長B」、「A会社経理部長B」などの記載であっても、B自身のためではなくA会社のためにするものと認められるから、代理文句の記載があるといえる。　→大判明40・3・27民録13-359

　　　法人の代表者が法人のために手形行為をする場合にも、代表者は、法人のためにする旨を明らかにして自己の署名または記名捺印をしなければならない。たとえば、「A株式会社代表取締役B」というように、会社の代表者が会社名を記載し、代表者たる地位を示して署名または記名捺印をしなければならない。

　　　代理関係の表示なのか、それとも本人の肩書きを示したにすぎないのかの区別が問題となる場合がある。たとえば、「A合資会社B」という署名がA合資会社代表社員Bによってなされたとする。この署名は、A合資会社Bという代表名義、すなわち代理関係を示したものとも読めるし、単にBの肩書きを示したにすぎないとも読めるので、問題となるのである。

　　　判例は、所持人は自己に有利に選択してAまたはBのいずれ　→判例セレクト1

◆第8条

に対しても請求することができ、たとえBがいずれかの趣旨で署名したとしてもそれは人的抗弁事由になるにすぎないとしている。

また、判例は、「A組合理事長B」という組合代理方式が用いられたとしても、各組合員の共同手形方式でなされたものとして、有効としている。

→最判昭36・7・31手形小切手百選[6版]3事件

(ⅱ)代理関係の記載のない場合

本人のためにすることの記載がないならば、いかに代理意思があっても、本人には効果が生じない。手形行為が証券的行為であって、証券上の記載に従った効果が生ずるにすぎない以上、これは当然のことである。

民法99条が代理の方式として本人のためにすることの表示を要求するのに対し、商法は商行為につきかかる表示を不要としている(商504条本文)。それでは、手形行為にも商法504条の適用があるか。手形行為も商行為とされていることから(商501条4号)、問題となる。

商法504条が顕名を不要としているのは、本人のためにすることが明示されない場合であっても、商行為においては通常周囲の状況から本人のためにすることが明らかであることに基づく。ところが、手形関係においては、転々する手形の性質から、手形に記載されない事項を考慮することはできない。そこで、商法504条は手形行為には適用されないと考える(通説)。同様の理由から、民法100条ただし書の規定も手形行為には適用されないと考える(通説)。

(b)実質的要件(代理権)

手形行為の代理権は個々的に与えられることもあるが、法人の代表者や支配人は、委任その他の契約によってその地位に就くと、当然手形行為の代理権または代表権を有することになる。法人または営業者のために手形行為をなすことは、当然その目的または営業の範囲内に属するものと認められるからである。

したがって、この権限を制限しても、善意の第三者に対抗することはできず(民54条、会社11条3項、商21条3項等)、また、法人の目的または営業と無関係になされた場合であっても、やはり有効な手形行為の代理または代表であって、それは原因関係に基づく人的抗弁事由になるにすぎない。

(ⅰ)代理人の権限濫用

代理人がその権限を濫用した場合の効果についてはいかに考えるべきか(Q_1)。たとえば、代理人が私利を図る目的で手形行為をしてしまったような場合である。

判例は、心裡留保に関する民法93条ただし書の規定を類推適用して、相手方の悪意または過失を立証したときには権限

→判例セレクト2

濫用の法律行為は無効となるとする。そして、かかる無効は人的抗弁と解すべきであるとして、本人(法人)は、手形を裏書により取得した第三者に対して、手形法17条ただし書の規定により、その害意を立証するときにかぎって手形上の責任を免れるとする。

Q1 代理人がその権限を濫用した場合の効果についていかに考えるべきか。

→ランクB+
→判例セレクト2

A説 民法93条ただし書類推説(判例)

▶結論：①心裡留保に関する民法93条ただし書の規定を類推適用して、相手方の悪意または過失を立証したときには権限濫用の法律行為は無効となる。
②かかる無効は人的抗弁と解すべきであり、本人(法人)は、手形を裏書により取得した第三者に対して、手形法17条ただし書の規定により、その害意を立証するときにかぎって手形上の責任を免れる。

▶批判：①心裡留保の場合には表意者に効果意思がないのに対し、権限濫用の場合には代理(代表)の意思は存在するのであって、両者の間に何ら類推すべき基礎はない。
②権限濫用について相手方が悪意のときに手形行為が無効となるのであれば、第三者は善意であっても手形上の権利を承継することはなく、17条ただし書の適用の余地はない。

B説 信義則説(多数説)

▶結論：①権限濫用の手形行為の相手方が代理人(代表者)の内心の意図を知っていても、それが客観的に代理権(代表権)の範囲内の行為とみられる以上、代理行為(代表行為)は有効に成立する。
②権限濫用の事実を知る相手方が本人(法人)に対して権利を行使することは、権利濫用または信義則違反として許されない。
③この悪意の相手方の権利行使が権利濫用または信義則違反となるということは単なる人的抗弁事由にすぎないから、第三者に対しては17条ただし書の害意を立証しなければ対抗できない。

(ii) 手形行為と取締役の利益相反取引規制

手形行為が利益相反「取引」(会社356条1項2号、365条1項)にあたるかが問題となる(Q2)。判例は、手形行為も原則として利益相反「取引」にあたるとしている。

→判例セレクト3(1)

Q2 手形行為は利益相反「取引」にあたるか。

→ランクB+

A説 否定説

A-1説 昭和46年10月13日判決の色川・岩田反対意見

▶結論：手形行為は利益相反「取引」にあたらず、原因関係につき承認を要すれば足り、それを欠く場合には悪意の抗弁が成立するとすれば十分である。

▶理由：手形行為は、既存の法律関係に基づき、その延長線上でなされる単なる手段としての形式的な無色の行為であって、新たな利益の変動を生ずべき債権債務関係を創設するためのものではない。

▶備考：原因関係につき承認があった場合には、手形行為につき重ねて承認を要しないが、それ以外の場合（原因関係に承認がない場合や原因関係の存在が不明確な場合）には、手形行為につき承認を要するとする見解もある。

A-2説 前田

▶結論：手形行為については会社法356条1項2号、365条1項は適用されない。そして、手形理論における二段階創造説をとると、原因関係が会社法356条1項2号等に違反して無効となれば、手形権利移転行為（有因行為）も無効となって、取締役は手形上の無権利者になるが、第三者は善意取得によって保護される。

▶理由：①たとえば、会社が取締役に会社のための保証をさせる目的で、取締役を受取人として手形を振り出した場合（隠れた手形保証の場合）において、手形が振り出された目的を知って裏書を受けた者が株主総会または取締役会の承認がないことにつき悪意であったときにも、会社に手形金請求をすることができないとするのは妥当でない。この場合には、実質的にみれば、会社に有利で取締役に不利な取引だからである。

②たとえば、会社が取締役に約束手形を裏書して手形金額と同額の融資を受けた場合には、会社の不利益となる取引ではない。

③一般に、小切手の振出には会社法356条1項2号（会社365条1項）は適用されないと解されているが、小切手の場合にも挙証責任の転換、人的抗弁の切断、不渡処分の危険等の不利益は生じうる。

B説 肯定説（判例、通説） →判例セレクト3(1)

▶結論：手形行為は、原則として利益相反「取引」にあたる。

▶理由：①約束手形の振出は、単に売買、消費貸借等の実質的取引の決済手段としてのみ行われるものではなく、簡易かつ有効な信用授受の手段としても行われ、また、約束手形の振出人は、その手形の振出により、原因関係におけるとは別個の新たな債務を負担し、しかも、その債務は、挙証責任の加重、抗弁の切断、不渡処分の危険等を伴うことにより、原因関係上の債務よりもいっそう厳格な支払義務である。

②手形による信用供与の場合のように、原因関係もなしに手形行為がなされる場合もあるから、否定説は現実を無視した観念論にすぎない。

③肯定説に立っても、違反行為につき相対的無効説をとれば取引安全に反しないし、一度に原因関係と手形行為とを承認すればよいから実務上も不便はない。不正の温床となりうる自己取引については、取引の簡易迅速より慎重な措置を要すべきである。

また、手形行為が利益相反「取引」にあたるとして、会社法356条1項2号（会社365条1項）違反の手形行為がいかなる効力を有するかが問題となる（Q₃）。判例は、会社は、当該取締役に対して手形の振出の無効を主張することができるが、裏書譲渡を受けた第三者に対しては、**その手形の振出につき取締役会の承認を受けなかったことのほか、当該手形は会社からその取締役にあてて振り出されたものであり、かつ、その振出につき取締役会の承認がなかったことについて第三者が悪意であったこと**を主張し、立証するのでなければ、その振出の無効を主張して手形上の責任を免れえないとしている（**相対的無効説**）。

→判例セレクト3(2)

Q₃ 会社法356条1項2号（会社365条1項）違反の手形行為がいかなる効力を有するか。

◀ランクA

→判例セレクト3(2)

A説 相対的無効説（判例・通説）
▶結論：会社は、当該取締役に対して手形の振出の無効を主張することができるが、裏書譲渡を受けた第三者に対しては、その手形の振出につき取締役会の承認を受けなかったことのほか、当該手形は会社からその取締役に宛てて振り出されたものであり、かつ、その振出につき取締役会の承認がなかったことについて第三者が悪意であったことを主張し、立証するのでなければ、その振出の無効を主張して手形上の責任を免れえない。
▶理由：会社法356条1項2号、365条1項の趣旨が、取締役が私利を図ることを防止し会社を保護することにあるとすれば、当該取引は無効とすべきである。しかし、他方、利益相反取引について株主総会（取締役会）の承認があったか否かは会社の内部事項であって、第三者には明らかではなく、取引の安全を図る必要もある。

B説 有効説（土橋）
▶結論：①会社法356条1項2号、365条1項は取締役の義務を定めた命令規定であって効力規定ではなく、違反があっても、手形行為は有効である（有効説）。
②会社は当該取締役に対し株主総会または取締役会の承認がないことをもって人的抗弁を対抗することができる。そして、この抗弁は人的抗弁であって、第三者の関係は手形法17条によって処理されることになる。

▶備考：第三者が、株主総会等の承認がないことを知って手形を取得した場合には、害意があると認定される。

(iii) 手形行為と民法108条本文

　手形法には、代理人の自己取引・双方代理に関する規定はないので、手形行為に民法108条本文の適用があるかが問題となる。判例・通説は、手形行為に民法108条本文の適用があるとしている。自己取引・双方代理による手形行為者は、取締役の利益相反取引の場合と同様に、その手形行為により、原因関係上の債務とは別個の新たな債務を負担し、しかも、その債務は、挙証責任の転換、人的抗弁の切断、不渡処分の危険等を伴うことにより、原因関係上の債務よりもいっそう厳格な支払義務だからである。　→判例セレクト4

　民法108条本文違反の手形行為の効力についても争いがあるが、判例・通説は、取締役の利益相反取引の場合と同様に、本人は、当該行為の相手方に対して民法108条本文違反の無権代理行為としての無効を主張することができるが、第三者に対してはその悪意を主張・立証しなければその手形行為の無効を主張することができないとする(相対的無効説)。　→判例セレクト4

(2) 代理権限に基づかない場合(無権代理)

(a) 総説

　代理人として手形行為をした者が代理権を有しない場合には、原則として本人に手形上の責任は生じず(民113条1項)、無権代理人に一定の責任が生じるにすぎない(手8条)。

　しかし、これらの場合でも、本人が追認すれば、本人ははじめにさかのぼって代理権を与えたのと同様の責任を負い(民116条)、また、本人に表見代理(民109条、110条、112条等)による責任が発生することもある。

　ただし、手形は高度に流通性を有する有価証券であることから、こうした原則に修正が必要となる場合がある。これは、代表権のない場合の手形行為についても同様である。

(b) 本人の責任

(i) 原則

　代理人として手形行為をした者が代理権を有しない場合には、原則として本人に手形上の責任は生じず(民113条1項)、無権代理人に一定の責任が生じるにすぎない(手8条)。

　代理人の越権行為があったからといって本人がすべての責任を免れる合理的理由はないので、8条後段の規定は代理権の範囲内の部分についての本人の手形上の責任を排除する趣旨ではないと解すべきである。したがって、越権代理の場合

においては、本人は、代理権の範囲内の部分については当然に手形上の責任を負わなければならないと解する。言い換えると、本人は、後述する表見代理が成立する場合を除いて、越権部分については手形上の責任を負わない。

(ii)追認

本人は、無権代理人のなした手形行為を追認することができ、追認すればはじめにさかのぼって代理権を与えたのと同様の責任を負う(民116条)。

民法上は、追認(またはその拒絶)は原則として相手方にしなければその相手方に対抗することができないとされているが(民113条2項本文)、通説は、手形は転々流通する性質を有し、したがって追認による直接の利害関係は現在の手形所持人が有するから、追認の意思表示は、直接の相手方または現在の手形所持人に対してすれば足りると解している。

(iii)表見代理

手形行為についても、民法で学んだのと同様に、授権表示型(民109条)、越権代理型(民110条)、代理権消滅型(民112条)の区別に応じて、表見代理の規定が適用される。ただし、流通証券たる手形の性質にあわせて、その修正が問題となる。

表見代理の一般原則によれば、第三者の信頼は善意・無過失でなければ保護に値しないとされるが、手形行為については、他の商事取引一般におけるのと同様に、善意無重過失で足りると解すべきである。

手形行為の直接の相手方以外の第三取得者についても民法の表見代理の規定が適用されるのか、表見代理における第三者の範囲が問題となる(Q4)。判例は、ほぼ一貫して否定的であり、手形行為の場合にも、表見代理における第三者とは、無権代理行為の直接の相手方にかぎるとする。もっとも、近時の判例は、この立場をやや緩和して、手形面上は形式的に第三取得者でも実質的に直接の相手方といえる場合を含める傾向にある。

→判例セレクト5(1)(a)(b)

→最判昭45・3・26判時587-75

Q4 手形行為の直接の相手方以外の第三取得者についても民法の表見代理の規定が適用されるか。

◁ランクA

A説 否定説
▶結論：表見規定によって保護される者は直接の相手方にかぎられる。
▶理由：①民法は手形の第三取得者のような者を予定していない。
②表見代理の要件とされている「正当な理由」の有無などは、代理行為のなされる際の具体的事情により決定されるのであり、手形の第三取得者がそのような直接の当事者間における具体的事情を信頼して手形を取得することは、ほとんど考えられない。

B説 肯定説（通説）
▶結論：手形の第三取得者も表見責任に関する規定の保護を受ける。
▶理由：転々流通する手形にあっては、直接の相手方のみならず手形の第三取得者についても表見代理による保護の必要がある。
▶批判：「第三者」(民109条、110条、112条)に手形の第三取得者が含まれるとすると、手形上の権利は第三取得者のところで突如として発生することになるが、これは裏書を債権譲渡と解することに反する。
▶反論：一種の潜在的権利が裏書によって移転し、表見代理などの成立によって顕在化すると解すれば十分である。

(c)無権代理人の責任
　(i) 8条の意義
　　無権代理人は、自己のために行為をなしたのではないから、本来ならば法律行為に基づく権利義務の主体とはならないはずである。しかし、民法は、取引の安全のために、相手方の選択に従い、無権代理人に履行または損害賠償の責任を負わせている(民117条1項)。
　　手形法は、これを一歩進めて、無権代理人に対して、もし代理権があったならば本人が負担したであろう手形責任を画一的に負わせ、その責任を履行したときは、本人と同一の権利を取得するとしている(8条)。手形は、単純な金銭債権を表章するものだから、本人の個性を重視する必要がないという性質を有し、流通する手形の取得者にとってみれば、手形上の義務が履行された方がその意図に沿うのが通常だからである。これにより、手形行為が代理権のある者によって行われたと信じて手形を取得した者が保護され、手形の流通促進が図られる。
　(ii) 8条の意義の法的性質
　　8条の責任の法的性質について、判例・通説は、責任負担のための署名による責任ではなく、**名義人本人が手形上の責任を負うかのように表示したことに対する担保責任**であると解している(担保責任説)。

→判例セレクト7(3)

　(iii)要件
　　無権代理人が8条の責任を負う要件は、①代理権を有しなかったこと、②手形に代理人として署名したこと、③本人の追認のないことである。
　　②の点に関連して問題となるのは、本人(個人・法人)が実在しないため代理関係が存しえない場合でも、代理人として手形に署名した者は8条による無権代理人の責任を負うかである。

たしかに、本来、無権代理とは本人は実在しているが代理権のない場合をいう。しかし、本人が実在しないため代理関係が存しえない場合でも、本人として手形に表示された者に手形行為の効果を帰属させることができない以上、代理人として手形に署名した者に責任を負わせなければ、流通証券たる手形の信用が確保されない。8条の責任の法的性質は、名義人本人が手形上の責任を負うかのように表示したことに対する担保責任にあると解される。そして、かかる責任の法的性質は本人が実在しないため代理関係が存しえない場合にも妥当し、8条を類推する基礎がある。したがって、この場合にも、代理人として手形に署名した者は、8条の類推適用により無権代理人の責任を負うと解すべきである。判例も同様の結論を採る。　　　　　　　　　　　　　　　　→判例セレクト6

(iv)民法117条2項との関係

　手形法8条には民法117条2項のような規定は置かれておらず、手形法8条と民法117条1項とがおおむね対応していることを考えると、手形法は、民法117条2項のような規定をあえて設けなかったと考えるべきである。したがって、民法117条2項は適用されず、無権代理人は、相手方の過失を立証したとしても、手形上の責任を免れることはできないと解する。もっとも、無権代理人が代理関係の表示をなしたことは責められるべきであるが、それが真実に反することを知りながら手形を取得したような者の権利行使を認める必要はない。そこで、相手方の悪意は、人的抗弁事由となると考えるべきである。

　無権代理人が制限行為能力者であった場合は、民法117条2項の問題ではなく、代理人の手形行為自体の実質的要件の問題である。したがって、制限行為能力者は、制限行為能力による取消しが認められる結果、手形上の責任を負わなくてよいことになる。

　手形所持人は、表見代理の成立を主張して本人から支払を得た場合には、重ねて代理人に対し8条の責任を追及することはできない。重畳的責任を認めれば、手形の所持人の利益を保護しすぎることになるからである。しかし、無権代理人は、表見代理が成立することを主張して、8条の責任を免れることはできないと解する（判例・通説）。表見代理は、善意の　　→判例セレクト5(3)
相手方を保護する制度であるから、表見代理が成立すると認められる場合であっても、この主張をすると否とは、相手方たる手形所持人の自由だからである。また、もし8条の責任を免れうるとすると、相手方は、本人に対し表見代理による責任を追及するしかできなくなるが、その立証は、有権代理

の立証に比べ、はるかに困難である。相手方にかかる負担を強いてまで、無権代理人を保護する必要はない。

(ⅴ)無権代理人の責任・権利の内容

　無権代理人の責任の内容は、代理権が存在したならば本人が負わねばならない責任と同じである。すなわち、それが約束手形の振出であれば、振出人としての絶対的責任を負い、裏書であれば、手形所持人の遡求権保全手続を条件として、自己の後者に対して責任を負う。この場合において、無権代理人は、自己の主張しうる抗弁に加えて、本人が主張することができたはずの抗弁をもって対抗することができる。しかし、本人が制限行為能力者の場合には、無権代理人は、本人が有すべき代理権授与行為の取消権を行使することができないから、本人の制限行為能力の抗弁を主張することができない。

　無権代理人がその責任に基づいて債務を履行したときは、本人と同一の権利を取得する（8条中段）。したがって、無権代理人から請求を受けた者は、無権代理人に対して有する抗弁だけでなく、本人が請求したならば主張できたであろう抗弁も主張することができる。

　無権代理人が第三者に対し手形を譲渡して得た対価をみずから取得した場合には、本人は、無権代理人に対して手形の交付を請求し、それに基づいて権利を行使することができると解されている。8条中段の趣旨は、①無権代理人が手形上の義務を履行することを奨励することと、②本人が前者などに対し、手形上の義務の履行を請求することができる場合において、たまたま手形上の義務を果たしたのが無権代理人であったために、これらの手形上の義務者が責めを免れるとすると公平に反することとがあげられる。そして、この趣旨は、無権代理人が第三者に対し手形を譲渡して得た対価を本人が取得している場合には妥当する。しかし、その対価を無権代理人みずからが取得している場合には、8条中段によると、第三者に対し譲渡して得た対価について無権代理人が不当に利得する結果を認めることになる。したがって、無権代理人が第三者に対し手形を譲渡して得た対価をみずから取得した場合の無権代理人は、手形の盗取者と同様の地位にあるから、手形上の権利を取得することはできず、手形上の権利を取得するのは本人であると解すべきである。

(ⅵ)越権代理人の負う責任の範囲

　越権代理の場合には、本人は、前述のように、代理権の範囲内の部分について手形上の責任を負わなければならないと解すべきであるが、無権代理人は、どの範囲で無権代理人としての責任を負うのか。

たしかに、本人は代理権の範囲内の部分について手形上の責任を負うので、無権代理人は、代理権の範囲外の部分（越権部分）について無権代理人としての責任を負うにすぎないとも考えられる。しかし、この場合において、手形の所持人が本人と代理人との両者に一部ずつ請求すべきであるとすると、手形の所持人にとって不便であるばかりか、法律関係が複雑になる。また、無権代理人は全額について代理関係の記載をしたのだから、無権代理人に対して代理関係の全額について責任を負わせても不当ではない。したがって、無権代理人は、全額について無権代理人としての責任を負うと解すべきである。

3　機関方式

(1) 代行権限に基づく場合

(a) 形式的要件（方式）

他人が直接本人名義の署名または記名捺印を代わって行うことが必要である。たとえば、Bが直接A名義で記名捺印をして手形を振り出した場合である。この場合には、手形上には振出人Aと記載されているだけである。

以下、形式的要件に関して問題となる点について触れることにする。

(i) 署名代行の可否

記名捺印の代行が認められることには問題はない。手形行為は記名捺印の形式によってもよいのであり（82条）、記名捺印には行為者の個性がないので、必ずしも本人がする必要はなく、他人によって行ってもらうことができるからである。

これに対して、署名（自署）の代行が認められるかについては争いがある。判例・現在の多数説は、署名の代行を認めている。これに対して、従来の通説は、本来署名は個性的な行為であるから、他人に代行させることができる性質のものではないこと、署名と記名捺印とを法律が区別している以上、署名は自署にかぎると解するほかないこと等を理由として、署名の代行を否定している。しかし、他人の手書きであっても、筆跡によって行為者を識別できるから、これをもって署名の一方式として認めてよい。また、記名は、何人がいかなる方法で名前を表示したものでもよいため、捺印の必要があるのに対し、署名は、本人または権限を与えられた者が手書きによらなければならないから、署名の代行を認めても記名捺印と署名の区別が全然なくなるわけではない。したがって、署名の代行を認めるべきである。

→大判昭8・5・16民集12-1164

(ii) 法人の機関方式

本人が法人の場合においても、法人の機関方式が認められ

るのか。具体的には、法人の機関である代表者が直接法人の記名捺印をすることが認められるか、さらに、代表者が直接法人名義を手書きすることまでをも認めてよいのかについては、争いがある。

　判例・通説は、代表者が直接法人の記名捺印をすることも直接法人名義を手書きすることも認めない。この見解は、機関方式による手形行為を認める実益はなく、法人印について、諸外国と異なり法律上特別な取扱いがなされておらず、その実際上の取扱いについても必ずしも慎重といえない一般の実情とを考え合わせると、機関方式による手形行為を法人について認めるのは妥当ではないという価値判断を前提としている。　　　　　　　　　　　　　　　　　　　　→最判昭41・9・13手形小切手百選[6版]2事件

　これに対して、有力な見解は、代表者が直接法人の記名捺印をすることのみならず、直接法人名義を手書きすることまで認めている。この見解は、判例が、自然人の場合に署名の代行を認め、しかも、代表者の行為が法律上は法人の行為と認められるのであれば、代表者による法人の署名を否定することは、理論的一貫性を欠くという。　　　　　　　　　→大判昭8・5・16民集12-1164

　しかし、この有力な見解に対して、通説は、行為能力のある自然人が手形行為をする場合には、代理人の署名のある手形より本人の署名のある手形の方が取引上信用があることが多いので、記名捺印の代行を有効とする実益があるのに対し、法人の場合には、かかる事情は存しないので、同様に扱う必要はないという。

(b)実質的要件(権限)

　機関方式によってなされた他人による手形行為の効果が本人に帰属するためには、その他人が本人名義で手形行為をなしうる権限(代行権限)を有することが必要である。このような代行権限は、代理権とは別個のものであるから、代理権を有していても、当然このような権限まで有するものとはいえず、それは特別に与えられる必要がある。

(2)代行権限に基づかない場合(偽造)

(a)偽造の意義

　偽造とは、署名(記名捺印を含む。以下同じ)の代行権限を有しない者が、他人の署名を偽って、あたかもその他人がその手形行為をなしたかのような外観を作り出すことをいう。言い換えると、機関方式により手形行為主体を偽る行為を偽造という。

(b)被偽造者(本人)の責任

(i)原則

　被偽造者は、手形を偽造された者であって、みずから手形に署名したものではなく、また、他人に署名の代行権限を与

えたものでもなく、したがって自己の意思に基づく手形行為が存在しないから、原則として手形上の責任を負わない（物的抗弁）。

しかし、この原則を貫くと、手形取引の安全上好ましくないので、使用者責任（判例）（民715条）、被偽造者の追認、表見責任（表見偽造）などの救済方法が展開されてきた。

→判例セレクト7(1)(a)(b)

(ii)被偽造者の追認（遡及効ある追認の可否）

手形偽造の場合において、被偽造者は、遡及効ある追認をすることができるか。

この点、偽造の場合には被偽造者の手形行為は事実上存在せず、また、偽造者の行為は手形の外観上存在しないから、無権代理と異なり完全に無効であって、遡及効ある追認を認める余地はないとする見解がある。しかし、被偽造者本人が、代行権限を与えていたのと同様の責任を負うといっているのに、これを認めない理由はない。また、偽造者に欠けているのは名義人の名で手形行為をなす代行権限であって、名義人が事前に代行権限を与えうるのと同様に、事後に権限を付与することも可能であると考えられる。そこで、無権代理に準じて遡及効ある追認をすることができると解する（民116条類推適用）。

従来の判例は、本人のためにする意思がある場合を無権代理、そうでない場合を偽造として、遡及効のある追認の可否を区別してきたが、判例は、このような区別においても偽造と思われるケースについて、遡及効ある追認を認める立場をとっている。もっとも、その理由づけは、「無権代理人によって直接本人の記名捺印がなされた場合と同様であるから」としか示されておらず、従来の判例の考え方からすれば、無権代理のケースと捉えていると解する余地もあり、判例はこの点について依然として曖昧である。

(iii)表見責任（表見偽造）

手形偽造の場合において、被偽造者は、民法の表見代理規定の適用ないし類推適用によって手形上の責任を負うか（Q_5）。判例・通説は、被偽造者は民法の表見代理規定の類推適用によって手形上の責任を負うとする。

→判例セレクト7(3)

Q5 被偽造者に手形上の責任を認めるための法律構成。

◁ランクA

→判例セレクト7(3)

A説 表見代理規定の類推適用による説（判例・通説）

▶結論：被偽造者が偽造者に対し、①代行権限を与えた旨を表示したこと（民109条）、②他の行為について代行権限を与えたこと（民110条）、③かつて代行権限を与えていたこと（民112条）、のいずれか

の事由(帰責事由)があった場合には、被偽造者は、権限があると信じたことにつき正当な事由がある者に対しては、表見代理規定の類推適用により手形上の責任を負う。
- ▶理由：無権代理と偽造は、いずれも無権限者による本人名義の手形振出である点において差異はなく、無権限者に対する信頼を保護する必要は同じである。

B説 権利外観理論による説(田中〔誠〕)
- ▶結論：本人に外観を生じさせたことにつき帰責事由があり、相手方にそのような外観を真実と信じることについて正当事由があれば、本人は外観を信頼した者に対して手形上の責任を負う。
- ▶備考：権利外観理論によると、被偽造者(本人)の帰責性をどこに求めるかが問題となる。印章の保管が不十分であったとか、被偽造者がその意思に基づいて印章を交付したことが必要であるという見解や、民法110条や112条に該当するような場合には、不正行為をするような者をそのような地位に任用しまたはその者に権限を付与したことに帰責性を求める見解などがある。
- ▶理由：表見代理規定の類推適用では処理できない事態が存在する。すなわち、表見代理規定は代理権の存在に対する信頼を保護するものであるが、偽造にあっては、それが代行であること自体が手形取得者にとって明らかでないことが多く、権限に対する信頼が存在しない場合がありうる。
- ▶備考：偽造を類型化し、保護されるべき信頼の内容に応じて、民法の表見代理規定と権利外観理論とを個別に考える見解もある(田邊、土橋)。

(c)偽造者の責任

　手形偽造の場合において、偽造者は、手形上の責任を負うかが問題となる。

　判例・多数説は、手形法8条の類推適用により、偽造者も手形上の責任を負うとしている。8条の責任の法的性質は、前述したように、名義人本人が手形上の責任を負うかのように表示したことに対する担保責任であると解される。そして、手形偽造の場合においても、名義人本人の氏名を使用するについて何らの権限のない者が、あたかも名義人本人が手形上の責任を負うものであるかのように表示する点においては、無権代理人の場合と変わりがないので、類推の基礎があるといえる。したがって、8条の類推適用により、偽造者も手形上の責任を負うと解すべきである。

　この見解に対しては、手形上に名称が表示されていない偽造者に手形債務を負わせるのは、手形行為の文言性に反するとの批判がありうる。しかし、手形行為の文言性は手形取引の安全のための制度であるから、それを逆に自己の手形債務を免れる

→判例セレクト7(3)

ための根拠として偽造者に利用させることは、手形行為の文言性を認めた趣旨に反する、と反論することができる。

なお、偽造者は、不法行為による損害賠償責任(民709条)や刑法上の有価証券偽造罪による制裁(刑162条)を免れない。

4 名義貸人の手形責任

(1)総説

手形行為の名義貸人についても、商法14条または会社法9条の適用ないし類推適用を認め、名板貸人の責任を負わせることができるかが問題となる。この問題は、①名義貸人が自己の名義を使用して営業・事業をなすことを許諾した場合と、②名義貸人が単に手形行為についてのみ自己の名義の使用を許諾した場合とに分けて論じられている。

(2)営業・事業上の名義使用の許諾がある場合

この場合は、さらに、(a)名義借人が許諾された営業・事業に関して名義貸人の名義を使用したとき、(b)名義借人が許諾された営業・事業をせずに、許諾された営業・事業とは異種の営業・事業のための手形行為に名義貸人の名義を使用したとき、(c)名義借人が許諾された営業・事業(と同種の営業・事業も異種の営業・事業も)をせずに単に手形行為上のみに名義貸人の名義を使用したときに分けられる。

(a)名義借人が許諾された営業・事業に関して名義貸人の名義を使用したとき

判例・学説は、商法14条、会社法9条の適用により名板貸人の責任を認める。なぜなら、手形行為は、許諾された営業・事業に客観的に必要な取引行為に当然含まれるからである。

→最判昭42・6・6手形小切手百選[6版]12事件

(b)名義借人が許諾された営業・事業をせずに、許諾された営業・事業とは異種の営業・事業のための手形行為に名義貸人の名義を使用したとき

名板貸しは、同種営業・事業間に成立するのを原則とする。しかし、異種営業・事業間でも、第三者に営業・事業主体の誤認をもたらす特段の事情があれば、名板貸しは成立する。たとえば、使用許諾された商号が業種特定の趣旨を含まないような場合である(判例)。したがって、この場合においても、上記特段の事情があれば、商法14条、会社法9条の適用により名板貸人の責任は認められる。

→最判昭43・6・13総則・商行為百選[4版]20事件

(c)名義借人が許諾された営業・事業をせずに単に手形行為上のみに名義貸人の名義を使用したとき

判例・通説は、商法14条、会社法9条の類推適用により名板貸人の責任を認めている。すなわち、商法14条、会社法9条が名板貸人の責任を認めるのは、第三者が営業主・事業主を誤認したことについて名義貸人が原因を与えたことによる。そして、

→判例セレクト8(1)

商法14条、会社法9条が営業・事業取引における名義使用を念頭において規定したのは、それが原因となって第三者が営業主・事業主を誤認することがもっとも多いからにすぎないと考えられる。そうであれば、名義貸人から名義借人に対して、名義を使用することの許諾があり、しかも、許諾された範囲内の営業・事業について手形が振り出されたため、第三者が営業主・事業主を誤認したのであれば、名義貸人に名板貸人の責任を認めて第三者を保護する必要があるし、これを認めても名義貸人にとって不測の損害はない。したがって、この場合についても、商法14条、会社法9条の類推適用により名板貸人の責任を認めるべきである。

(3) 手形行為についてのみ名義使用の許諾がある場合

名義貸人が単に手形行為についてのみ自己の名義の使用を許諾した場合において、商法14条、会社法9条の適用ないし類推適用により名板貸人の手形上の責任が認められるかについては争いがある(Q_6)。判例は、個人商人が会社に名義使用を許諾した事例において、商法14条は適用されないとしている。その理由は、①商法14条にいう営業とは事業を営むことをいい、単に手形行為をすることはこれに含まれないこと、②商法14条は名板借人の債務につき連帯責任を負わせることを定めたものと解されるところ、手形行為の本質にかんがみれば、ある者が商号の使用を許諾した者の名義で手形上に記名押印しても、その者自身としての手形行為が成立する余地はなく、したがってその者は手形上の債務を負担することはなく、その名義人がその者と連帯して手形上の債務を負担することもないことをあげている。

→判例セレクト8(2)

Q6 手形取引のみに名義の使用を許諾した者は名板貸人の責任を負うか。

◀ランクA

→判例セレクト8(2)

A説 否定説(判例、鴻等少数説)
▶結論：許諾者は、商法14条、会社法9条の適用ないし類推適用により責任を負わない。
▶理由：①商法14条にいう営業とは事業を営むことをいい(会社9条は「事業」)、単に手形行為をすることはこれに含まれない。
　　　②商法14条、会社法9条は名板借人の債務につき連帯責任を負わせることを定めたものと解されるところ、手形行為の本質にかんがみれば、ある者が商号の使用を許諾した者の名義で手形上に記名押印しても、その者自身としての手形行為が成立する余地はなく、したがってその者は手形上の債務を負担することはなく、その名義人がその者と連帯して手形上の債務を負担することもない。
▶備考：この説に立っても、名義の使用を許諾した者は、民法の表見代理または権利外観理論によって責任を負うとする余地がある。

B説 肯定説（木内等多数説）
▶結論：許諾者は、商法14条、会社法9条の適用ないし類推適用により責任を負う。
▶理由：商法14条、会社法9条が営業・事業についての許諾を要件としているのは、その営業・事業についての許諾そのものが重要であるからでなく、営業・事業についての許諾の結果、第三者が名板貸人をして取引行為の主体と誤認せしめることになることが重要だからである。したがって、営業・事業を行うこと自体についての名義使用の許諾がなされていなくても、第三者が行為の主体を名義人であると誤認するような取引上の外観が客観的に存在すれば、商法14条、会社法9条の類推適用すべき基礎はあると考えられる。

判例セレクト

1 手形上の表示から法人と個人のいずれの署名か判断できない場合

手形上の記載からは、手形の振出が法人のためにされたものであるとも、代表者個人のためにされたものであるとも解しうる場合には、手形所持人は、法人および代表者個人のいずれに対しても手形金の請求をすることができ、他方、請求を受けた者は、その振出が真実いずれの趣旨でされたかを知っていた直接の相手方に対しては、その旨の人的抗弁を主張することができる（最判昭47・2・10手形小切手百選［6版］4事件）。

2 代理権・代表権の濫用

代理人が自己または第三者の利益を図るため、代理権限を濫用して約束手形を振り出した場合において、権限濫用の事実を知りまたは知りうべかりし状態でその手形の交付を受けた受取人が、これを他に裏書譲渡したときは、本人は、手形法17条ただし書の規定により、第三取得者が受取人の上記知情について悪意であることを立証した場合にかぎり、その第三取得者に対する手形上の責任を免れることができる（最判昭44・4・3手形小切手百選［6版］15事件）。

3 手形行為と利益相反取引規制

(1)手形行為と会社法356条1項2号、365条1項の適用の有無

およそ、約束手形の振出は、単に売買、消費貸借等の実質的取引の決済手段としてのみ行なわれるものではなく、簡易かつ有効な信用授受の手段としても行なわれ、また、約束手形の振出人は、その手形の振出により、原因関係におけるとは別個の新たな債務を負担し、しかも、その債務は、挙証責任の加重、抗弁の切断、不渡処分の危険等を伴うことにより、原因関係上の債務よりもいっそう厳格な支払義務であるから、会社がその取締役にあてて約束手形を振り出す行為は、原則として、商法265条〔現会社法356条1項2号、365条1項〕にいわゆる取引にあたり、会社はこれにつき取締役会の承認を受けることを要する（最大判昭46・10・13手形小切手百選［6版］38事件）。

(2)会社法356条1項2号(会社365条1項)違反の手形行為の効力

手形が本来不特定多数人の間を転々流通する性質を有するものであることにかんがみれば、取引の安全の見地より、善意の第三者を保護する必要があるから、会社がその取締役にあてて約束手形を振り出した場合においては、会社は、当該取締役に対しては、取締役会の承認を受けなかったことを理由として、その手形の振出の無効を主張することができるが、いったんその手形が第三者に裏書譲渡されたときは、その第三者に対しては、その手形の振出につき取締役会の承認を受けなかったことのほか、当該手形は会社からその取締役にあてて振り出されたものであり、かつ、その振出につき取締役会の承認がなかったことについてその第三者が悪意であったことを主張し、立証するのでなければ、その振出の無効を主張して手形上の責任を免れえない(最大判昭46・10・13手形小切手百選[6版]38事件)。

4 手形行為と民法108条本文

民法108条に違反して約束手形が振り出された場合において、その手形が第三者に裏書譲渡されたときは、その第三者に対しては、本人は、その手形が双方代理行為によって振り出されたものであることについて第三者が悪意であったことを主張・立証しないかぎり、振出人としての責任を免れない(最判昭47・4・4民集26-3-373)。

5 表見代理

(1)手形行為と民法110条の「第三者」
　(a)受取人に「正当な理由」がある場合
　　約束手形が代理人によりその権限を越えて振り出された場合において、手形受取人がその権限あるものと信ずべき正当の理由を有しないときは、その後の手形所持人は、たといこのような正当理由を有していても、民法110条の適用を受けることができない(最判昭36・12・12手形小切手百選[6版]10事件)。
　(b)代理人の直接の相手方が民法110条で保護される場合とその後の取得者の善意悪意
　　民法110条にいう第三者とは、代理人と法律行為をした直接の相手方をいい、権限のない者が振り出した約束手形につき、本人が民法110条に基づき振り出人としての責任を負うべきときとは、受取人からその手形の裏書譲渡を受けた者に対しても、その者の善意・悪意を問わず、振り出人としての責任を免れない(最判昭52・12・9判時879-135)。

(2)無権限の署名代理と民法110条
　代理人が代理権の範囲を越えいわゆる署名代理の方法により振り出した約束手形について、受取人においてこれを本人みずから振り出した手形であると信じ、かつ、そのように信ずるにつき正当の理由があったときは、本人は、民法110条の類推適用により、振出人としての責めを負う(最判昭39・9・15手形小切手百選[6版]14事件)。

(3)表見代理の成立と本条の適用の有無
　無権代理人が振出した約束手形につき、表見代理が成立すると認められる場合であっても、手形所持人は表見代理の主張をしないで、無権代理人に対し本条の責任を問うことができる(最判昭33・6・17手形小切手百選[6版]11事件)。

6 実在しない法人の代表者名義の手形振出と本条の責任

実在しない法人の代表取締役名義で手形を振り出した者は、本条の類推適用により、個人として手形上の責任を負う(最判昭38・11・19民集17-11-1401)。

7　手形偽造
(1)手形偽造と使用者責任(民715条)
　(a)会社の経理課長
　　甲が会社の経理課長として、会社の手形振出に関し、会社の社印その他のゴム印を使用して、代表取締役がその名下にその印章を押捺しさえすれば、該手形が完成するばかりに手形を作成し、かつ、手形をその受取人に交付する職務権限を有していたところ、甲はその権限を濫用し、約束手形用紙に会社名および会社代表者乙名の各ゴム印ならびに会社印を押捺し、乙名下に同人の印鑑を、同人の不在中同人の机の抽斗から盗み出し押捺して、手形を偽造し、これを行使することによって第三者に損害を加えたときは、甲の手形偽造行為は、会社の事業の執行につきなされたものとして、会社においてその損害を賠償する責めを負う(最判昭32・7・16民集11-7-1254)。
　(b)協同組合の書記
　　甲協同組合の書記として、組合の引取関係金融関係の事務および手形事務を担当し、理事長の記名印、印鑑等を保管していた乙が、その権限を濫用し、取引関係のない丙の依頼に応じ、その記名印、印鑑等を使用して組合理事長名義をもって約束手形を作成し、丙に交付したときは、甲組合は、特段の事情のないかぎり、その手形を丙から取得した善意無過失の丁に対し、民法715条により使用者としての責任を負わなければならない(最判昭36・6・9手形小切手百選[6版]19事件)。
(2)被偽造者の手形上の責任
　手形の被偽造者は、手形を偽造されるにつき重大な過失があったと否と、また受取人の善意であったと否とにかかわらず、偽造手形により何ら手形上の義務を負うものではない(最判昭27・10・21民集6-9-841)。
(3)偽造者と本条の類推適用
　偽造手形を振り出した者は、本条の類推適用により手形上の責任を負う。けだし、本条による無権代理人の責任は、責任負担のための署名による責任ではなく、名義人本人が手形上の責任を負うかのように表示したことに対する担保責任であると解すべきところ、手形偽造の場合も、名義人本人の氏名を使用するについて何らの権限のない者が、あたかも名義人本人が手形上の責任を負うものであるかのように表示する点においては、無権代理人の場合とかわりはなく、したがって、手形署名を作出した行為者の責任を論ずるにあたり、代理表示の有無によって本質的な差異をきたすものではなく、代理表示をせずに直接本人の署名を作出した偽造者に対しても、本条の規定を類推適用して無権代理人と同様の手形上の担保責任を負わせて然るべきものと考えられるからである。そして、このように解すると、手形の偽造署名者に対しては、不法行為による損害賠償請求という迂遠な方法によるまでもなく直接手形上の責任を追及しうるし、また、手形偽造者が本来の手形責任を負うべき債務者として追加されることによって、善意の手形所持人はいっそう手厚く保護され、取引の安全に資することにもなる(最判昭49・6・28手形小切手百

選[6版]17事件)。
(4)悪意の取得者に対する偽造者の責任
　本条の趣旨は、善意の手形所持人を保護し、取引の安全に資するためにほかならないものであるから、手形を偽造した者は、その取得者が悪意であるときは、本条の規定の類推適用がなく、その取得者に対し手形上の責任を負わない(最判昭55・9・5民集34-5-667)。
(5)偽造と本人の追認
　偽造の約束手形の振出を名義人が追認したときは、その振出行為の効力は、遡及的に名義人に及ぶ(最判昭41・7・1手形小切手百選[6版]16事件)。
(6)手形偽造と民法110条の類推適用
　無権限者が機関方式により手形を振り出し本人名義の手形を偽造した場合であっても、その手形振出が本人から付与された代理権の範囲を超えてなされたものであり、かつ、手形受取人においてその無権限者が本人名義で手形を振り出す権限ありと信ずるにつき正当の理由がある等のときは、本人は、民法110条の類推適用により、その手形について振出人としての責を負う(最判昭43・12・24手形小切手百選[6版]13事件)。

8　名義貸人の手形責任

(1)名義借人が許諾された営業・事業もせずに単に手形行為上のみに名義貸人の名義を使用した場合
　AがB株式会社に自己の名称〔現商号〕で営業〔現事業〕することを許諾した場合において、Bがその名称〔現商号〕で営業〔現事業〕を営むことをしなかったが、その名称〔現商号〕で銀行と当座勘定取引契約を結び、その口座を利用してBの営業〔現事業〕のためにA名義で手形を振り出したときは、Aは、A名義の手形が決済されてきた状況を確かめたうえで、裏書譲渡を受けた者に対して、商法23条〔現会社法9条〕の類推適用により手形金の支払義務を負う(最判昭55・7・15総則・商行為百選[4版]18事件)。
(2)手形行為についてのみ名義使用の許諾がある場合
　商法23条〔現会社法9条〕にいう営業〔現事業〕には、手形行為をすることは含まれない(最判昭42・6・6手形小切手百選[6版]12事件)。

第9条【為替手形の振出人の担保責任】　　B
①振出人ハ引受及支払ヲ担保ス
②振出人ハ引受ヲ担保セザル旨ヲ記載スルコトヲ得支払ヲ担保セザル旨ノ一切ノ文言ハ之ヲ記載セザルモノト看做ス

　振出人は、自分の振り出した為替手形が支払人による引受や支払のあることを請け合う義務(担保責任)があります。振出人は、自分の振り出した為替手形が支払人の引受のあることを請け合わない旨を手形に記載することができます。ただし、支払のあることを請け合わない旨は、いっさい手形に記載することはできず、たとえその旨を記載しても、記載しなかったものとみなされます。

1 趣旨

本条は、為替手形の振出人の担保責任(引受担保責任と支払担保責任)について規定する。

振出人の担保責任とは、自分が支払を委託した支払人が支払を拒絶し、または引受を拒絶するなどの事由が生じた場合(43条)、手形所持人に対して支払人に代わって支払をしなければならないという振出人の義務をいう。これに対応する所持人の権利を遡求権ないし償還請求権という。

2 条文クローズアップ

1　裏書の担保的効力の理論的根拠　　　　　　　　→7条
2　担保責任の成立要件

手形行為の成立要件についての議論がそのまま妥当する。すなわち、交付契約説によれば、振出人の担保責任が成立するためには、振出人がその手形を作成したうえで、それを相手方に交付することが必要である。

第10条【白地手形】　　A
未完成ニテ振出シタル為替手形ニ予メ為シタル合意ト異ル補充ヲ為シタル場合ニ於テハ其ノ違反ハ之ヲ以テ所持人ニ対抗スルコトヲ得ズ但シ所持人ガ悪意又ハ重大ナル過失ニ因リ為替手形ヲ取得シタルトキハ此ノ限ニ在ラズ

手形要件の全部または一部を後に他人に補充させるつもりで、あえて手形要件を記載しない未完成の為替手形を振り出した者は、あらかじめした合意と異なった補充をされた場合であっても、合意違反があったことをもって、手形の所持人に対抗することができません。ただし、その所持人が合意と異なる補充であることを知っていながら、またはそれを知らないことについて重大な過失がありながら、その為替手形を取得したときは、手形の所持人に対抗することができます。

→試験対策・6章14節

1 趣旨

本条は、白地手形を商慣習法上承認することを前提としたうえで、白地手形の不当補充がなされた場合における手形取得者の保護について規定する。

◆第10条　259

2 条文クローズアップ

1 白地手形の意義
白地手形とは、後日その手形の取得者をして補充させる意思で、ことさらに手形用件の全部または一部を未記載のまま手形行為をした手形をいう（後述する主観説を前提とする）。

2 白地手形の有効性
本来、手形要件の記載のない手形は手形としての効力を認められない。しかし、実際上は、原因債務の金額や弁済期が決まっていない場合や、将来発生すべき不確定の債権の担保としたい場合など、金額、満期、受取人などを記載しない手形を交付する必要がある場合が少なくない。このような実際上の必要から、白地手形は商慣習上その効力が認められており、手形要件白地のままで転々流通することができ、善意取得や人的抗弁の主張制限を生ずることが解釈上認められている。手形法は、このことを前提として、10条において白地手形に関する規定を設けている。

→7条

3 白地手形の要件
(1) 手形要件の欠缺

手形要件の全部または一部の記載がないことを要する。どの要件が欠けているかを問わず、振出人の署名が欠けていてもよい（白地裏書、白地保証などの場合がこれにあたるが、後述するように手形行為者の署名は必要であるから、この場合も裏書人や保証人の署名は必要である）。満期のうち年月だけを記載して日の部分を白地にするように、ある要件の一部を欠くものでもよい。一般には、金額、満期、受取人などの欄を白地にすることが多い。

満期のない手形は一覧払とみなされるが（2条2項、76条2項）、満期の記載がまったくなくても、振出人が満期白地の白地手形として振り出したことが明白な場合には、2条2項、76条2項の適用はない。

→2条

また、手形要件は全部記載済みで、有益的記載事項である支払場所等の記載が白地である場合には、そのままで完成手形としての効力が認められる。もっとも、有益的記載事項の部分を第三者に補充させることも認められる。これを準白地手形という。

(2) 白地手形行為者の署名

白地手形は、後に要件が補充された場合に署名者が手形上の責任を負うことになるものだから、白地手形であるためには、白地手形行為者の署名が少なくとも1つ以上存在しなければならない。この署名は、「未完成ニテ振出シタ」という本条の規定からも明らかなように、振出人の署名であることが通常である。しかし、理論上は、振出署名だけでなくその他の手形行為者の署名のみがある白地手形も認められるとするのが判例である。たとえば、裏書

→大判大9・12・27民録26-2109

人が、要件欠缺のまま、まず署名をし、これを振出人に交付して要件補充をゆだねる白地裏書や、保証人が要件欠缺のまま署名をする白地保証の場合にも、白地手形は成立する。

(3)白地補充権の授与

　白地手形行為者によって、白地手形の白地を補充してこれを手形として完成することができる権利が第三者に授与されていなければならない。これが白地補充権であり、形成権の一種である。白地手形と無効手形とは、この補充権の有無で区別される。

　この補充権がいかなる場合に発生するのかについては、見解が分かれている（Q_1）。

　判例・通説は、補充権は、白地手形行為者とその交付を受ける者との間でなされる手形外の補充権授与契約によって発生するとされ、補充権の内容はこの契約によって具体的に定められるとされる（主観説）。この主観説によると、補充権授与契約における合意に反し、濫用的な補充がなされた場合には、その濫用部分については、白地手形行為者の意思が欠けるから、その限度では本来白地手形行為者に責任を負わせられないはずである。そこで、10条は、補充権濫用の場合にも白地手形行為者の責任を定めた特別規定であると説明される。

→大判大10・10・1民録27-1686

Q1 白地補充権発生の要件をいかに解すべきか。

◀ランクA

A説　主観説（判例、通説）

→大判大10・10・1民録27-1686

- ▶結論：補充権は、白地手形行為者とその相手方との合意（契約）によって付与される。署名行為それ自体ではなく、後日他人に白地を補充させる意思で手形を発行したという白地手形行為者の意思によって補充権は発生する。
- ▶帰結：統一手形用紙を用いたような場合でも、補充権付与の合意がなければ、白地手形とはならない。
- ▶理由：①客観的な外観がまったく同一でありながら、無効な手形と白地手形とを区別するためには、客観的な外観以外の当事者の主観的意思によらなければならない。
　　　　②白地手形の場合には、白地部分については記載がなされていない以上、補充権の存否あるいはどのような補充権が与えられているかは、当事者の合意によって決めるしかない。
- ▶批判：白地手形であるかどうかは署名者が補充権を与える意思があったかどうかという白地手形外の事実によって認定されることになり、外部からその区別をすることは困難であって、手形取引の安全を害する。
- ▶反論：統一手形用紙を用いたような場合には特段の事情のないかぎり補充権を付与したものと推定したり、一般的に権利外観理論を適用したりして、善意の取得者を保護し手形取引の安全を図ることができる。

B説 客観説（升本、鳥賀陽）
- ▶結論：署名者の具体的意思いかんを問わず、外観上署名者が補充を予定して署名したものと認められるならば、白地手形とみる。
- ▶帰結：統一手形用紙を用いたような場合には、署名者の意思にかかわらず当然補充権が与えられたものと認められ、白地手形となる。これに対して、統一手形用紙以外の場合には、手形文句、支払約束(委託)文句が記載されているときにだけ白地手形と扱うことができる。
- ▶理由：主観説のように補充権付与の合意がある場合だけにかぎると、白地手形として取り扱える範囲が狭くなり、手形として利用できると信じて取得した善意の第三者の保護が徹底できず、手形法の精神に合致しないことになる。そこで、外観から見て白地を補充してよいように空けていると認めうるものは一律に白地手形として取り扱うべきである。
- ▶批判：①客観的な外観がまったく同一でありながら、無効な手形と白地手形とを区別するためには、客観的な外観以外の当事者の主観的意思によらなければならないのは当然であり(主観説理由①参照)、理論的根拠に欠ける。
  ②外形上、補充を予定された手形と認められなくても、署名者が主観的に補充を予定している場合は白地手形としても差し支えないのであり、当事者の主観的意思を度外視するのは正当でない。
  ③統一手形用紙を用いた場合には、署名者の意思いかんにかかわらずすべて白地手形となり、要件不備の不完全手形と白地手形との区別が不可能になる。
- ▶反論：(批判①②に対し)客観説も、債務が署名という事実行為から発生するとするのではなく、署名者の意思に基づいて発生することを認めているのであり、ただ、その場合に要求される意思の内容が外観上補充権ありと認められるような手形に署名することで足りるとするものであって、署名者の意思をまったく度外視するものではない。

C説 折衷説（鈴木、前田）
- ▶結論：主観説を原則としつつも、白地手形成立のためには必ずしも補充権を与える具体的意思を必要とせず、書面の外観上、欠けている記載の補充が将来予定されているものと認められる場合には、署名者がそのような書面であることを認識または認識すべくしてこれに署名した以上、それによって当然補充権を与えたものと認めるべきである。
- ▶帰結：統一手形用紙を用いたような場合には、署名者の意思にかかわらず当然補充権が与えられたものと認められ、白地手形となる。これに対して、単なる白紙に署名がなされたにすぎないような場合には、具体的な補充権付与の意思がなければ白地手形とはならない。
- ▶理由：主観説によれば取引の安全が害されるし(主観説への批判参照)、客観説では理論的根拠に欠ける(客観説への批判①参照)。結局、

折衷説が理論的にも結論的にももっとも妥当である。
▶批判：補充権付与の具体的意思の有無にかかわらず、所論の事情がある場合には当然補充権を与えたものと認めるべきだとしているが、それが主観的意思の存在を推定するという意味でなく、みなすという擬制論であるならば、かかる擬制を認める根拠の説明が必要である。いうまでもなく、手形面には補充権付与を意味する文言はまったく存在しない。

4　白地手形の流通

(1)白地手形に表章される権利

白地手形には、**補充を法定の停止条件とする手形金支払請求権**と**白地補充権**とが表章されていると解される（通説）。したがって、白地手形も一種の有価証券である。

(2)白地手形による権利の移転

白地手形は一種の有価証券であるがゆえに、判例・通説は、完成手形とまったく同様に、手形法的譲渡方法を認めている。したがって、受取人欄白地の手形を取得した者は、受取人欄に自己の名を補充した後裏書譲渡することができるのはもちろん、これを補充しないで裏書譲渡し、あるいは受取人欄白地のままで単なる交付によって譲渡することもできる。受取人以外の手形要件の白地手形の受取人または所持人が、白地手形のまま裏書譲渡することができることはいうまでもない。

また、白地手形の譲渡によって、条件付き手形金支払請求権のほか、白地補充権も当然に移転する。

そして、白地手形が手形法的譲渡方法によって譲渡されるときには善意取得も認められる。善意取得されるのは、条件付き手形金支払請求権および白地補充権である。さらに、人的抗弁の主張制限も認められる。

(3)白地手形による権利の行使

(a)原則

白地手形による支払呈示は無効である。たとえば、受取人白地のまま手形金の請求をすることはできない（判例）。白地未補充のままでなされた支払呈示には、付遅滞効は生じない。また、遡求権保全効も生じない（判例）。その後白地が補充されたとしても未補充のままで行われた支払の呈示がさかのぼって効力を生ずることはない（判例）。また、口頭弁論終結時までに補充しなければ敗訴する（判例）。

→判例セレクト5(1)
→判例セレクト4(1)
→最判昭33・3・7民集12-3-511
→判例セレクト5(1)

(b)時効中断効

未補充の白地手形を呈示して支払の請求をしても、付遅滞効および遡求権保全効は認められない。これに対して、時効中断効が認められるかについては議論がある。判例は、白地の補充がなくても、所持人の振出人に対する権利の時効が進行すると

→判例セレクト4(2)

解されることとの均衡から、白地手形による支払呈示に時効中断効が認められると解している。通説も、時効中断効のためには権利のうえに眠っているわけではないことが客観的に表現されることで足り、白地手形による訴訟提起によりそれが客観的に表現されていること等を理由に、判例と同様に、時効中断効を認めている。

5 白地手形の補充権

(1)意義

補充権とは、白地手形の白地を補充してこれを手形として完成することができる権利をいう。補充権は、権利者の一方的行為により未完成手形である白地手形を完成手形とし、そのうえになされた白地手形行為に完成した手形行為としての効果を発生させることができる権利であり、形成権の一種である。

(2)補充権の成立・内容

補充権は、主観説によれば、白地手形の署名者とその相手方との間における補充権授与契約によって付与され、補充権の内容は、当事者間の明示または黙示の合意によって定まる。手形の受取人またはその後の所持人は、合意の内容に従って補充すべきであるが、合意内容に違反して補充がなされた場合には10条の問題となる。補充権の内容が明確に合意されない場合には、白地手形が交付される基礎となった実質的な契約の趣旨に従い、かつ、信義則に従って補充権の内容が判断されるべきことになる。さらに、補充権の内容を相手方に任せることもある。受取人欄、確定日払手形の振出日欄などは、特別の事情がないかぎり、受取人ないし所持人の決定に委ねられていると解してよい。

これに対して、客観説によれば、補充権自体は本来何らの権利も付しえない権利であって、制限を付しても単に当事者間においてのみ効力を有するにすぎないとされる。この客観説によれば、補充権はその権利者がまったく自由に、どのようにでも補充してよい権利であって、補充の範囲を限定する合意は、白地手形外における当事者間の人的抗弁の問題にすぎないことになる。

(3)補充権の消滅・撤回

補充権は、白地手形の発行者がその後死亡しまたは制限行為能力者になっても消滅しない。補充権がいったん有効に付与された以上、行為者の一方的な意思によってこれを撤回することはできない。もっとも、補充権者との合意によって、一度付与した補充権を消滅または変更することができる。この場合においては、白地手形を回収することが必要と解されている。また、このような合意は、手形上に記載されるものではないから、善意・無重過失の第三者に対しては、消滅または変更の合意をもって対抗することはできない。

(4)補充権行使の時期
　(a)合意がある場合
　　補充権行使の時期について合意があるときは、その合意の時期までに行使されなければならない。補充権の行使時期に関して制限を加えるということは、その期限までは補充権のある白地手形であるが、期間経過後は補充権が消滅することを意味し、それ以後はその証券は要件欠缺の無効手形となる。補充権が消滅した後に補充されまたは補充されないで流通した場合にも、善意の第三者を保護する必要があり、この種の問題も補充に関する合意違反の問題とし、10条で処理すべきである。
　(b)合意がない場合
　　補充権の行使時期について特に合意がないときでも、満期の記載のある白地手形の場合には、一定の時期までに補充権が行使されなければならない。
　　手形の主たる債務者に対する関係では、満期以外の要件が白地の手形の場合には、満期日より3年以内に補充して請求しなければならない(70条1項参照)。補充権が行使され完成された手形は、その記載のある満期日より3年の経過によって時効が完成することになるが、満期より3年を経過した後に補充した場合には、時効にかかった手形債権が成立することになる。
　　遡求義務者に対する関係では、手形記載の満期までに補充し、完成した手形で適法な時期に支払呈示しなければならない。白地手形のままで満期に呈示した所持人は遡求権を喪失する。

(5)補充権と時効
　満期の記載ある白地手形については、満期から3年以内に補充権を行使する必要がある(70条1項参照)ことには問題はない。
　問題は、満期の記載のない白地手形については、補充権の消滅時効の期間および起算点をどのように考えるべきかである(Q_2)。
　(a)判例
　　かつての判例は、補充権を形成権の一種であるとして、民法167条2項により、振出の時から20年の消滅時効にかかるとしていた。しかし、その後、判例は、20年説から5年説へと変更した。判例は、まず、小切手の振出日の白地補充権に関して、補充権は形成権であっても、消滅時効については、一概に民法167条2項を適用すべきものではなく、各形成権の性質に従って消滅時効の期間を定めるべきであるとして、民法167条2項による20年説を一般的に適用することを否定した。そして、時効期間について、補充権授与契約は本来の手形行為ではないが、商法501条4号所定の「手形……に関する行為」に準ずるものと解してよく、商行為にあたるとする。そして、商行為たる補充権授与行為によって生じた債権たる補充権の消滅時効については、商

→最判昭36・11・24手形小切手百選[6版]45事件

法522条の「商行為によって生じた債権」の規定を準用することが妥当であるとする。そして、この5年説が満期日白地の約束手形の補充権にも適用されることは、その後の判例により確認された。この判例は、補充権は、これを行使しうべき時から5年の経過によって、時効により消滅するとする。

→判例セレクト6(1)

ただし、判例は、満期白地手形の満期が補充されたときは、その白地手形のその他の手形要件の白地補充権は、手形上の権利と別個独立に時効によって消滅することなく、手形上の権利が消滅しないかぎりこれを行使することができるものと解すべきであるとし、記載された満期の日から白地補充権の消滅時効が進行するとしている。

→判例セレクト6(2)

(b)学説

学説において、見解の対立は激しい。理論的前提として、判例と同様に補充権自体が消滅時効の対象になるとする見解と、補充権自体は消滅時効の対象とはならないとする見解とに大別され、それ以外に、一覧払手形に準じて扱う説がある。

Q2 満期白地の手形の補充権の消滅時効期間。

◀ランクB+

A説 補充権自体が消滅時効の対象となるとする見解

A-1説 5年説（判例・通説）

→判例セレクト6(1)

▶結論：補充権は、振出の時から5年の消滅時効にかかる。
▶理由：①補充権授与契約は、本来の手形行為ではないが、商法501条4号所定の「手形……に関する行為」に準ずるものと解することができる。
　　　　②補充は手形債権発生の要件であり、さらに手形法が手形上の権利に関し特に短期時効の制度を設けていることから考えて、補充権の消滅時効について、商法522条を準用するのが適当である。

A-2説 3年説①（大隅）

▶結論：補充権は、振出の時から3年の消滅時効にかかる。
▶理由：①商法522条は、商行為によって生じた債権の消滅時効期間を原則として5年と定めると同時に、他の法令により短い時効期間の定めがあるときはその規定に従うものとしているところ、「手形……に関する行為」によって生ずる手形債権については手形法に3年の短期時効の定めがあるから(手70条1項)、補充権授与契約を「手形……に関する行為」に準ずるものと解する以上、これによって生ずる補充権の消滅時効期間も手形債権に準じて3年と解するのが当然である。
　　　　②補充権は形成権ではあるが、その行使によって生ずるのは手形債権であるから、補充権も手形債権と同様に3年の時効に服すると解するのが相当である。

A-3説　3年説②（谷川）

▶結論：補充権は、満期日を補充しうべき事情が具体化した時、すなわち形成権の行使の内容決定により具体的に可能となった時から3年の消滅時効にかかる。

▶理由：①A-2説の理由①②
　　　　②手形については、消滅時効の起算点につき、形式的・画一的規定をなしていることから、手形上の権利は手形上の満期から起算して時効消滅するものであり、補充権自身は手形上の権利の消滅時効とは無関係に、独立の消滅時効にかかると解してよい。

B説　補充権自体は独立して時効の対象にならないとする見解

B-1説　3年説①（竹田）

▶結論：白地手形上の権利は振出の時から3年の時効にかかり、補充権もこれにより消滅する。

▶理由：①補充権のように手形債権のためにのみ存在する形成権は、その従属性から手形の時効によって制約され、独立の時効にはかからない。
　　　　②白地手形上の権利は、その内容は満期から3年の時効にかかるべき手形上の権利と同質のものにほかならないから、補充権もまた手形上の権利と同じく満期から3年の時効にかかるが、満期白地の場合には、所持人はいつでも補充して権利を行使することができるから、振出の時から満期が到来しているものとみてよい。

B-2説　3年説②（上柳、大森）

▶結論：白地手形上の権利は、補充して手形上の権利を行使することが白地手形授受の当事者間の実質関係上法律的に可能となった時から3年の時効にかかり、補充権もこれにより消滅する。

▶理由：①B-1説理由①
　　　　②補充権行使の時期についての当事者の合意が有効と考えられる以上、必ずしも振出の時からではなく、実質関係上の事情から補充権を行使しうる時期につきこれと別の合意があると認められうるときはその時から進行すると解すべきである。

C説　補充すべき期間について合意のない満期白地手形を一覧払手形に準じて扱う説（田邊）

▶結論：2条2項、76条2項は、満期の記載のない手形を一覧払手形とみなしているので、満期白地手形は一覧払手形としての要件をみたしたうえに、補充権がついていると解し、満期日白地の手形の所持人は、振出日より1年以内に満期を補充できると同時に、所持人が1年以内に補充して権利行使をしない場合には、一覧払手形に準じて振出日より1年後を満期とみなし(34条1項)、それより3年以内に権利行使しないと時効消滅すると考える。

▶帰結：所持人が1年以上後の日を満期として補充したうえで譲渡したときの取得者の保護は、10条の問題となる。

(6) 補充権の不当行使(不当補充)
　(a) 10条の趣旨
　　白地手形の補充については、通常当事者間でその範囲について合意がなされており、手形の所持人はその範囲内で補充の記載をなし、白地手形行為者はかかる記載に従って責任を負う。
　　もし、この範囲と異なる補充がなされたとしたらどうだろうか。補充後の手形とはじめから完成している手形とは区別が難しく、第三者は不当に補充されたことにつき何らの疑いをもつことなく手形を取得するのが普通であるから、不当補充による損害を、常に第三者に負わせるのは白地手形の流通を害する。そこで、10条は、当初の合意と異なる補充がなされた場合であっても、所持人が悪意または重過失なく手形を取得したのであれば、白地手形行為者は、かかる違反をもって所持人に対抗することができない旨を規定する。
　　このように、10条の実際上の理由が、白地手形の流通保護にある点について見解の対立はない。しかし、その理論上の理由については、補充権の発生根拠に関連して対立がある(Q_3)。

Q3　10条の理論上の理由。　◀ランクA

A説　主観説
▶結論：補充権は手形外で授与されるものであるので、補充権を有因的・制限的に捉える。それゆえ、不当補充は補充権の行使とはいえず、本来署名者の手形行為は有効に成立しないはずであるが、第三者の保護、白地手形の流通保護のために、10条は、政策的に権利外観理論の具体化として規定されたものである。したがって、10条の問題と17条の人的抗弁の主張制限とは別個の問題であり、要件の相違は問題とはならない。

B説　折衷説・客観説
▶結論：補充権そのものは書面上の署名行為によって無因的に発生し、補充権は本来無制限であり、白地手形行為者が責任を負うのは当然である。補充権を無因的・無制限的に捉えて、不当補充を人的抗弁と構成するので、10条は17条の特則ということになる。10条の主観的要件が善意・無重過失と17条より重くなっているのは、白地手形に署名する者の危険の大きさを配慮して、利益の調整を図ったものである。

　(b) 10条の適用範囲
　　(i) 典型例——不当補充後の取得者

たとえば、Aが手形金額白地の手形をBに振り出し、当事者間では売買代金の500万円以内で補充する合意があったという事例において、Bはこの合意に反して1,000万円と補充して、Cに裏書譲渡したとする。Cが補充後の完成手形を悪意または重過失なく取得している場合には、Aは、Bとの合意と異なることをもって、所持人Cに対抗できない。

この場合には、AはBを信頼して補充をBに委ねたのであるから、その信頼を裏切られた結果についてはみずからが責任を負うべきであり、その損害をCに負わせることは手形の流通を害する。これが10条の適用される典型例である。

ただし、Cが悪意または重過失の場合でも、Aは500万円の範囲で補充権を付与し、この範囲内で債務を負担する意思があったのだから、500万円の範囲で手形債務を負担しなければならない。

(ii) 不当補充前の取得者

Bはみずから補充することなく、1,000万円の補充権を有すると偽りCに譲渡し、Cはその補充権の範囲を信頼して、1,000万円と補充してAに手形金を請求した場合はどうか。Cは未補充の白地手形を取得した者であるが、かかる者に10条の適用があるかが問題となる(Q_4)。不当補充前の手形取得者にも10条を適用する（判例）。

→判例セレクト7

Q4 不当補充前の手形取得者に10条の適用があるか。

◁ランクA

A説 否定説（鈴木、矢部）
- ▶結論：不当補充後の手形取得者に適用を限定する。
- ▶理由：①すでに補充がなされた後は外見上当初からの完成手形と何ら区別がつかず、第三者としては手形について疑いをもたないのが通常であるから、10条はこのような第三者を保護した規定とするのが自然である。
  ②外観上白地の存在が明白な手形の取得者は、補充権の有無や内容について危険を負わされてもやむをえない。
- ▶批判：①手形上の権利義務の内容につき重要でない事項について白地の手形の取得者が、前者間でなされていた合意と異なる補充をみずから行った場合にも保護されないことになる。
  ②同条は重過失ある者の保護を否定している。これは害意がなければ保護されるとする17条ただし書の規定との対比で、未補充の白地手形の取得者に軽率に取得しないよう一定の注意義務を課したものと考えるべきである。

B説 肯定説（判例・通説）
- ▶結論：不当補充前の手形取得者にも10条を適用する。
- ▶理由：①10条の手形の流通の円滑化、善意・無重過失の者の保護とい

→判例セレクト7

う趣旨に照らし当然の要請である。
②振出人側に不当補充が容易な状態を作出したという帰責事由が存する以上、白地手形未補充の手形取得者に補充権に関する危険を負担させるべきでない。
③保護に値しない者に対しては、重過失を認定することにより、柔軟に対処しうる。

C説 前田説

▶結論：未補充の白地手形の転得者については10条を適用し、完成後の白地手形の転得者については17条を適用する。
▶理由：補充権自体は無制限のものであり、補充権に関する合意は当事者間の手形外の合意にすぎない。
▶批判：10条はもともと不当補充の場合に白地手形の署名者と善意・無重過失の転得者との利益衡量の結果、前者に犠牲を払わせる趣旨で白地手形についての規定として置かれたものであり、完全手形についての17条の規定とはその適用場面を異にする。

6　白地手形と除権決定

(1)総説

　白地手形は、商慣習法上の指図証券に属するものとして民法施行法57条により、それを喪失した者は、公示催告手続を申し立て、除権決定を求めることができると解される（判例）。

→最判昭43・4・12民集22-4-911

　実質的にも、白地手形は、商慣習法上完成手形と同様の流通方法が認められており、善意取得の対象となるから、白地手形を喪失した場合には、善意取得を防ぐために、除権決定を得る必要がある。

　除権決定の効力としては、前述したように、一般に消極的効力と積極的効力とが認められるが、白地手形の場合には、白地を補充しないと権利行使できないため、除権決定の申立人が、補充権を行使する方法が問題となる（Q_5）。

(2)再発行請求の可否

　手形債務者が任意に手形の再発行を行った場合には、再発行された白地手形に補充することによって、権利を行使することができる（判例）。

→最判昭45・2・17判時592-90

　しかし、申立人の白地手形債務者に対する白地手形の再発行を請求する権利は認められないと考える（判例）。なぜなら、再発行請求権を認めると、申立人は権利行使の形式的資格のみならず、喪失手形を流通に置きうるのと同一の法的地位を回復することになり、除権決定制度の予想しない結果をもたらすことになるからである。

→判例セレクト10(1)

(3)手形外の意思表示による補充の可否

　判例は、手形外の意思表示によって補充することも許されないとしている。なぜなら、通常は手形外の意思表示によって補充できないのに、除権決定を得た場合にのみ補充できるとする理論的

→判例セレクト10(2)

根拠はないからである。

Q5 除権決定の申立人が補充権を行使する方法。

◁ランクB

A説　判例

▶結論：申立人の白地手形債務者に対する白地手形の再発行を請求する権利は認められない。また、手形外の意思表示によって補充することも許されない。

▶理由：①白地手形についての除権決定があっても、白地手形自体が復活するわけではない。
②申立人は、原因関係上の権利または利得償還請求権を行使しうるので、満足を受ける手だてはある。

▶批判：利得償還請求権は、手形に結合した権利と解すべきである。喪失手形につき除権決定を得て、利得償還請求権の行使を認めることは、結局は、白地手形の積極的効力を認めるということである。

▶備考：任意の再発行がないかぎり、除権決定を得たとしても手形上の権利行使は認められず、申立人は原因関係上の権利または利得償還請求権の行使によって満足を受けるしかない。もっとも、第三者による除権決定以後の善意取得を防止する点において、白地手形の除権決定を得る実益がある。

→判例セレクト10(1)(2)

B説　多数説

▶結論：除権決定の申立人は、補充権を行使することができる。
▶理由：白地手形を除権決定の対象と解する実益を認めるべきである。

B-1説　大隅、河本、田邊、弥永等

▶結論：手形外の意思表示によって白地を補充する権利を認める。
▶理由：①白地補充権も非訟事件手続法160条2項に定める「有価証書による権利」であるので、手形外の意思表示に基づいて補充できる。
②白地手形の再発行請求を受けてそれに補充するというのは迂遠である。

▶批判：白地手形の所持人には手形外の意思表示による補充は認められないのに、白地手形を喪失し、除権決定を受けた者に対しては認めるとする理論的根拠が明らかでない。

▶反論：①白地手形の所持人には手形外の意思表示による補充は認める必要がないのに対し、喪失した者が除権決定を得た場合には、これを認める以外に方法がない。
②除権決定により、補充によって完成されるべき手形債務負担の意思表示は、手形から切り離されているのであるから、意思表示の一般原則からみて、手形外で補充できるのは当然である。

B-2説　前田、髙窪、平出

▶結論：白地手形の再発行請求を認める。
▶理由：再発行を認めて権利行使を可能にしなければ、除権決定を認め

◆第10条　271

た意義が少なくなる。
▶批判：①再発行された手形に表章されている権利が喪失手形と同一と考えると、手形の設権証券性と抵触するし、異なっているとすると、善意取得者が存する場合に手形債務者は二重払の危険にさらされることになる。
②振出人が再発行に応じない場合には、強制のしようがない。

判例セレクト

1　白地手形の意義
　白地手形とは、後日他人をして手形要件の全部または一部を補充させる意思で、これに記載しない紙片に署名して発行されたものをいう(大判大10・10・1民録27-1686)。

2　白地手形の有効性
　白地手形の振出の有効なことは商慣習法上自明であるから、満期日を記載すべき場所を空白とした手形は必ずしも一覧払手形でなければならないわけではなく、白地手形であることもあるから、そのいずれかは各場合における当事者の意思で定められるものである(大判大15・10・18評論16-商158)。

3　本条の法意
　株式会社を振出人とする約束手形による金融依頼のため、手形用紙に会社取締役が振出人として署名したが、受取人、金額、満期等の手形要件は白地とし、金融を得られることが確定した後会社監査役においてすべてこれを補充する約束で交付したときは、交付を受けた者が約束に反しその手形を他に譲渡し、転々途上において上記白地要件が手形取得によって補充された場合においても、会社は補充された手形要件の文言に従って手形上の責任を負う(最判昭31・7・20手形小切手百選[6版]41事件)。

4　白地手形による権利の行使
(1)遡求権保全効
　確定日払の手形の所持人は、振出日白地のまま満期に支払のため呈示したとしても、裏書人に対する手形上の権利を行使することができない(最判昭41・10・13手形小切手百選[6版]40事件)。
(2)時効中断効
　白地手形のまま手形金請求の訴えを提起した場合でも、その訴え提起の時に時効の中断があったものと解すべきである(最大判昭41・11・2手形小切手百選[6版]44事件)。

5　受取人白地の手形
(1)手形上の権利行使
　受取人白地のままの約束手形によっては、手形金の請求をすることはできない。本件手形の受取人欄は白地のまま、原審の最終口頭弁論期日まで補充されなかったのであるから、上告人がその手形によって手形上の権利を行使しえない(最判昭41・6・16民集20-5-1046)。
(2)手形の交付による譲渡と17条
　受取人白地の為替手形を引渡しにより譲り受け、その所持人となった

者は、同時に白地補充権をも取得する。受取人白地の為替手形が引渡しにより譲渡された場合にも、17条の適用がある（最判昭34・8・18民集13-10-1275）。

6　補充権と時効
(1)満期の記載のない白地手形
　満期白地の手形の補充権の消滅時効については、商法522条の規定が準用され、その補充権は、これを行使しうべき時から5年の経過によって、時効により消滅すると解すべきである（最判昭44・2・20手形小切手百選[6版]42事件）。

(2)満期が補充された場合
　満期およびその他の手形要件を白地として振り出された手形の満期が補充された場合は、手形のその他の手形要件の白地補充権は、手形上の権利と別個独立に時効によって消滅することなく、手形上の権利が消滅しないかぎりこれを行使することができる（最判平5・7・20手形小切手百選[6版]43事件）。

7　10条の適用範囲──不当補充前の取得者
　本条の規定は、白地手形を取得した所持人がみずから補充に関する合意と異なる補充をした場合にも、適用される（最判昭41・11・10民集20-9-1756）。

8　不当補充についての悪意重過失等の立証責任
　約束手形の金額欄の白地の補充について、第三者が、補充権に関する合意に反することを知り、または重過失により知らないで、その白地を補充したこと、またはその合意に反して補充された手形を取得したことの立証責任は、振出人が負う（最判昭42・3・14手形小切手百選[6版]22事件）。

9　手形金請求棄却判決後の白地補充と手形上の権利の主張の可否
　白地手形の所持人は、手形金請求の前訴において、事実審口頭弁論終結前に白地補充権を行使しえたのにこれを行使しないため手形要件を欠くとして請求棄却の判決を受け、これが確定したときは、特段の事情のないかぎり、その後に白地部分を補充しても、後訴において手形上の権利の存在を主張することは許されない（最判昭57・3・30手形小切手百選[6版]46事件）。

10　白地手形と除権決定
(1)再発行請求の可否
　白地手形を喪失した者は、その手形について除権判決〔現除権決定〕を得た場合でも、手形債務者に対し喪失手形と同一の内容の手形の再発行を請求する権利を有しない（最判昭51・4・8手形小切手百選[6版]83事件）。

(2)手形外の意思表示による補充の可否
　喪失した白地手形について除権判決〔現除権決定〕を得た所持人が手形外で白地補充の意思表示をしても、これにより白地補充の効力が生ずるとはいえない（最判昭43・4・12民集22-4-911）。

第2章
裏書

■総　説

→試験対策・6章6節

1　手形の権利移転の方法

　手形の本来の権利移転の方法は裏書である。手形は、指図式で振り出されたときだけでなく、記名式であっても、振出人が特に指図禁止文句を付記していないかぎり、裏書によって譲渡されることが許される(**法律上当然の指図証券**〔11条1項〕)。

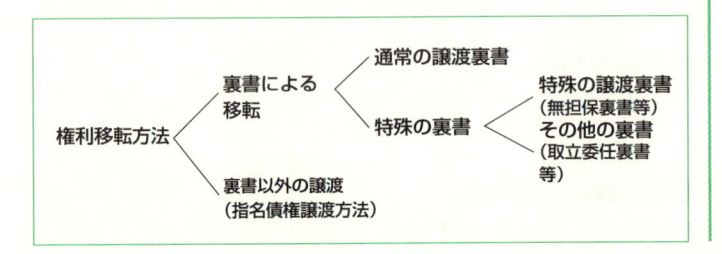

```
                            ┌ 通常の譲渡裏書
              ┌ 裏書による ─┤            ┌ 特殊の譲渡裏書
              │   移転      └ 特殊の裏書 ─┤ (無担保裏書等)
権利移転方法 ─┤                            └ その他の裏書
              │                              (取立委任裏書
              │                               等)
              └ 裏書以外の譲渡
                (指名債権譲渡方法)
```

第11条【法律上当然の指図証券性】　　B
①為替手形ハ指図式ニテ振出サザルトキト雖モ裏書ニ依リテ之ヲ譲渡スコトヲ得
②振出人ガ為替手形ニ「指図禁止」ノ文字又ハ之ト同一ノ意義ヲ有スル文言ヲ記載シタルトキハ其ノ証券ハ指名債権ノ譲渡ニ関スル方式ニ従ヒ且其ノ効力ヲ以テノミ之ヲ譲渡スコトヲ得
③裏書ハ引受ヲ為シタル又ハ為サザル支払人、振出人其ノ他ノ債務者ニ対シテモ之ヲ為スコトヲ得此等ノ者ハ更ニ手形ヲ裏書スルコトヲ得

　為替手形は、指図式(受取人またはその指図人に手形金額を支払ってほしい)という形式で振り出さなくても、裏書によって譲渡することができます。振出人が為替手形に「指図禁止」の文字等を記載したときは、指名債権の譲渡の方式で譲渡することができます。その効力は、指名債権の譲渡の効力しか生じません。裏書は、引受をした支払人や引受をしない支払人、振出人その他の債務者に対してもすることができます。これらの者は、さらに手形を裏書することができます。

1 趣旨

本条は、1項で手形が法律上当然の指図証券であること、2項で指図禁止手形(裏書禁止手形)、3項で戻裏書を規定する。

2 語句の意味

裏書とは、手形法に定められた方式による手形債権の譲渡行為をいう。

3 条文クローズアップ

1 法律上当然の指図証券性(1項)

通常、手形用紙の表面には、「上記の金額をあなたまたはあなたの指図人へこの約束手形と引替えにお支払いいたします」と記載される(約束手形の場合)。この「指図人へ」という文言が、条文にいう「指図式」であり、手形が裏書によって譲渡されることを示している。

しかし、1項は、このような記載がなくても、手形を法律上当然に裏書によって譲渡することができるとしている(法律上当然の指図証券性)。

2 指図禁止手形(裏書禁止手形)(2項)

(1)意義

振出人は、手形面上に「指図禁止」、「裏書禁止」またはこれと同一の意義を有する文言を記載することによって、手形の指図証券性を奪うことができる。このような文言を記載した手形を指図禁止手形(裏書禁止手形)という。

指図禁止手形が認められた趣旨は、債権の行使の安全性や確実性という利点の利用は欲するが、受取人に対する人的抗弁の主張制限や遡求金額の増大回避などの理由でその流通は欲しない、という振出人の利益を図るためである。

(2)指図禁止文句の記載

指図禁止文句の記載は明瞭でなければならない。

統一手形用紙には指図文句が不動文字で印刷されているので、手形に「指図禁止」、「裏書禁止」の文字が記載されているが、印刷してある指図文句も抹消されておらず、手形面上に指図文句と指図禁止文句とが併存している場合が生じうる。このような場合には、手形は有効であり、指図禁止手形となるかが問題となる。

判例・通説は、手形は有効であり、指図禁止文句が優先して、指図禁止手形となるとしている。なぜなら、指図文句は統一手形用紙に不動文字で印刷された無益的記載事項であるが、指図禁止文句は特定の手形だけに記載された有益的記載事項であるから、有益的記載事項が優先すると解するのが理論的だからである。ま

→判例セレクト1(2)

た、あらかじめ手形用紙上に印刷された文言と矛盾した記載が特に付加されたことが記載態様上明確なときには、手形行為者は既存の文言を変更する意思であると考えるのが合理的であるから、かかる追加的記載が優先すると考えるべきだからである。

(3) 指図禁止手形の譲渡の方式
　(a) 総説
　　指図禁止手形は、指名債権の譲渡の方式およびその効力をもって譲渡することができるとされている（11条2項）。
　(b) 「指名債権ノ譲渡ニ関スル方式……ヲ以テ」の意味
　　通説は、**譲渡の意思表示**だけでなく、**手形の交付**も必要と解している（手形の交付は譲渡〔権利移転〕の効力発生要件である）。なぜなら、手形の有価証券性が指図禁止文句によって失われるわけではなく、譲受人が手形の交付を受けておかないと、権利行使しえないばかりか、譲渡人による権利行使または二重譲渡を完全に防止しえないので、意思表示のみにより権利が移転するといっても意味がないからである。
　　さらに、民法467条の対抗要件（通知・承諾）を要するか否かについては争いがある（Q_1）。通説は、必要としている。

Q1 指図禁止手形の譲渡の際に、民法467条の対抗要件（通知・承諾）を要するか。　　◀ランクB

　A説　必要説（通説）
▶結論：民法467条の対抗要件も必要である。
▶理由：①指図禁止手形は、記名証券であって、無記名証券ではないので、単なる所持人を権利者と推定できないし、裏書があっても本来の資格授与的効力は認められず、譲渡人から譲渡通知により新債権者を知らされなければ、債務者には所持人が権利者かどうかわからない。
　　　　②手形の交付のみで足りるとすると、裏書の連続がない以上、善意支払の規定の適用がないから、債務者が二重払の危険にさらされる。

　B説　不要説（前田）
▶結論：民法467条の対抗要件は不要である。
▶理由：指図禁止手形といっても、権利と証券とが結合していることには変わりはなく、その譲渡に手形の交付を要する以上、債務者による譲渡人への履行や二重譲渡などの危険がないから、民法467条の対抗要件を要求する根拠がない。

(4) 指図禁止手形の譲渡の効力
　　指図禁止手形は、指名債権譲渡の効力のみを有するので（11条2項）、通常の譲渡裏書の被裏書人に認められる人的抗弁の主張

制限、善意取得の余地がないだけでなく、仮に裏書をしても、その裏書の記載には資格授与的効力は認められない。また、指図禁止手形については、裏書をしても、法律行為としての裏書の効力は生じないから、担保的効力も認められない。

3 指名債権譲渡方式による譲渡

(1)指名債権譲渡の方式による譲渡の可否

指図禁止手形以外の手形について、指名債権譲渡の方式によって譲渡することができるか(Q_2)。判例は、指図禁止手形以外の手形も指名債権譲渡の方式により譲渡することができることを認めている。通説も、指図禁止手形以外の手形も指名債権譲渡の方式(意思表示、手形の交付および民法467条の対抗要件〔通知・承諾〕)によって譲渡することができるとする。

→判例セレクト2

Q_2 指図禁止手形以外の手形について、指名債権譲渡の方式で譲渡できるか。

◁ランクB

A説 肯定説(判例、通説)

→判例セレクト2

▶理由：①譲渡の当事者とりわけ譲受人が裏書による譲渡に認められる手形法的保護(人的抗弁の主張制限、善意取得等)を受けなくてもよいというのであれば、指名債権譲渡の効力のみが認められるという事態が生じてもよいところ、手形法的譲渡方法が採用されなければ手形法的保護が付与されないのは当然であるが、だからといってその他の譲渡方法を否定する必要はない。
②譲渡人に、指名債権譲渡の方式によって譲渡する必要が例外的にでもある場合には、その効力まで否定することはなく、絶対的無効とするより所持人に有利であるし、手形の交付を要求する以上、呈示証券性などの結果、債務者にも不利益はない。

B説 否定説(伊沢)

▶理由：対抗要件に関する民法の規定は強行規定と解すべきだから、指図証券を譲渡する場合に指名債権譲渡の対抗要件を具備しても第三者に対抗できず、手形が指図証券である以上、裏書という対抗要件を必ず具備することを要する。

▶批判：民法469条は指図債権として譲渡する場合について対抗要件を定めたものであり、手形を指名債権譲渡の方式で譲渡する場合には指図債権ではなく指名債権譲渡としての効力が生ずればよいのであるから、指名債権譲渡の対抗要件をみたせばよいと考える余地がある。そうだとすれば、仮に民法469条が強行法規だとしても許されることになる。

(2)指名債権譲渡の方式による譲渡の効果

指名債権譲渡の方式による手形取得者は、指図禁止手形の場合

と同様に、手形法的保護(人的抗弁の主張制限、善意取得等)を受けることができない。

指名債権譲渡の方式による手形取得者は、裏書によりさらに譲渡することができるか。通説は、指名債権譲渡の方式により手形を譲り受けたとしても、それによりその手形が指図証券性を失うものではないとして、そのような手形取得者は、裏書によりさらに譲渡することができるとする。

なお、指名債権譲渡の方式による手形債権の一部譲渡は認められていない(判例)。なぜなら、「これによって権利の分属的帰属の生ずることは手形法12条2項所定の一部裏書の場合と異なるものではないから、右譲渡について同項を類推適用し、これを無効と解するのが相当」だからである。

→最判昭60・7・2判時1178-144

4　戻裏書(3項)

(1)意義

戻裏書とは、手形上の債務者(振出人・引受人・裏書人・保証人・参加引受人)を被裏書人とした裏書をいう。

なお、3項は、引受なき支払人に対する裏書をも掲げるが、かかる者は債務者ではないから、戻裏書とはいえない。これは、為替手形の場合には、小切手と違って、譲渡を受けた支払人がさらに他に譲渡しうる旨を注意的に規定したにすぎないと解されている。

(2)戻裏書が認められる根拠

戻裏書を受けた者は、その手形につき債務者でもあり債権者でもあることになるが、なぜ民法の一般規定である混同法理(民520条)が、戻裏書の場合において手形法11条3項により排除され、手形債権は消滅しないのか。

通説は、11条3項は手形関係にはおよそ混同法理が適用されないという手形債権の性質上当然のことを注意的に規定したにすぎないと解している。なぜなら、手形上の法律関係においては、当事者の概念は形式的かつ非個性的性質を有し、当事者資格の兼併が認められ、手形債権は客観的財産として流通性を有する有価証券のかたちをとっているからである。

古い判例には、戻裏書にも民法の混同法理が原則として適用されるが、手形法11条3項は手形流通の保護の目的で政策的に置かれた、民法520条の例外的特則であるとしたものがある。

→大判昭6・12・23民集10-1275

(3)戻裏書の被裏書人の権利行使

戻裏書の被裏書人は、自己だけでなくその中間の手形義務者に対しても手形上の権利を行使することができないと解されている。なぜなら、そのような権利行使を認めても無意味だからである。すなわち、戻裏書の被裏書人は手形権利者であるが、同時にそれ以前において、その中間者に対して手形金の支払義務・遡求

義務を負っているため、これを認めることにより生ずる遡求手続の循環を避ける必要があるからである。

(4) 満期日または流通期間経過と戻裏書

　約束手形の振出人（為替手形の引受人）などの主たる手形債務者が、戻裏書を受けたため所持人として満期日または流通期間経過を迎えた場合や、その期間後に戻裏書を受けた場合において、手形債権は満期日に消滅するか。

　これらの者は、本来満期に支払をなすべき義務者である以上、当然そのときに支払がなされたとみるのが自然であるし、また、満期日に手形金支払をする旨を表示した者だから、満期後支払をせずに他に譲渡するのは自己の意思表示と矛盾した行動になる。したがって、これらの場合には、手形債権は満期日に当然に消滅すると解すべきである。

(5) 戻裏書の法的性質

　戻裏書の法的性質については争いがある（Q_3）。通説は、戻裏書も裏書であり、裏書の本質は債権譲渡であるから、戻裏書を受けた者は、戻裏書により裏書人から権利を承継的に取得すると解している（権利再取得説）。

Q3 戻裏書の法的性質をいかに解すべきか。

◀ランクB+

A説　権利復活説
- ▶結論：戻裏書を受けた者は、戻裏書により裏書前に有した地位ないし権利を回復する。
- ▶批判：中間裏書人について人的抗弁が存する場合に、戻裏書を受けた者に害意があっても、抗弁が承継されないことになりかねず妥当でない。

B説　権利再取得説
- ▶結論：戻裏書を受けた者は、戻裏書により裏書人から権利を承継的に取得する。
- ▶理由：戻裏書も裏書であり、裏書の本質は債権譲渡である。

5　裏書の抹消による譲渡

(1) 抹消後の譲渡

　手形の裏書人は、自己以降を抹消した手形の返還を受けることにより、手形上の権利を取得することができると解されている（判例）。

→判例セレクト3(1)

　なぜなら、手形法は戻裏書ができると規定しているだけであって（3項）、抹消による譲渡を禁止していないからである。また、中間裏書人は、自己の負う義務が裏書抹消によって免責される利益を得ることはあるが損失を受けることはないし、それ以外の前者も、特に利害関係をもつことはないから、この方法を認めても、

◆第11条

従来の手形債務者のだれにも不利益を与えないからである。
(2)抹消前の譲渡

　裏書が抹消されずに権利移転の趣旨で裏書人に手形が返還された場合にも、裏書人は手形上の権利を取得することができると解されている(判例)。そして、そのような裏書人は、裏書を抹消して権利行使をすることができる。　　　　　　　　　　　→判例セレクト3(2)

　なぜなら、抹消は署名を要せず、だれが行っても同様だからである。また、手形の返還により権利を再取得した後の裏書の抹消は、譲受人の実質的権利に対応した形式的資格作出のための手段にすぎないからである。
(3)譲渡の効力

　以上のような譲渡には、手形法的な譲渡とみて、白地式裏書がなされた手形の交付(14条2項3号)と同じ効力(人的抗弁の主張制限、善意取得など)が認められると考える。なぜなら、同じ効力を認めても、だれの不利益にもならないし、他の手形関係者の期待にも反しないからである。
(4)被裏書人欄の抹消による譲渡　　　　　　　　　　　　→16条

判例セレクト

1　指図禁止文句
(1)甲殿「限り」

　統一手形用紙を使用した約束手形の受取人欄に受取人の氏名に続けて、「限り」と明白に読み取れる記載がある場合には、指図禁止と同一の意義を有する文言の記載にあたる(最判昭56・10・1判時1027-118)。
(2)指図文句と指図禁止文句との併存

　手形の振出人が、手形用紙に印刷された指図文句を抹消することなく、指図禁止文句を記載したため、指図文句と指図禁止文句が併記されている場合には、特段の事情がないかぎり、指図禁止文句の効力が優先し、その手形は裏書禁止手形にあたる(最判昭53・4・24手形小切手百選[6版]48事件)。

2　指名債権譲渡の方式による譲渡

　約束手形の受取人甲が、乙からその手形の割引を受け、裏書をしないでこれを乙に交付したときは、甲は、指名債権譲渡の方法によって乙にその手形債権を譲渡したものと解するのが相当である(最判昭49・2・28手形小切手百選[6版]49事件)。

3　裏書の抹消による譲渡
(1)抹消後の譲渡

　手形の裏書人が再び手形上の権利を譲り受けるには、爾後の裏書の抹消の方法によることもできる(大判昭8・11・20民集12-2718)。
(2)抹消前の譲渡

　手形上の権利が裏書によりいったん被裏書人に移転された場合で

も、その後裏書人が被裏書人から当該手形の返還を受けるときは、さきの裏書を抹消すると否とにかかわらず、裏書人は再び手形上の権利を取得するものと解するのが相当である(最判昭31・2・7手形小切手百選［6版]54事件)。

> **第12条【裏書の要件】　　B**
> ①裏書ハ単純ナルコトヲ要ス裏書ニ附シタル条件ハ之ヲ記載セザルモノト看做ス
> ②一部ノ裏書ハ之ヲ無効トス
> ③持参人払ノ裏書ハ白地式裏書ト同一ノ効力ヲ有ス

裏書には条件を付けてはなりません。裏書に条件を付けても、条件は記載されなかったものとみなされます。一部の裏書は無効とされます。持参人払(だれでも手形を持参する人に支払ってほしい)の裏書には、白地式裏書と同一の効力があります。

1 趣旨

本条は、1項で裏書の単純性、2項で一部裏書の禁止、3項で持参人払式裏書を規定する。

2 語句の意味

裏書とは、手形法に定められた方式による手形債権の譲渡行為をいう。

3 条文クローズアップ

1 裏書の単純性(1項)

支払委託文句(1条2号)、支払約束文句(75条2号)と同じく、裏書にも条件を付けてはならない(1項前段)。

裏書に条件が付された場合には、手形法は、裏書自体を無効とはせず、条件のみを記載がないものとみなすことにしている(1項後段)。

2 一部裏書の禁止(2項)

(1)意義

一部裏書とは、もともと、裏書人が手形金額の一部についての権利のみを他に譲渡し、残部は自己に保留しておく場合のことを意味する。しかし、手形金額を数個に分けて、複数の相手方に別々に譲渡することも一部裏書に属する。

(2)一部裏書の禁止の趣旨

一部裏書を禁止する趣旨は、手形権利の行使にあたっての複雑

さを避ける点にある。

3　持参人払式裏書（3項）

持参人払式裏書とは、「表記の金額をこの為替手形の持参人へお支払いください」と記載してなされる裏書のことをいう。

しかし、現在一般に使われている手形用紙には、これとは異なる文言がすでに印刷されているから、持参人払式の裏書がなされることは、実際上ほとんどない。このような裏書がなされた場合には、それは白地式裏書と同一の効力をもつ。

第13条【裏書の方式】　　B
①裏書ハ為替手形又ハ之ト結合シタル紙片（補箋）ニ之ヲ記載シ裏書人署名スルコトヲ要ス
②裏書ハ被裏書人ヲ指定セズシテ之ヲ為シ又ハ単ニ裏書人ノ署名ノミヲ以テ之ヲ為スコトヲ得（白地式裏書）此ノ後ノ場合ニ於テハ裏書ハ為替手形ノ裏面又ハ補箋ニ之ヲ為スニ非ザレバ其ノ効力ヲ有セズ

裏書をするには、為替手形またはこれと結合した紙片（補箋）に記載して、裏書人が署名しなければなりません。裏書は、裏書を受ける者（被裏書人）を指定しないで、または単に裏書人の署名のみですることができます（白地式裏書）。この場合には、裏書は、為替手形の裏面または補箋にしなければ、効力が生じません。

→試験対策・6章6節①

1 趣旨

本条は、裏書の方式について規定する。

2 語句の意味

裏書とは、手形法に定められた方式による手形債権の譲渡行為をいう。

3 条文クローズアップ

1　裏書の意義

裏書も手形行為であるから、手形行為一般の成立要件（たとえば、手形行為能力、瑕疵のない意思表示）をみたさなければならない。

また、裏書も手形行為である以上、要式行為であり、手形、補箋（手形と結合した紙片）、または謄本の上に一定事項を記載して裏書人が署名し、被裏書人にこれを交付する。

裏書の方式として、手形の交付が必要である（判例）。

→大判明44・12・25民録17-904

2 裏書の方式

(1) 記名式裏書（1項）

記名式裏書とは、裏書人の署名のほか、裏書文句と被裏書人の名称を記載した裏書をいう（1項）。

通説は、被裏書人の重畳的記載、選択的記載は、いずれも許されると考えている。なぜなら、重畳的記載は、その数人が権利を取得するだけであり、また、選択的記載は、そのいずれか交付を受けた者が権利を取得するだけだからである。

(2) 白地式裏書（2項）

白地式裏書とは、被裏書人の名称を記載しないでする裏書をいい、さらに裏書文句も記載しないで証券の裏面（または補箋）に署名しただけでもよい（2項）。単に裏書人の署名だけがあり裏書文句も被裏書人の名称も記載がない裏書を、特に**略式裏書**という。

白地式裏書は、補充がなければ有効な支払呈示とならない白地手形と異なり、空欄の補充を予定せず、そのままで有効な支払呈示となる。

判例セレクト

共同受取人と裏書の方法

手形の受取人は複数でもよいが、共同受取人は共同してのみ裏書をすることができる（大判大15・12・17民集 5 -850）。

第14条【裏書の権利移転的効力】　B⁺

①裏書ハ為替手形ヨリ生ズル一切ノ権利ヲ移転ス
②裏書ガ白地式ナルトキハ所持人ハ
　1　自己ノ名称又ハ他人ノ名称ヲ以テ白地ヲ補充スルコトヲ得
　2　白地式ニ依リ又ハ他人ヲ表示シテ更ニ手形ヲ裏書スルコトヲ得
　3　白地ヲ補充セズ且裏書ヲ為サズシテ手形ヲ第三者ニ譲渡スコトヲ得

裏書によって、為替手形を取得した人（被裏書人）は、為替手形により生じるいっさいの権利を取得します。裏書が白地式であるときは、所持人は、自分の名称または他人の名称で白地を補充することができますし、白地式によってまたは他人を表示してさらに手形を譲渡することができますし、白地を補充せず、かつ、裏書をしないで手形を第三者に譲渡することもできます。

→試験対策・6章6節1【2】(1)

1 趣旨

本条は、1項で裏書の権利移転的効力、2項で白地式裏書を受けた者の譲渡方法につき規定する。

2 条文クローズアップ

1 裏書の権利移転的効力（1項）

(1)総説

裏書によって、裏書人の有する手形上のいっさいの権利が被裏書人（白地式裏書の場合は手形取得者）に移転する（1項）。これを裏書の**権利移転的効力**という。これは、裏書の本質的効力であると解される。そして、1項の文言から、裏書による手形の譲渡は、手形債権の譲渡であると解することができる（債権承継説）。

(2)手形の裏書と民事保証債務（担保物権）の移転の有無

通説は、手形債権について手形外で民事保証契約を締結したり、担保物権を設定したりすることができるとするが、その場合において、手形の裏書の際に民事保証債務（担保物権）も移転するかについては争いがある。

判例・多数説は、民事保証債務（担保物権）は裏書の権利移転的効力によって被裏書人に当然に移転するものではないが、民事保証債務（担保物権）の付従性・随伴性により、主たる債権の移転とともに移転し、この理は主たる債権の種類や債権譲渡の態様によって別異に解すべきではないとして、民事保証債務（担保物権）は当事者の特段の合意がないかぎり移転するとする。

→最判昭45・4・21手形小切手百選［6版］50事件

(3)裏書による権利の移転と原因関係

通説は、裏書による権利の移転は、原因関係の不存在や消滅などによって影響を受けない無因行為であると解している。なぜなら、証券に表章された債権の譲渡は、原因行為とは別個の外形的事実を伴う行為である証券の交付によりなされるから、当然には原因行為の瑕疵は譲渡行為の効力を左右しないといえるし、また、裏書を有因的に構成するのは、12条1項の裏書の単純性に反するからである。

2 白地式裏書を受けた者の譲渡方法（2項）

白地式裏書のなされている手形を譲渡するときは、次の3つの方法によって行う。いずれの方法も手形法的権利移転方法であり、したがって後述する善意取得（16条2項）および人的抗弁の主張制限（17条本文）が適用され、かつ、資格授与的効力が認められる。

第1は、被裏書人欄に自分の名称を補充したうえで（2項1号）、またはそれを白地のまま（2項2号）、さらに次の裏書（記名式裏書でも白地式裏書でもよい）をする方法である。この場合には、裏書人は裏書署名をしているから、担保的効力が認められる。

→15条

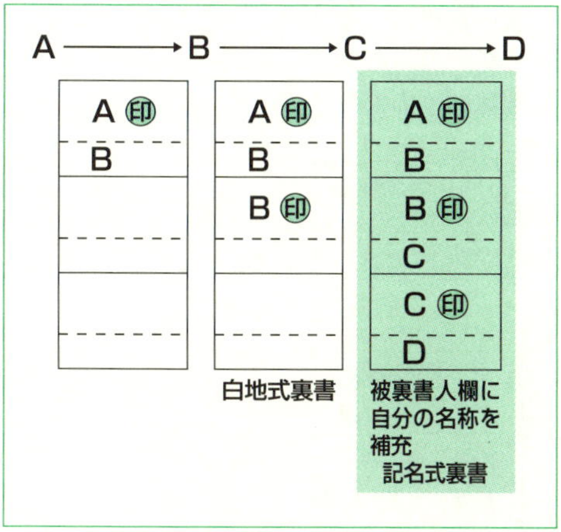
A → B → C → D
A ㊞
B
A ㊞
B
B ㊞
A ㊞
B
B ㊞
C
C ㊞
D
白地式裏書
被裏書人欄に
自分の名称を
補充
記名式裏書

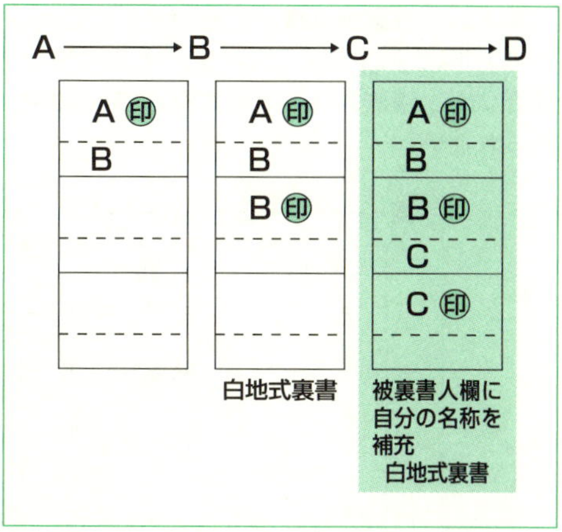
A → B → C → D
A ㊞
B
A ㊞
B
B ㊞
A ㊞
B
B ㊞
C
C ㊞
白地式裏書
被裏書人欄に
自分の名称を
補充
白地式裏書

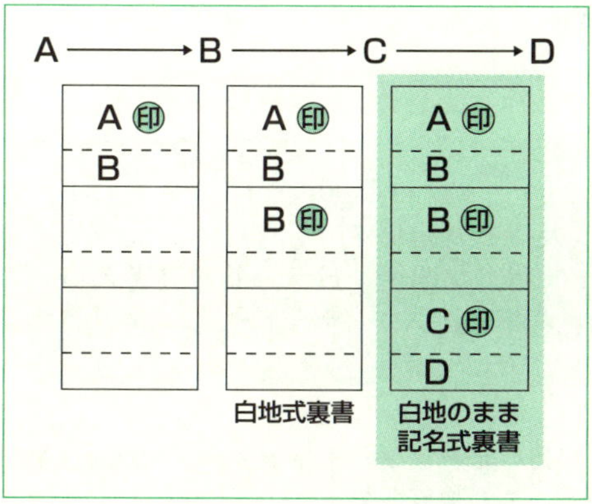
A → B → C → D
A ㊞
B
A ㊞
B
B ㊞
A ㊞
B
B ㊞
C ㊞
D
白地式裏書
白地のまま
記名式裏書

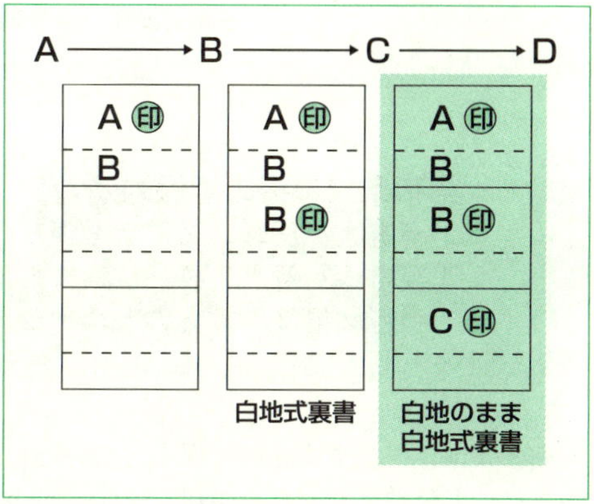
A → B → C → D
A ㊞
B
A ㊞
B
B ㊞
A ㊞
B
B ㊞
C ㊞
白地式裏書
白地のまま
白地式裏書

第2は、被裏書人欄に直接譲受人(他人)の名称を補充して(2項1号)、それを譲受人に交付する方法である。この場合には、譲渡人は裏書署名をしていないから、担保的効力が認められない。

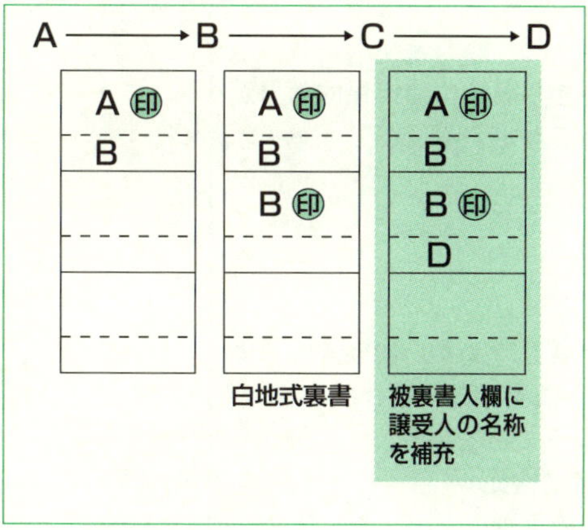
A → B → C → D
A ㊞
B
A ㊞
B
B ㊞
A ㊞
B
B ㊞
D
白地式裏書
被裏書人欄に
譲受人の名称
を補充

第3は、被裏書人欄を白地のままにし、かつ、次の裏書もしないで、単に手形を譲受人に交付する方法である（2項3号）。この場合にも、譲渡人は裏書署名をしていないから、担保的効力が認められない。

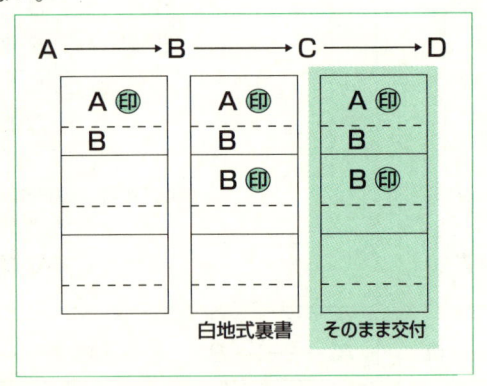

```
A ──→ B ──→ C ──→ D

  ┌──────┐  ┌──────┐  ┌──────┐
  │ A印  │  │ A印  │  │ A印  │
  ├──────┤  ├──────┤  ├──────┤
  │  B   │  │  B   │  │  B   │
  ├──────┤  ├──────┤  ├──────┤
  │      │  │ B印  │  │ B印  │
  ├──────┤  ├──────┤  ├──────┤
  │      │  │      │  │      │
  └──────┘  └──────┘  └──────┘
             白地式裏書  そのまま交付
```

第15条【裏書の担保的効力】　A
① 裏書人ハ反対ノ文言ナキ限リ引受及支払ヲ担保ス
② 裏書人ハ新ナル裏書ヲ禁ズルコトヲ得此ノ場合ニ於テハ其ノ裏書人ハ手形ノ爾後ノ被裏書人ニ対シ担保ノ責ヲ負フコトナシ

　裏書人は、引受や支払の担保をしないという文言を記載しないかぎり、引受および支払を担保します。裏書人は、この後裏書をしてはならないということを記載して裏書をすることができます。この場合には、その裏書人は、その後の被裏書人に対し担保責任を負いません。

→試験対策・6章6節【2】(2)

1　趣旨
　本条は、1項で無担保文句のないかぎり裏書には担保的効力があること、2項で裏書禁止裏書について規定する。

2　条文クローズアップ
1　裏書の担保的効力（1項）
(1) 意義
　裏書の担保的効力とは、裏書人が、裏書により、被裏書人およびその後の譲受人に対し、手形の引受（為替手形の場合）、支払を担保する義務（償還義務、遡求義務）を負うことをいう。
(2) 裏書人の担保的効力の理論的根拠（法的性質）　　→7条
(3) 手形行為独立の原則の裏書への適用の可否　　→7条

(4) 例外—担保的効力が認められない場合

　裏書のなかには、例外的に担保的効力が認められない場合がある。

　第1に、裏書が法律行為として有効でない場合である。担保的効力は、法律行為としての裏書の効力であるから、裏書が法律行為として有効でない場合には、当然のこととして、担保的効力は生じない。たとえば、指図禁止手形については、裏書をしても、法律上は裏書とは認められない。

　第2に、期限後裏書の場合である。期限後裏書には、「指名債権ノ譲渡ノ効力」(20条1項ただし書)しか認められないので、担保的効力は認められない。 →20条

　第3に、裏書人の意思に基づいて一定の記載をすることによって裏書の担保的効力を排除した場合である。裏書の担保的効力は、裏書の第1次的効力ではないので、裏書人の意思に基づいて一定の記載をすることによって排除することができる。たとえば、無担保裏書(1項)、裏書禁止裏書(2項)である。

　第4に、被裏書人が固有の経済的利益を有しない場合である。たとえば、取立委任裏書には、裏書の担保的効力は認められない。 →18条

　最後に、戻裏書の場合である。戻裏書の場合には、取得者は、原則として中間者に対して責任を追及することができないから、そのかぎりにおいて担保的効力はない。 →11条

2　無担保裏書(1項)

　無担保裏書とは、裏書人が「無担保」「支払・引受無担保」などの文句(無担保文句)を記載した裏書をいう。

　裏書人は、担保責任を負わない旨を記載して裏書をすることができる。無担保裏書の裏書人は、その後全員に対して担保責任を負わない。

3　裏書禁止裏書(2項)

(1) 意義

　裏書禁止裏書とは、裏書人が新たな裏書を禁ずる旨の記載をしてなした裏書をいう。

(2) 効力

　この場合には、振出人が裏書禁止の記載をした指図禁止手形(裏書禁止手形〔11条2項〕)と異なり、被裏書人はその後も裏書により手形上の権利を移転することができる。すなわち、裏書禁止裏書によっては、指図証券性は失われない。

　しかし、通説は、2項後段の文言に従って、裏書禁止裏書をした裏書人は、自己の直後の被裏書人に対して担保責任を負うが、それ以後の被裏書人に対しては担保責任を負わないと解している。

◆第15条

判例セレクト

手形に署名したが交付しない裏書人の手形上の責任
　手形受取人は、裏書譲渡の意思で被裏書人白地のまま当該手形に署名をした場合には、手形を譲受人に交付することなくそのまま振出人に返還したときでも、その手形の適法の所持人に対し手形債務を負担する（最判昭42・2・3民集21-1-103）。

第16条【裏書の資格授与的効力】　　A

①為替手形ノ占有者ガ裏書ノ連続ニ依リ其ノ権利ヲ証明スルトキハ之ヲ適法ノ所持人ト看做ス最後ノ裏書ガ白地式ナル場合ト雖モ亦同ジ抹消シタル裏書ハ此ノ関係ニ於テハ之ヲ記載セザルモノト看做ス白地式裏書ニ次デ他ノ裏書アルトキハ其ノ裏書ヲ為シタル者ハ白地式裏書ニ因リテ手形ヲ取得シタルモノト看做ス

②事由ノ何タルヲ問ハズ為替手形ノ占有ヲ失ヒタル者アル場合ニ於テ所持人ガ前項ノ規定ニ依リ其ノ権利ヲ証明スルトキハ手形ヲ返還スル義務ヲ負フコトナシ但シ所持人ガ悪意又ハ重大ナル過失ニ因リ之ヲ取得シタルトキハ此ノ限ニ在ラズ

　為替手形の占有者が裏書の連続によってその権利を証明するときは、適法な所持人とみなされます。最後の裏書が白地式の場合であっても、同様です。抹消した裏書は、裏書の連続との関係において、記載しなかったものとみなされます。白地式裏書の次に裏書があるときは、その裏書をした者は、白地式裏書によって手形を取得したものとみなされます。

　事由が何であれ、為替手形の占有を失った者がある場合において、所持人が1項の規定によってその権利を証明するときは、所持人は、手形を返還する義務を負いません。ただし、所持人が知っていたか、または重大な過失で知らなくて手形を取得したときは、手形を返還する義務を負います。

1 趣旨

　本条は、裏書の資格授与的効力（1項）と、それを前提とした手形の善意取得（2項）について規定する。

2 条文クローズアップ

1　資格授与的効力
(1)意義
　資格授与的効力とは、有効な裏書が権利移転的効力を有することを背景として、被裏書人として手形上に記載された者は、その

裏書により権利を取得したものと推定されることをいう。

裏書の記載という外形的事実には、その裏書が法律行為として有効であるか否かを問わず、資格授与的効力が認められる。

(2)趣旨

裏書の記載があっても、必ずしも法律行為としての裏書が有効であるとはいえず、手形上に被裏書人として記載された者が、その裏書により権利を取得しているとはかぎらない。しかし、手形上の権利は裏書により裏書人から被裏書人に移転するのが原則であり、裏書の記載がある場合には、法律行為としての裏書が有効に存在するのが通常である。そうすると、被裏書人として記載されている者が手形を所持しているときは、その者は、裏書により手形上の権利を取得した結果、手形を所持している蓋然性がある。そこで、1項は、そのような蓋然性を法的制度にまで高めて、裏書の記載に資格授与的効力を認めた。

なお、手形法には、裏書自体の資格授与的効力に関する規定は存在しないが、1項は、裏書の資格授与的効力を前提とした規定ということができる。

2 裏書の連続

(1)意義

裏書の連続とは、手形の記載上、受取人から最後の被裏書人に至るまで各裏書の記載が間断なく続いていることをいう。

(2)裏書の連続の判断基準

(a)手形の記載からの形式的・外形的判断

裏書の連続の判断基準が問題となる。通説は、裏書の連続に認められる資格授与的効力は、裏書の連続という外形的事実に着目したものであるから、裏書の連続の有無は、手形の記載から**形式的・外形的に判断**すべきであって、手形の記載以外の事実関係によって判断すべきでないとしている。

したがって、実質的には無効な裏書(たとえば、偽造、無権代理、制限行為能力者による裏書)や実在しない会社の裏書であっても、裏書の連続は妨げられない(判例)。　　　→判例セレクト1(1)(a)

他方で、実際には同一人であっても、手形上の記載からは同一人とは判断できない場合には、裏書の連続を欠くことになる。

(b)社会通念による同一性判断

裏書人と直前の(受取人ないし)被裏書人との記載は完全に一致する必要はなく、**社会通念上同一人**と認められれば、裏書の連続は肯定される(判例)。2つの記載が形式的・外形的にみて厳密・正確に一致するときにだけ、裏書の連続を認めれば判断は簡単であるが、かかる判断によるときわめて多数のケースで裏書の連続が否定され、手形取得者の保護、ひいては手形取引　　→大判昭10・1・22民集14-31

の衰退を招きかねないからである。
(c)多義的記載と裏書の連続

　以上の判断基準を前提として、(受取人ないし)被裏書人およびそれに続く裏書人の記載の一方または両方の記載が多義的で、個人の表示か代理(代表)の表示か不明確な場合において、どのような方法で裏書の連続を判断するかについては争いがある(Q_1)。

Q1 (受取人ないし)被裏書人およびそれに続く裏書人の記載の一方または両方の記載が多義的で、個人の表示か代理(代表)の表示か不明確な場合において、どのような方法で裏書の連続を判断するか

◁ランクA

A説 単独確定論(従来の判例)
▶結論：2つの記載を別個に切り離し、その一方の不明確な記載を単純に記載態様から観察して内容を確定した後に、これをつき合わせて裏書の連続の有無を判断する。
▶批判：個人の表示とも代理(代表)の表示ともわからない記載を、それだけ切り離してその意味を確定しようとするのは本来無理な態度である。

→最判昭27・11・25民集6-10-1051

B説 比較対照確定論(現在の判例、通説)
▶結論：最初から2つの記載を比較・対照して、多義的内容のうちのどちらかが一義的内容の記載に一致するかを判断する(その際には、社会通念によりできるかぎり、裏書の連続を肯定する)。
▶備考：裏書人の記載が多義的である場合には、だれが債務者かという問題が生ずるので、裏書人の記載を基準として、(受取人ないし)被裏書人の記載と連続すると評価できるかで判断すべきであるとする見解もある。

→判例セレクト1(2)

　なお、2つの記載のどちらもが個人または法人であるかが明らかであり、かつ、両者が食い違っている場合(たとえば、被裏書人「甲」、次の裏書人「乙株式会社代表取締役甲」)においては、通説は、裏書の連続を否定している。

(d)相続人など包括承継人の肩書表示と裏書の連続

　前の被裏書人が被相続人「A」、次の裏書人が「A相続人B」というように、相続人が相続人という肩書を表示して手形に裏書署名している場合について、裏書の連続を肯定することができるか。通説は、裏書の連続を否定している。裏書の連続に種々の法的効果が付与されるのは、個々の裏書の外形がもつ資格授与的効力の集積によるものであって、この資格授与的効力は、手形債権が裏書により通常は移転するという蓋然性に対し法的効果が付与されたものである。しかし、権利移転があるとすれば、

それは相続という手形外の法的事実によるものであって、手形上の「相続」という記載によって生じるものではない。したがって、相続人という記載からは何ら権利移転の蓋然性は認められないから、その外形に前記法的効果を与えることはできない。

(3) 白地式裏書と裏書の連続

最後の裏書が白地式裏書の場合には、そのような手形の所持人は、裏書の連続ある手形の所持人とみなされる(1項2文)。

また、白地式裏書に次いで他の裏書があるときは、裏書の連続との関係では、その裏書をなした者は、白地式裏書によって手形を取得したものとみなされる(1項4文)。

(4) 裏書の抹消と裏書の連続

抹消した裏書は、裏書の連続との関係では、記載しなかったものとみなされる(1項3文)。これは、抹消された場合には権限者により抹消された可能性が高いからである。

なお、裏書の連続の有無は、もっぱら手形上の記載により形式的・外形的に判断されるべきものであるから、抹消が権限に基づいてなされたか否かは問題ではない(判例)。

→判例セレクト1(3)(a)

(5) 被裏書人欄の記載のみの抹消と裏書の連続

記名式裏書の被裏書人欄の記載のみが抹消された場合において、その抹消は裏書の連続との関係においてどのような効果をもたらすか(Q_2)。

判例・通説は、白地式裏書になるとみる(白地式裏書説)。

→判例セレクト1(4)

Q2 記名式裏書の被裏書人欄の記載のみが抹消された場合において、その抹消は裏書の連続との関係においてどのような効果をもたらすか。

◁ランクA

A説 全部抹消説(従来の多数説)

▶結論：裏書が全体として抹消されたとみる。
▶理由：権利者(被裏書人)の指定は重要な問題であるから、被裏書人の記載の抹消は裏書全部の抹消と同視する。
▶批判：①被裏書人を抹消して白地手形として流通させることを望む当事者の意思を害する。
　　　②手形の外形に反する。

B説 白地式裏書説(判例、現在の多数説)

→判例セレクト1(4)

▶結論：白地式裏書となるとみる。
▶理由：①抹消された被裏書人の記載のみないものとみることが、外形から見て自然な判断である。
　　　②抹消者の合理的意思は、抹消部分だけを消して裏書署名を残そうとする趣旨である。
▶批判：不正取得者が最後の被裏書人の記載を抹消することにより、容易に自己の形式的資格を作出でき、不正利用の危険が高まる。

▶反論：全部抹消説によっても、裏書を偽造すれば容易に形式的資格を作出することができるから、不正利用の危険を、特にこの場合で重視すべきではない。

C説 権限考慮説
▶結論：権限のある者によって行われた場合は白地式裏書になるが、無権限者によって行われたときには、抹消の効力が生じない。
▶批判：裏書の抹消は、裏書の偽造と同様に、裏書の連続の成否との関係では、形式的・外形的に判断すべき問題であるから、この説のように、抹消権限者による抹消かどうかにより効力を区別するのは妥当でない。

(6)裏書の連続の効果
　(a)裏書の連続の資格授与的効力
　　裏書の連続の資格授与的効力とは、裏書の連続した手形の所持人が、**個々の裏書の有する資格授与的効力の集積の結果**、権利行使の際に権利者と推定されることをいう(1項1文)。そして、善意取得(2項)、善意支払(40条3項)、は、裏書の連続と結びつけられている。
　(b)1項1文の「適法ノ所持人ト看做ス」の意味
　　1項1文は、裏書の連続する手形の占有者を「適法ノ所持人ト看做ス」と規定しているが、判例・通説は、手形上の権利者と「推定ス」と読み替えるべきであるとしている。なぜなら、文字どおり「看做ス」の意味に解すると、手形を盗取した者が自己への裏書を偽造して裏書の連続を作出したときでも、その者を権利者として扱うことになり、不都合だからである。　　　→判例セレクト3(1)
　(c)権利者と推定されるという意味
　　民法・民事訴訟法の一般原則によれば、権利行使者は、自己が権利者であること(最初の権利者から自己に至るまで実質的に有効な権利移転が順次行われた事実)を主張・立証する必要があるはずである。しかし、裏書連続手形の所持人は、裏書の連続した手形を所持する事実を主張・立証すればよく、手形債務者がその権利行使を拒絶するには、積極的に所持人が無権利者だということ(単に所持人に至る間に無権利者が介在したという事実だけでなく、所持人に至るまで善意取得も生じていないという事実まで)を債務者自身が主張・立証しなければならない(判例)。　　　→判例セレクト3(2)
　　このように、手形所持人の権利行使を容易ならしめるために挙証責任の転換を図っているのが1項1文の趣旨である。
　　なお、裏書の連続した手形の所持人が権利者と推定されるためには、手形の記載上裏書が連続するだけでなく、最終の被裏書人と手形の所持人とが同一人である必要があるが、通説は、最終の被裏書人と手形の所持人との同一性の点は、所持人が手

形外の事実関係により立証しなければならないとしている。所持人にこの点の立証責任を負わせると手形取引の安全を害するとの疑問もあるが、最終の被裏書人と手形の所持人との同一性を推定する根拠がないので、その立証を所持人に要求しないわけにはいかないからである。しかも、たとえば運転免許証の呈示によるなど、この点の立証は事実上さほど困難ではないので、これを負わせても手形取引の安全を害することはない。

(7) 裏書不連続手形の効果——権利行使の許否

まず、手形が裏書の連続を欠く場合において、その手形の所持人は、手形上の権利を行使して手形金を請求することがまったくできないのか。判例・通説は、手形の所持人は、自己の実質的権利を証明すれば、手形上の権利を行使して手形金を請求することができるとしている。なぜなら、1項1文は、単なる権利推定を定めるのみであって、裏書の連続を権利行使の要件とはしていないからである。実質的にみても、手形上の権利は相続や合併など裏書によらず移転される場合があり、また、裏書の連続の有無は形式的・外形的に判断されるから、(受取人ないし) 被裏書人と裏書人が実質的には同一人でも裏書の連続を欠く場合もあるので、これらの場合には、権利行使がまったく認められないとするのは不当である。

→判例セレクト2(2)

次に、手形が裏書の連続を欠く場合において、所持人は、どの範囲につき証明しなければならないのか。通説は、**裏書不連続部分**につき、実質的権利移転の事実(あるいは被裏書人〔受取人〕と裏書人の同一性)を証明すれば、資格授与的効力が認められ、手形上の権利を行使することができると解している(**架橋説**)。なぜなら、裏書の連続に資格授与的効力が認められるのは、前述のように、個々の裏書の有する資格授与的効力の集積によるものであるところ、裏書の不連続によりその前後の裏書の有する資格授与的効力までもが破壊されることにはならないからである。

3　善意取得(2項)

(1) 総説

手形上の権利の取得には、原始取得と承継取得とがある。承継取得には、裏書による譲受けなどの特定承継と、相続や合併などの包括承継とがある。原始取得には、振出によるものと、善意取得によるものとがある。

ここで、**善意取得**とは、裏書によって善意無重過失で手形を取得した者は、その裏書が法律行為として無効であっても、手形上の権利を取得するというものをいう。

手形上の権利が裏書によって移転される場合において、裏書人が無権利者であれば、被裏書人は本来手形上の権利を取得(承継取得)することはできない。しかし、手形法は、手形上の権利者

が手形の占有を失った場合において、手形を取得した所持人が、裏書の連続によりその権利を証明するときは、手形の取得に際して、悪意または重大な過失がないかぎり、手形を返還する義務を負わないとしている（2項）。

裏書の連続する手形の所持人は適法な所持人と推定されている（1項1文）。そこで、かかる所持人から裏書によって手形を取得した者は、たとえ裏書人が無権利者であっても、手形上の権利を原始取得しうることを認めたのである。これを善意取得という。

(2)善意取得の適用範囲

善意取得によって治癒される瑕疵の範囲については、譲渡人の無権利に限定されるとする立場（無権利限定説）と、さらに制限行為能力・意思無能力、意思表示の瑕疵・意思の不存在、無権代理、人違い（同一性の欠缺）などの譲渡行為の瑕疵にも及ぶとする立場（政策的拡張説）とが対立している（Q_3）。

Q_3 善意取得によって治癒される瑕疵の範囲は、譲渡人の無権利に限定されるか。

◁ランクA

A説 無権利限定説（制限説）
- ▶結論：善意取得の適用範囲は手形を無権利者から取得した場合にかぎられる。
- ▶理由：①善意取得制度は、民法の即時取得制度（民192条）に由来し、即時取得制度は、無権利者からの譲受けのみを適用範囲としている。
  ②譲渡人の形式的資格は、譲渡人が権利者であることの蓋然性を示すものにすぎず、裏書の連続からは行為能力、代理権あるいは瑕疵がない意思表示の存在などは推測できない。2項の文言「前項ノ規定ニ依リ」を重視して、2つの項を関連的にとらえるべきである。
  ③制限行為能力等の瑕疵が善意取得によって治癒されるとすると、民法の規定が骨抜きになってしまう。
  ④直接の取得行為における瑕疵の有無は、本来、取得者自身の負担で確かめなければならないものであり、直接の譲渡行為以前の事情に基づく譲渡人の無権利（または処分行為の欠缺）と比べ、調査が容易である。

B説 政策的拡張説（無制限説）
- ▶結論：善意取得の適用範囲は、手形を無権利者から取得した場合にかぎらず、譲渡人の制限行為能力、意思の不存在・意思表示の瑕疵、無権代理、人違いなどの譲渡行為の瑕疵にも及ぶ。
- ▶理由：①流通保護の流れを考えると、沿革に固執するべきでない（A説の理由づけ①に対して）
  ②2項の「前項ノ規定ニ依リ其ノ権利ヲ証明スルトキ」という文言からは、裏書の連続は信頼の対象ではなく、善意取得

の単なる効果主張要件にすぎないと解することもできる。さらに、2項の「事由ノ何タルヲ問ハズ」との文言からは、無権利者からの譲受人に限定されないと解するのが自然である（A説の理由づけ②に対して）。

③取得行為の瑕疵が善意取得によって治癒されても、瑕疵ある手形行為をした者は、自己の債務負担については物的抗弁または少なくとも直接の相手方に対しては人的抗弁を主張できるから、民法の規定がまったく没却されるものではない（A説の理由づけ③に対して）。

④譲渡人の制限行為能力、意思の不存在・意思表示の瑕疵、無権代理、人違いなどの瑕疵も無権利の瑕疵と同じく手形面上の記載からはわかりにくく、手形取引の安全のためには善意取得によって治癒する必要がある（A説の理由づけ④に対して）。

(3)善意取得の要件
 (a)裏書の連続している手形の所持人からの取得であること
　善意取得は裏書の連続している手形の所持人の有する形式的資格に基礎をおく制度であるから、裏書の連続している手形の所持人からの取得であることが必要となる。

　裏書が連続していない場合には、まったく善意取得はありえないのか。この点、裏書不連続手形と権利行使（手形金請求）の許否の問題と同様に考え、裏書不連続部分につき、実質的権利移転の事実を証明すれば、善意取得は可能であると解すべきである（架橋説）。裏書の連続のある手形の所持人の形式的資格は、個々の裏書の有する資格授与的効力の集積であるところ、他の裏書の資格授与的効力は失われることはないといえ、不連続部分について実質的権利移転の事実が証明されれば、連続があるのと同視しうることになり、所持人の形式的資格を肯定することができるからである。また、善意取得を認めないと、裏書不連続手形を事実上譲渡できなくなるが、それでは指名債権譲渡の方式による譲渡がされた手形も裏書によって譲渡することができるということの意味がなくなるし、そのような場合には事実上指図禁止手形としたようになってしまい、不都合である。

 (b)手形法的流通方法によって取得したこと
　善意取得は手形の強度の流通性を保護するための制度であるから、手形法的流通方法によって取得したことが必要である。

　手形法的流通方法によって取得したこととは、記名式裏書および白地式裏書であって、権利移転的効力または質入れの効力を有する裏書（期限後裏書は除かれると解する）によって取得する

→20条

ことを意味する。
(c)譲受人が悪意または重過失でないこと
　悪意・重過失のある譲受人は静的安全を犠牲にしてまであえて保護する必要はないから、譲受人が悪意または重過失でないことが必要である。
　悪意・重過失の意味は、善意取得の適用範囲についての無権利限定説と政策的拡張説とによって異なる。無権利限定説によると、悪意とは、**譲渡人が無権利者であること**を知っていることをいい、重過失とは、取引において必要とされる注意を著しく欠いたため、それを知らなかったことをいうことになる。これに対して、政策的拡張説によると、悪意とは、**権利移転に瑕疵があること**を知っていることをいい、重過失とは、取引において必要とされる注意を著しく欠くため、それを知らなかったことをいうことになる。
　また、悪意・重過失は、手形を取得した時を基準に考える。したがって、取得した時に善意・無重過失であれば、その後悪意に転じても、善意取得することができる。なお、前者が善意取得した場合は、それ以降の取得者は、前者の原始取得(善意取得)した権利を承継取得することになり、その際、悪意・重過失の有無は問題とならない。

判例セレクト

1　裏書の連続
(1)判断基準
　(a)実在しない会社の介在
　　手形の裏書中に実在しない会社の裏書が介在しているからといって連続を欠くとはいえない(最判昭30・9・23民集9-10-1403)。
　(b)同一人であることの表示
　　約束手形に、受取人として「山形陸運(株)」と表示され、第1裏書人として「山形陸運株式会社取締役社長半田瀬市」と表示されていることは、裏書の連続を妨げないものと解すべきである(最判昭36・3・28民集15-3-609)。
　(c)外観上の連続
　　手形の所持人たる資格を有するには、裏書ある手形にあっては、その裏書が外観上連続することを要し、その真正であることを要しない(大判大4・6・22新聞1043-29)。
(2)多義的記載
　職名を付記して表示された手形受取人が個人名義でこれに裏書した場合でも、特段の事由がないかぎり裏書の連続を欠くとはいえない(最判昭30・9・30手形小切手百選[6版]51事件)。
(3)裏書の抹消
　(a)抹消権限の有無

手形の裏書が抹消された場合には、これを抹消する権利を有する者がしたかどうかを問わず、本条により、その裏書は記載されなかったものとみなすべきである(最判昭36・11・10民集15-10-2466)。
(b)訴訟提起後の抹消
　約束手形の裏書人が、裏書を抹消することなく所持人として提起した手形金請求訴訟において、振出人から裏書の連続を欠く旨の抗弁が提出された後にその裏書を抹消した場合においても、本条によりその裏書はこれを記載されなかったものとみなすべきものである(最判昭32・12・5民集11-13-2060)。
(4)被裏書人欄の記載のみの抹消
　約束手形の裏書のうち被裏書人の記載のみが抹消された場合には、当該裏書は、裏書の連続の関係においては、その抹消が権限のある者によってされたことを証明するまでもなく、白地式裏書となる(最判昭61・7・18手形小切手百選［6版］55事件)。
(5)受取人欄の改ざんと裏書の連続　　　　　　　→69条判例セレクト4

2　裏書の不連続
(1)裏書の連続の否定例
　第1裏書の被裏書人が「松本和雄」と表示されているのに、第2裏書の裏書人が「松本宗二郎」と表示されている場合には、手形面記載の外観から、これを同一人と認められないから、裏書の連続を欠く(大判昭15・9・26民集19-1729)。
(2)裏書不連続手形の効果—権利行使の許否
　手形所持人は、たとえ手形が裏書の連続を欠くため形式的資格を有しなくても、実質的権利を証明するときは、手形上の権利を行使することができる(最判昭33・10・24民集12-14-3237)。
(3)裏書の連続を欠く手形による訴え提起と時効中断
　AのBに対する手形金請求の訴え提起の当時、手形の裏書の連続を欠いていたが、Aが実質上の手形の権利者であれば、それにより時効中断の効力を生ずる(最判昭57・4・1判時1046-124)。

3　1項1文の「適法ノ所持人ト看做ス」の意味
(1)権利の推定
　1項に「看做す」というのは、所論のごとく「推定する」との意味に解すべきであり、したがって上告人は被上告人が真実の権利者でないことを証明すれば、権利の行使を拒みうる(最判昭36・11・24民集15-10-2519)。
(2)1項による推定を覆すために主張立証すべき事項
　1項による推定を覆すためには、手形取得者に2項ただし書所定の事実が存在することの主張を要する(最判昭41・6・21民集20-5-1084)。

4　1項の適用を主張したと認められる場合
　原告が、連続した裏書の記載のある手形を所持し、その手形に基づき手形金の請求をしている場合には、当然に、1項の適用を求める主張があるものと解すべきである(最大判昭45・6・24手形小切手百選［6版］53事件)。

5　善意取得
(1)裏書人の無権限と被裏書人の権利

甲会社名古屋出張所取締役所長として約束手形を裏書譲渡した乙が、甲会社を代理または代表する権限を有しなかった場合でも、裏書が形式的に連続しており、被裏書人に悪意または重大な過失がなかったときは、その被裏書人は振出人に対しその手形上の権利を行使できるものと解するのが相当である（最判昭35・1・12手形小切手百選[6版]24事件）。

(2)重過失の肯定例

手形所持人Aが裏書人Bから手形を取得するに際し、その直前にBから盗難された小切手の交付を受けた等の事実がある場合には、手形振出名義人または支払担当銀行に照会するなど、なんらかの方法で、手形振出の真否を調査すべき注意義務があり、何らの調査をしなかったAには、重過失がある（最判昭52・6・20手形小切手百選[6版]25事件）。

(3)除権決定

→手形総説 判例セレクト7 (1)、(2)

第17条【人的抗弁の切断】　　A

為替手形ニ依リ請求ヲ受ケタル者ハ振出人其ノ他所持人ノ前者ニ対スル人的関係ニ基ク抗弁ヲ以テ所持人ニ対抗スルコトヲ得ズ但シ所持人ガ其ノ債務者ヲ害スルコトヲ知リテ手形ヲ取得シタルトキハ此ノ限ニ在ラズ

為替手形によって請求を受けた者は、振出人その他所持人の前者に対する人的関係に基づく抗弁をもって所持人に対抗することができません。ただし、所持人がその債務者を害することを知って手形を取得したときは、所持人に対抗することができます。

→試験対策・6章7節

1 趣旨

本条は、手形取引の安全を図るため、人的抗弁の制限について規定した。

2 条文クローズアップ

1 手形抗弁

(1)意義

手形抗弁とは、手形債務者が手形上の権利行使に対して、その権利行使を拒むために主張できるいっさいの事由をいう。

(2)手形抗弁の種類

物的抗弁とは、手形上の権利行使を受けた者が、**すべての手形所持人に対して**主張しうる抗弁をいう。

これに対して、(広義の)**人的抗弁**とは、手形上の権利行使を受けた者が、**特定の手形所持人に対してのみ**主張しうる抗弁をいう。(広義の)人的抗弁は、さらに、**特定の者のみが**対抗しうる**狭**

義の人的抗弁と、すべての者が対抗しうる無権利の抗弁とに分けられる。

2 本条の人的抗弁（狭義の人的抗弁）

(1)本条の人的抗弁と狭義の人的抗弁との関係
　判例・通説は、物的抗弁と(広義の)人的抗弁の範囲を異にするものの、狭義の人的抗弁＝本条の人的抗弁と位置づけている。
(2)直接の当事者間での人的抗弁の対抗
　同時履行の抗弁、支払猶予の合意、相殺の抗弁、原因関係上の抗弁などの人的抗弁を、直接の当事者間で対抗することができるのは当然である。ところが、無因論の立場からは、原因関係の無効等を人的抗弁としたうえで、それを主張して手形債務の履行を拒むことができないようにも思われる。そこで、直接の当事者間で人的抗弁を対抗することができることをどのように説明したらよいだろうか。
　この点、手形債権という無因債権の取得は「利益」であり、それに対応する手形債務の負担は「損失」であり、その間には因果関係がある。そして、原因関係が存在しないので、「法律上の原因」がないといえる(民703条)。したがって、直接の当事者間で人的抗弁を対抗することができるのは、不当利得が生じていることに求めることになると解する。
(3)人的抗弁の個別性
　各手形債務者は、自己の有する抗弁のみを主張することができ、他の手形債務者の有する抗弁を利用することができないのが原則である。これを**人的抗弁の個別性**という。
　これは、各手形行為は各々が独立の行為と解され、特に本条の抗弁の場合には、「人的関係ニ基ク」以上、人的関係を有しない者に主張させる必要はないからである。
(4)本条の趣旨
　手形の裏書は手形債権の譲渡であり、債権譲渡の一般原則によれば、債務者は、裏書人に対して対抗できる抗弁を譲受人にも対抗することができるのが原則である(民468条2項。ただし、民472条)。しかし、この原則を手形債権の譲渡にも適用すると、手形の取得者は自己の関知しない前者の事情に基づく抗弁をもって対抗されることになり、手形の流通を害することになる。
　そこで、本条は、手形の流通促進を図るため、政策的に債権譲渡の一般原則を修正し、前者との間における人的抗弁は善意の第三者に対する関係では対抗することができないという特則を設けた。これを人的抗弁の主張制限(**人的抗弁切断の制度**)という。
(5)17条の構造
　17条の構造については、手形の裏書は手形債権の譲渡であると解する立場(債権承継説)を前提として、人的抗弁は原則として手

形債権とともに移転するが、①善意者のもとで切断されるとする見解(切断説)、②善意者には対抗することができないとする見解(不対抗説)、③手形抗弁は手形債権と異なり裏書によっては移転しないとする見解(属人性説)がある。

この見解の対立は、善意者介在後の悪意者、戻裏書と人的抗弁という論点で先鋭化する。

(6) 人的抗弁切断の制度の適用範囲

人的抗弁切断の制度は、手形がその特有の流通方法である裏書によって譲渡される場合において、手形の流通促進を図るために認められた制度である。したがって、次の場合には、人的抗弁切断の制度は適用されない。

(a) 手形法的流通方法によらずに取得した場合

手形の所持人が、手形本来の流通方法である裏書によらずに、相続、会社の合併、競売、指名債権譲渡の方式などによって手形を取得した場合である。

(b) 期限後裏書により取得した場合

手形の所持人が、手形本来の予定された流通期間をすぎた後の期限後裏書によって手形を取得した場合である(20条1項)。

(c) 固有の経済的利益を有しない場合

たとえば、取立委任裏書の被裏書人のような場合である(18条2項)。また、隠れた取立委任裏書の場合も同様である(信託的譲渡説)。

なお、後述する二重無権の抗弁が成立する場合の手形の所持人もここに位置づけることができる。

(d) 悪意の抗弁が成立する場合

手形の所持人が「債務者ヲ害スルコトヲ知リテ」手形を取得した場合である(本条ただし書)。

(7) 悪意の抗弁(本条ただし書)

(a) 総説

本条ただし書は、手形の所持人が「債務者ヲ害スルコトヲ知リテ」手形を取得したときには、手形債務者は、その前者に対する抗弁をもって手形の所持人に対抗することができると規定している(**悪意の抗弁**)。

(b) 「債務者ヲ害スルコトヲ知リテ」(害意)

「債務者ヲ害スルコトヲ知リテ」(害意)の意義については争いがあるが、通説は、**所持人が手形の取得にあたり、満期または権利行使の時において、債務者が所持人の前者に対し抗弁を主張することが確実であるとの認識を有している場合**と解している(「河本フォーミュラ」とよばれる)。理由は以下のとおりである。

まず、悪意の認定時期を「所持人が手形の取得にあたり」(手形取得時)としたのは、事情をたまたま後から知ったり、知ら

なかったりしただけで、害意(悪意)が認められたのでは、17条本文が人的抗弁切断を認めて手形取引の保護を図った趣旨が害されるからである。

次に、抗弁自体の存否決定時期を「満期または権利行使の時において」としたのは、一方で、満期または権利行使の時に抗弁事由が現実に存在しなければ悪意の抗弁を問題にする余地はないし、他方で、たとえ取得時にはいまだ抗弁事由が存在しなくても、満期または権利行使の時までに抗弁事由が成立するに至るべきことが確実なときは、悪意の抗弁の成立を認めるべきだからである。

最後に、認識の程度を「債務者が……前者に対し抗弁を主張することが確実であるとの認識」としたのは、満期または権利行使の時における抗弁主張の確実性の認識を、単なる可能性の認識と峻別することにより、抗弁成否の基準の客観性を論理的に確保しようとするとともに、あくまで取得者の認識の問題と捉えるためであり、法文の「知リテ」にも適合するからである。

なお、判例は、一方で、抗弁の存在を知っているだけで悪意の抗弁を認めるものがあり、他方で、一定の付加的事実の立証をまって悪意の抗弁を認めるものもある(判例)。また、判例のなかには、手形取得の時、抗弁の存在を知っていても、別の相当の理由をもってそれが満期までに消滅すると信じていた場合には、悪意の抗弁を認めないものもある。

→判例セレクト1(1)(a)
→判例セレクト1(1)(b)
→最判昭34・8・18民集13-10-1275

(c)悪意の抗弁と重過失

手形の所持人に債務者を害することを知らないことについて重過失がある場合において、債務者は悪意の抗弁をもって対抗することができるかについて争いがある。通説は、悪意の抗弁の成立の主観的要件は、害意があった場合にかぎられ、重過失によって知らなかった場合を含まないとし、悪意の抗弁を対抗することはできないとする。判例も、同様の立場に立っている。

→判例セレクト1(3)

(8)一般悪意の抗弁

(a)意義

悪意の抗弁と区別しなければならないものとして、一般悪意の抗弁という概念がある。

一般悪意の抗弁とは、手形所持人の権利行使を認めると信義誠実の原則に反し、権利の濫用になるような場合に認められる特殊な人的抗弁をいう。

悪意の抗弁が抗弁の切断か承継かという構造で理解される(切断説)のに対し、一般悪意の抗弁は相対的に判断される。

(b)沿革

一般悪意の抗弁は、古くローマ法上の方式書訴訟において、当初は原告の請求原因に害意がある場合、後には原告の意思い

かんにかかわらず、その請求が信義衡平に反する場合において、被告に認められた抗弁であって、今日の信義誠実の原則の淵源をなすといわれる。

(c)評価

一般悪意の抗弁という概念自体について否定的な立場も有力であり、こうした一般条項に安易に頼ろうとするのは避けるべきであろう。

(9)善意者介在後の悪意者

手形の所持人が人的抗弁の存在を知って手形を取得した場合には、その前者が善意であったときでも、手形の所持人は悪意の抗弁の対抗を受けるか(Q_1)。

この点、判例は、手形の所持人が悪意で手形を取得した場合でも、その前者が善意であったため、手形債務者が前者に対し人的抗弁を対抗できなかったときは、もはや人的抗弁の対抗を受けることはないとしている。

→判例セレクト2

Q1 手形の所持人が人的抗弁の存在を知って手形を取得した場合には、その前者が善意であったときでも、手形の所持人は悪意の抗弁の対抗を受けるか。

◀ランクA

A説 否定説←切断説（通説）

▶結論：すでに抗弁は切断されており、手形の所持人は抗弁の切断された権利を承継することになり、たとえ前々者に対する抗弁につき悪意であっても、悪意の抗弁の対抗を受けない。

▶理由：①この場合において、手形の所持人が悪意の抗弁の対抗を受けるとすると、前々者に対する人的抗弁の存在を知っていても、前者がきれいな権利を持っていることを頼りに手形を取得した者が保護されないことになり、法的安定性を害する。

②この場合において、手形の所持人が悪意の抗弁の対抗を受けるとすると、人的抗弁の存在を知っている者は、善意者からでも手形の取得を差し控えざるをえなくなり、善意者が手形を処分する機会を制限することになる。

B説 肯定説←属人性説（高窪）

▶結論：善意者から害意をもって手形を取得する者に対しても悪意の抗弁が成立することを認める。すなわち、人的抗弁は手形債務者と手形の所持人との間の人的関係としてのみ意義をもつから、人的抗弁の有無は、債務者と所持人との関係で、個別・独立に考察すればよく、手形の所持人の前者の善意・悪意を問題とする必要はない。

▶理由：手形上の権利自体と人的抗弁とは本来的に分離している。

▶備考：不対抗説によっても、同様の結論を導くことができる。

⑽戻裏書と人的抗弁
　(a)総説
　　人的抗弁の対抗を受ける者が手形を善意の者に譲渡し、さらにその善意の者から手形の裏書譲渡を受けた場合(戻裏書)において、人的抗弁の対抗を受けるか。たとえば、AはBに対し約束手形を振り出したが、その後、AB間の原因関係は解除された。ところが、当該手形は善意であるCに裏書譲渡され、その後、Bは、Cからさらにこの手形の裏書譲渡を受けたとする。この場合において、Bは、Aから人的抗弁の対抗を受けるか。
　　この点、通説である切断説に立ち、かつ、戻裏書の法的性質につき権利再取得説に立つと、Bは、Cのもとで人的抗弁の切断されたきれいな権利を取得するはずである。しかし、戻裏書の被裏書人が自己の裏書譲渡前の法律的地位よりも有利な地位を取得すると解しなければならない理はない。また、人的抗弁切断後の第三者による手形取得の場合と異なり、戻裏書の被裏書人を保護することによって手形の流通促進を図る必要がない。したがって、Bは、Aから人的抗弁の対抗を受けると解すべきである(判例)。

→判例セレクト3

　(b)理論構成
　　多くの学説は、上記判例の結論の妥当性を承認している。問題は、戻裏書の被裏書人が人的抗弁の対抗を受けることを説明する理論構成である(Q_2)。

Q2 戻裏書の被裏書人が人的抗弁の対抗を受けることを説明する理論構成。

◁ランクB+

A説 戻裏書の法的性質に着目する説(権利復活説)
- ▶結論：戻裏書によって手形を再取得した者は、裏書前の地位に回復するから、人的抗弁の対抗を依然として受ける。
- ▶批判：戻裏書の中間裏書人に対して手形債務者が人的抗弁を有している場合において、戻裏書の際その人的抗弁について悪意であった被裏書人にそれを対抗できることを説明しにくい。

B説 人的抗弁の属人性によって説明する説(通説)
- ▶結論：人的抗弁は手形そのものに付着するものではなく、人に付着するものであるから、手形を譲渡した後も人的抗弁は元の手形の所持人に残り、手形上の権利を再取得したときに人的抗弁の対抗を受けるのは当然である。
- ▶批判：善意者介在後の悪意者の場合と戻裏書の場合との理論的整合性を欠く。
- ▶反論：①善意者介在後の悪意者については、その前者たる善意者の

立場を考慮して、善意者が手形を処分する機会を制限することになる抗弁制限を認めるべきではない。これに対して、戻裏書の場合には、再取得者に人的抗弁の対抗を認めても他の手形関係者に不利益を与えることはないから、当該人的抗弁に関する原因関係の当事者である以上、善意者を介して戻裏書を受けた場合にも人的抗弁の対抗を受けることになると解してもよい。

②戻裏書の場合は、もともと人的抗弁の対抗を受けた手形権利者が再取得する場合であり、善意者介在後の悪意者は当該人的抗弁に関する原因関係の当事者ではない。したがって、両場合についての理論的整合性を厳密に要求することは無理である。

C説 属人性説（田邊）

▶結論：B説の結論と同じ。
▶理由：善意者介在後の悪意者の場合と戻裏書の場合とを統一的に説明することができる。
▶批判：①本来手形上の権利と人的抗弁事由が分離されているというのなら、通常の債権譲渡の方法でも、譲渡人と譲受人間の合意により人的抗弁事由を切り離して手形上の権利のみを譲渡できることになるはずであるが、それが不可能なのは、両者が本来切り離されているのではなく、通常の指名債権譲渡とは異なり、裏書譲渡が行われるときに、それを切り離して移転する効力が別に与えられているからである。この説では、かかる抗弁制限という効果を伴う裏書の本質を探究するにあたり、単にかかる取引慣行として確立された裏書の効力自体の内容をもって答えているだけである。

②この説によれば、合併や相続の場合でも同様に抗弁は引き継がれていないということになってしまう。

なお、判例は、手形所持人が人的抗弁の対抗を受ける前者と密接に経済的利害を共通する者であった場合にも、この手形所持人への裏書は、信義則上、戻裏書と同一に評価すべきであって、中間に善意者が介在していても、前者に対抗することができた抗弁をもって、手形所持人にも対抗することができるとしている。

→最判昭52・9・22手形小切手百選[6版]35事件

3 融通手形の抗弁

(1)融通手形の意義・機能

融通手形とは、他人（被融通者）に信用を供与する目的で振り出し（約束手形）または引き受けた（為替手形）手形をいう。

経済的信用のなくなった者は、自己の信用に基づいて銀行などの金融機関（第三者）から貸付を受けることができないが、経済的信用のある者が、自己の信用を経済的信用のなくなった者に利用させ、第三者から融資を受けさせようとする場合に、融通手形が交付される。

融通手形が発行される場合には、通常、その当事者間で、いわゆる融通契約が締結される。その合意の内容は、手形は受取人の融通を目的としたものであること、被融通者は満期までに振出人に支払資金を提供することまたは手形を回収して振出人に返還することなどである。

(2) 融通手形の抗弁

(a) 総説

融通手形は、被融通者をして第三者から融資を受けさせるためのものである。したがって、融通手形の振出人は、被融通者たる受取人が手形金の支払を請求してきたときは、いわゆる**融通手形の抗弁**を主張して、この請求を拒むことができる（判例）。

→判例セレクト 4(1)

(b) 融通手形の抗弁と第三者

融通手形の振出人は、第三者たる手形取得者が請求をしてきたときは、この手形取得者が融通手形であることを知っていたとしても、悪意の抗弁をもって、その請求を拒むことができない（判例）。

→判例セレクト 4(1)

(c) 融通手形の抗弁の理論構成

融通者は、被融通者に対しては融通手形であることを理由に支払を拒絶することができるが、第三者に対してはそれだけの理由で拒絶することができない、という結論について学説上一致している。問題はその結論を導くための理論構成である（Q_3）。

Q3 融通手形の抗弁をどのように理論構成すべきか。

◀ランクA

A説 特殊の人的抗弁とする説（生来的人的抗弁説）

▶結論：融通手形の抗弁は、他の人的抗弁とは異なって、もともと手形の譲受人に引き継がれていかない性質の特殊な生来的に人的な抗弁である。

▶備考：この説では、第三者に対し融通者が支払を拒むことが妥当であるような特殊事情が存する場合には、一般悪意の抗弁が成立するとする見解と、融通手形であること以外の付加的事情に基づいて融通手形の抗弁とは別の人的抗弁が成立し悪意の抗弁が認められるとする見解とに分かれる。

▶批判：手形の裏書を債権の譲渡であるとする以上、抗弁は本来手形譲受人に承継されるものであり（民468条2項）、生来的な人的抗弁という構成は理論的一貫性を欠く。

B説 通常の人的抗弁の問題として扱う説

B-1説 河本フォーミュラをあてはめる説

▶結論：融通手形であることを知るだけでは悪意の抗弁は成立しない

が、所持人が、満期または権利行使の時において、融通者なる手形債務者が抗弁を主張することが確実であるといった付加的事実を認識して取得したときには、悪意の抗弁が成立し、融通手形の抗弁の対抗が認められるとする。
▶批判：融通手形の抗弁は振出人にとり被融通者に対しては常に対抗が確実なものであるから、第三取得者が融通手形である旨を知っていれば、常に悪意の抗弁が成立してしまう。

B-2説 融通契約に違反していることが抗弁事由であるとする説

▶結論：融通手形であることを知っていたにとどまる場合には、融通者と被融通者との間にはもともと抗弁事由が存在していないから、それを承継することもなく、悪意の抗弁は成立しない。これに対して、被融通者が融通契約に違反する手形利用をすると、悪意で手形を取得した者には融通者と被融通者との間の融通契約違反という状態が引き継がれて悪意の抗弁が成立することになる。

⸻

(3)書合手形

書合手形とは、当事者がお互いに信用を提供する目的で、交換的に振り出し(約束手形)または引き受けた(為替手形)手形をいう。**交換手形**ともいう。

このような書合手形も融通手形の一種であるから、原則として(2)融通手形の抗弁の議論が妥当する。

しかし、書合手形の場合には、対価的な手形の振出があり、通常の融通手形と異なるので、その点を考慮にいれなければならない。たとえば、書合手形の場合において、一方の融通手形の振出人が手形の支払をしたときは、他方の融通手形の振出人は、受取人の請求に対して、書合手形(融通手形)の抗弁をもって対抗することはできない(判例)。

→判例セレクト4(2)(a)

4　後者の抗弁と二重無権の抗弁

(1)後者の抗弁

(a)問題の所在

手形の所持人が前者から人的抗弁の対抗を受ける場合において、さらにその前者(前々者)に対して手形金の支払請求をすることができるかが問題となる。いわゆる**後者の抗弁**の問題である(Q_4)。たとえば、Aは、Bに対し約束手形を振り出し、この手形はBからCに裏書譲渡されたとする。その後、BC間の原因関係は解除されたが、Cは、Bからの手形返還請求に応じずに、Aに対し手形金の支払を請求した場合において、Aは、Cからの手形金の支払請求を拒むことができるか。

まず、手形行為は無因行為であるから(無因論)、裏書の原因

関係が消滅しても裏書の効力は当然には失われない。したがって、裏書の原因関係が消滅しても、当然には手形関係は影響を受けず、手形の所持人(被裏書人)は依然として手形上の権利者ということになる。また、原因関係の消滅は人的抗弁事由であるが、人的抗弁の個別性から、原因関係の消滅は、原因関係の当事者においてのみ主張することができるものである。したがって、振出人は、裏書人が被裏書人に対して主張することができる抗弁を援用することができない。よって、振出人は、所持人からの手形金の支払請求を拒むことができないとも考えられる。

しかし、所持人とその前者(裏書人)との間の原因関係が消滅した場合には、通常、所持人が振出人から手形金の支払を受けることは、所持人と裏書人との関係では不当利得となり、所持人は支払を受けても裏書人に対し不当利得として返還しなければならないのであるが、それは迂遠である。

したがって、振出人は、所持人からの手形金の支払請求を拒むことができると解すべきである。

(b) 理論構成

問題は、上記結論を導く理論構成である。この点、判例・通説は、手形行為の無因性を前提としつつ、私法の一般条項である**権利の濫用**(民1条3項)を用いて、手形債務者は、手形金の支払請求を拒むことができるとしている(権利濫用の抗弁、権利濫用論)。手形の所持人は、手形を保持すべき正当な権原を有せず、手形上の権利を行使すべき実質的理由を失っているからである。

→判例セレクト5

(c) 批判と反論

判例・通説の立場に対しては、手形権利移転行為有因論の立場から、権利濫用論の濫用ではないかという批判がある。すなわち、「BC間の原因関係が消滅した場合のうちで、特にCのAに対する権利行使が不当と考えられるような事例につき、権利濫用論によりCの権利行使を拒むというならば別であるが、そうでなく、BC間の原因関係が消滅した場合に常に権利行使を拒むということは、結果的に権利移転行為の無因性を否定することにほかならず、それにもかかわらず権利濫用論を用いることは権利濫用論の濫用というほかない」、という批判がある。

→判例セレクト5

しかし、権利濫用の抗弁によった方が事案のきめ細かい利益衡量が可能になると考えられる。すなわち、Aは、原則としてCに対して権利濫用の抗弁を対抗することができるが、たとえばCの手形返還義務とBの売買の目的物返還義務とが同時履行を求めうる関係に立つ場合において、Bが目的物を返還しようとしないときには、Cの権利行使は権利濫用とはいえず、Aは

手形金の支払を拒むことができないという結論を導くことができる。

Q4 後者の抗弁。

◀ランクA

A説　請求を拒めないとする説
- ▶結論：所持人が原因関係上の理由で手形を裏書人に返還しなければならなくなった後も、他の手形債務者特に振出人に対する権利行使を認め、公平さの回復は手形外の関係において処理する。
- ▶理由：手形行為の無因性と人的抗弁の個別性を貫くべきである。
- ▶批判：①いったん債務者が所持人に支払い、それを不当利得返還させるという方法は迂遠である。
②所持人に権利を行使させること自体不合理である。

B説　請求を拒めるとする説

B-1説　手形行為の無因性を前提としつつ、私法の一般条項である権利の濫用を用いる説（判例、通説）

→判例セレクト5

- ▶結論：所持人の権利行使は権利の濫用（民1条3項）にあたり、手形債務者は支払請求を拒むことができる。
- ▶理由：所持人は、手形を保持すべき正当の権原を有せず、手形上の権利を行使すべき実質的理由を失っている。
- ▶批判：①所持人がどの手形債務者に対しても権利を行使できないなら、所持人は結局無権利者であるというのと変わらず、手形の無因性と矛盾する。
②厳格性・形式性を重んじるべき手形法の解釈に、一般条項はなじまない。
- ▶反論：①手形の厳格性・形式性が、手形取引の保護を目的とするものであることを無視して、自己目的化してしまい、実質的考慮を排除してしまうことは避けるべきであり、手形法の領域でも、権利の濫用の適用を排除すべきではない。
②手形法のもとでは、手形行為の無因性という基本原理と人的抗弁の制度によって、一方では手形の流通性を保護し、他方で個々の手形取引の当事者間の具体的な衡平を図っているので、実質的には権利行使を認めるべきでない者が形式的には権利者として法的構成されることはありうる。

B-2説　手形行為の無因性を前提としつつ、私法の一般条項である権利の濫用を用いず、手形法の理論枠組みを使う説

- ▶結論：債務者は支払請求を拒むことができる。
- ▶備考：この説には、①人的抗弁の個別性は所持人が不当利得するおそれがあるときには破られ、手形債務者はこの抗弁を援用することができるとし、この抗弁を不当利得の抗弁と構成する見解（後者の抗弁。服部〔不当利得の抗弁説〕）、②原因関係を欠く

所持人は実質的に無権利者であるとする見解(並木)、③当事者間の原因関係に基づく抗弁と本質的に同視する見解(木内)、④悪意の抗弁の一類型とみる見解(高窪)などがある。
▶批判：権利濫用論に代わる理論としてはまだ不十分である。

　　B-3説　手形理論における二段階創造説および手形権利移転行為有因論を前提として、無権利の抗弁を主張できるとする説(前田)

▶結論：所持人は無権利者であり、債務者は、無権利の抗弁を対抗して支払請求を拒むことができる。
▶理由：手形行為を手形債務負担行為と手形権利移転行為とに分け、前者は無因行為であるが後者は有因行為であるとみる。したがって、所持人とその前者との原因関係が消滅すれば、その前者に手形上の権利は復帰し、所持人は手形を占有してはいても無権利者である。
▶批判：①前提とする二段階創造説は、技巧的にすぎる。
　　　　②手形がさらに譲渡された場合、無因論によれば取得者は害意さえなければ抗弁切断の利益を受けるが(17条本文)、有因論によれば重過失のある取得者は保護されず(16条2項ただし書)、流通の安全が損なわれる。

(2)二重無権の抗弁
　(a)問題の所在
　　約束手形の振出人・受取人間の原因関係が消滅し、裏書人(受取人)・被裏書人間の原因関係も消滅した場合において、被裏書人たる手形の所持人が、手形を裏書人に返還しなければならないにもかかわらず、振出人に対し手形金の支払請求をしたときに、振出人はこの請求を拒むことができるかが問題となる。いわゆる**二重無権の抗弁**の問題である(Q_5)。たとえば、AはBに対し約束手形を振り出し、この手形はBからCに譲渡された。その後、AB、BC間の原因関係がともに解除された場合において、Aは、Cの手形金の支払請求を拒むことができるか。
　　ここでも、後者の抗弁の問題と同様に、手形行為の無因性および人的抗弁の個別性を徹底すれば、手形債務者は手形の所持人の支払請求を拒むことができないことになる。すなわち、手形行為の無因性から、裏書の原因関係が消滅しても裏書の効力は当然には失われないから、手形の所持人(被裏書人)は依然として手形上の権利者である。そして、約束手形の振出人は、裏書人の被裏書人に対する人的抗弁を援用することはできず、また、被裏書人について悪意の抗弁が成立しないかぎり、振出人の裏書人に対する人的抗弁をもって対抗することもできない。
　　しかし、所持人の請求を認めると、所持人は受け取った手形

金を不当利得として裏書人に返還しなければならず、裏書人もその分を不当利得として振出人に返還しなければならないから、無意味な循環をすることになり、迂遠である。

したがって、振出人は、所持人からの手形金の支払請求を拒むことができると解すべきである。

(b)理論構成

問題は、上記結論を導く理論構成である。この点、判例・通説は、固有の経済的利益を有しない被裏書人には、人的抗弁は切断されないという理論を用いて、所持人の請求を排斥している。すなわち、裏書の原因関係が消滅し、手形を裏書人に返還しなければならない立場にあり、手形の支払を求める何らの経済的利益を有しない手形の所持人は、17条の人的抗弁切断の利益を享受しうべき地位にないものというべきであるから、振出人は、手形振出の原因関係消滅の抗弁をもって、受取人から手形の裏書譲渡を受けた所持人に対しても対抗し、手形債務の履行を拒むことができるとしている（判例）。

→判例セレクト6

Q5 二重無権の抗弁。

◀ランクA

A説 固有の経済的利益論を用いて17条による人的抗弁の切断を認めない説（判例、通説）

→判例セレクト6

▶結論：所持人はみずから固有の経済的利益を有しないから、債務者は、所持人の前者に対して有している人的抗弁を所持人に対抗することができる。

▶理由：人的抗弁の切断を定めた法の趣旨は、手形取引の安全のために、手形取得者の利益を保護することにあると解すべきことにかんがみると、手形の支払を求める何らの経済的利益も有しないものと認められる手形所持人は、抗弁切断の利益を享受しうべき地位にはない。

B説 不当利得の抗弁説（竹田、大塚）

▶結論：債務者は、所持人に直接不当利得の抗弁を対抗することができる。

▶理由：所持人の権利行使を認めると、債務者の損失において所持人が利得する関係になるから、所持人は、そのかぎりで債務者と直接の人的関係に立ち、債務者から抗弁の対抗を受ける。

▶批判：必ずしも無因な法律関係を前提としない二重無権による不当利得の抗弁という理論が、無因性を前提とする人的抗弁の個別性を破る論理として、直接の当事者間ではなく直接の関係のない者の間の関係にどこまで当然に適用されうるのか疑問がある。

C説 二段階創造説および手形権利移転行為有因論を前提として無権利の抗弁を対抗できるとする説

▶結論：所持人は無権利者であり、債務者は、無権利の抗弁を対抗して支払を拒むことができる。
▶理由：手形行為を手形債務負担行為と手形権利移転行為とに分け、前者は無因行為であるが後者は有因行為であるとみる。したがって、所持人とその前者との原因関係が消滅すれば、その前者に手形上の権利は復帰し（さらにその前者と債務者との間の原因関係消滅により債務者に復帰する）、所持人は手形を占有してはいても無権利者である。
▶批判：①前提とする二段階創造説は、技巧的にすぎる。
　　　　②所持人が解除後に原状回復請求権あるいは損害賠償請求権を有している場合にも、所持人を無権利者と扱うことになり不当である。

判例セレクト

1　悪意の抗弁

(1)成立例
　(a)騙取手形であることを知って取得した場合
　　手形を取得した当時、単にその手形が売買契約の保証金として振り出されたものであったことを知っていただけでは、本条ただし書の債務者を害することを知って手形を取得した場合にはあたらないが、その契約の保証金として騙取された手形であることを知って取得したときは、たとえ当時まだその契約が詐欺のために取り消されていなかったとしても、債務者を害することを知って手形を取得した場合にあたる（大判昭19・6・23手形小切手百選[6版]30事件）。
　(b)振出人と前者との売買契約が解消されることを熟知している場合
　　約束手形の裏書譲渡を受けた者が、その取得に際し、その手形は売買代金債務の支払確保のため振り出されたものであり、かつ、その売買は売主の不履行により結局解消されるに至るべきことを熟知していた場合は、本条ただし書の「債務者ヲ害スルコトヲ知リテ手形ヲ取得シタルトキ」に該当する（最判昭30・5・31手形小切手百選[6版]31事件）。

(2)不成立例
　(a)代金内払の方法として振り出されたものであることを知っているにすぎない場合
　　約束手形を裏書によって取得した者が、取得の際、その手形は請負代金の前渡金として振り出されたものであることを知っていたとしても、後に請負契約が解除されるかも知れることを予想していたとは認められないときは、本条ただし書の「債務者ヲ害スルコトヲ知リテ手形ヲ取得シタルトキ」に該当しない（最判昭30・11・18民集9-12-1763）。
　(b)貸金債権の未発生の利息の支払のために振り出された約束手形であることを知って手形を取得した場合
　　手形の所持人が、手形を取得する際に、当該手形が貸金債権の未

発生の利息の支払のために振り出されたものであることを知っていたとしても、貸金債権の約定利息は時の経過により発生するのが通常であるから、貸金債権の元本が弁済期前に弁済され利息が発生しないであろうことを知っていたなどの特段の事情がないかぎり、本条ただし書に該当しない(最判平7・7・14手形小切手百選[6版]32事件)。

(3)悪意の抗弁と重過失

債務者を害することを知らないで手形の所持人となった者に対しては、重大な過失があると否とを問わず、前者に対する人的抗弁をもって対抗することはできない(最判昭35・10・25手形小切手百選[6版]33事件)。

2　善意者介在後の悪意者

人的抗弁の存在につき手形所持人の前者が善意であるため、手形債務者がその前者に対し人的抗弁を対抗しえなかった場合は、手形所持人がその人的抗弁の存在を知って手形を取得しても、人的抗弁の対抗を受けない(最判昭37・5・1手形小切手百選[6版]29事件)。

3　戻裏書と人的抗弁

約束手形の振出人から人的抗弁の対抗を受けるべき手形の所持人は、当該手形を善意の第三者に裏書譲渡したのち戻裏書によって再びその所持人となった場合でも、振出人から人的抗弁の対抗を受ける(最判昭40・4・9手形小切手百選[6版]28事件)。

4　融通手形

(1)融通手形であることを知っていた場合と悪意の抗弁の成否

いわゆる融通手形の振出人は、直接被融通者から手形金の支払を請求された場合に支払を拒絶できるのは格別、被融通者以外の所持人に対しては、特段の事情のないかぎり、その者が融通手形であることを知っていたと否とを問わず、その支払を拒絶することはできない(最判昭34・7・14手形小切手百選[6版]27事件)。

(2)書合手形(交換手形)

(a)振出人の一方が支払った場合と他の振出人の支払義務

金額および満期日を同じくする約束手形を融通手形として相互に交換的に振出交付するにあたり、相互にこれを対価とする合意がある場合において、一方の手形金の支払がなされたときは、反対の事情のないかぎり、他方の手形の振出人は、その受取人に対して融通手形の抗弁をもって対抗しえない(最判昭29・4・2民集8-4-782)。

(b)一方の手形が不渡りまたは不渡りになるべきことを知って他方の手形を取得した者に対する悪意の抗弁

甲および乙が相手方を受取人とし、同一金額の約束手形を、いわゆる融通手形として交換的に振り出し、各自が振り出した約束手形はそれぞれ振出人において支払をするが、もし乙が乙振出の約束手形の支払をしなければ、甲は甲振出の約束手形の支払をしない旨約定した場合において、乙がその約束手形の支払をしなかったときは、甲は、その約定および乙振出の約束手形の不渡り、あるいは、不渡りになるべきことを知りながら甲振出の約束手形を取得した者に対し、いわゆる悪意の抗弁をもって対抗することができる(最判昭

42・4・27手形小切手百選[6版]34事件)。

5　後者の抗弁

自己の債権の支払確保のため約束手形の裏書を受けた手形所持人は、その後その債権の完済を受けて裏書の原因関係が消滅したときは、特別の事情のないかぎり、以後その手形を保持すべき正当の権原を有しないことになり、手形上の権利を行使すべき実質的理由を失ったものであって、その手形を返還しないで自己が所持するのを奇貨として、自己の形式的権利を利用し振出人に対し手形金を請求するのは、権利の濫用にあたり、振出人は、その所持人に対し手形金の支払を拒むことができる(最大判昭43・12・25手形小切手百選[6版]37事件)。

6　二重無権の抗弁

手形振出人は、受取人から手形所持人に対する裏書の原因関係が消滅し、所持人が手形の支払を求める何らの経済的利益も有しないときは、受取人との間における振出の原因関係消滅の抗弁をもって、手形所持人に対抗することができる(最判昭45・7・16手形小切手百選[6版]36事件)。

第18条【取立委任裏書】　　B⁺

① 裏書ニ「回収ノ為」、「取立ノ為」、「代理ノ為」其ノ他単ナル委任ヲ示ス文言アルトキハ所持人ハ為替手形ヨリ生ズル一切ノ権利ヲ行使スルコトヲ得但シ所持人ハ代理ノ為ノ裏書ノミヲ為スコトヲ得

② 前項ノ場合ニ於テハ債務者ガ所持人ニ対抗スルコトヲ得ル抗弁ハ裏書人ニ対抗スルコトヲ得ベカリシモノニ限ル

③ 代理ノ為ノ裏書ニ依ル委任ハ委任者ノ死亡又ハ其ノ者ガ行為能力ノ制限ヲ受ケタルコトニ因リ終了セズ

裏書に「回収のため」、「取立てのため」、「代理のため」その他単なる委任を示す文言があるときは、所持人は、為替手形から生ずるいっさいの権利を行使することができます。所持人は、みずから代理権を行使するほか、代理のための裏書をすることができます。

この場合には、債務者が所持人に対抗することができる抗弁は、裏書人に対抗することができるものにかぎります。

代理のための裏書による委任は、委任者の死亡またはその者が行為能力の制限を受けたことによっても終了しません。

→試験対策・6章6節②【2】(1)

1　趣旨

本条は、取立委任裏書について規定する。

2 語句の意味

取立委任裏書とは、手形上の権利を移転するのではなく、手形上の権利を行使する代理権を付与する目的でなされる裏書をいう。

取立委任裏書は、公然の取立委任裏書と隠れた取立委任裏書とに分かれる。

3 条文クローズアップ

1 公然の取立委任裏書

(1) 意義

公然の取立委任裏書とは、手形上の権利を行使する代理権を付与する目的をもって、委任を示す文言を記載してなす裏書をいう。

委任を示す文言(取立委任文言・取立委任文句)とは、「回収ノ為」、「取立ノ為」、「代理ノ為」などである(1項本文)。

権利行使の際に、常に所持人本人が手形の呈示をしなければならないとするときわめて不便である。また、手形外の代理権授与の場合も委任状の添付を要するなどの不便がある。そこで、手形法は、取立委任裏書の制度を設けた。

(2) 効果

取立委任裏書により、被裏書人には、手形上のいっさいの権利を行使する権限が与えられる(1項本文)。ここにいう「権限」とは、自己の名で権利行使する権限ではなく、代理権と解すべきである(任意代理人説〔通説〕)。かく解することが、1項本文の文言(「代理ノ為」)や、抗弁制限に関する2項に合致するからである。

このように、取立委任裏書には、自己の名で権利行使する権限はない、すなわち権利移転的効力はないから、被裏書人は手形上の権利を処分することはできず、善意取得(16条2項)を適用する余地もない。また、被裏書人独自(固有)の経済的利益はないから、人的抗弁の主張制限(17条本文)は生じない。さらに、担保的効力もない。なぜなら、実質的には、権利を移転したわけではなく代理権を与えたにすぎないので、担保責任を負担すべき理由がないし、形式的には、15条1項の「反対ノ文言」に取立委任文句が該当するからである。

もっとも、取立委任裏書には代理権者としての資格授与的効力(**代理権授与的効力**)はあるから、善意支払(40条3項)は認められる。

(3) 再取立委任裏書(1項ただし書)

被裏書人は、みずから代理権を行使するほか、さらに取立委任裏書をして、他人に代理権を行使させることができる。これを**再**

取立委任裏書という。

再取立委任裏書の法的性質については、代理権の譲渡と解する説もあるが、判例・通説は、復代理人の選任と解している。なぜなら、代理権の譲渡とみると、取立委任を受けた者が再取立委任裏書をすることにより、受任者としての権限や義務を失ってしまい不都合だからである。 →大判昭2・7・7民集6-380

(4) 取立委任裏書の被裏書人がなした譲渡裏書

取立委任裏書の被裏書人がさらに譲渡裏書をした場合には、譲渡裏書としては無効であるが、再取立委任裏書の効力をもつと解されている（通説）。かように解することが当事者の通常の意思に合致するからである。

(5) 取立委任文言の抹消

たとえ裏書人と被裏書人との間で取立委任裏書を譲渡裏書とする旨を合意したとしても、外形上取立委任文言が残っている以上、譲渡裏書の効力は発生しないと解すべきである（通説）。なぜなら、手形は文言証券であり、また、手形上の権利の内容は手形上の記載に基づいて判断すべきであるという手形客観解釈の原則があることから、取立委任文言が抹消されないかぎり、取立委任裏書の裏書人・被裏書人間で当該手形の譲渡が合意された場合であっても、譲渡裏書の効力は生じないと解することが自然だからである。

したがって、取立委任裏書を譲渡裏書に変えるためには、取立委任文言の抹消が必要である。問題は、譲渡裏書としての効力が生じる時期はいつかという点であるが、判例は、抹消の時であると解している。 →判例セレクト1(3)

2　隠れた取立委任裏書

(1) 意義

隠れた取立委任裏書とは、手形上の権利を行使する代理権を付与する目的をもって、通常の譲渡裏書の方式でなす（委任を示す文言を付加しないで）裏書をいう。

(2) 効果

隠れた取立委任裏書は、行為の形式と実質とが一致しないので、その法的性質をめぐって争いがある（Q1）。

判例・多数説は、形式を重視して、当然に権利は被裏書人に移転し、取立委任の合意は当事者間の人的関係にすぎないとしている（信託的譲渡説・信託裏書説）。 →判例セレクト2(1)(a)

Q1 隠れた取立委任裏書の法的性質。　　◀ランクA

A説　信託的譲渡説（判例、多数説）　　→判例セレクト2(1)(a)

▶結論：形式を重視して、当然に権利は被裏書人に移転し、取立委任

◆第18条

の合意は当事者間の人的関係にすぎない。
- ▶理由：①手形関係においては、外観から判断できない事情から権利関係を決定すべきではないので、裏書の形式どおりに考えるべきである。
  - ②手形法が公然の取立委任裏書を認めているのに、裏書人がその方法によらず、あえて通常の譲渡裏書の方式をとった以上、2項は適用されず、被裏書人に対する手形債務者の人的抗弁を対抗されてもやむをえない。

A説 資格授与説（大隅、田邊、弥永）
- ▶結論：実質を重視して、権利は依然裏書人にあり、被裏書人は単に権利行使の資格と権限を授与されるにすぎない
- ▶理由：手形における表示や形式を尊重するのは、手形取引の安全を保護するためであるから、その範囲で尊重すれば足りる。
- ▶批判：形式を重視すべき手形関係中に実質関係をそのまま持ち込むのは妥当ではない。

B説 新相対的権利移転説（鈴木）
- ▶結論：基本的に信託的譲渡説に立つが、権利移転の意味を相対的に捉える。すなわち、当事者間でのみ権利移転がないことを主張しうるのみである。
- ▶理由：相対的に考えることにより、妥当な結論を導くことができる。
- ▶批判：相対的に考える理論的根拠が不明確である。

　信託的譲渡説によれば、手形上の権利は被裏書人に移転しているので、被裏書人に害意（17条ただし書）がないかぎり、手形債務者は、裏書人に対する人的抗弁をもって被裏書人に対抗することができないはずである。しかし、裏書人に対する人的抗弁の対抗を否定することは、奸悪な手形所持人に債務者から人的抗弁を対抗されることを回避する手段として、隠れた取立委任裏書の利用を許す不当な結果を認めることになる。そこで、多数説は、被裏書人は実質的には裏書人のために手形金の取立てをする者にすぎず、このような抗弁の主張制限を受けるべき**固有（独立）の経済的利益を欠く**として、手形債務者は、裏書人に対する人的抗弁をもって被裏書人に対抗することができるとしている。

　したがって、信託的譲渡説によれば、手形債務者は、裏書人に対する人的抗弁をもって被裏書人に対抗することができるし、被裏書人に対する人的抗弁をもって裏書人に対抗することもできることになる。すなわち、手形債務者は、裏書人に対する人的抗弁と被裏書人に対する人的抗弁の両方を行使することができる（ただし、両方を同時に主張することを認めるのは妥当でないとして、手形債務者は、いずれか一方を選択することができるにすぎないとする見解もある）。

なお、信託的譲渡説によっても、被裏書人には固有の経済的利益はないから、被裏書人は、隠れた取立委任裏書により手形上の権利を善意取得(16条2項)することができない。

また、信託的譲渡説によれば、権利者は被裏書人であるから、被裏書人からの譲受人は、手形上の権利を取得するが、手形債務者は、悪意の譲受人に対しては、悪意の抗弁(17条ただし書)を問題にすることができる。

(3)取立委任の解除

隠れた取立委任裏書の場合において、裏書人が取立委任を解除したときには、手形債務者は被裏書人からの請求を拒むことができるか。この点は、隠れた取立委任裏書の法的性質の理解によって結論を異にする。

信託的譲渡説によれば、取立委任の解除があっても、当事者間に手形の返還義務が発生するにすぎず、裏書人への権利移転行為があるまでは依然として権利者は被裏書人であるから、手形債務者は、被裏書人からの請求を拒むことはできない(判例)。ただし、信託的譲渡説でも、被裏書人の権利行使は権利の濫用(民1条3項)になるとする見解もある。

→大判大14・7・2民集4-388

3　委任者の死亡・行為能力の制限(3項)

委任者が死亡または制限行為能力者となった場合については、手形取引の安全および裏書人またはその相続人の便宜のために、被裏書人の代理権は消滅しないものとされている(3項。民111条1項と対比)。

判例セレクト

1　公然の取立委任裏書

(1)取立委任裏書の被裏書人の地位

手形の取立委任を受けた被裏書人は、単に自己の名をもって手形上の権利を行使する権能を有するにすぎないから、取立委任者たる被裏書人がさらに裏書をし、特に取立委任の付記をしない場合にも、反証がないかぎり、被裏書人は同一の目的でさらに裏書をしたものと解すべきである(大判昭元・12・28評論16-民訴166)。

(2)被裏書人のした裏書を抹消しないでした手形金請求

第1の取立委任裏書の被裏書人Aが第2の取立委任裏書をした後、第2の被裏書人Bから手形の返還を受けたときには、Aは第2の取立委任裏書を抹消したか、その戻裏書があったかどうかにかかわりなく、手形上の権利を行使することができる(大判昭2・7・7民集6-380)。

(3)取立委任文言が抹消された場合と譲渡裏書の効力の生ずる時期

取立委任裏書を受けてこれを所持している者がその裏書人との間で当該手形の譲渡を受ける旨の合意をしたとしても、譲渡裏書としての効力が生ずるのは、取立委任文言の抹消の時からであって、譲渡合意

の時にさかのぼってその効力を生ずるものではない(最判昭60・3・26手形小切手百選[6版]57事件)。

2 隠れた取立委任裏書

(1) 手形上の権利の移転の有無

(a) 被裏書人への移転

手形行為の効力は、原則として、当事者の具体的意思いかんにかかわらず行為の外形に従って解釈されるべきであるから、隠れた取立委任裏書の場合にあっても、手形上の権利は、通常の裏書におけると同様裏書人から被裏書人に移転し、取立委任の合意は単に当事者間の人的抗弁事由となるにとどまるものと解すべきである(最判昭31・2・7手形小切手百選[6版]54事件)。

(b) 信託法11条との関係

訴訟行為をさせることを主たる目的としてされた手形の裏書は、隠れた取立委任のためにされたものにほかならないが、その場合には、信託法11条の規定により、単に手形外の取立委任の合意が無効となるにとどまらず、裏書自体も無効となり、すべての手形債務者は、被裏書人たる所持人が手形上無権利者であることを主張してその手形上の請求を拒絶することができる(最判昭44・3・27手形小切手百選[6版]59事件)。

(2) 裏書人に対する人的抗弁

(a) 被裏書人の人的抗弁切断の主張

隠れた取立委任裏書がなされた場合においては、その裏書の当事者間では、手形上の権利は実質的には被裏書人に移転することなく依然裏書人に帰属するものと解されるから、手形債務者の側から裏書人に対して有する人的抗弁をもって被裏書人に対抗した場合には、被裏書人において裏書による抗弁切断を主張できないものと解するのを相当とする(最判昭39・10・16民集18-8-1727)。

(b) 裏書人に対する裏書の詐害行為による取消し

約束手形の振出人甲が原告となりその受取人乙から裏書を受けた丙を被告として提起したその裏書についての詐害行為取消の訴において、甲の請求が認容された場合には、甲は、丙から隠れた取立委任裏書を受けていた丁に対し、丁の善意・悪意を問わず、乙丙間の裏書が詐害行為として取り消された事実を援用して、丁の手形金請求を拒むことができる(最判昭54・4・6手形小切手百選[6版]56事件)。

第19条【質入裏書】　　B⁻

① 裏書ニ「担保ノ為」、「質入ノ為」其ノ他質権ノ設定ヲ示ス文言アルトキハ所持人ハ為替手形ヨリ生ズル一切ノ権利ヲ行使スルコトヲ得但シ所持人ノ為シタル裏書ハ代理ノ為ノ裏書トシテノ効力ノミヲ有ス

② 債務者ハ裏書人ニ対スル人的関係ニ基ク抗弁ヲ以テ所持人ニ対抗スルコトヲ得ズ但シ所持人ガ其ノ債務者ヲ害スルコトヲ知リテ手形ヲ取得シタルトキハ此ノ限ニ在ラズ

裏書に「担保のため」、「質入のため」その他質権の設定を示す文言があるときは、所持人は、為替手形から生ずるいっさいの権利を行使することができます。ただし、所持人がした裏書は、代理のための裏書としての効力のみがあります。債務者は、裏書人に対する人的関係に基づく抗弁をもって、所持人に対抗することができません。ただし、所持人がその債務者を害することを知って手形を取得したときは、所持人に対抗することができます。

→試験対策・6章6節②【2】(2)

1 趣旨

本条は、質入裏書について規定する。

2 語句の意味

質入裏書とは、手形上の権利に質権を設定する目的でなされる裏書をいう。

質入裏書は、公然の質入裏書と隠れた質入裏書とに分かれる。

3 条文クローズアップ

1 公然の質入裏書

(1) 意義

公然の質入裏書とは、手形上の権利に質権を設定する目的をもって、質権の設定を示す文言を記載してなされる裏書をいう。

質権の設定を示す文言(質入文言・質入文句)とは、「担保ノ為」、「質入ノ為」などである(1項本文)。

民法上の質権設定の方式により手形を質入れすべきものとすると、手続きが煩雑で、効果も不安定である。そこで、本条は、特別な方式や効力を規定し、手形の所持人としての質権者の簡便かつ確実な権利実行を保障する。

(2) 効果

質入裏書の被裏書人は、手形上に質権を取得し、手形から生ずるいっさいの権利を自己の名で行使することができ(1項本文)、それにより得た金銭を自己の債権の優先弁済に充当することができる。しかし、質入裏書の被裏書人は、手形の処分権は有しないので、さらに譲渡裏書や質入裏書をすることはできず、そのなした裏書は、取立委任裏書の効力をもつにとどまる(1項ただし書)。

質入裏書の被裏書人は、固有(独自)の経済的利益をもって自己の権利を行使するものであるから、債務者は、原則として裏書人に対する人的抗弁をもって対抗することができないが(2項)、被裏書人に対する人的抗弁をもって対抗することはできる。

なお、手形債務者は、被担保債権の不存在や消滅を抗弁として被裏書人の権利行使を拒むことができると解されている(通説)。なぜなら、この場合には、被裏書人は実質的には手形上の権利を

行使すべき固有の経済的利益をもたないからである。すなわち、拒むことができないとすると、実質的に無権利者と同様の者が保護され、不都合だからある。

　被裏書人には、質権者としての資格授与的効力が認められ、また、質権者としての独自の経済的利益をもつので、善意取得も認められる。

　さらに、質入裏書に担保的効力が認められるかについては争いがあるが、多数説は、質入裏書も、満期日における手形の確実な支払と被担保債権への優先的充当のために質入されるものであるから、担保的効力も認められると解している。

2　隠れた質入裏書

(1) 意義

　隠れた質入裏書とは、手形上の権利に質権を設定する目的をもって、通常の譲渡裏書の方法でなす(質権設定を示す文言を付加しないで)裏書をいう。その法的性質は、手形の信託譲渡、あるいは譲渡担保と解されている。

(2) 効果

　通常の譲渡裏書としての形式どおりの効力が認められる(通説)。なぜなら、被裏書人は実質関係でも質権者としての固有の経済的利益をもつので、隠れた取立委任裏書のような実質と形式との相違による困難な問題は生じないからである。

　したがって、隠れた質入裏書には人的抗弁の主張制限の制度が適用され、債務者は、裏書人に対する人的抗弁を被裏書人に対して主張することはできないが、被裏書人自身に対する抗弁を主張することができる。

第20条【期限後裏書】　　B$^+$

① 満期後ノ裏書ハ満期前ノ裏書ト同一ノ効力ヲ有ス但シ支払拒絶証書作成後ノ裏書又ハ支払拒絶証書作成期間経過後ノ裏書ハ指名債権ノ譲渡ノ効力ノミヲ有ス

② 日附ノ記載ナキ裏書ハ支払拒絶証書作成期間経過前ニ之ヲ為シタルモノト推定ス

　満期後の裏書は、満期前の裏書と同一の効力があります。ただし、支払拒絶証書作成後の裏書または支払拒絶証書作成期間経過後の裏書は、指名債権の譲渡の効力のみがあります。日付の記載のない裏書は、支払拒絶証書作成期間経過前にこれをしたものと推定されます。

→試験対策・6章6節②【1】(4)

1 趣旨

本条は、1項で満期後の裏書と期限後裏書について、2項で裏書に日付の記載がない場合の法律上の推定について規定する。

2 条文クローズアップ

1 満期後の裏書(1項本文)

(1)意義

満期後の裏書とは、満期後、支払拒絶証書作成前またはその作成期間経過前になされる裏書をいう。

(2)効力

満期前の裏書、すなわち通常の裏書と同一の効力を生じる。

2 期限後裏書(1項ただし書)

(1)意義

(a)定義

期限後裏書とは、支払拒絶証書作成後またはその作成期間経過後になされた裏書をいう。

(b)立法趣旨

手形は満期到来とともに支払段階に入り、支払拒絶があった場合または本来の支払時期が経過した場合には、流通証券としての手形の機能は失われ、流通保護のための特殊の制度はその存在意義を失う。そこで、1項ただし書は、期限後裏書の被裏書人には裏書人以上の権利を与える必要がないとして、指名債権譲渡の効力にとどめた。

なお、期限後裏書は、11条2項の裏書禁止手形と異なり、指名債権譲渡の方式まで要求していないから、指名債権譲渡に要求される対抗要件(民467条1項)は不要と解されている(通説)。

(c)期限後か否かの基準

(b)の立法趣旨にかんがみ、期限後か否かは、手形記載の裏書日付によるのではなく、実際に裏書のなされたときを基準とする(判例)。　　　　　　　　　　　　　　　→大判大8・2・15民録25-82

(d)不渡付箋のついた手形と期限後裏書

満期に手形金支払拒絶があったことが交換印と不渡付箋により手形面上明らかになった後、支払拒絶証書作成前、またはその作成期間経過前になされた裏書が期限後裏書となるか。

判例は、期限後裏書にはならず、通常の裏書と同じであるとする。　　　　　　　　　　　　　　　　　　　　　→判例セレクト3

(2)期限後裏書の効力

(a)総説

期限後裏書にも権利移転的効力があるから、それに対応した資格授与的効力が発生し、権利者としての推定力(16条1項1

文)および支払免責(40条3項)が認められる。

　しかし、期限後裏書は、支払段階に入った後の裏書であるから、手形法上の流通保護のための制度は適用されない。すなわち、期限後裏書の効力は、明文上、指名債権譲渡と同一であって(20条1項ただし書)、民法上、指名債権譲渡につき担保的効力を認めた規定がないし、期限後裏書は、支払われないことが証券上明らかになった後の裏書であるから、担保的効力はない。また、指名債権譲渡については異議をとどめない承諾をした場合にのみ抗弁制限が認められるにすぎないから(民468条)、期限後裏書には手形法上の人的抗弁の主張制限(17条本文)も適用されない。

(b) 期限後裏書と善意取得

　期限後裏書に善意取得の適用があるか。通説は、期限後裏書には、指名債権譲渡の効力しかなく(20条1項ただし書)、民法上、指名債権譲渡について善意取得を認めた規定はないし、期限後裏書は、流通を本来の使命とするものではないから、流通保護の手段である善意取得の制度を認める必要はないとして、期限後裏書には善意取得の適用はないと解している。判例も、約束手形の裏書ではなく小切手の引渡しの事案のなかであるが、支払呈示期間経過後の裏書の効力として、善意取得を認めていない。

→最判昭38・8・23手形小切手百選[6版]61事件

3　裏書に日付の記載がない場合(2項)

　裏書に日付の記載がない場合には、期限前に裏書されたものであるとの法律上の推定が与えられる。

判例セレクト

1　指名債権譲渡の効力のみを有する場合

　1項ただし書に、「指名債権ノ譲渡ノ効力ノミヲ有ス」とあるのは、「支払拒絶証書作成後ノ裏書又ハ支払拒絶証書作成期間経過後ノ裏書」だけにかぎり、その以前の裏書に及ばないものであって、その以前の裏書は、いわゆる満期前の裏書で、手形より生ずるいっさいの権利を移転し、かつ、手形債務者は、所持人に害意のある場合のほか、その前者に対する人的関係に基づく抗弁をもって所持人に対抗することができない(最判昭29・3・11民集8-3-688)。

2　債務者の主張しうる抗弁の範囲

(1) 裏書人の地位の承継

　1項ただし書の趣旨は、期限後裏書は裏書人の地位を被裏書人に承継せしめる効力のみを生ずることを意味するから、手形債務者は、期限後裏書の被裏書人に対しては、その裏書の裏書人に対する人的抗弁をもって対抗できるが、特段の事情がないかぎり、その裏書人の前者に対する抗弁をもって対抗することはできない(最判昭57・9・30判時

1057-138)。

(2) 支払済みの抗弁

　甲乙共同振出にかかる受取人白地の約束手形を、甲が満期後手形金を支払って受け戻し、さらにこれを丙に交付した場合には、乙は丙に対し手形金の支払をなす義務はない(最判昭33・9・11手形小切手百選[6版]69事件)。

3　不渡付箋のついた手形

　約束手形の支払拒絶証書作成前でその作成期間の経過前にされた裏書は、不渡の符箋等により満期後の支払拒絶の事実が手形面上明らかにされた後のものであっても、満期前の裏書と同一の効力を有する(最判昭55・12・18手形小切手百選[6版]60事件)。

第3章

引 受

> **第21条【引受呈示の自由】　B**
> 為替手形ノ所持人又ハ単ナル占有者ハ満期ニ至ル迄引受ノ為支払人ニ其ノ住所ニ於テ之ヲ呈示スルコトヲ得

為替手形の所持人または単なる占有者は、満期に至るまで、支払人に対し、支払人の住所において、引受のため手形を呈示することができます。

→試験対策・7章1節4【2】

1 趣旨
本条は、引受の呈示について規定する。

2 語句の意味
引受とは、為替手形の支払人が手形金額の支払義務を負担する旨を表示する手形行為をいう。

引受呈示とは、為替手形の所持人(単なる占有者も含む)が、引受を求めて、支払人に手形を呈示することをいう。

3 条文クローズアップ

1 引受
通説は、引受は為替手形金支払義務の負担を目的とする単独行為であり、引受の署名がなされた後、呈示者への手形の返還によって引受の効力が発生するとしている。

為替手形は支払委託証券であるから、支払人が手形金額の支払をなす者であるが、この者は手形の振出によって当然に手形金額の支払義務を負うものではない。為替手形の支払人は、みずから手形金額の支払を約束する引受行為をなすことによって、はじめて支払義務を負担する(28条1項)。

2 引受の呈示
(1)要件

引受呈示は、手形の所持人または単なる占有者が、支払人に対し、その営業所または住所においてなすことを要する(本条、商516条2項参照)。手形上の支払地ないし支払場所の記載は、手形の支払呈示のためのものであるから、引受呈示の場所とはならない。

引受呈示は、原則として振出の時から満期の前日までであれ

◆第21条

ば、いつでもなすことができる(本条参照)。
(2)引受呈示自由の原則とその例外
　引受呈示をするか否かは、原則として手形の所持人の自由である(**引受呈示自由の原則**)。ただし、以下のような例外がある。
　第1に、一覧後定期払手形については、満期を確定させるために、手形の所持人は、振出の日付から1年以内に引受呈示をしなければならない(23条1項)。これを怠れば、手形の所持人は、遡求義務者に対する遡求権を失う(53条1項1号)。
　第2に、為替手形の振出人または裏書人は、期間を定めまたは定めずに、引受呈示をなすべき旨の文言(引受呈示命令)を手形上に記載することができる(22条1項、4項本文)。この場合において、手形の所持人は、引受呈示を怠れば、振出人がこの文言を記載したときは、全遡求義務者に対する遡求権を失い、裏書人がこの文言を記載したときは、当該裏書人に対する遡求権を失う(53条2項本文、3項)。
　第3に、振出人は、引受呈示を一定期間または絶対的に禁止する旨を手形上に記載することができる(22条2項本文、3項)。
(3)引受の呈示と引受の拒絶
　引受呈示期間内に引受呈示がなされたにもかかわらず、引受が拒絶されたときは、手形の所持人は、前者たる遡求義務者に対して、ただちに手形金の償還請求をすることができる(43条1号)。ただし、振出人が引受呈示を禁止したときは、これに反して呈示をなし、引受が拒絶されても、手形の所持人は、遡求をすることができない。

第22条【引受呈示の命令・禁止】　　C

①振出人ハ為替手形ニ期間ヲ定メ又ハ定メズシテ引受ノ為之ヲ呈示スベキ旨ヲ記載スルコトヲ得
②振出人ハ手形ニ引受ノ為ノ呈示ヲ禁ズル旨ヲ記載スルコトヲ得但シ手形ガ第三者方ニテ若ハ支払人ノ住所地ニ非ザル地ニ於テ支払フベキモノナルトキ又ハ一覧後定期払ナルトキハ此ノ限ニ在ラズ
③振出人ハ一定ノ期日前ニハ引受ノ為ノ呈示ヲ為スベカラザル旨ヲ記載スルコトヲ得
④各裏書人ハ期間ヲ定メ又ハ定メズシテ引受ノ為手形ヲ呈示スベキ旨ヲ記載スルコトヲ得但シ振出人ガ引受ノ為ノ呈示ヲ禁ジタルトキハ此ノ限ニ在ラズ

　振出人は、為替手形に期間を定めても定めなくても引受のため手形を呈示すべき旨を記載することができます。

→試験対策・7章1節4【2】(2)

振出人は、手形に引受のための呈示を禁じる旨を記載することができます。ただし、手形が第三者方または支払人の住所地でない土地において支払うべきものであるときや一覧後定期払のときは、そのような記載をすることができません。

振出人は、一定の期日前には引受のための呈示をしない旨を記載することができます。

各裏書人は、期間を定めても定めなくても引受のため手形を呈示すべき旨を記載することができます。ただし、振出人が引受のための呈示を禁じたときは、このような記載をすることができません。

1 趣旨

引受呈示は原則として自由であるが(21条)、これに対する例外として、本条は、振出人・裏書人のなす引受呈示命令、振出人のなす引受呈示禁止について規定する。

2 条文クローズアップ

1 振出人の引受呈示命令(1項)

振出人は、為替手形に、期間を定めまたは定めないで、引受のためこれを呈示すべき旨を記載することができる(1項)。

この記載にもかかわらず、手形の所持人は、引受呈示を怠れば、全遡求義務者に対する遡求権を失う(53条2項本文)。

2 裏書人の引受呈示命令(4項)

各裏書人は、期間を定めまたは定めないで、引受のため手形を呈示すべき旨を、記載することができる(4項本文)。ただし、振出人が引受のための呈示を禁止しているときは、引受呈示の命令を記載することができない(4項ただし書)。

この記載にもかかわらず、手形の所持人は、引受呈示を怠れば、当該裏書人に対する遡求権を失う(53条2項本文)。

3 引受呈示の禁止(2項、3項)

振出人は、手形に引受の呈示を禁止する旨の記載をすることができる。絶対的禁止(2項本文)も、期間を定めての禁止(3項)もできる。

なお、振出人だけがこの記載をすることができ、裏書人は記載をすることができない。

第23条【一覧後定期払手形の呈示義務】　　C

① 一覧後定期払ノ為替手形ハ其ノ日附ヨリ一年内ニ引受ノ為之ヲ呈示スルコトヲ要ス

> ②振出人ハ前項ノ期間ヲ短縮シ又ハ伸長スルコトヲ得
> ③裏書人ハ前二項ノ期間ヲ短縮スルコトヲ得

　一覧後定期払の為替手形は、その日付から１年以内に引受のために手形を呈示しなければなりません。振出人は、この期間を短縮または伸長することができます。裏書人は、この期間を短縮することができます。

1 趣旨

　本条は、一覧後定期払手形の呈示義務等について規定する。
　すなわち、一覧後定期払の為替手形は、引受の呈示があった後一定期間が経過した日を満期とするものであるから、満期確定のため引受の呈示が必要である（１項）。そして、その呈示期間は、原則として１年と定められており、振出人による短縮と伸長、裏書人による短縮が認められている。

第24条【猶予期間】　　C

> ①支払人ハ第一ノ呈示ノ翌日ニ第二ノ呈示ヲ為スベキコトヲ請求スルコトヲ得利害関係人ハ此ノ請求ガ拒絶証書ニ記載セラレタルトキニ限リ之ニ応ズル呈示ナカリシコトヲ主張スルコトヲ得
> ②所持人ハ引受ノ為ニ呈示シタル手形ヲ支払人ニ交付スルコトヲ要セズ

　支払人は、引受のための呈示を受けた翌日にもう一度引受のための呈示をしなおしてくれと請求することができます。利害関係人（引受が拒絶された場合に満期前の遡求義務を負う振出人や裏書人）は、この請求が拒絶証書に記載されている場合にかぎり、翌日の呈示がなかったから遡求義務がないと主張することができます。
　所持人は、引受のために呈示した手形を支払人に交付しなければなりません。

1 趣旨

　本条は、支払人が引受の呈示を受けた場合において、翌日に第２の呈示をなすべきことを請求できる旨等を規定する。

2 条文クローズアップ

猶予期間

支払人は、引受の呈示を受けた場合には、振出人に対し、その署名の真偽や資金の準備について確かめる必要があることがある。その場合において、引受をするかどうかを即時に決めることを要するとすれば、支払人は引受を拒絶するしかなく、無益の遡求が生じることになる。そこで、本条は、支払人に一定の考慮期間を与えたものであり、これを猶予期間という。

> **第25条【引受の方式】　C**
> ①引受ハ為替手形ニ之ヲ記載スベシ引受ハ「引受」其ノ他之ト同一ノ意義ヲ有スル文字ヲ以テ表示シ支払人署名スベシ手形ノ表面ニ為シタル支払人ノ単ナル署名ハ之ヲ引受ト看做ス
> ②一覧後定期払ノ手形又ハ特別ノ記載ニ従ヒ一定ノ期間内ニ引受ノ為ノ呈示ヲ為スベキ手形ニ於テハ所持人ガ呈示ノ日ノ日附ヲ記載スベキコトヲ請求シタル場合ヲ除クノ外引受ニハ之ヲ為シタル日ノ日附ヲ記載スルコトヲ要ス日附ノ記載ナキトキハ所持人ハ裏書人及振出人ニ対スル遡求権ヲ保全スル為ニハ適法ノ時期ニ作ラシメタル拒絶証書ニ依リ其ノ記載ナカリシコトヲ証スルコトヲ要ス

引受は、為替手形に記載しなければなりません。引受は、「引受」その他これと同一の意味がある文字をもって表示し、支払人が署名しなければなりません。手形の表面にした支払人の単なる署名は、引受とみなされます。

一覧後定期払の手形または特別の記載に従って一定の期間内に引受のための呈示をなすべき手形においては、所持人が呈示の日の日付を記載すべきことを請求した場合を除いて、引受には引受をなした日の日付を記載しなければなりません。日付の記載がないときには、所持人は、裏書人および振出人に対する遡求権を保全するためには、適法な時期に作成させた拒絶証書によってその記載がなかったことを証明しなければなりません。

→試験対策・7章1節 4 【3】

1 趣旨
本条は、引受の方式について規定する。

2 条文クローズアップ

1　引受の方式（1項）
(1)正式引受

引受は、手形上の記載によってされる必要がある（1項前段）。引受は、「引受」その他これと同一の意義を有する文字を記載し、支払人がこれに署名することによってなされる（1項中段）。

(2) 略式引受

手形の表面になされた支払人の単なる署名は、引受とみなされる（1項後段）。

2　日付の記載（2項）

(1) 原則

日付の記載は、引受の要件ではない。

(2) 例外

一覧後定期払手形（23条）および期間を定めた引受呈示命令が記載された手形（22条1項、4項）については、引受日付の記載が必要である（2項前段）。

引受に日付の記載がないときは、所持人は、裏書人および振出人に対する遡求権を保全するためには、適法の時期に作成せしめた拒絶証書（引受日付拒絶証書）によって、日付の記載がなかったことを証明することを要する（2項後段）。

第26条【引受の単純性】　　C
①引受ハ単純ナルベシ但シ支払人ハ之ヲ手形金額ノ一部ニ制限スルコトヲ得
②引受ニ依リ為替手形ノ記載事項ニ加ヘタル他ノ変更ハ引受ノ拒絶タル効力ヲ有ス但シ引受人ハ其ノ引受ノ文言ニ従ヒテ責任ヲ負フ

引受に条件や制限を付けてはなりません。ただし、支払人は、手形金額の一部だけについて引受をすることができます。引受をするにあたって為替手形に記載された事項に変更を加えると、引受を拒絶されたことになります。ただし、引受人は、その変更された引受の文言に従って責任を負います。

→試験対策・7章1節4【3】(2)

1　趣旨

本条は、引受の単純性について規定する。

2　条文クローズアップ

1　単純引受と不単純引受

単純引受とは、手形の記載内容に従ってなされた引受をいい、不単純引受とは、手形の記載内容に変更を加え、または条件や制限を付してなした引受をいう。

2　引受の単純性

引受は、単純に基本手形の記載内容に従ってなされることを要する（1項本文）。支払人がこの内容に変更を加えて引受をした場合には、引受拒絶の効力を生じ（2項本文）、手形の所持人は、た

だちに遡求をすることができる。ただし、この場合においても、引受そのものは有効であって、引受人は、引受文言に従って責任を負担する(2項ただし書)。

3　一部引受

支払人は、手形金額の一部について引受をすることができる(1項ただし書)。この場合には、引受人は、その引き受けた金額について手形上の責任を負う。手形の所持人は、その残額についてだけ引受拒絶があったものとして遡求することができる(43条1号、48条1項、51条)。

> **第27条【引受人の第三者方払の記載】　C**
> ①振出人ガ支払人ノ住所地ト異ル支払地ヲ為替手形ニ記載シタル場合ニ於テ第三者方ニテ支払ヲ為スベキ旨ヲ定メザリシトキハ支払人ハ引受ヲ為スニ当リ其ノ第三者ヲ定ムルコトヲ得之ヲ定メザリシトキハ引受人ハ支払地ニ於テ自ラ支払ヲ為ス義務ヲ負ヒタルモノト看做ス
> ②手形ガ支払人ノ住所ニ於テ支払フベキモノナルトキハ支払人ハ引受ニ於テ支払地ニ於ケル支払ノ場所ヲ定ムルコトヲ得

振出人が支払人の住所地と異なる支払地を為替手形に記載した場合において、第三者方で支払をすべき旨を定めなかったときは、支払人は、引受をするにあたりその第三者を定めなければなりません。これを定めなかったときは、引受人は、支払地においてみずから支払をする義務を負ったものとみなされます。

手形が支払人の住所において支払うべきものであるときは、支払人は、引受において支払地における支払の場所を定めることができます。

1　趣旨

本条は、振出人が第三者方払の記載(4条参照)をしなかったときは、支払人が引受にあたって第三者方払の記載をなしうることを規定したものである。1項は、支払地と支払人の住所地とが異なるいわゆる他地払手形について、2項は、それらが同地である同地払手形について、それぞれ同様の趣旨を定めている。

> **第28条【引受の効力】　C**
> ①支払人ハ引受ニ因リ満期ニ於テ為替手形ノ支払ヲ為ス義務ヲ負フ
> ②支払ナキ場合ニ於テハ所持人ハ第四十八条及第四十九条ノ規定ニ依リ

> テ請求スルコトヲ得ベキ一切ノ金額ニ付引受人ニ対シ為替手形ヨリ生ズル直接ノ請求権ヲ有ス所持人ガ振出人ナルトキト雖モ亦同ジ

支払人は、引受をすることによって、満期において為替手形の支払をする義務を負います。引受をした支払人が満期において支払をしない場合においては、所持人は、引受人に対し、手形金額のほか、満期後の利息、遡求手続に要したいっさいの費用の支払の請求権を有します。所持人が振出人である場合も同様です。

→試験対策・章1節4【5】

1 趣旨
本条は、引受の効力について規定する。

2 語句の意味
引受とは、為替手形の支払人が手形金の支払債務を負担する旨を表示する手形行為をいう。

3 条文クローズアップ

1 引受人の義務

支払人は、引受によって、満期において為替手形の支払をなす義務を負う(1項)。

支払人は、引受によって手形上の主たる義務者(引受人)となるのであり、その義務は、所持人が保全手続を怠っても消滅しない。

2 支払拒絶の場合

適法の期間内に支払の呈示がなされたにもかかわらず、支払をしないときには、引受人は、手形金額のみならず、満期後の法定利息、その他の付加金額を含む遡求金額(48条)、再遡求金額(49条)につき責任を負う(2項前段)。

3 請求権者

引受人は、手形の最後の所持人に対してのみならず、償還して手形を受け戻した所持人に対しても、直接の支払義務を負う。

振出人も、所持人であるかぎり、引受人に対し手形上の権利を有するが(2項後段)、引受人との実質的関係に基づく人的抗弁を対抗されることがありうる。

判例セレクト

1 呈示期間内に呈示がない場合と利息の支払義務の有無

約束手形の支払呈示期間内に適法な呈示がなかったときは、その後に呈示されても、振出人は、本条2項、48条1項2号および49条2号

所定の利息の支払義務を負わない(最判昭55・3・27判時970-169)。

2 呈示期間内の呈示と利息の起算日

約束手形の所持人が満期日後2日以内に振出人に対して手形を支払のために呈示した場合には、満期日以後の法定利息を請求することができる(大判大15・3・12民集5-181)。

> ### 第29条【引受の抹消】　　C
> ①為替手形ニ引受ヲ記載シタル支払人ガ其ノ手形ノ返還前ニ之ヲ抹消シタルトキハ引受ヲ拒ミタルモノト看做ス抹消ハ証券ノ返還前ニ之ヲ為シタルモノト推定ス
> ②前項ノ規定ニ拘ラズ支払人ガ書面ヲ以テ所持人又ハ手形ニ署名シタル者ニ引受ノ通知ヲ為シタルトキハ此等ノ者ニ対シ引受ノ文言ニ従ヒテ責任ヲ負フ

→試験対策・7章1節4【4】

為替手形に引受を記載した支払人がその手形の返還前にその記載を抹消したときは、引受を拒んだものとみなされます。抹消は、証券の返還前になされたものと推定されます。引受の抹消にかかわらず、支払人が書面で所持人または手形に署名した者に対し引受の通知をしたときは、支払人は、これらの者に対し、引受の文言に従って責任を負います。

1 趣旨

本条は、引受の抹消について規定する。

2 条文クローズアップ

1 引受の抹消(1項)

引受を記載した支払人が手形の返還前にこれを抹消したときは、引受を拒絶したものとみなされる(1項前段)。

引受の抹消が効力を有するかどうかは、それが手形の返還前になされたかどうかによるが、抹消は手形の返還前になされたものであると推定される(1項後段)。

2 引受の通知(2項)

引受の抹消にかかわらず、支払人が書面をもって手形の所持人または手形に署名した者に対し引受の通知をした場合には、支払人は、その通知を受けた者に対しては、引受の文言に従って責任を負う。

第4章
保　証

> **第30条【手形保証の要件】　　B**
> ①為替手形ノ支払ハ其ノ金額ノ全部又ハ一部ニ付保証ニ依リ之ヲ担保スルコトヲ得
> ②第三者ハ前項ノ保証ヲ為スコトヲ得手形ニ署名シタル者ト雖モ亦同ジ

　為替手形の支払は、その金額の全部または一部を保証することによって担保することができます。第三者は、このような保証をすることができます。手形に署名した者も同様です。

→試験対策・6章12節①【1】

1 趣旨
　本条は、手形保証の要件について規定したものである。

2 条文クローズアップ
　手形保証とは、手形債務者の信用を補うために、その者の義務を担保することを目的としてなされた手形行為をいう。

3 条文クローズアップ
1　民事保証との関係
　民事保証の履行として手形保証がなされる場合がある。また、手形債務について民事保証を行うこともできる。
　手形保証は、手形行為としてなされ、被保証債務の実質的無効によって影響を受けない点(32条2項)、不特定の手形所持人に対して責任を負う点(32条1項)などにおいて、民事保証とは異なる。
　なお、手形保証も手形行為であるから、要式行為であるが(31条2項)、平成16年の民法改正により、民事保証についても要式行為化されたので(民446条2項、3項)、この点では共通することになる。

2　一部保証・条件付き保証の可否
　一部保証は明文で許されている(30条1項)。これに対して、条件付き保証が許されるかについては争いがある。
　振出の場合に条件を付すことは、手形の無因性という本質に反することから、有害的記載事項となる(1条2号、75条2号)。振出に条件を付すことは所持人に不利であって、手形取引の円滑・

安全を害するからである。
　しかし、条件付き保証の場合において、条件成就のときに保証人に責任追及しうるということは、所持人にとって有利になることはあっても不利になることはない。また、保証人もみずからかかる条件での債務負担を約束した以上、約束どおり責任追及されても不都合とはいえない。そこで、条件付き保証も有効と考えるべきである。

第31条【手形保証の方式】　　B⁻
①保証ハ為替手形又ハ補箋ニ之ヲ為スベシ
②保証ハ「保証」其ノ他之ト同一ノ意義ヲ有スル文字ヲ以テ表示シ保証人署名スベシ
③為替手形ノ表面ニ為シタル単ナル署名ハ之ヲ保証ト看做ス但シ支払人又ハ振出人ノ署名ハ此ノ限ニ在ラズ
④保証ニハ何人ノ為ニ之ヲ為スカヲ表示スルコトヲ要ス其ノ表示ナキトキハ振出人ノ為ニ之ヲ為シタルモノト看做ス

　保証は、為替手形または補箋にしなければなりません。
　保証は、「保証」その他これと同一の意義を有する文字をもって表示し、保証人が署名しなければなりません。
　為替手形の表面にした単なる署名は、支払人または振出人の署名を除いて、保証とみなされます。
　保証には、だれのためにしたかを表示しなければなりません。その表示がないときは、振出人のために保証をしたものとみなされます。

→試験対策・6章12節[1]【2】

1 趣旨
本条は、手形保証の方式について規定する。

2 条文クローズアップ

1　方式
(1) 正式保証と略式保証
　手形保証の方式としては、正式保証と略式保証との2つがある。手形保証は、手形自体または補箋にすることができる(1項)。
　正式保証は、「保証」その他これと同じ意味の保証文句を記載し、かつ、被保証人の名称を表示して保証人が署名(82条)する方法である(2項)。「右保証人○○」、「右保証します○○」のように署名すればよい。
　略式保証には、①保証文句と保証人の署名はあるが、被保証人

の表示を欠く場合と、②保証人の署名のみがあり、保証文句および被保証人の表示を欠く場合とがある。被保証人がだれであるか明らかでないときは、振出人のために保証したものとみなされる（4項後段）。保証文句のない単純な署名は、振出人または支払人の署名である場合を除き、それが手形の表面になされていれば、保証とみなされる（3項）。

(2)略式保証と共同振出との区別

　手形の振出人欄に、肩書きの記載のない単なる署名が複数併記されており、振出人と略式保証人のどちらの署名か識別しがたい場合をいかに解すべきか。

　一般の取引慣行に従い、手形客観解釈の原則によって、もっぱら手形上の記載によって判断すべきであるが、その具体的基準については争いがある。通説は、筆頭署名者のみを振出人と認め、そのほかは手形保証人とみるべきとする。一般の取引通念からみると筆頭者の署名と第2番目以下の署名には差異が認められるし、また、かように解すれば、手形上になされたいろいろな態様の複数署名を画一的に取り扱うことができるからである。

　これに対して、所持人にどちらか一方の選択権があり、記載上両署名間に明らかに主従関係が認められる場合以外は、所持人は共同振出として権利行使をしたときには、署名者側はこれを否定することができないとする見解も有力である。

2　隠れた手形保証

(1)意義

　隠れた手形保証とは、手形保証の目的で、他の形式の手形行為（裏書、引受、振出など）をすることをいう。

　手形保証の記載は、被保証人に信用がないことを手形上に公表することになって、かえって手形の信用を害する。そこで、実際は、この隠れた**手形保証**が用いられることが多い。

(2)効果

　隠れた手形保証をした者は、その行為の形式に従って、それぞれ裏書人や振出人の責任を負う。保証目的であったことは人的抗弁事由になるにすぎない。

(3)隠れた手形保証と原因債務に関する民事保証の推認

　隠れた手形保証をしたことをもって、原因債務の民事保証をもなしたと推認してよいか。判例・多数説は、他人の債務を保証するにあたっては、その保証によって負担する自己の責任をなるべく狭い範囲にとどめようとするのが保証人の通常の意思に合致すること、手形保証と民事保証では、目的、効果が相当異なることなどから、特段の事情のないかぎり、隠れた手形保証をしたことをもって、原因債務の民事保証をもなしたとは推認できないとしている。

→判例セレクト3(1)

もっとも、特段の事情として、①隠れた手形保証を行った者と原因債務の債権者との間に直接の交渉があった場合（判例）、または②隠れた手形保証を行った者と債権者との直接の交渉がない場合において、主たる債務者に民事保証契約の代理権を授与したと認められる事実が存するときは、原因債務の民事保証をもなしたと推認してよいと考えられる。　　　　　　　　　→判例セレクト3(2)

　なお、これらの判例の後、平成16年に民法が改正され、保証契約においては書面の作成を要するものとされたため（民446条2項）、保証の認定はさらに難しくなると解されている。　→内田民法Ⅲ342頁

(4) 隠れた手形保証をした者が複数の場合の遡求義務の範囲

　約束手形の第1裏書人(B)および第2裏書人(C)のいずれも、振出人の手形債務を保証する趣旨で裏書した（つまり、隠れた手形保証をした）場合において、第2裏書人が所持人(D)に対し遡求義務を履行して、第1裏書人に再遡求したとき、第1裏書人はいかなる範囲で求償に応じなければならないか。判例は、第1裏書人は民法465条1項の規定の限度においてのみ遡求に応じれば足りる旨を主張することができ、遡求義務の範囲の基準となる裏書人間の負担部分につき特約がないときは、負担部分は平等であると解するのが相当であるとしている。つまり、Cは、Bに対し半額しか再遡求できないということである。　　　　→判例セレクト4

判例セレクト

1　補箋の表面にした単なる署名の意義
　約束手形の補箋の表面になした単なる署名は保証とみなすべきである（最判昭35・4・12手形小切手百選［6版］62事件）。

2　略式保証と共同振出との区別
(1) 共同振出としたもの
　約束手形の振出人欄になされた数個の署名は、特段の事情がないかぎり、共同振出の趣旨と解すべきである（大阪高判昭41・1・24下民17-1＝2-18）。
(2) 所持人の主張によるとしたもの
　振出人欄になされた2番目以下の署名は、共同振出または保証人のいずれであるか特定する記載がない場合には、所持人の主張に従い、保証人と解することができる（東京地判昭41・9・13判タ199-174）。

3　隠れた手形保証と原因債務に関する民事保証の推認
(1) 否定例
　金銭を借用するにあたり、借主甲が、借受金の弁済確保のため甲の振り出す約束手形になんとか確実な保証人の裏書をもらってくるよう貸主乙から要求されたため、丙に依頼してその手形に丙の裏書を受けたうえ、これを乙に手交して金銭の貸渡しを受けたという関係があるだけでは、その手形が金融を得るために用いられることを丙におい

て認識していた場合であっても、丙が手形振出の原因となった甲乙間の消費貸借上の債務を保証したものと推認することはできない(最判昭52・11・15手形小切手百選[6版]64事件)。
(2)肯定例
　甲が乙から3回にわたって金銭を借り受けた場合において、丙が、乙とは旧知の仲でその貸借の紹介された者でもあり、その貸借のつど、甲に同行して乙と直接会い、その場において、乙の求めに応じ、甲振出の約束手形に保証の趣旨で裏書をして乙に交付し、甲の支払拒絶後は、3回目の貸金の弁済を求める乙の強い意向に沿う行動をとるなどの事情があるときは、丙は、他に特段の事情がないかぎり、乙に対し、3回目の貸金債務につき保証をしたものと推認するのが相当である(最判平2・9・27手形小切手百選[6版]65事件)。

4　隠れた手形保証をした者が複数の場合の遡求義務の範囲
　約束手形の第1裏書人および第2裏書人がいずれも振出人の手形債務を保証する趣旨で裏書したものである場合において、第2裏書人が所持人から手形を受け戻したうえ第1裏書人に対し遡求したときは、第1裏書人は民法465条1項の規定の限度においてのみ遡求に応じれば足り、その遡求義務の範囲の基準となる裏書人間の負担部分につき特約がないときは、負担部分は平等である(最判昭57・9・7手形小切手百選[6版]66事件)。

> **第32条【手形保証の効力】　B**
> ①保証人ハ保証セラレタル者ト同一ノ責任ヲ負フ
> ②保証ハ其ノ担保シタル債務ガ方式ノ瑕疵ヲ除キ他ノ如何ナル事由ニ因リテ無効ナルトキト雖モ之ヲ有効トス
> ③保証人ガ為替手形ノ支払ヲ為シタルトキハ保証セラレタル者及其ノ者ノ為替手形上ノ債務者ニ対シ為替手形ヨリ生ズル権利ヲ取得ス

　保証人は、保証された者(被保証人)と同一の責任を負います。
　保証は、担保した債務が方式の瑕疵がある場合を除いて、いかなる事由によって無効となったときでも、有効とされます。
　保証人が為替手形の支払のために保証をしたときは、保証人は、保証された者およびその者の為替手形の債務者に対し、為替手形から生じる権利を取得します。

→試験対策・6章12節②

1　趣旨
　本条は、手形保証の効力について規定する。

2　条文クローズアップ
1　手形保証の効力
(1)従属性と独立性

手形保証人は、被保証人と同一の責任を負う(32条1項)。このような性質を**手形保証の従属性**という。したがって、被保証債務が形式を欠くため無効である場合には、手形保証債務も無効となり、被保証債務が支払・免除・相殺または時効等によって消滅した場合には、手形保証債務も消滅する。このような、手形保証人の責任が被保証人の責任に従属するという性質は、手形保証人が被保証人である振出人に代わって手形金を支払った場合、または手形保証人が被保証人である裏書人の遡求義務を果たした場合において、被保証人に対して求償権を行使しうることからも(3項)、当然に導き出される結論である。

　ところが、手形法は、このような手形保証の従属性を定める一方で、被保証債務が制限行為能力や偽造により実質的に無効であっても、手形保証債務は有効であると定めている(32条2項)。これを**手形保証の独立性**という。たとえば、実在しない会社の名義で振り出された手形の保証人は、手形保証独立の原則によって被保証人の責任と別個の責任を負う。

　なお、手形保証人は、被保証人と**合同責任**を負うから(47条1項)、民法上の催告の抗弁権(民452条)や検索の抗弁権(民453条)を有しないし、また、たとえ複数の手形保証人が存在する場合であっても、各保証人は、分別の利益(民456条)を有しない。

(2) 32条1項と2項との関係

　本条は、手形保証の従属性と独立性という両極に位置する性質を定めているが、この1項と2項との関係をいかに解すべきだろうか(Q_1)。

　判例・通説は、手形保証は、他の手形行為と同様に本来独立のものであると解され(独立性説)、1項は、手形保証債務の決定基準を主たる債務に求めることを示したものにすぎないと解している。

→判例セレクト1

Q1　32条1項と2項との関係。

◁ ランクB⁺

→判例セレクト1

A説　独立性説(判例、通説)
- ▶結論：2項が原則であり、1項を強調すべきでない。
- ▶理由：①手形保証も手形行為である以上、手形行為独立の原則がはたらき(77条2項・7条)、手形保証は、本来独立のものである。すなわち、手形保証人の債務は主債務者の保証人として手形に署名したこと自体に基づくものであって、なんらかの有効な原因債務の存在を前提としない。
　　　　②1項は、条文上も付従性という文言を使用しておらず、保証の従属性を強調したものではなく、手形保証者が自己の債務の種類を決定できないことから、これを決定する基準を主たる債務に求めたにすぎないものである。

B説 従属性説
▶結論：1項が原則であり、2項は1項の唯一の例外である。
▶理由：①かく解することが手形法に規定のないものについては、手形法の本質に反しないかぎり、民法の規定が適用されることに合致する。
②被保証債務の弁済、時効消滅などを物的抗弁として、保証債務の履行を拒めるという結論をより自然に説明できる。
③手形保証人が被保証人が所持人に対して有する人的抗弁を援用できるとしても、その後の善意の手形取得者は17条によって保護され、手形取引の安全は害されない。

2　手形保証と手形抗弁

2項によれば、主債務に実質的無効事由があるときでも、なお手形保証は有効である。しかし、これらの規定は主債務自体においては有効であるが、人的抗弁が存在する場合については直接規定していない。そこで、このような場合において、どのように解するかが問題となる。たとえば、被保証人たる振出人(A)が所持人(B)に対して人的抗弁を有する場合において、手形保証人(C)は、Bに対して手形金の支払を拒むことができるのであろうか。

独立性説からすれば、主債務が実質的に無効であっても手形保証人は保証債務を負担するのであるから、主債務が有効であってただ人的抗弁が存するにすぎない場合には、保証人が責任を負うのは当然であり、主債務者の有する人的抗弁を援用することはできないと考えることになる(人的抗弁の個別性)。そうすると、手形保証人は支払を拒絶することができないとも考えられる。

しかし、たとえばAB間の原因関係が解除によって消滅したのに、受取人BがAに手形金を請求した場合には、BはAに人的抗弁を対抗され支払を拒まれてしまう。それにもかかわらず、BがCに対してこれを請求できるとすると、Cはその後Aに求償し、Aは求償に応じて支払った額をBに対し不当利得として返還請求することになる。このような求償の循環は迂遠である。

このような場合において、所持人は、被保証人だけでなく手形保証人に対しても手形上の権利を行使すべき実質的理由を失ったものといえる。それにもかかわらず、所持人が手形を返還せず手形が自己の手元にあることを奇貨として手形保証人から手形金の支払を求めことは、**権利の濫用**として許されないと考えるべきである(判例)。すなわち、この場合には、手形保証人は、受取人に対し手形金の支払を拒むことができると考える。

→判例セレクト2

3　手形保証債務履行の効果(3項)

手形保証人が手形債務を履行した場合には、自己の債務が消滅するだけでなく、同時に被保証人より後者の債務も消滅する。履行した手形保証人は、法律上当然に被保証人およびその者の債務

者に対して権利を取得する。

> 判例セレクト
>
> **1 被保証人の手形債務の時効と保証債務の消滅**
> 主たる債務につき消滅時効が完成したときは、手形保証債務も消滅する（最判昭45・6・18民集24-6-544）。
>
> **2 手形保証と人的抗弁**
> 将来発生することあるべき債務の担保のために振り出され、振出人のために手形保証のなされた約束手形の受取人は、手形振出の上記原因関係上の債務の不発生が確定したときは、特別の事情のないかぎり、以後手形保証人に対して手形上の権利を行使すべき実質的理由を失ったものであって、その手形を返還せず、手形が自己の手元にあるのを奇貨として手形保証人に対し手形金を請求するのは、権利の濫用にあたり、手形保証人は受取人に対し手形金の支払を拒むことができる（最判昭45・3・31手形小切手百選[6版]63事件）。

第5章

満 期

> **第33条【満期の種類】　　B**
> ①為替手形ハ左ノ何レカトシテ之ヲ振出スコトヲ得
> 　1　一覧払
> 　2　一覧後定期払
> 　3　日附後定期払
> 　4　確定日払
> ②前項ト異ル満期又ハ分割払ノ為替手形ハ之ヲ無効トス

　為替手形は、一覧払、一覧後定期払、日付後定期払、確定日払のいずれかによって振り出すことができます。これと異なる満期または分割払いの為替手形は、無効となります。

→試験対策・6章3節②【4】

1　趣旨
　本条は、満期の種類について規定する。

2　語句の意味
　満期とは、手形金額が支払われるべき日として手形上に記載された日、つまり支払期日のことをいう。
　一覧払とは、支払呈示があった日を満期とするものをいう。
　一覧後定期払とは、振出の日付より、振出人の定めた期間内に、振出人が定めていない場合には1年以内に、振出人に一覧のための呈示をし(23条、78条2項)、その日から手形に記載された期間を経過した末日を満期とするものをいう。
　日付後定期払とは、振出の日付後手形に記載された一定の期間の末日を満期とするものをいう。
　確定日払とは、特定の日を満期とするものをいう。

3　条文クローズアップ
1　満期の種類
　満期としては、一覧払、一覧後定期払、日付後定期払、確定日払の4種類があり(1項)、それ以外の記載方法は認められていない(2項)。
　満期の記載がない場合には、一覧払のものとみなされる(2条2項、76条2項)。

2　確定日払手形における問題点

(1) 振出日以前の日を満期とする記載

　確定日払手形に振出日以前の日を満期とする記載がある場合には、満期も振出日もともに手形要件であることから、手形要件相互間に論理的不整合を生じる。そこで、このような振出日以前の日を満期とする記載の手形が有効か否かが問題となる（Q_1）。判例・通説は、無効としている。

→判例セレクト1

Q1 確定日払手形における振出日以前の日を満期とする記載のある手形の有効性。

◀ランクB+
→判例セレクト1

A説 無効説（判例、通説）
▶結論：確定日払手形における振出日以前の日を満期とする記載のある手形は無効である。
▶理由：確定日払手形に振出日以前の日を満期とする記載がある場合には、満期も振出日もともに手形要件であることから、手形要件相互間に論理的不整合を生じる。そのような手形は有効性に関して疑義を生じ、ひいては手形の流通を阻害する。したがって、手形取引の安全・迅速を確保することを重視するならば、無効と解すべきである。

B説 有効説（有力説）
▶結論：確定日払手形における振出日以前の日を満期とする記載のある手形も有効であり、表示された日をそのまま満期として扱ってよい。
▶理由：①振出日以前の日を満期とすることをもって手形を無効とすると大量の手形を取り扱う銀行での手形処理が渋滞する。
②手形法は、手形要件の記載があることは要求するが、論理的整合性までは要求していない。
③確定日払手形においては、振出日の記載には手形法上意味がない。

(2) 暦にない日を満期とした場合

　平年であるのに2月29日を満期とする記載のように、暦にない日を満期とする手形の効力をいかに解するべきか。
　手形の記載は、社会通念上合理的に解釈可能であるならば、できるかぎり有効に解釈すべきである（**手形有効解釈の原則**）。手形が無効となる場合が多くなると、手形の流通促進が阻害されるからである。そして、社会通念からみて、2月29日は2月末日を意味すると解するのがもっとも自然である。このような場合には、手形は無効とせず、2月の末日を満期として有効な手形と解釈していくべきである（判例）。

→判例セレクト2

> **判例セレクト**
>
> **1 満期が振出日より前の手形の効力**
> 満期の日として振出日より前の日が記載されている確定日払の約束手形は、無効である(最判平9・2・27手形小切手百選[6版]21事件)。
>
> **2 平年における2月29日を満期とする手形**
> 平年における2月29日を満期とする手形の記載は、2月末日を満期として記載した趣旨と解するのが相当である(最判昭44・3・4民集23-3-586)。

> **第34条【一覧払手形の満期】　C**
> ①一覧払ノ為替手形ハ呈示アリタルトキ之ヲ支払フベキモノトス此ノ手形ハ其ノ日附ヨリ一年内ニ支払為之ヲ呈示スルコトヲ要ス振出人ハ此ノ期間ヲ短縮シ又ハ伸長スルコトヲ得裏書人ハ此等ノ期間ヲ短縮スルコトヲ得
> ②振出人ハ一定ノ期日前ニハ一覧払ノ為替手形ヲ支払ノ為呈示スルコトヲ得ザル旨ヲ定ムルコトヲ得此ノ場合ニ於テ呈示ノ期間ハ其ノ期日ヨリ始マル

満期を一覧払式にして振り出した為替手形は、手形を呈示したときに、支払をしなければなりません。この手形は、振出の日付から1年内に、支払のため呈示をしなければなりません。振出人は、この期間を短縮したり、伸長したりすることができます。裏書人は、これらの期間を短縮することができます。

振出人は、一定の期日前には、一覧払手形を、その支払を求めて呈示してはならないことを定めることができます。この場合には、呈示の期間は、その期日から始まります。

1 趣旨

本条は、満期の到来が手形の呈示にかかっている一覧払手形について、その満期を確定するための基準を定めている。

2 条文クローズアップ

一覧払手形の満期
(1) 一覧払手形は、支払呈示をしたときが満期であり、ただちに支払を受けることができる(1項1文)。
(2) 一覧払手形は、原則として、振出の日付から1年以内に支払呈示をしなければならない(1項2文)。
(3) 振出人は、支払呈示期間を短縮しまたは伸長することができる

(1項3文)。
(4)振出人は、支払資金等の準備をなし無用な支払拒絶を回避するため、一定の期日前における支払の呈示を禁止し(一定期日後の一覧払手形)、または振出の日付より一定期間内における支払呈示を禁止することもできる(定期後一覧払手形)。この場合には、呈示期間は、その期日または期間の末日から始まる(2項)。
(5)裏書人も、手形関係から早く離脱したいと望むことがありうるから、法定または振出人所定の支払呈示期間を短縮することができる(1項4文)。しかし、その効力は、当該裏書人のみがこれを援用できるにすぎない(53条3項)。

> **第35条【一覧後定期払手形の満期】　　C**
> ①一覧後定期払ノ為替手形ノ満期ハ引受ノ日附又ハ拒絶証書ノ日附ニ依リテ之ヲ定ム
> ②拒絶証書アラザル場合ニ於テハ日附ナキ引受ハ引受人ニ関スル限リ引受ノ為ノ呈示期間ノ末日ニ之ヲ為シタルモノト看做ス

　満期を一覧後定期払式にして振り出した為替手形の満期は、引受の日付または拒絶証書の日付によって定まります。拒絶証書がない場合において、日付がない引受は、引受人との関係にかぎり、引受のための呈示期間の末日に呈示したものとみなされます。

1 趣旨

　本条は、一覧払手形と同様に満期の到来が手形の呈示にかかっている一覧後定期払手形について、その満期を確定するための基準を定めている。

2 条文クローズアップ

一覧後定期払手形の満期
(1)原則
　一覧後定期払手形は、原則として振出の日付後1年以内に(この期間は伸縮できる)引受のための呈示をしなければならない(23条)。そして、この引受呈示に基づき、①支払人が引受をなし、かつ、その日付を記載したときは、その日付を初日として、②支払人が引受を拒絶しまたは引受日付の記載を拒否したときは、引受拒絶証書(44条2項)または日付拒絶証書(25条2項後段)の日付を初日として、一覧後の期間を計算し、満期を確定する(35条1項)。
(2)適法に引受はなされたが日付拒絶証書のない場合

呈示期間中の引受呈示によって引受はなされたが日付の記載がない場合には、日付拒絶証書を作成しなくても、引受人に対する関係では引受呈示期間の末日に引受呈示がなされたものとみなされ、この日を基準に満期が確定される（2項）。

> **第36条【満期の決定・期間の計算方法】　　C**
> ①日附後又ハ一覧後一月又ハ数月払ノ為替手形ハ支払ヲ為スベキ月ニ於ケル応当日ヲ以テ満期トス応当日ナキトキハ其ノ月ノ末日ヲ以テ満期トス
> ②日附後又ハ一覧後一月半又ハ数月半払ノ為替手形ニ付テハ先ヅ全月ヲ計算ス
> ③月ノ始、月ノ央（一月ノ央、二月ノ央等）又ハ月ノ終ヲ以テ満期ヲ定メタルトキハ其ノ月ノ一日、十五日又ハ末日ヲ謂フ
> ④「八日」又ハ「十五日」トハ一週又ハ二週ニ非ズシテ満八日又ハ満十五日ヲ謂フ
> ⑤「半月」トハ十五日ノ期間ヲ謂フ

　日付後1か月または数か月払（日付後定期払式）、または、一覧後1か月または数か月払（一覧後定期払式）の為替手形は、1か月後あるいは数か月後の月でその日付または一覧の日と同一の日（応当日）が満期とされます。応当日がないときは、その月の末日が満期とされます。

　日付後または一覧後1か月半または数か月半払の為替手形については、まず前項に従って全月（1か月または数か月）につき応当日を計算します（次に、それに半月を加算し、その末日が満期となります）。

　月の始め、月半ば（1月の半ば、2月の半ば等）または月末という表し方で満期を定めたときは、その月の1日、15日または月の最後の日が満期となります。

　「8日」または「15日」とは、1週間または2週間ではなくて、満8日または満15日をいいます。

　「半月」とは、15日の期間をいいます。

1　趣旨

　一覧後定期払手形および日付後定期払手形は、一覧の日または振出の日付を基準として、それより一定期間経過した日を満期とする手形である。そこで、本条は、満期日を明確にするために、その期間の計算方式を定めた。

> **第37条【暦を異にする地における満期の決定方法】　D**
> ①振出地ト暦ヲ異ニスル地ニ於テ確定日ニ支払フベキ為替手形ニ付テハ満期ノ日ハ支払地ノ暦ニ依リテ之ヲ定メタルモノト看做ス
> ②暦ヲ異ニスル二地ノ間ニ振出シタル為替手形ガ日附後定期払ナルトキハ振出ノ日ヲ支払地ノ暦ノ応当日ニ換ヘ之ニ依リテ満期ヲ定ム
> ③為替手形ノ呈示期間ハ前項ノ規定ニ従ヒテ之ヲ計算ス
> ④前三項ノ規定ハ為替手形ノ文言又ハ証券ノ単ナル記載ニ依リ別段ノ意思ヲ知リ得ベキトキハ之ヲ適用セズ

　振出地と暦が異なる地において確定日に支払うべき為替手形については、満期の日は、支払地の暦によって定めたものとみなされます。

　暦が異なる2つの地の間で振り出した為替手形が日付後定期払のときは、振出の日を支払地の暦の応当日に換算して、満期を定めます。

　為替手形の呈示期間は、前項の規定に従って計算します。

　以上の規定は、為替手形の文言または証券の単なる記載によって、どの暦によるかわかるときは、適用されません。

1 趣旨

　本条は、満期を確定するについての準拠暦として支払地主義によるべきことを定めている。しかし、ほとんどすべての国がグレゴリウス暦(太陽暦)を採用しているので、本条は、その実用性に乏しい。

第6章

支払

> **第38条【支払のための呈示】　B⁺**
> ①確定日払、日附後定期払又ハ一覧後定期払ノ為替手形ノ所持人ハ支払ヲ為スベキ日又ハ之ニ次グ二取引日内ニ支払ノ為手形ヲ呈示スルコトヲ要ス
> ②手形交換所ニ於ケル為替手形ノ呈示ハ支払ノ為ノ呈示タル効力ヲ有ス

　確定日払、日付後定期払または一覧後定期払の為替手形の所持人は、支払をすべき日またはこれに次ぐ2取引日内に、支払のため手形を呈示しなければなりません。手形交換所における為替手形の呈示は、支払のための呈示の効力があります。

→試験対策・6章8節①【1】

1　趣旨

　本条は、確定日払、日付後定期払、または一覧後定期払の手形の所持人は、いかなる日に支払呈示すべきかを規定するとともに（1項）、手形交換所での手形の呈示が支払呈示の効力を有することを定める（2項）。

　なお、一覧払手形の支払呈示期間については、34条で定められている。

2　条文クローズアップ

1　支払呈示の意義

(1)定義

　支払呈示とは、支払呈示期間内に、主たる債務者、為替手形の支払人、または支払担当者に対して、手形の所持人またはその代理人が、支払呈示をすべき場所において、支払を求めて手形を呈示することをいう。**支払のための呈示**ともいう。

　手形の所持人が満期に手形金の支払を請求し、その支払を受けるためには、手形の主たる債務者、為替手形の支払人またはこれらの者の支払担当者に対して、完全な手形を呈示しなければならない（**呈示証券性**〔38条1項〕）。

(2)手形の呈示証券性が要求される趣旨

　第1に、手形債務は取立債務とされているが（商516条2項）、流通証券である手形にあっては、債務者が満期にだれが債権者であるかを知ることが難しいので、手形金の請求者が正当な手形の所持人であるか否かを確認させるためである。

◆第38条　347

第2に、裏書の資格授与的効力(16条1項1文)や支払の免責力(40条3項)と相まって、裏書の連続する手形の呈示により、債権者の手形上の権利の行使と債務者の手形の支払を容易にして、手形の支払の迅速と確実を図るためである。

なお、判例は、手形がすでに債務者の手中にある場合には、手形上の権利者は支払呈示を要しないことを前提としている。

→判例セレクト1

2 支払呈示の要件

支払呈示が完全な効力を生ずるためには、所持人は適法な支払呈示をしなければならない。適法な支払呈示といえるためには、次のような要件を備えなければならない。

(1)支払呈示の当事者

支払呈示をなしうる者は、手形の所持人またはその代理人である。裏書の連続のある手形の占有者(形式的資格を有する手形の所持人)であっても、実質的権利を有しない者は、支払呈示をすることができない(ただし、その立証責任は呈示を受ける者〔被呈示者〕にある)。他方、裏書の連続を欠く手形の所持人は、形式的資格を有しないが、自己の実質的権利を証明することにより、支払呈示をすることができる(裏書不連続手形と権利行使の許否の問題)。

(2)支払呈示期間

手形の所持人は、支払呈示をなすべき期間(支払呈示期間)に呈示をする必要がある。この期間内に支払呈示をしなければ、手形の所持人は遡求権を失う。

確定日払、日付後定期払、または一覧後定期払の手形の所持人は、「支払ヲ為スベキ日」または「之ニ次グ二取引日内」に支払のために手形を呈示しなければならない(1項)。満期日が平日(取引日)であるときは、その満期日が「支払ヲ為スベキ日」であるが、満期日が休日(祭日、祝日、日曜日等〔87条〕)であるときは、その休日に次ぐ第1の取引日が「支払ヲ為スベキ日」である(72条1項)。

これに対して、一覧払手形の場合には、原則として振出日付から1年間が支払呈示期間である(34条1項2文)。ただし、振出人はこの期間を短縮または伸長することができ(34条1項3文)、裏書人はこの期間を短縮することができる(34条1項4文)。また、振出人は一定の期日まで支払呈示を禁止することができ、この場合には、支払呈示期間はその期日から始まることになる(34条2項)。

(3)支払呈示場所

手形に支払場所が記載されていない場合には、支払呈示は、支払地内の債務者または支払人の現在の営業所(営業所がない場合にあっては、その住所)においてしなければならない(商516条2項)。

これに対して、手形に支払場所が記載されている場合には、支払呈示は、その場所でなすことを要し(判例)、それ以外の場所で

→大判明36・6・11民録9-15-699

呈示しても、支払呈示の効力を生じない(判例)。支払場所として支払担当者が記載されている場合(たとえば、甲銀行A支店)には、支払呈示は、支払担当者に対しその営業所でしなければならない。

→大判明36・10・29民録9-23-1177

支払地外の場所が支払場所として記載されている場合には、この記載は無効となり、手形の所持人は支払地内の債務者または支払人の現在の営業所または住所で呈示をしなければならない(判例)。

→大判明36・5・19民録9-629

なお、手形交換所における呈示は、支払呈示としての効力を有する(手38条2項)。**手形交換**とは、手形交換所に加盟している銀行間で、手形交換所の規則に基づいて、相互に取り立てるべき手形(小切手)を手形交換所に持ち寄って呈示交換し、集団的な差引計算によって決済をなす制度をいう。

(4) 支払呈示の方法

支払呈示は、完成した手形を被呈示者に現実に呈示しなければならない。したがって、未補充の白地手形の呈示は、適法な呈示とはならず、付遅滞効や遡求権保全効を生じない(判例)。

→10条判例セレクト4(1)

なお、前述のように、手形がすでに債務者の手中にある場合には、手形上の権利者は支払呈示を要しない。

約束手形の所持人が振出人と裏書人とを共同被告として満期前に将来の給付の訴え(民訴135条)を提起し、その口頭弁論終結前に満期が到来した場合にも、遡求権保全のためには現実の支払呈示が必要か。判例は、現実の支払呈示が必要であり、約束手形の振出人に対する満期前の手形金請求訴訟の提起ないし訴状の送達は、裏書人に対する満期後の遡求権行使の要件である支払のための呈示としての効力を有しないとする。

→判例セレクト2

3 支払呈示の効力

(1) 付遅滞効

支払呈示は、主たる債務者を遅滞に付するための要件として必要である。支払呈示期間内に適法な呈示がなされたにもかかわらず、支払を受けられないときは、所持人は、満期にさかのぼって年6分の手形利息(手形法が特に定めた法定利息〔判例〕)を請求することができる(28条2項、48条1項2号、49条2号)。

→大判大15・3・12民集5-181

なお、支払呈示期間経過後に請求呈示がなされたときは、支払をしない債務者は、この時から履行遅滞に陥り(商517条)、請求呈示の翌日から年6分の遅延利息を支払わなければならない(商514条)。

(2) 遡求権保全効

支払呈示は、裏書人などに対する遡求権の保全および行使のための要件である。すなわち、所持人は、支払呈示をしたにもかかわらず支払を受けられなければ遡求権を行使することができるが

◆第38条

(43条)、支払呈示をしないと遡求権を失う。
(3)時効中断効

支払呈示によって、手形上の権利の消滅時効が中断される(民147条1号、153条)。もっとも、判例・通説は、手形金の請求による時効の中断については、それが裁判外の請求であっても、裁判上の請求であっても、手形の呈示は必要ではなく、手形の所持も必要ではないと解している。

→最大判昭38・1・30日手形小切手百選[6版]78事件、最判昭39・11・24手形小切手百選[6版]79事件

4　不連続手形の呈示の効力
(1)付遅滞効

裏書の連続は権利行使の要件ではないから、裏書の連続を欠く手形の所持人も、主たる債務者に対する手形金請求との関係では、有効に呈示することができる。そうすると、その呈示には、本来、付遅滞効が認められそうである。しかし、裏書の連続の欠く手形の所持人は、形式的資格を有せず手形上の権利が推定されないから、手形の呈示にあたって、自己の実質的権利を証明しなければならない。また、裏書不連続手形は、実際にこれが権利者により呈示されていれば支払は有効になり債務者が二重払を強いられることはないが、裏書不連続手形の支払には善意支払による免責の保護が条文上はないので、その呈示に対しただちに支払をしなければ債務者が遅滞の責任を負うというのは不当である。なぜなら、権利者か否かを疑って支払を拒絶したことによる遅滞責任の危険は、単に遅延利息だけでなく、敗訴による訴訟費用の負担にまで及ぶからである(民訴61条)。

したがって、裏書不連続手形の所持人は、**自己の実質的権利を証明して呈示**すれば、相手方を遅滞に付しうると解すべきである。

(2)遡求権保全効

有力な見解は、裏書不連続手形の所持人も、その実質的権利を「客観的に裏書の不連続を補完して、裏書の連続のもつ形式的資格と同等の地位を所持人に肯定しうる」ような証明をして呈示した場合にのみ、遡求権保全効が認められるとする。

これに対して、遡求権保全の関係では、裏書不連続手形による支払呈示は一律に無効とすべきであるとする見解もある。

(3)時効中断効

判例・通説は、裏書不連続手形でも、所持人が実質的権利者であれば時効を中断することができるとしている。判例は、時効中断事由である請求には証券の呈示も所持も不要であり、実質的権利者であればよいとしているが、このこととの均衡を考え、時効制度の趣旨に立ち返れば、判例・通説の結論は当然であろう。時効制度の趣旨は、権利行使の意思が客観的に表現されていればよいということであって、本来、時効中断制度と有価証券としての

→最判昭57・4・1判時1046-124

呈示証券性とは基盤を異にするからである。

判例セレクト

1　手形が債務者の手中にある場合と手形金請求

振出人甲、受取人兼裏書人乙、被裏書人丙という約束手形について甲、乙および丙間において書替の合意がされ、甲において乙を受取人とする新手形を振り出し、従前の手形は丙から甲に返還されたが、新手形が乙の手許で破棄されたため、丙において手形上の権利を取得できなかった場合には、従前の手形がすでに甲によって破棄されて滅失していたときであっても、丙は甲に対し従前の手形に基づく手形金の請求をすることができ、甲は除権判決〔現除権決定〕のないことを理由に手形金請求を拒むことはできない（最判昭41・4・22手形小切手百選［6版］72事件）。

2　約束手形の振出人に対する満期前の手形金請求訴訟の提起と遡求権保全の可否

約束手形の振出人に対する満期前の手形金請求訴訟の提起ないし訴状の送達は、裏書人に対する満期後の遡求権行使の要件である支払のための呈示としての効力を有しない（最判平5・10・22手形小切手百選［6版］68事件）。

3　手形交換所における呈示——「依頼返還」と呈示の効力

手形交換所における手形の呈示後、手形振出人の依頼に基づきこれをして取引停止処分を免れさせるため、手形持出銀行がその受入銀行から手形のいわゆる「依頼返還」を受けたとしても、そのためにいったんなされた手形の呈示および支払拒絶の効力は失われない（最判昭32・7・19手形小切手百選［6版］74事件）。

第39条【受戻証券性、一部支払】　　B⁺

①為替手形ノ支払人ハ支払ヲ為スニ当リ所持人ニ対シ手形ニ受取ヲ証スル記載ヲ為シテ之ヲ交付スベキコトヲ請求スルコトヲ得
②所持人ハ一部支払ヲ拒ムコトヲ得ズ
③一部支払ノ場合ニ於テハ支払人ハ其ノ支払アリタル旨ノ手形上ノ記載及受取証書ノ交付ヲ請求スルコトヲ得

為替手形の支払人は、支払をするにあたり、所持人に対し、手形に受取りを証する記載をして、手形を交付すべきことを請求することができます。

所持人は、一部支払を拒むことができません。

一部支払の場合においては、支払人は、その支払があったことの手形上の記載、および受取証書の交付を請求することができます。

→試験対策・6章8節①【2】

1 趣旨

本条は、手形の受戻証券性および一部支払について規定する。

2 条文クローズアップ

1 受戻証券性

(1)総説

手形の支払をする者は、支払をなすにあたって、所持人に対し手形に受取りを証する記載をなして手形を交付すべきことを請求することができる(39条1項)。このように、支払と手形(証券)の受戻しとが同時履行の関係にあるという性質を、**受戻証券性**という。

受戻証券性の趣旨は、手形の支払済みの証明を容易にするためであり、二重払の危険を回避させるためである(判例)。

→大判大7・10・2民録24-1947

(2)受戻しなき支払

受戻しなき支払によって手形債務は消滅するか、言い換えると、受戻しは支払の効力要件かが問題となる(Q_1)。

判例は、受戻しなき支払によって手形債務が消滅することを前提としている。

→大判大15・10・13新聞2653-7

Q₁ 受戻しなき支払によって手形債務は消滅するか(受戻しは支払の効力要件か)。

◁ランクB

A説 効力要件としない説
▶結論:受戻しなき支払によって手形債務は消滅する。
▶理由:①支払は債務の弁済であり、民法上、債務の消滅原因と考えられる。
②39条1項が「請求スルコトヲ得」と定めており、手形の受戻しは、手形債務者の権利にすぎないと解される。

B説 効力要件とする説
▶結論:受戻しなき支払によって手形債務は消滅しない。
▶理由:手形を受け戻さないかぎり権利の外観が所持人に残る。
▶批判:権利と権利の外観とは明らかに別個であり、権利の外観が残るかぎり権利は消滅しないというのは行きすぎである。

2 一部支払

支払をなす者が手形金額の一部だけの支払をなす場合でも、手形の所持人はその一部支払を拒むことはできない(2項)。一部支払は、本来債務の本旨に従った履行ではないが、一部支払により、遡求義務者はその部分だけ遡求義務(償還義務)を免れることができるからである。

一部支払の場合には、手形の所持人は残額について遡求権を行使することができる。したがって、一部支払をなす者は手形の受

戻しを請求することはできないが、一部支払があった旨の手形上の記載および受取証書の交付を請求することができる（3項）。

判例セレクト

1 手形債権を自働債権とする相殺と手形の交付

手形債権者が手形債務者に対し負担する債務と手形債権とを相殺しようとする場合には、本条の準用により、手形の交付を要する（大判大7・10・2民録24-1947）。

2 転付債権と相殺した場合の手形の返還先

金融機関が預金者から第三者に転付された預金債権を預金者に対する手形貸付債権または手形買戻請求権をもって相殺した結果預金債権が転付前にさかのぼって消滅した場合には、金融機関は、手形貸付けについて振り出された手形または買戻の対象となった手形を預金者に返還すべきであり、預金債権の転付を受けた第三者に返還すべきではない（最判昭50・9・25手形小切手百選[6版]96事件）。

第40条【満期前の支払、善意支払】　A

①為替手形ノ所持人ハ満期前ニハ其ノ支払ヲ受クルコトヲ要セズ
②満期前ニ支払ヲ為ス支払人ハ自己ノ危険ニ於テ之ヲ為スモノトス
③満期ニ於テ支払ヲ為ス者ハ悪意又ハ重大ナル過失ナキ限リ其ノ責ヲ免ル此ノ者ハ裏書ノ連続ノ整否ヲ調査スル義務アルモ裏書人ノ署名ヲ調査スル義務ナシ

為替手形の所持人は、満期前には、支払人、引受人または支払担当者が支払を申し出ても、支払を受ける必要はありません。

満期前に支払をする支払人は、それにより生じるかもしれない不利益を自分で受けなければなりません。

満期において支払をする者は、悪意または重大な過失がないかぎり、誤ってした支払でも責任を免れます。この者は、裏書の連続の整否を調査する義務がありますが、裏書人の署名が正しくされたかどうかを調査する義務はありません。

→試験対策・6章8節①【3】

1 趣旨

本条は、満期前の支払および善意支払について規定する。

2 条文クローズアップ

1 満期前の支払

(1) 原則

手形の所持人は、満期前には支払を請求することができず、ま

た、弁済の受領を強制されない(1項)。

　すなわち、満期前には、主たる手形債務者は手形金支払の義務を負わないので、手形の所持人は、満期前には支払を請求することができない。また、利息文句が記載されている手形(一覧払手形、一覧後定期払手形)を満期まで所持し、または流通させることを希望する手形の所持人の利益を保護しなければならないから、手形の所持人は、弁済の受領を強制されない。本来、期限は債務者のために存するのであるが(民136条2項本文)、手形においては、満期まで手形を流通させることについて所持人も利益を有するので、例外が認められるのである。

(2)例外(所持人の同意がある場合)

　約束手形の振出人(為替手形の引受人)は、所持人の同意がある場合には、例外的に満期前の支払をすることができる。もっとも、この場合には、手形の本来の支払時期における支払ではないから、支払をなす者には満期における支払のような責任軽減は認められず、**自己の危険において**支払をなすものとされている(2項)。

(3)本条2項と16条2項との関係

　満期前に支払をなす者は、自己の危険において支払をなすものとされている(2項)。ところが、手形債務者が支払をなすのではなく、戻裏書を受けるのであれば、裏書人が無権利者等であっても16条2項により手形を善意取得することができることになる。それにもかかわらず、支払をした場合には、本条2項によって所持人の無権利について悪意・重過失がなくても真の権利者に対する責任を免除されないのでは均衡を失する。

　そこで、このような不均衡を解消するために、どのような解釈をなすべきか、本条2項と16条2項との関係が問題となる(Q_1)。

Q1　40条2項と16条2項との関係。　◀ランクB

A説　16条2項を類推適用する説

▶結論：満期前支払についても16条2項が類推適用され、悪意・重過失のないかぎり無権利者に対する支払も有効であり、真の権利者に対しては責任を負わない。

▶理由：①満期前の裏書等による手形の取得も、満期前の支払により手形の返還を受けることも、実質的には手形の取得であることに変わりはなく、いずれの場合も善意者は保護されるべきである。
　　　　②もしB説に立つと、そのような不利な法的地位に立たされると知った支払人が戻裏書を受けることは考えられなくなり、11条3項が支払人等に戻裏書を認めた趣旨が没却される。

B説 16条2項の適用を排除する説
- ▶結論：無権利者から戻裏書を受けた支払人等にも40条2項の趣旨を及ぼして、16条2項の適用を排除する（たとえ善意・無重過失で支払ったとしても、真の権利者に支払ったのでなければ、手形法上は無効である）。
- ▶理由：16条2項の適用を認めると、戻裏書が40条2項の適用を潜脱するために利用されることになる。
- ▶批判：40条3項の善意・無重過失と16条2項の善意・無重過失とは内容が異なるから、16条2項の適用を認めても40条2項は空文化しない。

2　支払呈示期間経過後の支払

(1)請求呈示

(a)意義

　支払呈示期間が経過しても、手形上の権利が時効によって消滅しないかぎり、手形の所持人は、主たる手形債務者およびその手形保証人に対して、手形金の支払を請求することができる。このように、支払呈示期間経過後に手形を呈示して手形金の支払を請求することを、支払呈示と対比して、**請求呈示**という。

　なお、後述する3項は、支払呈示期間経過後の支払にも適用があると解されている。

(b)請求呈示の効力

(i)付遅滞効

　請求呈示の場合には、支払呈示の場合と異なり、28条2項、48条1項2号および49条2号所定の手形利息の請求をすることはできず(判例)、商法517条、514条所定の請求呈示の日の翌日からの年6分の割合による遅延利息のみを請求することができるにとどまる(判例)。手形利息は、手形法が特に定めた法定利息だからである。

→最判昭55・3・27判時970-169

→大判大5・10・25民録22-1988

(ii)遡求権保全効

　請求呈示には、支払呈示と異なり、遡求権保全効はない(53条1項参照)。

(iii)時効中断効

　請求呈示により、手形債権の時効が中断する。

(2)請求呈示の場所

　支払呈示期間経過後も、手形上に記載された支払場所および支払地の記載はなお有効か否かについては争いがある。言い換えると、手形の所持人は、支払呈示期間経過後はいかなる場所に請求したらよいかが問題となる(Q_2、Q_3)。

　判例・多数説は、支払場所の記載は無効になるが、支払地の記載は有効であるから、手形の所持人は、支払地内の手形債務者の

→判例セレクト1

現在の営業所・住所に請求すればよいとしている。

Q2 支払呈示期間経過後の支払場所の記載の効力をいかに解すべきか。

◀ランクB+

→判例セレクト1

A説 判例、多数説
▶結論：支払場所の記載は無効である。
▶理由：①支払場所の記載は支払呈示期間内に支払がなされる正常な経過における手形を前提としたものと解することが、支払場所を記載する当事者の通常の意思に合致する。
　　　②支払場所の記載が有効であるとすると、手形債務者は、支払呈示期間経過後も支払場所に資金を置かねばならず、資金の活用を不当に阻害されてしまう。

B説 少数説
▶結論：支払場所の記載は有効である。
▶理由：①無効とすることは、手形の文言性に反する。
　　　②資金の活用といっても、その資金は、満期に支払場所に呈示されていたならば支払われていたものであり、供託すれば債務を免れうるし、支払場所である銀行の当座預金に預けておくことが、手形債務者に不利益を与えるとはいえない。
　　　③無効とすると、手形の所持人は、呈示すべき場所を捜索しなければならない不利益を被る。
▶批判：①供託も資金の活用を阻害するし、当座預金よりも普通預金等に預けた方が、手形債務者には有利である。
　　　②手形の所持人は、支払呈示期間内の呈示を怠ったのであるから、呈示すべき場所を捜索しなければならない不利益を受けてもやむをえない。

Q3 （支払呈示期間経過後の支払場所の記載の効力は無効となることを前提としたうえで）支払呈示期間経過後の支払地の効力をいかに解すべきか。

◀ランクB+

→判例セレクト1

A説 判例、多数説
▶結論：支払地の記載は有効である。
▶帰結：手形の所持人は、支払地内の手形債務者の現在の営業所・住所で呈示すべきである。
▶理由：支払地は、為替相場決定の基準（77条1項4号・52条3項）となるだけではなく、裁判籍決定の基準（民訴5条2号）ともなり、手形上の権利義務の内容を構成しており、金銭授受のための単なる技術的要請に基づく支払場所とは異なるから、支払地の記載の効力を支払場所の記載と同一に考える必要はない。

B説 鈴木、田邊
▶結論：支払地の記載は無効である。
▶帰結：手形の所持人は、支払地の内外を問わず、手形債務者の現在の営業所・住所で呈示すべきである。

▶理由：支払地の記載は、支払場所探知の手掛かりを与えるためのものであるから、支払場所の記載の失効とともに支払地の記載も失効すると解するのが理論的である。

C説 木内、弥永
▶結論：支払地の記載は、請求呈示場所を限定するという面においてのみ効力が失われる。
▶帰結：手形の所持人は、支払地の内外を問わず、手形債務者の現在の営業所・住所で呈示すべきである。
▶理由：請求呈示場所を拘束する効力を否定すべきなのはB説の理由のとおりであるが、A説の理由のように支払地の記載は他の機能も有している。

(3)一部支払受領の要否

満期における支払については、手形の所持人は、一部支払を拒むことはできない（39条2項）。

これに対して、支払呈示期間経過後の支払については、手形の所持人は、一部支払を拒むことができると解されている。なぜなら、請求呈示には、支払呈示と異なり、遡求権保全効はなく、かつ、一部支払によってすでに作成された拒絶証書は変更されることはないし、遡求義務者の義務には影響がないので、遡求義務者の利益のために、一部支払を受領させるという必要がないからである。

3 善意支払（3項）

(1)総説

一般原則によれば、債務者は、真の債権者またはその者から支払受領の権限を受けている者に対して支払をしないかぎり、支払は有効とならず、免責されない（ただし、民478条）。したがって、債務者は、支払にあたって、請求者が真の権利者であるか否かを実質的に調査しなければならない。

しかし、流通証券たる手形についても、この一般原則を貫くと、支払をなす者に非常に困難な調査を要求することになり、手形の支払を渋滞させ、手形の流通を阻害する結果となる。

そこで、手形法は、手形の支払をなす者は、形式的に裏書の連続する手形の所持人に対して支払をしたときは、悪意または重大な過失がないかぎり、所持人が無権利者であったとしても、免責されるとしている（3項）。これを**善意支払（支払免責）**の制度という。

(2)支払の時期と免責

3項は「満期ニ於テ支払ヲ為ス」と規定しているが、単に満期日の支払だけでなく、支払呈示期間はもとより、支払呈示期間経過後の支払にも適用があると解されている。なぜなら、3項は、2

項の満期前の支払に対するものであり、結局、支払義務に基づいた支払をいうものと解されるからである。

また、満期前遡求の場合にも、3項が適用されると解すべきである。なぜなら、満期前遡求の場合には、満期前支払ではあるが、遡求義務者には遡求義務が生じているので、免責に関しては満期後の支払と同様に扱われるべきであって、それゆえ2項ではなく3項の適用があると考えるべきだからである。

(3) 免責される者の範囲

3項の「支払ヲ為ス者」に、主たる債務者たる為替手形の引受人や約束手形の振出人が含まれるのは当然である。また、遡求義務者もみずから債務を負っているから、3項の類推適用が認められるものと解されている。

これに対して、支払担当者（4条）、為替手形の引受をしていない支払人（または小切手の支払人）は、いずれもそれ自身は手形（小切手）債務を負っていないので、それらの者のなす支払に40条3項の適用ないし類推適用を認めるべきかが問題となる。通説は、以上の者は、支払義務を負担している振出人等からその支払を委託され、その代理人的地位にあるとみられるから、それらのなす支払に3項の適用ないし類推適用を認めるべきであると解している。

(4) 40条3項の適用範囲

3項後段は、支払をなす者は、「裏書ノ連続ノ整否ヲ調査スル義務アルモ裏書人ノ署名ヲ調査スル義務ナシ」と規定している。言い換えると、3項後段は、支払をする者は、裏書人の署名が実質的に有効か否かを調査する義務はないが、裏書連続の形式的整否を調査する義務を負うと規定している。したがって、3項が、裏書連続手形の所持人に支払ったところ、所持人が実質的無権利者であった場合に適用されることには異論はない。

問題は、最終の被裏書人と所持人との同一性、所持人の支払受領能力（特に破産手続開始の決定を受けた者でないかどうか）、所持人の受領権限（たとえば、代理権）の欠缺といった手形外の事実についても3項の適用があるか否かである（Q_4）。

Q4 最終の被裏書人と所持人との同一性、所持人の支払受領能力、所持人の受領権限の欠缺といった手形外の事実についても3項の適用があるか。

◀ランクA

A説 否定説

▶結論：3項は適用されない。
▶理由：3項は形式的な裏書の連続の有する権利の外観の効果であるが、裏書の連続があるからといって、当該手形による請求者に、最終の被裏書人と所持人との同一性などに関する権利の

外観は生じないから、これらの手形外の事実については3項は適用されない。
▶備考：この見解は、裏書の連続以外の手形外の事項については、民法470条、破産法50条1項、民法110条などの規定の適用によるべきとする。

B説 肯定説
▶結論：3項が適用される。
▶理由：3項の趣旨は、権利の外見への信頼を保護し、手形の円滑な決済を図ろうとする点にあるところ、手形の円滑な決済という見地からみれば、実質的無権利者の場合も最終の被裏書人と所持人との同一性の欠缺等の場合も手形面上からそのような事情を知りえないことに相違はないから、区別して扱う合理的理由はない。

(5)善意支払の要件
　(a)裏書が連続していること
　　3項は、明文上、裏書の連続があることを要件としている。
　　では、裏書の連続を欠く手形の所持人に支払った場合には、3項は適用されないのであろうか。
　　たしかに、3項は、明文で裏書の連続を要件としており、裏書の連続のある手形の所持人の形式的資格に基礎をおく制度であるから、裏書の連続を欠く手形の所持人に支払った場合には、3項を直接適用することはできない。しかし、いっさい保護されないとすると、支払った者に酷であり、かつ、手形の円滑な決済を害することになる。架橋説を前提にすれば、この場合においても、手形の所持人が裏書不連続部分につき、実質的権利移転の事実を証明すれば、40条3項は類推適用されると解すべきである。
　　問題は、万一請求者が無権利者であった場合には、支払った者は免責されないかどうかである。架橋説を前提にする以上は、手形の所持人の実質関係に関する証明が客観的に(外観上)もっともであって、支払った者がこれを信じ、かつ、信ずるにつき重大な過失がなかった場合には、3項を類推適用して、免責されると解すべきである。
　(b)支払に際して「悪意又ハ重大ナル過失」がないこと
　　(i)一般原則
　　　3項により免責を受けるためには、支払に際して「悪意又ハ重大ナル過失」がないことを要する。もっとも、悪意・重過失の意味については争いがある。
　　　通説は、悪意とは、善意取得の場合と異なり、単に所持人が無権利者であることを知っているだけでなく、容易に証明

をして支払を拒みうるのにあえて支払ったことを意味し、重過失とは、容易に証明して支払を拒みうるのに拒まず支払ったことにつき重過失があることを意味すると解している（詐欺説）。

　手形債務者は、手形を取得するか否かが自由な善意取得の場合と異なり、挙証責任の負担のもとに支払を強制される立場にある。このような手形債務者が、十分な立証手段をもたずに単に所持人が無権利者であることを知っているだけで支払拒絶しなければならないとすると、勝訴の見込みがない訴訟に引き込まれる危険を真の権利者のために負わなければならず、さらに、敗訴した場合には、訴訟費用と遅延利息を負担することになる。このことは、支払をなす者にとって酷であるのみならず、ひいては手形取引の円滑を害する。したがって、通説のように、悪意・重過失を緩和された特別な意味に解すべきである。

(ii)最終の被裏書人と所持人との同一性等の欠缺の場合

　原則として詐欺説が妥当であるとしても、最終の被裏書人と所持人との同一性、所持人の支払受領能力、所持人の受領権限の欠缺といった手形外の事実についても3項の適用があると解した場合には、これらの事項についても、悪意・重過失の意義を、緩和された特別の意味に解釈すべきか(Q_5)。

Q5 最終の被裏書人と所持人との同一性、所持人の支払受領能力、所持人の受領権限の欠缺といった手形外の事項についても、悪意・重過失の意義を、緩和された特別の意味に解釈すべきか。

◀ランクA

A説　石井＝鴻、高窪
▶結論：これらの事項についても、すべて区別することなく緩和された特別の意味での悪意・重過失と解釈すべきである。

B説　鈴木、前田、大隅＝河本
▶結論：これらの事項については、通常の意味の悪意・重過失と解釈すべきである。
▶理由：①最終の被裏書人と所持人との同一性等の事項は、手形の所持人の実質的権利を否定するのと違って、訴訟における立証方法の入手は普通簡単である。そして、40条3項の悪意を、単なる認識だけでなく容易・確実な立証手段をもつことが必要と解した理由は、立証手段を入手しえないため敗訴となることを考慮に入れたことによるから、この点を考慮しなくてよい場合は、この悪意・重過失を特別な意味に解釈する必要はない。
　　　②理論的にみても、これらの事項には形式的資格の効力(16条1項1文)が及ばず、それゆえ、本来からいえば、所持人が

証明しないかぎり、支払を強制されているわけではない。

(6) 善意支払の効力

善意支払の効力として、約束手形の振出人の場合には、自己を含むすべての手形債務者が真の権利者に対し負担している手形上の債務がすべて消滅することになる。遡求義務者の場合には、自己およびその後者が真の権利者に対し負担している手形上の債務が消滅することになる。

為替手形の引受人の場合には、自己を含むすべての手形債務者が真の権利者に対し負担している手形上の債務がすべて消滅することになるとともに、その善意支払の効果を振出人の計算に帰せしめることができる。

支払担当者、為替手形の支払人の場合には、これらの者は手形債務者ではないから、自己の手形上の債務の消滅は問題とならない。しかし、支払免責により、すべての手形債務者が真の権利者に対し負担している手形上の債務がすべて消滅する。そして、その善意支払の効果を振出人の計算に帰せしめることができる。

判例セレクト

1 支払呈示期間経過後の支払の場所

為替手形の支払呈示期間経過後における支払のための呈示は、支払地内にある手形の主たる債務者の営業所または住所においてすることを要し、支払場所に呈示しても、手形債務者を遅滞に付する効力を有しない（最大判昭42・11・8手形小切手百選[6版]67事件）。

2 支払につき重過失があると認められた事例

甲が受取人を乙と記載した手形を乙の代理人丙に交付したが、丙の求めに応じて、乙の記載を抹消したところ、丙が勝手に自己の名を受取人と補充して満期に呈示した場合において、甲が乙から丙に支払わないような申入れを受けており、必要な調査をすれば、丙が無権利者であることを証明すべき証拠方法を確実に得ることができたと認められるときに、甲が丙に支払をしたときは、その支払は本条3項の重過失がある（最判昭44・9・12手形小切手百選[6版]70事件）。

3 支払担当者の注意義務──印鑑照合の程度・方法

銀行が、当座勘定取引契約に基づき、届出の印鑑と手形上の印影とを照合するにあたっては、銀行の照合事務担当者に対して社会通念上一般に期待されている業務上相当の注意をもって慎重に行うことを要し、事務に習熟している銀行員が上記のような注意を払って熟視するならば肉眼で発見しうるような印影の相違が看過されて偽造手形が支払われたときは、その支払による不利益を取引先に帰せしめることは許されない（最判昭46・6・10手形小切手百選[6版]18事件）。

第41条【外国通貨表示の手形の支払】　　D
①支払地ノ通貨ニ非ザル通貨ヲ以テ支払フベキ旨ヲ記載シタル為替手形ニ付テハ満期ノ日ニ於ケル価格ニ依リ其ノ国ノ通貨ヲ以テ支払ヲ為スコトヲ得債務者ガ支払ヲ遅滞シタルトキハ所持人ハ其ノ選択ニ依リ満期ノ日又ハ支払ノ日ノ相場ニ従ヒ其ノ国ノ通貨ヲ以テ為替手形ノ金額ヲ支払フベキコトヲ請求スルコトヲ得
②外国通貨ノ価格ハ支払地ノ慣習ニ依リ之ヲ定ム但シ振出人ハ手形ニ定メタル換算率ニ依リ支払金額ヲ計算スベキ旨ヲ記載スルコトヲ得
③前二項ノ規定ハ振出人ガ特種ノ通貨ヲ以テ支払フベキ旨(外国通貨現実支払文句)ヲ記載シタル場合ニハ之ヲ適用セズ
④振出国ト支払国トニ於テ同名異価ヲ有スル通貨ニ依リ為替手形ノ金額ヲ定メタルトキハ支払地ノ通貨ニ依リテ之ヲ定メタルモノト推定ス

　支払地の通貨でない通貨で支払うべきことを記載した為替手形については、満期の日における価格によってその国の通貨で支払をすることができます。債務者が支払を遅滞したときは、所持人は、その選択によって満期の日または支払の日の相場に従って、その国の通貨で為替手形の金額を支払うべきことを請求することができます。

　外国通貨の価格は、支払地の慣習によって定めます。ただし、振出人は、手形に定めた換算率によって支払金額を計算すべきことを記載することができます。

　以上の規定は、振出人が特種の通貨をもって支払うべき旨(外国通貨現実支払文句)を記載した場合には、適用されません。

　振出国と支払国とにおいて、同じ名称だが異なる通貨によって為替手形の金額を定めたときは、支払地の通貨によって金額を定めたものと推定されます。

1 趣旨
　本条は、手形金額が外国通貨で表示されている場合の措置について規定する。

第42条【手形金額の供託】　　C
第三十八条ニ規定スル期間内ニ為替手形ノ支払ノ為ノ呈示ナキトキハ各債務者ハ所持人ノ費用及危険ニ於テ手形金額ヲ所轄官署ニ供託スルコトヲ得

38条で規定する支払呈示期間内に為替手形の支払のための呈示がないときは、各債務者は、所持人の費用および危険(不利益)において手形金額を所轄官署に供託することができます。

1 趣旨

本条は、所持人の費用および危険において手形金額を所轄官署に供託することにより、債務者は債務を免れることができる旨規定する。

■支払猶予

1 総説

→試験対策・6章8節③

満期が到来すると、通常、手形の所持人は支払呈示をなし、手形債務者は支払をしなければならない。この場合において、手形債務者が、資金の用意ができずに支払拒絶をしてしまうと、不渡処分を受ける。これは、手形債務者にとって大変な痛手である。そこで、手形債務者は、手形の所持人に交渉をして一時的に支払を待ってもらうことがある。これを**支払猶予**という。

もちろん、手形の所持人は、このような支払猶予の申出に応じる義務はない。しかし、もしこれを拒絶して手形債務者が不渡処分を受け倒産してしまうと、手形の所持人は、取引先を失うことになり、痛手を負うことがある。そこで、手形の所持人としても支払猶予に応じることがある。

この支払猶予の方法としては、①手形外の合意による支払猶予特約、②手形面上の満期の変更による支払の猶予、および③手形の書替という3つの方法が考えられる。

2 手形外の合意による支払猶予特約

この特約は、あくまで手形外でなされるものであるから、手形の満期を変更する効力はなく、単に当事者間での人的抗弁事由となるにすぎない。したがって、手形の所持人が他の手形債務者に対する遡求権を保全するには、手形上の満期を基準として法定の手続をとらなければならない。

また、上記のように、手形の所持人は支払猶予期間中、手形債務者に対して請求することができないのであるから、手形上の請求権の消滅時効は、支払猶予期間が満了した時から進行すると考える。判例も、手形の所持人と裏書人との間で支払猶予の特約が締結された事案において、同様の結論をとっている。

→判例セレクト1

なお、手形の満期そのものを特約のみで変更することは、たとえ当事者間であっても不可能であるとして、手形記載の満期から

時効が進行するという見解もある。

3 手形面上の満期の変更による支払の猶予

1 手形当事者全員の同意による満期の変更
手形面上に記載された満期の変更について、かつての判例は、これを否定していた。しかし、その後、判例は、満期到来前か到来後かを問わず、すべての当事者の同意により満期の記載を延期、訂正しているかぎり、有効に満期を変更したものと解している。したがって、このような手形の所持人は、新たな満期日に基づいて手形金の請求をしなくてはならない。

→大判昭12・11・24・民集16-1652

2 一部当事者の同意を欠く満期記載の変更
満期の変更に同意しない者との関係では、満期の変更は手形の変造にあたると解され、この者との関係では旧満期日が基準となる(判例)。

→最判昭50・8・29手形小切手百選[6版]20事件

4 手形の書替

1 意義
手形の書替とは、広義には、破損や誤記がある旧手形の代わりに新手形を発行する場合等、既存の手形債務につき、新手形を振り出すことをいい、狭義には、旧手形の支払の延期を目的として、新手形を振り出すことをいう。通常、手形の書替といえば狭義の方をさす。

手形の書替には、旧手形を回収する場合と、回収しない場合とがある。

2 旧手形を回収する場合
(1)法的性質
従来から、旧手形を回収して新手形を振り出した場合の法的性質(法律構成)が問題とされてきた。通説は、書替の当事者の意図は、旧手形債権を消滅させることにあるとして、代物弁済にあたると解している。

(2)人的抗弁
旧手形の取得時に人的抗弁について善意であったが、新手形の取得時にかかる人的抗弁について悪意であったという場合において、人的抗弁の切断が認められるか。通説は、法律的には旧手形上の人的抗弁は代物弁済により旧手形債務の消滅と同時に消滅するが、当事者の意思に基づけば、新旧手形は実質的(経済的)には同一であると解し、たとえ旧手形についての人的抗弁事由を新手形の取得時に知っていたとしても、新手形についてその抗弁の対抗を受けないと解している。

(3)手形外の担保
手形所持人は、旧手形に設定されていた手形外の担保物権や、

手形外の保証人に対する権利を行使することができるか。ここでも、新旧手形は法律上は別個であるが実質的には同一であるとして、旧手形における手形外の担保物権を行使することができると考えるのが通説である。

(4)取締役の利益相反取引

旧手形振出について利益相反取引規制に関する株主総会(取締役会)の承認(会社356条1項2号、365条1項)を受けていた場合において、新手形の振出に改めて旧手形振出について利益相反取引規制に関する株主総会(取締役会)の承認が必要か。ここでも、新旧手形は法律上は別個であるが実質的には同一であると考え、旧手形振出について株主総会(取締役会)の承認を受けていれば、新手形の振出に改めて旧手形振出について利益相反取引規制に関する株主総会(取締役会)の承認を得ることは不要であると考えるのが通説である。

3 旧手形を回収しない場合

(1)新旧両手形債権の並存

旧手形を回収しないという合意のもと手形の書替がなされた場合においては、新旧両手形上の債権は存続する(判例・通説)。 →判例セレクト2(1)

(2)旧手形の時効中断

旧手形を回収しないという合意のもと手形を書き替えることは、旧手形債務の「承認」(民147条3号)にあたるから、かかる手形の書替は、旧債務の時効を中断する(判例)。 →大判昭13・3・5全集5-6-34

(3)新旧どちらの手形により権利行使すべきか →判例セレクト2(2)

判例・通説は、新旧いずれを問わないとしている。ただし、新手形の満期前に旧手形で支払を請求することは、書替の当事者の意思に反するため許されない。すなわち、手形債務者は、手形の所持人に対して支払猶予の人的抗弁を主張することができる。

(4)権利行使に新旧両手形の引換えを要するか

いずれか一方の手形の支払により他方の手形債務も消滅するが、一方を支払って他方を手形の所持人の手元に残したときは、それが第三者に譲渡されると、手形債務者は二重払の危険を負う。そこで、新旧いずれかの手形による支払の呈示に対しては、二重払の危険を避けるため、手形債務者は、手形の所持人に対して両手形をともに返還するよう求めることができると考える。

判例セレクト

1 支払猶予特約と時効の起算点

約束手形の所持人と裏書人との間において裏書人の手形上の債務につき支払猶予の特約がされた場合には、所持人の裏書人に対する手形上の請求権の消滅時効は、猶予期間が満了した時から進行する(最判昭

55・5・30手形小切手百選[6版]77事件)。

2　手形の書替

(1)旧手形が回収されなかった場合

　手形の書替の目的が旧手形の支払延期のためであり、旧手形が新手形の見返り担保とする意味で回収されなかったときは、手形書替によって旧手形がその効力を失うことはない(最判昭31・4・27民集10-4-459)。

(2)一方の手形で支払を受けた場合

　旧手形が回収されることなく新手形に書き換えられ、新旧両手形の所持人となった者は、新旧いずれの手形によっても手形上の権利を行使することができるが、いずれか一方の手形で手形金の支払を受けたときは、他方の手形で支払を受けることはできない(最判昭54・10・12手形小切手百選[6版]71事件)。

(3)書替手形の特質

　書替手形の特質は、旧手形を現実に回収して発行する等特別の事情のないかぎり、単に旧手形債務の支払を延期する点にある(最判昭29・11・18民集8-11-2052)。

(4)書替手形取得時に人的抗弁につき悪意であった者と悪意の抗弁の成否

　書替前の旧手形を取得した際に人的抗弁事由の存在を知らなかった者に対しては、書替後の新手形について悪意の抗弁を対抗することはできない(最判昭35・2・11民集14-2-184)。

第7章
引受拒絶又ハ支払拒絶ニ因ル遡求

> **第43条【遡求の実質的要件】　　B⁺**
> 満期ニ於テ支払ナキトキハ所持人ハ裏書人、振出人其ノ他ノ債務者ニ対シ其ノ遡求権ヲ行フコトヲ得左ノ場合ニ於テハ満期前ト雖モ亦同ジ
> 　1　引受ノ全部又ハ一部ノ拒絶アリタルトキ
> 　2　引受ヲ為シタル若ハ為サザル支払人ガ破産手続開始ノ決定ヲ受ケタル場合、其ノ支払停止ノ場合又ハ其ノ財産ニ対スル強制執行ガ効ヲ奏セザル場合
> 　3　引受ノ為ノ呈示ヲ禁ジタル手形ノ振出人ガ破産手続開始ノ決定ヲ受ケタル場合

満期において支払がないときは、所持人は、裏書人、振出人その他の債務者に対しその遡求権を行うことができます。引受の全部または一部の拒絶がある場合、引受をしたまたはしなかった支払人が破産手続開始の決定を受けた場合、その支払停止の場合またはその財産に対する強制執行が効を奏しない場合、引受のための呈示を禁じた手形の振出人が破産手続開始の決定を受けた場合においては、満期前であっても、所持人は、裏書人、振出人その他の債務者に対しその遡求権を行うことができます。

→試験対策・6章9節

1 趣旨
本条は、満期における遡求の実質的要件、および満期前遡求の実質的要件について定める。

2 語句の意味
遡求(償還請求)とは、満期に支払が拒絶された場合または満期前に満期における支払の可能性が著しく減退した場合において、原則として拒絶証書を作成し、所持人が裏書人など自己の前者に対して、手形金額(利息文句の記載があるときは、さらにそれに基づく利息)、法定利率(年6分)による満期からの利息、および拒絶証書作成費用、通知費用などの費用の弁済を請求することをいう。

3 条文クローズアップ
1　遡求の趣旨
遡求は満期において支払があったのと同様の経済的効果をおさめるようにするための制度であり、その目的は、手形の取得者を

保護し、手形流通を確保することにある。

2　遡求の実質的要件

(1)満期後の遡求（満期における遡求）——支払拒絶

　満期後の遡求の実質的要件は、所持人が、支払呈示期間内に、約束手形の振出人、為替手形の支払人・引受人、またはそれらの支払担当者に対して、適法な呈示（支払呈示）をしたにもかかわらず、手形金額の全部または一部の支払が拒絶されたことである（本条前段）。

(2)満期前の遡求

　為替手形については、明文上、満期前遡求が認められており、①引受の全部または一部の拒絶がある場合、②引受人または支払人が破産手続開始の決定を受けた場合（解釈上、再生手続開始の決定、会社更生手続開始の決定、特別清算開始の命令も含む）、③引受人または支払人の支払停止の場合またはその財産に対する強制執行が効を奏しない場合、④引受呈示を禁止した手形の振出人が破産手続開始の決定を受けた場合である（本条後段各号）。

　これに対して、約束手形については、77条1項4号が「支払拒絶ニ因ル遡求」として為替手形に関する規定を準用しているので、約束手形においても満期前遡求が認められるかが問題となる。通説は、振出人が破産手続開始の決定を受けた場合（再生手続開始の決定、会社更生手続開始の決定、特別清算開始の命令も含む）、振出人の支払停止の場合、振出人の財産に対する強制執行が効を奏しない場合には、満期前遡求が認められると解している。これらの場合にも、満期前に振出人の信用が失墜して、満期における支払の可能性がなくなり、満期前遡求を認める必要があるからである。要するに、為替手形との均衡上、約束手形についても満期前遡求を認めるのである。

第44条【遡求の形式的要件】　　B⁺

①引受又ハ支払ノ拒絶ハ公正証書（引受拒絶証書又ハ支払拒絶証書）ニ依リ之ヲ証明スルコトヲ要ス

②引受拒絶証書ハ引受ノ為ノ呈示期間内ニ之ヲ作ラシムルコトヲ要ス第二十四条第一項ニ規定スル場合ニ於テ期間ノ末日ニ第一ノ呈示アリタルトキハ拒絶証書ハ其ノ翌日之ヲ作ラシムルコトヲ得

③確定日払、日附後定期払又ハ一覧後定期払為替手形ノ支払拒絶証書ハ為替手形ノ支払ヲ為スベキ日又ハ之ニ次グ二取引日内ニ之ヲ作ラシムルコトヲ要ス一覧払ノ手形ノ支払拒絶証書ハ引受拒絶証書ノ作成ニ関シテ前項ニ規定スル条件ニ従ヒ之ヲ作ラシムルコトヲ要ス

④引受拒絶証書アルトキハ支払ノ為ノ呈示及支払拒絶証書ヲ要セズ

⑤引受ヲ為シタル若ハ為サザル支払人ガ支払ヲ停止シタル場合又ハ其ノ財産ニ対スル強制執行ガ効ヲ奏セザル場合ニ於テハ所持人ハ支払人ニ対シ手形ノ支払ノ為ノ呈示ヲ為シ且拒絶証書ヲ作ラシメタル後ニ非ザレバ其ノ遡求権ヲ行フコトヲ得ズ

⑥引受ヲ為シタル若ハ為サザル支払人ガ破産手続開始ノ決定ヲ受ケタル場合又ハ引受ノ為ノ呈示ヲ禁ジタル手形ノ振出人ガ破産手続開始ノ決定ヲ受ケタル場合ニ於テ所持人ガ其ノ遡求権ヲ行フニハ破産手続開始ノ決定ノ裁判書ヲ提出スルヲ以テ足ル

引受または支払の拒絶は、公正証書（引受拒絶証書または支払拒絶証書）によって証明しなければなりません。

引受拒絶証書は、引受のための呈示期間内に、作らせなければなりません。引受呈示期間の末日に最初の引受呈示があった場合において、支払人が24条1項の規定により翌日に2度目の引受呈示を求めたときは、引受呈示期間満了の翌日に拒絶証書を作らせることができます。

確定日払、日付後定期払または一覧後定期払の為替手形の支払拒絶証書は、為替手形の支払をすべき日またはこれに次ぐ2取引日内に、作らせなければなりません。一覧払の手形の支払拒絶証書は、引受拒絶証書の作成に関して前項に規定する条件に従って作らせなければなりません。

引受拒絶証書があるときは、支払のための呈示および支払拒絶証書は、不要です。

引受をしてもしなくても支払人が支払を停止した場合、または支払人の財産に対する強制執行が効を奏さない場合においては、所持人は、支払人に対し、手形の支払のための呈示をし、かつ、拒絶証書を作らせた後でなければ、その遡求権を行使することができません。

引受をしてもしなくても支払人が破産手続開始の決定を受けた場合、または引受のための呈示を禁じた手形の振出人が破産手続開始の決定を受けた場合において、所持人がその遡求権を行うためには、破産手続開始の決定の裁判書を提出することで足ります。

→試験対策・6章9節3【2】

1 趣旨

本条は、遡求原因が発生した場合に、具体的に遡求権を行使するための形式的要件として、拒絶証書の作成が必要であることを定める。

拒絶証書の作成は、所持人の立証を簡易・確実にするととも

に、支払拒絶または引受拒絶の事実を遡求義務者が確実に知るためになされる。

2 条文クローズアップ

1 遡求の形式的要件——拒絶証書の作成

(1)満期後の遡求(満期における遡求)

満期後の遡求の形式的要件は、原則として支払拒絶証書を作成させることである(1項。ただし、後述のように、支払拒絶証書の作成免除が認められている)。**支払拒絶証書**とは、手形上の権利の行使および保全に必要な行為をしたこと、ならびにその結果を証明する唯一の公正証書である。これは、手形所持人の委任に基づき、公証人または執行官により作成させる(84条、拒絶証書令1条、2条1項)。支払拒絶証書は、支払呈示期間内に作成されることを要する(44条3項)。

(2)満期前の遡求

満期前の遡求の形式的要件は、引受拒絶証書を作成させることである(1項。引受拒絶証書の作成免除については後述する)。引受拒絶証書は、公証人または執行官が作成する公正証書である(1項、84条、拒絶証書令1条、2条)。引受拒絶証書は、引受呈示期間内に作成されることを要する(44条2項)。

なお、引受人、支払人、または引受呈示禁止手形の振出人が破産手続開始の決定を受けた場合(再生手続開始の決定、会社更生手続開始の決定、特別清算開始の命令も含む)には、引受拒絶証書の作成を要せず、破産手続開始の決定の裁判書を提出すれば足りる(6項)。

もっとも、支払停止の場合とその財産に対する強制執行が効を奏しない場合には、引受人または支払人に対する支払呈示と支払拒絶証書の作成が必要である(5項)。

2 拒絶証書を作成しなくてもよい場合

(1)遡求義務者による作成免除(46条1項)
(2)引受人、支払人、または引受呈示禁止手形の振出人が破産手続開始の決定を受けた場合(6項)
(3)不可抗力による作成免除(54条4項)

第45条【遡求の通知】　　B⁻

①所持人ハ拒絶証書作成ノ日ニ次グ又ハ無費用償還文句アル場合ニ於テハ呈示ノ日ニ次グ四取引日内ニ自己ノ裏書人及振出人ニ対シ引受拒絶又ハ支払拒絶アリタルコトヲ通知スルコトヲ要ス各裏書人ハ通知ヲ受ケタル日ニ次グ二取引日内ニ前ノ通知者全員ノ名称及宛所ヲ示シテ自

己ノ受ケタル通知ヲ自己ノ裏書人ニ通知シ順次振出人ニ及ブモノトス此ノ期間ハ各其ノ通知ヲ受ケタル時ヨリ進行ス
② 前項ノ規定ニ従ヒ為替手形ノ署名者ニ通知ヲ為ストキハ同一期間内ニ其ノ保証人ニ同一ノ通知ヲ為スコトヲ要ス
③ 裏書人ガ其ノ宛所ヲ記載セズ又ハ其ノ記載ガ読ミ難キ場合ニ於テハ其ノ裏書人ノ直接ノ前者ニ通知スルヲ以テ足ル
④ 通知ヲ為スベキ者ハ如何ナル方法ニ依リテモ之ヲ為スコトヲ得単ニ為替手形ヲ返付スルニ依リテモ亦之ヲ為スコトヲ得
⑤ 通知ヲ為スベキ者ハ適法ノ期間内ニ通知ヲ為シタルコトヲ証明スルコトヲ要ス此ノ期間内ニ通知ヲ為ス書面ヲ郵便ニ付シ又ハ民間事業者による信書の送達に関する法律（平成十四年法律第九十九号）第二条第六項ニ規定スル一般信書便事業者若ハ同条第九項ニ規定スル特定信書便事業者ノ提供スル同条第二項ニ規定スル信書便ノ役務ヲ利用シテ発送シタル場合ニ於テハ其ノ期間ヲ遵守シタルモノト看做ス
⑥ 前項ノ期間内ニ通知ヲ為サザル者ハ其ノ権利ヲ失フコトナシ但シ過失ニ因リテ生ジタル損害アルトキハ為替手形ノ金額ヲ超エザル範囲内ニ於テ其ノ賠償ノ責ニ任ズ

→試験対策・6章9節⑤

　所持人は、拒絶証書作成の日に次ぐ4取引日内に、または拒絶証書作成免除の文句（無費用償還文句）がある場合には引受呈示または支払呈示をした日に次ぐ4取引日内に、自己の裏書人および振出人に対し、引受拒絶または支払拒絶があったことを通知しなければなりません。各裏書人は、通知を受けた日に次ぐ2取引日内に、前の通知者全員の名称および宛所を示して、自己の受けた通知を自己の裏書人に通知しなければなりません。このような裏書人の遡求通知は、各裏書人において順々に行い、最後に振出人に至るものとされます。この遡求通知期間は、後者から通知を受けた時から進行します。
　前項の規定に従って為替手形の署名者に通知をするときは、同一期間内に、保証人に同一の通知をしなければなりません。
　裏書人がその宛所を記載しないで、またはその記載が読みにくい場合には、その裏書人の直接の前者に通知することで足ります。
　通知をしなければいけない者は、いかなる方法でも通知をすることができます。単に為替手形を返付することによっても通知をすることができます。
　通知をしなければいけない者は、適法の期間内に通知をしたことを証明しなければなりません。この期間内に通知をなす書面を郵便に付し、または民間事業者による信書の送達に関する法律2

条6項に規定する一般信書便事業者もしくは同条9項に規定する特定信書便事業者の提供する同条2項に規定する信書便の役務を利用して発送した場合においては、その期間を遵守したものとみなされます。

前項の期間内に通知をしなかったとしても、その者は、遡求権を失いません。ただし、過失によって生じた損害があるときは、為替手形の金額を超えない範囲内において、その損害を賠償しなければなりません。

1 趣旨

本条は、所持人が遡求義務者に対して遡求の通知をなすべきこと、通知を受けたものは自己の裏書人に通知すべきことを定める。

2 条文クローズアップ

1 総説

引受または支払が拒絶された場合には、遡求権利者は遡求義務者に対し一定期間内に遡求の通知をしなければならない(本条)。引受人または支払人の支払停止の場合またはその財産に対する強制執行が効を奏しない場合にも、同様に解されている。この通知によって、遡求義務者は遡求を予想して資金を準備し、またはすすんで償還をして遡求金額の増大を防ぐことができる。

2 通知の当事者・時期

通知の義務を負う者は、手形の所持人および後者より通知を受けた裏書人である。所持人は、①拒絶証書作成の日またはこれに次ぐ4取引日以内に、②拒絶証書作成が免除されている場合には、呈示の日またはこれに次ぐ4取引日以内に、自己の直接の裏書人(無担保裏書人を除く)および振出人に対して通知することを要する(1項1文)。通知を受けた各裏書人は、通知を受けた日またはこれに次ぐ2取引日内に、自己の裏書人に対して順次通知しなければならない(1項2文)。通知義務者は、振出人または裏書人のみならず、これらの者の保証人に対しても通知しなければならない(2項)。

3 通知の内容・方法

通知の内容は引受または支払の拒絶があったことを知らしめれば足りるが、各裏書人は、後者たる通知者全員の名称および宛所を示さなければならない(1項1文、2文)。

通知の方法には別段の制限はなく、いかなる方法(口頭、通知)によってもすることができる(4項前段)。単に手形を返付することによってすることもできる(4項後段)。

4 通知懈怠の効果

遡求の通知は、遡求権を保全し、これを行使するための要件ではない。したがって、通知義務を懈怠したとしても、遡求権そのものを失うことはない（6項本文）。しかし、期間内の通知を懈怠した者は、過失によって生じた損害（たとえば、通知がなかったため償還が遅れ遡求金額が増大したことによる損害）があるときは、その前者全員に対して、手形の金額を超えない範囲内において、賠償する責任を負わなければならない（6項ただし書）。

第46条【拒絶証書作成の免除】　　B⁻

① 振出人、裏書人又ハ保証人ハ証券ニ記載シ且署名シタル「無費用償還」、「拒絶証書不要」ノ文句其ノ他之ト同一ノ意義ヲ有スル文言ニ依リ所持人ニ対シ其ノ遡求権ヲ行フ為ノ引受拒絶証書又ハ支払拒絶証書ノ作成ヲ免除スルコトヲ得

② 前項ノ文言ハ所持人ニ対シ法定期間内ニ於ケル為替手形ノ呈示及通知ノ義務ヲ免除スルコトナシ期間ノ不遵守ハ所持人ニ対シ之ヲ援用スル者ニ於テ其ノ証明ヲ為スコトヲ要ス

③ 振出人ガ第一項ノ文言ヲ記載シタルトキハ一切ノ署名者ニ対シ其ノ効力ヲ生ズ裏書人又ハ保証人ガ之ヲ記載シタルトキハ其ノ裏書人又ハ保証人ニ対シテノミ其ノ効力ヲ生ズ振出人ガ此ノ文言ヲ記載シタルニ拘ラズ所持人ガ拒絶証書ヲ作ラシメタルトキハ其ノ費用ハ所持人之ヲ負担ス裏書人又ハ保証人ガ此ノ文言ヲ記載シタル場合ニ於テ拒絶証書ノ作成アリタルトキハ一切ノ署名者ヲシテ其ノ費用ヲ償還セシムルコトヲ得

→試験対策・6章9節 4

　振出人、裏書人または保証人は、証券に記載し、かつ、署名した「無費用償還」、「拒絶証書不要」の文句その他これと同一の意義をもつ文言によって所持人に対しその遡求権を行うための引受拒絶証書または支払拒絶証書の作成を免除することができます。

　前項の文言は、所持人に対し法定期間内における為替手形の呈示および通知の義務を免除することにはなりません。期間を守らなかった場合は、所持人に対し主張する者のほうで証明しなければなりません。

　振出人が1項の文言を記載したときは、いっさいの署名者に対し効力が生じます。裏書人または保証人が記載したときは、その裏書人または保証人に対してだけ効力が生じます。振出人がこの文言を記載したにもかかわらず、所持人が拒絶証書を作らせたときは、その費用は所持人が負担します。裏書人または保証人がこの文言を記載した場合において、拒絶証書の作成があったときは、いっさいの署名者に対して費用の償還を請求することができ

ます。

1 趣旨

本条は、拒絶証書作成義務の免除を認める。44条の例外である。

2 条文クローズアップ

1 総説

引受・支払拒絶証書の作成は、遡求の形式的要件であるが、遡求義務者はその作成を免除することができる（46条1項）。これは、所持人に対して遡求手続の省略という利益を与え、遡求義務者にとって拒絶証書の作成費用の負担を免れる利益があり、実務上、広く行われている。

2 免除権者・免除の方式

(1) 免除権者

拒絶証書の作成を免除することができる者は、遡求義務者たる手形の裏書人、為替手形の振出人、およびそれらの保証人である（1項）。

約束手形の振出人も拒絶証書の作成を免除することができるかについては争いがあるが、判例は、約束手形の振出人は絶対的義務者であって、遡求義務者ではないことを根拠として、これを否定している。これに対して、多数説は、約束手形の振出人が免除文句を記載すると、その手形自体が作成免除手形となり、その効力が全署名者に及ぶ利益があるのみならず、その場合には振出人に対しても適法な呈示があったという推定が働くものと解されるとして（2項）、約束手形の振出人も拒絶証書の作成を免除することができるとする。

→判例セレクト1

(2) 免除の方式

免除の方式としては、免除権者が「無費用償還」、「拒絶証書不要」の文字、その他これと同一の意義を有する文言を証券に記載し、これに署名しなければならない（1項）。

統一手形用紙には、「拒絶証書不要」の文字が印刷されており、振出人または裏書人がこれを抹消せずに振出人または裏書人として署名欄に署名したときは、特別の事情がないかぎり、この署名は拒絶証書作成免除の署名をも兼ねているものと認められる（判例）。

→判例セレクト2

3 免除の効力

拒絶証書の作成が免除されたときは、所持人は、この作成を要せず、遡求権を行使することができる。振出人が免除を記載した場合には、その効力はすべての遡求義務者に及び（3項1文）、裏書人または保証人が免除を記載した場合には、その効力はその者に対してのみ生ずる（3項2文）。

拒絶証書の作成が免除されたときでも、法定期間内における手形の呈示および遡求の通知(45条)までが免除されるわけではない(46条2項前段)。ただし、手形は適法の期間内に呈示されたものと推定され、遡求義務者が所持人に対しこの期間の不遵守を主張するときは、その証明責任を負担しなければない(2項後段)。

判例セレクト

1 約束手形の振出人の作成免除の可否
約束手形の振出人は絶対的義務者であって償還義務者でなく、また、支払拒絶証書の作成を免除する者は償還義務者たる裏書人であるから、約束手形の振出人のした作成免除は、効力を生じない(大判大13・3・7手形小切手百選[5版]68事件)。

2 裏書人の署名と拒絶証書不要文句の署名との兼用
手形の裏書人欄に指図文句の記載に引き続き、「拒絶証書作成の義務を免除す」との文句の印刷があり、裏書人がその末尾に署名をした場合には、1個の署名で裏書の署名および拒絶証書不要文句の署名を兼ねしめたものであり、それは違法といえない(大判昭13・1・29民集17-14)。

3 支払拒絶証書の作成免除と支払呈示の必要性
支払拒絶証書作成が免除されたからといって、支払のために呈示義務も免除されたことにならないことは、本条2項前段の明文により明らかである(最判昭33・3・7民集12-3-511)。

第47条【所持人に対する合同責任】　　B⁻
①為替手形ノ振出、引受、裏書又ハ保証ヲ為シタル者ハ所持人ニ対シ合同シテ其ノ責ニ任ズ
②所持人ハ前項ノ債務者ニ対シ其ノ債務ヲ負ヒタル順序ニ拘ラズ各別又ハ共同ニ請求ヲ為スコトヲ得
③為替手形ノ署名者ニシテ之ヲ受戻シタルモノモ同一ノ権利ヲ有ス
④債務者ノ一人ニ対スル請求ハ他ノ債務者ニ対スル請求ヲ妨ゲズ既ニ請求ヲ受ケタル者ノ後者ニ対シテモ亦同ジ

為替手形の振出、引受、裏書または保証をした者は、所持人に対し合同して責任を負います。

所持人は、前項の債務者に対し、その債務を負った順序にかかわらず、各別または共同に請求をすることができます。

為替手形の署名者であって手形を受け戻した者も、同一の権利があります。

債務者の1人に対する請求は、他の債務者に対する請求を妨げられません。すでに請求を受けた者の後者に対する請求も妨げら

れません。

1 趣旨

本条は、手形債務者が合同責任を負うことを定め、遡求の方法について定めている。

2 条文クローズアップ

1 合同責任

各遡求義務者は、主たる債務者(約束手形の振出人、為替手形の引受人)、およびそれらの保証人とともに、遡求権者に対し合同して手形金の支払をなす責任(合同責任)を負担する(47条1項)。

合同責任においては、各遡求義務者は、それぞれ手形金全額について責任を負うが、1人の遡求義務者が特定の遡求権者に支払をすれば、この遡求権者に対する関係では、他の遡求義務者もすべて責任を免れる。この点では、民法の連帯債務に類似する。しかし、1人の遡求義務者が支払をすれば、この者とその後者たる遡求義務者は全面的に責任を免れるが、その前者たる遡求義務者や主たる債務者は依然として責任を負っている。また、1人の遡求義務者に対する遡求は、他の遡求義務者に対して効力を生ずるものではなく、1人の遡求義務者に対する免除なども、他の遡求義務者には及ばない。これらの点では、連帯債務と異なる。

結局、合同責任は、一種の不真正連帯債務と理解すべきである。

2 遡求の方法

遡求権者は、遡求義務者が数人いるときは、その義務を負った順序にかかわらず、いずれの遡求義務者に対しても、各別にまたは数人に対し同時に請求することができ(2項)、あるいは遡求義務者の1人に対して請求した後に、相手を変えて他の遡求義務者に請求することもできる(4項)。

なお、手形を受け戻した者も、自己の前者に対して遡求権者となる(3項)。

判例セレクト

1 約束手形の振出人に対する権利の時効消滅と償還請求の可否

約束手形の振出人の義務が時効により消滅したときは、所持人は、その前者に対して償還を請求することができない(大判昭8・4・6民集12-551)。

2 引受人の債務消滅と他の手形債務者に対する効力

為替手形の引受人は、主たる債務者として手形金の支払をなすべき絶対的債務を負担するから、引受人が手形の所持人に対して現実に手形金の支払をし、または所持人から債務の免除を受けたときは、主たる債務が消滅したのに従たる債務だけが残存する理由はないから、手

形に署名した振出人、裏書人等の債務はすべて消滅する(大判大11・11・25民集1-674)。

> **第48条【遡求金額】　　B⁻**
> ①所持人ハ遡求ヲ受クル者ニ対シ左ノ金額ヲ請求スルコトヲ得
> 　1　引受又ハ支払アラザリシ為替手形ノ金額及利息ノ記載アルトキハ其ノ利息
> 　2　年六分ノ率ニ依ル満期以後ノ利息
> 　3　拒絶証書ノ費用、通知ノ費用及其ノ他ノ費用
> ②満期前ニ遡求権ヲ行フトキハ割引ニ依リ手形金額ヲ減ズ其ノ割引ハ所持人ノ住所地ニ於ケル遡求ノ日ノ公定割引率(銀行率)ニ依リ之ヲ計算ス

所持人は、遡求を受ける者に対し、引受または支払を得なかった為替手形の金額および利息の記載があるときはその利息、年6分の率で計算した満期以後の利息、拒絶証書の費用、通知の費用およびその他の費用を請求することができます。

満期前に遡求権を行うときは、満期までの日数に応じて手形金額を割り引いて減額します。その割引は、所持人の住所地における遡求の日の公定割引率(銀行率)によって計算します。

→試験対策・6章9節[7]【1】

1 趣旨

本条は、所持人が請求できる遡求金額を定める。

2 条文クローズアップ

所持人が遡求する場合の遡求金額

所持人が満期後の遡求をなす場合には、遡求金額は、①引受または支払のない手形金額および利息の記載のあるときはその利息、②年6分の率による満期以後の利息、③拒絶証書の費用、通知の費用およびその他の費用である(1項)。

所持人が満期前の遡求をなす場合には、遡求金額は、所持人の住所地における遡求の日の公定割引率(銀行率)によって計算した、支払った日から満期日までの中間利息を手形金額から差し引いた額である(2項)。

判例セレクト

本条1項2号の「満期以後ノ利息」には、満期当日の利息を包含する(最判昭35・10・25民集14-12-2775)。

◆第48条

> ### 第49条【再遡求金額】　　B
> 為替手形ヲ受戻シタル者ハ其ノ前者ニ対シ左ノ金額ヲ請求スルコトヲ得
> 　　1　其ノ支払ヒタル総金額
> 　　2　前号ノ金額ニ対シ年六分ノ率ニ依リ計算シタル支払ノ日以後ノ利息
> 　　3　其ノ支出シタル費用

　為替手形を受戻した者は、自己の前者に対し、支払った総金額、その金額に対し年6分の率によって計算した支払の日以後の利息、支出した費用を請求することができます。

→試験対策・6章9節7(2)

1　趣旨
本条は、再遡求金額について規定する。

2　語句の意味
　<u>再遡求</u>とは、遡求義務を履行した者が、自己の前者に対し、支払った金額およびその支払の日からの利息(年6分)、支出した費用の弁済を請求することをいう。

3　条文クローズアップ
1　再遡求の要件
　再遡求をするためには、裏書人等の遡求義務者がその義務に基づいて有効に償還をなし、手形を受け戻したことを要し、また、拒絶証書等の交付を受けておく必要もある(50条1項)。
2　遡求義務履行による権利取得の法的性質
　再遡求権の取得をどのように法的構成すべきか、すなわち遡求義務履行による権利取得の法的性質については争いがある。
(1)権利復活説
　従来の通説は、遡求義務を履行した者は、所持人の手形上の権利を承継取得するのではなく、自己が以前に有していた権利を回復するにすぎないとする。
(2)権利再取得説
　現在の通説は、遡求義務を履行した者は、いったん裏書によって被裏書人に確定的に移転した手形上の権利を、遡求義務の履行によって再び取得するとする。
3　遡求義務履行による権利取得と人的抗弁
　遡求義務履行による権利取得の法的性質に関連して、再遡求権と人的抗弁との関係をどのように捉えるべきかについて争いがある。

⑴権利復活説
　権利復活説によれば、償還により手形を受け戻した者は、以前の権利を回復するのであるから、受戻前の自己の後者たる所持人について存した人的抗弁については、その善意・悪意を問わず、対抗されることはないし、反面、かつて自己が所持人であったときに対抗された人的抗弁については、当然に対抗を受けるとする。

⑵権利再取得説
　権利再取得説によれば、償還により手形を受け戻した者は、手形上の権利を再取得するのであるから、受戻前の自己の後者たる所持人について存した人的抗弁については、戻裏書の場合と同様に、悪意であれば対抗されることになりそうである。しかし、遡求義務の履行による再取得の場合には、戻裏書の場合と異なり、法律上の強制に基づくものであるから、自己の後者たる所持人について存した人的抗弁については、その善意・悪意を問わず、引き継ぐことはないとするのが通説である。

　また、権利再取得説によれば、かつて自己が所持人であったときに対抗された人的抗弁については、自己の後者たる者が善意であれば人的抗弁が切断されるので、対抗を受けないともいえそうである。しかし、この人的抗弁はもともと自己と手形債務者との人的関係に基づく事由がその内容をなしているのであるから、戻裏書の場合と同様に、手形の再取得後も、当然にその対抗を受けるとするのが通説である。

4　再遡求の場合の遡求金額

　手形の償還受戻をした者の遡求金額は、①再遡求者の支払った総金額、②この金額に対し年6分の率により計算した支払の日以後の利息、③その支出した費用である(本条)。

第50条【遡求義務者の権利】　　B
①遡求ヲ受ケタル又ハ受クベキ債務者ハ支払ト引換ニ拒絶証書、受取ヲ証スル記載ヲ為シタル計算書及為替手形ノ交付ヲ請求スルコトヲ得
②為替手形ヲ受戻シタル裏書人ハ自己及後者ノ裏書ヲ抹消スルコトヲ得

　遡求を受けた債務者または受けるべき債務者は、支払と引換えに拒絶証書、受取りを証する記載をした計算書、および為替手形の交付を請求することができます。
　為替手形を受戻した裏書人は、自己および後者の裏書を抹消することができます。

→試験対策・6章9節⑧

1 趣旨

本条は、遡求義務者が遡求を受けた場合の手形等の交付請求権と請求を受けるべき遡求義務者の償還権を定め（1項）、また、手形を受け戻した遡求義務者は自己および後者の裏書を抹消できること（2項）を規定する。

2 語句の意味

償還権とは、遡求義務者が遡求権者の請求をまたず、みずから進んで遡求義務を履行できる権利をいう。

3 条文クローズアップ

1　遡求義務者の権利

(1)計算書等・手形の交付請求権

遡求義務者（償還請求を受けた者）は、支払と引換えに、拒絶証書、受取りを証する記載をした計算書（償還金額の計算を明らかにした書面）、および手形の交付を請求することができる（1項）。これにより、遡求義務者は、二重払の危険を回避することができるとともに、再遡求や振出人への権利行使が可能となる。

(2)償還権（受戻権）

遡求義務者は、償還請求を受ける以前に、みずからすすんで手形等と引換えに償還をすることもできる（1項参照）。これを**償還権**（受戻権）という。

償還権が認められたのは、遡求義務者にとって、その義務を履行する時期が遅れれば利息が増大するという不利益があり、また、再遡求による満足が得られ難くなるという不利益を被るおそれもあるからである。

2　受け戻しなき遡求

(1)事例1

AがBを受取人として約束手形を振り出し、当該手形は、BからCに裏書譲渡され、さらにCからDに裏書譲渡されたとする。この場合において、Dが満期に適法な支払呈示をしたところ、Aが支払を拒絶したので、DはCに対して遡求をした。ところが、Cは、遡求義務を履行したが、手形を受け戻さなかった。

この場合、①DはBに対して遡求をすることができるのか、言い換えると、BはDに対して遡求義務の履行を拒むことができるのか。また、②もしBが遡求義務を履行したときはBは保護されるのか、言い換えると、BはAに対して請求をすることができるのか。

この場合、Dは、Cに対する遡求権を行使することによってCから支払を受けたのであるから、無権利者になると考えられる。

したがって、①Bは、無権利の抗弁を主張して、Dに対して遡求義務の履行を拒むことができると解される。

Dは無権利者であるから、BがDからの請求に応じて支払っても、その支払は無効であるのが原則である。しかし、これではDが遡求権者であると信頼したBの保護に欠けることになる。そこで、②Bが善意・無重過失で遡求義務を履行し、かつ、手形を受け戻した場合には、40条3項を類推適用して免責され、BはAに対し請求をすることができると考えるべきである。

(2) 事例2

AがBを受取人として約束手形を振り出し、当該手形は、BからCに裏書譲渡され、さらにCからDに裏書譲渡されたとする。この場合において、Dが満期に適法な支払呈示をしたところ、Aが支払を拒絶したので、DはBに対して遡求をした。ところが、Bは、遡求義務を履行したが、手形を受け戻さなかった。

この場合、①CはDに対して遡求義務の履行を拒むことができるのか。また、②CはBに対して償還請求をすることができるのか。

この場合も事例1と同様であり、①CはDに対して遡求義務の履行を拒むことができるが、②Cが善意・無重過失で遡求義務を履行し、かつ、手形を受け戻した場合には、40条3項を類推適用して免責され、CはBに対しても償還請求をすることができると考えるべきである。

第51条【一部引受の場合の遡求】　　C

一部引受ノ後ニ遡求権ヲ行フ場合ニ於テ引受アラザリシ手形金額ノ支払ヲ為ス者ハ其ノ支払ノ旨フ手形ニ記載スルコト及受取証書ヲ交付スルコトヲ請求スルコトヲ得又所持人ハ爾後ノ遡求ヲ為スコトヲ得シムル為手形ノ証明謄本及拒絶証書ヲ交付スルコトヲ要ス

一部引受の後に遡求権を行う場合において、引受がなかった手形金額の支払をする者は、その支払をしたことを手形に記載することおよび受取証書を交付することを請求することができます。また、所持人は、以後の遡求ができるように、手形の証明謄本および拒絶証書を交付しなければなりません。

1　趣旨

本条は、一部引受の後に引受のない部分の遡求が行われた場合において(26条1項ただし書)、遡求義務者が二重償還を避け再遡求できるように、償還をなす遡求義務者の保護を図った規定であ

る。

2 条文クローズアップ

償還の方法

一部引受の場合には、所持人が、満期に、引受人に対し、引き受けられた金額を請求するときに、手形を必要となるから、遡求義務者は、所持人に対し、手形の交付を請求することができない。そこで、遡求義務者は、二重償還することを避けるために、所持人に対し、手形上に支払済みの旨を記載するように請求できること、および受取りを記載した計算書の交付を請求することができることを認めるとともに(本条前段)、再遡求ができるように、手形の証明謄本と拒絶証書の交付を請求できることを認めた(本条後段)。

第52条【戻手形による遡求】　　C

①遡求権ヲ有スル者ハ反対ノ記載ナキ限リ其ノ前者ノ一人ニ宛テ一覧払トシテ振出シ且其ノ者ノ住所ニ於テ支払フベキ新手形(戻手形)ニ依リ遡求ヲ為スコトヲ得

②戻手形ハ第四十八条及第四十九条ニ規定スル金額ノ外其ノ戻手形ノ仲立料及印紙税ヲ含ム

③所持人ガ戻手形ヲ振出ス場合ニ於テハ其ノ金額ハ本手形ノ支払地ヨリ前者ノ住所地ニ宛テ振出ス一覧払ノ為替手形ノ相場ニ依リ之ヲ定ム裏書人ガ戻手形ヲ振出ス場合ニ於テハ其ノ金額ハ戻手形ノ振出人ガ其ノ住所地ヨリ前者ノ住所地ニ宛テ振出ス一覧払手形ノ相場ニ依リ之ヲ定ム

遡求権がある者は、反対の記載がないかぎり、自己の前者の1人にあてて、一覧払として振り出し、かつ、その者の住所において支払うべき新手形(戻手形)によって遡求をすることができます。

戻手形に記載する手形金額は、48条に定める遡求金額および49条に定める再遡求金額のほか、戻手形の仲立料および印紙税を加えた金額とされます。

所持人が戻手形を振り出す場合においては、その金額は、本手形の支払地より前者の住所地に宛てて振り出す一覧払の為替手形の相場によって定められます。裏書人が戻手形を振り出す場合においては、その金額は、戻手形の振出人がその住所地より前者の住所地にあてて振り出す一覧払手形の相場によって定められます。

1 趣旨

本条は、償還の方法として戻手形の発行を認める。

2 語句の意味

戻手形とは、遡求権者等がその前者の1人である遡求義務者を支払人として振り出す一覧払の為替手形のことをいう。

なお、戻手形を振り出すもととなった手形を、本手形という。

3 条文クローズアップ

1 戻手形の意義

戻手形は、手形の支払地と遡求義務者の住所地が異なる場合の遡求権者の便宜（為替相場の相違のために遡求権者の被るおそれのある損害を避けるとともに、戻手形の割引を受ける便宜）のために認められる。

ただし、現実にはあまり活用されていない。

2 戻手形の記載事項

戻手形も手形であるから、為替手形として必要な記載要件はみたさなければならないが、その特殊の利用のため、内容上若干の制限がある。

① 振出人は、本手形の所持人であるか、または償還をなして手形を受け戻した裏書人または手形保証人であること。
② 支払人は、償還義務者のうちの1人であること。
③ 満期は、一覧払であること。
④ 支払地は、支払人となる遡求義務者の住所地であること。第三者方払とすることができない。
⑤ 振出地は、第1次遡求の場合には、所持人の住所地、第2次遡求の場合には、償還をなして手形を受け戻した裏書人や手形保証人の住所地である。
⑥ 受取人は、振出人が兼ねてもよいし、だれでもよいが、割引のため銀行を受取人とすることが多い。
⑦ 手形金額は、遡求金額（48条、49条）であるが、これに戻手形の仲介料（割引料）や印紙税額を加算する（本条2項）。

第53条【遡求権の喪失】　B

① 左ノ期間ガ経過シタルトキハ所持人ハ裏書人、振出人其ノ他ノ債務者ニ対シ其ノ権利ヲ失フ但シ引受人ニ対シテハ此ノ限ニ在ラズ
　1　一覧払又ハ一覧後定期払ノ為替手形ノ呈示期間
　2　引受拒絶証書又ハ支払拒絶証書ノ作成期間

> 3　無費用償還文句アル場合ニ於ケル支払ノ為ノ呈示期間
> ②振出人ノ記載シタル期間内ニ引受ノ為ノ呈示ヲ為サザルトキハ所持人ハ支払拒絶及引受拒絶ニ因ル遡求権ヲ失フ但シ其ノ記載ノ文言ニ依リ振出人ガ引受ノ担保義務ノミヲ免レントスル意思ヲ有シタルコトヲ知リ得ベキトキハ此ノ限ニ在ラズ
> ③裏書ニ呈示期間ノ記載アルトキハ其ノ裏書人ニ限リ之ヲ援用スルコトヲ得

　一覧払または一覧後定期払の為替手形の呈示期間、引受拒絶証書または支払拒絶証書の作成期間、拒絶証書作成免除の文句（無費用償還文句）がある場合における支払のための呈示期間が経過したときは、所持人は、裏書人、振出人その他の債務者に対し、遡求権を失います。ただし、その場合であっても、引受人に対しては支払を求めることができます。

　振出人の記載した期間内に引受のための呈示をしなかったときは、所持人は、支払拒絶および引受拒絶による遡求権を失います。ただし、その記載の文言によって振出人が引受の担保義務だけを免れようとする意思をもっていたと判断できるときは、支払拒絶による満期の遡求権は失われません。

　裏書に呈示期間の記載があるときは、その裏書人に対して行使しうる遡求権のみを失います。

1 趣旨

　本条は、所持人が一定期間内の遡求権保全手続を怠ると、遡求権が消滅することを規定する。これは、遡求義務が二次的な義務であることに基づく。

> ### 第54条【不可抗力による期間の伸長】　　C
> ①法定ノ期間内ニ於ケル為替手形ノ呈示又ハ拒絶証書ノ作成ガ避クベカラザル障碍（国ノ法令ニ依ル禁制其ノ他ノ不可抗力）ニ因リテ妨ゲラレタルトキハ其ノ期間ヲ伸長ス
> ②所持人ハ自己ノ裏書人ニ対シ遅滞ナク其ノ不可抗力ヲ通知シ且為替手形又ハ補箋ニ其ノ通知ヲ記載シ日附ヲ附シテ之ニ署名スルコトヲ要ス其ノ他ニ付テハ第四十五条ノ規定ヲ準用ス
> ③不可抗力ガ止ミタルトキハ所持人ハ遅滞ナク引受又ハ支払ノ為手形ヲ呈示シ且必要アルトキハ拒絶証書ヲ作ラシムルコトヲ要ス
> ④不可抗力ガ満期ヨリ三十日ヲ超エテ継続スルトキハ呈示又ハ拒絶証書

> ノ作成ヲ要セズシテ遡求権ヲ行フコトヲ得
> ⑤一覧払又ハ一覧後定期払ノ為替手形ニ付テハ三十日ノ期間ハ呈示期間ノ経過前ト雖モ所持人ガ其ノ裏書人ニ不可抗力ノ通知ヲ為シタル日ヨリ進行ス一覧後定期払ノ為替手形ニ付テハ三十日ノ期間ニ為替手形ニ記載シタル一覧後ノ期間ヲ加フ
> ⑥所持人又ハ所持人ガ手形ノ呈示若ハ拒絶証書ノ作成ヲ委任シタル者ニ付テノ単純ナル人的事由ハ不可抗力ヲ構成スルモノト認メズ

→試験対策・6章9節④【2】

　法定の期間内における為替手形の呈示または拒絶証書の作成が避けることができない障害（国の法令による禁制その他の不可抗力）によって妨げられたときは、その期間は延ばされます。

　所持人は、自己の裏書人に対し遅滞なくその不可抗力を通知し、かつ、為替手形または補箋にその通知を記載し、日付を付けて署名しなければなりません。その他については、遡求の通知に関する45条の規定が準用されます。

　不可抗力がやんだときは、所持人は、遅滞なく引受または支払のため手形を呈示し、かつ、必要あるときは拒絶証書を作らせなければなりません。

　不可抗力が満期から30日を超えて継続するときは、呈示または拒絶証書の作成をしないで遡求権を行うことができます。

　一覧払または一覧後定期払の為替手形については、30日の期間は、呈示期間の経過前といえども、所持人が裏書人に対し不可抗力の通知をした日から進行します。一覧後定期払の為替手形については、30日の期間に、為替手形に記載した一覧後の期間を加えます。

　所持人、または所持人が手形の呈示もしくは拒絶証書の作成を委任した者についての単純な個人的な事情は、不可抗力と認められません。

1 趣旨

　本条は、不可抗力により期間内に手形の呈示・拒絶証書の作成ができなかった場合の規定である。

2 語句の意味

　「不可抗力」とは、遡求権保全手続を妨げる外部的な事情で、合理的にみて発生が避けられないものをいう（通説）。

3 条文クローズアップ

不可抗力による作成免除

◆第54条

(1)期間の伸長

　法定の期間内における手形の呈示または拒絶証書の作成が不可抗力によって妨げられたときは、この期間は不可抗力が続くかぎり伸長される(1項、3項)。この場合には、所持人は自己の裏書人に対し遅滞なくその不可抗力を通知し、かつ、手形または補箋にその通知を記載し、日付を付して署名しなければならない(2項前段)。

　なお、所持人または所持人から手形の呈示もしくは拒絶証書の作成の委任を受けた者についての単純な人的事由(たとえば、病気など)は不可抗力とは認められない(6項)。

(2)呈示・作成の免除

　不可抗力が満期より30日を超えて継続するときは、呈示または拒絶証書の作成を要しないで、遡求権を行使することができる(4項)。

第8章
参　加

■第1節　通　則

> **第55条【当事者、通知】　　C**
> ①振出人、裏書人又ハ保証人ハ予備支払人ヲ記載スルコトヲ得
> ②為替手形ハ遡求ヲ受クベキ何レノ債務者ノ為ニ参加ヲ為ス者ニ於テモ本章ニ規定スル条件ニ従ヒ其ノ引受又ハ支払ヲ為スコトヲ得
> ③参加人ハ第三者、支払人又ハ既ニ為替手形上ノ債務ヲ負フ者タルコトヲ得但シ引受人ハ此ノ限ニ在ラズ
> ④参加人ハ其ノ被参加人ニ対シ二取引日内ニ其ノ参加ノ通知ヲ為スコトヲ要ス此ノ期間ノ不遵守ノ場合ニ於テ過失ニ因リテ生ジタル損害アルトキハ参加人ハ為替手形ノ金額ヲ超エザル範囲内ニ於テ其ノ賠償ノ責ニ任ズ

　振出人、裏書人または保証人は、予備支払人(手形関係に加入して予備的に引受や支払をする者)を記載することができます。

　為替手形は、遡求を受けるいずれの債務者のために参加をする者(参加人)においても、本章に規定する条件に従って引受または支払をすることができます。

　参加人は、第三者、支払人またはすでに為替手形上の債務を負う者でもなることができます。ただし、引受人は、参加人となることができません。

　参加人は、その被参加人に対し、2取引日内に、参加の通知をしなければなりません。この期間を守らなかった場合において、過失によって生じた損害があるときは、参加人は、為替手形の金額を超えない範囲内において、賠償しなければなりません。

1　趣旨

　本条は、参加人の資格および被参加人への参加の通知につき定める。

2　語句の意味

　参加とは、引受拒絶ないしこれに準ずる場合および支払拒絶の場合に、第三者が手形関係に介入し、参加引受(56条以下)ないし参加支払(59条以下)をすることによって、遡求権の行使を阻止するものをいう。

◆第55条　387

予備支払人とは、参加をなすべき者として、手形上にあらかじめ指定された者をいう。

3 条文クローズアップ

1 参加人

参加人は、参加引受や参加支払をする者であるが、手形と関係のない第三者はもちろん、手形上の支払人や遡求義務者となっている者でも参加人となることができる（3項本文）。ただし、引受人は、すでに引受によって第一次的確定義務者の地位にある者であるから、参加人となることができない（3項ただし書）。

2 被参加人

被参加人は、遡求義務者、すなわち振出人、裏書人、およびこれらの手形保証人である（1項）。

3 参加の時期・通知

(1)参加の時期

参加は、遡求権の具体的行使を防止するために認められた制度であるから、遡求権が発生する前にはなしえないことはもちろん、遡求権が行使されてしまった後ではもはや参加の意味がないからなしえない。したがって、参加引受は満期前遡求権の発生後から満期までの間（2項、56条）、参加支払は満期における遡求権または満期前遡求権発生後、支払拒絶証書作成期間の末日の翌日までの間にしなければならない（59条3項）。

(2)参加の通知

参加人は、予備支払人として参加すると、狭義の参加人（手形に記載がないが、任意に申し出てくる場合）として参加するとを問わず、また、その参加が参加引受であると参加支払であるとを問わず、被参加人に対して、通知をしなければならない（55条4項前段）。

■第2節 参加引受

第56条【参加引受の要件】　　C

①参加引受ハ引受ノ為ノ呈示ヲ禁ゼザル為替手形ノ所持人ガ満期前ニ遡求権ヲ有スル一切ノ場合ニ於テ之ヲ為スコトヲ得

②為替手形ニ支払地ニ於ケル予備支払人ヲ記載シタルトキハ手形ノ所持人ハ其ノ者ニ為替手形ヲ呈示シ且拒絶証書ニ依リ其ノ者ガ引受ヲ拒ミタルコトヲ証スルニ非ザレバ其ノ記載ヲ為シタル者及其ノ後者ニ対シ満期前ニ遡求権ヲ行フコトヲ得ズ

③参加ノ他ノ場合ニ於テハ所持人ハ参加引受ヲ拒ムコトヲ得若所持人ガ

> 之ヲ受諾スルトキハ被参加人及其ノ後者ニ対シ満期前ニ有スル遡求権ヲ失フ

参加引受は、引受のための呈示を禁止されていない為替手形の所持人が満期前に遡求権があるいっさいの場合において、することができます。

為替手形に支払地における予備支払人を記載したときは、手形の所持人は、その者に対し為替手形を呈示し、かつ、拒絶証書によってその者が引受を拒んだことを証明しなければ、その記載をした者およびその後者に対し、満期前に遡求権を行うことができません。

参加の他の場合においては、所持人は、参加引受を拒むことができます。もし所持人が、これを受諾するときは、被参加人およびその後者に対し、満期前にある遡求権を失います。

→試験対策・7章1節 5

1 趣旨

本条は、参加引受の要件について規定する。

2 語句の意味

参加引受とは、引受が禁じられていない為替手形について、満期前遡求の原因が発生した場合において、第三者(参加引受人)が遡求義務者のなかのある者(被参加人)のために引受をなして、被参加人に対する遡求権の行使を阻止することをいう。

3 条文クローズアップ

1 参加引受の意義

参加引受は、遡求を阻止して手形の信用を維持するとともに、償還金額の増大を防ぐために認められる制度である。

手形理論からいえば、参加引受は、遡求義務を引き受けることを目的とする手形行為であって、債務負担の単独行為である。

2 参加引受ができる場合

参加引受ができるのは満期前に遡求ができるいっさいの場合であるが、引受呈示が禁止された手形については、参加引受をすることができない(1項)。

3 参加の拒絶

予備支払人が記載されている場合には、所持人は、その者の引受拒絶を証明しなければ、満期前遡求をすることができない(2項)。

予備支払人が記載されていない場合には、所持人にとっては、

参加引受をなす第三者は、信用がおける者とはかぎらないので、所持人は、参加引受の申出を拒むことができる（3項前段）。この場合には、満期前の遡求を妨げられない。参加引受を拒まなかったときには、被参加人およびその後者に満期前遡求をすることができなくなる（3項後段）。

> ### 第57条【参加引受の方式】　　C
> 参加引受ハ為替手形ニ之ヲ記載シ参加人署名スベシ参加引受ニハ被参加人ヲ表示スベシ其ノ表示ナキトキハ振出人ノ為ニ之ヲ為シタルモノト看做ス

参加引受は、為替手形に参加引受をする旨を記載し、参加人が署名しなければなりません。参加引受には、被参加人を表示しなければなりません。その表示がないときは、振出人のために参加引受をしたものとみなされます。

→試験対策・7章1節5【2】

1 趣旨
本条は、参加引受の方式について規定する。

2 条文クローズアップ
参加引受の方式
参加引受をするには、手形自体に参加引受をする旨および被参加人を記載し、参加引受人が署名する（本条前段、中段）。もっとも、被参加人の表示がないときは振出人のためになされたものとみなされるので（本条後段）、被参加人の表示がなくても、参加引受の効力には影響がない。

> ### 第58条【参加引受の効力】　　C
> ①参加引受人ハ所持人及被参加人ヨリ後ノ裏書人ニ対シ被参加人ト同一ノ義務ヲ負フ
> ②被参加人及其ノ前者ハ参加引受ニ拘ラズ所持人ニ対シ第四十八条ニ規定スル金額ノ支払ト引換ニ為替手形ノ交付ヲ請求スルコトヲ得拒絶証書及受取ヲ証スル記載ヲ為シタル計算書アルトキハ其ノ交付ヲモ請求スルコトヲ得

参加引受人は、所持人および被参加人より後の裏書人に対し、被参加人と同一の義務を負います。

→試験対策・7章1節5【3】

被参加人およびその前者は、参加引受にかかわらず、所持人に対し、48条に規定する金額の支払と引換えに、為替手形の交付を請求することができます。拒絶証書および受取りを証する記載をした計算書があるときは、その交付をも請求することができます。

1 趣旨
本条は、参加引受の効力について規定する。

2 条文クローズアップ
参加引受の効力
参加引受人は、手形の所持人および被参加人より後の裏書人に対して、被参加人と同一の義務を負う（1項）。しかし、被参加人およびその前者は、手形の所持人に対して遡求金額を支払って引換えに手形（および、拒絶証書、受取りを証する記載をなした計算書）の交付を請求することができる（2項）。

■第3節　参加支払

> **第59条【参加支払の要件】　　C**
> ①参加支払ハ所持人ガ満期又ハ満期前ニ遡求権ヲ有スル一切ノ場合ニ於テ之ヲ為スコトヲ得
> ②支払ハ被参加人ガ支払ヲ為スベキ全額ニ付之ヲ為スコトヲ要ス
> ③支払ハ支払拒絶証書ヲ作ラシムルコトヲ得ベキ最後ノ日ノ翌日迄ニ之ヲ為スコトヲ要ス

参加支払は、所持人が満期または満期前に遡求権があるいっさいの場合において、することができます。
支払は、被参加人が支払をしなければならない全額についてしなければなりません。
支払は、支払拒絶証書を作らせることができる最後の日の翌日までにしなければなりません。

1 意義
本条は、参加支払の要件について規定する。

2 語句の意味
参加支払とは、遡求原因が発生した場合において、第三者が遡求義務者のために支払をし、被参加人に対する遡求権の行使を阻

止することをいう。

3 条文クローズアップ

参加支払の要件

参加支払人は、拒絶証書作成の末日の翌日までに、被参加人が支払うべき金額全額を支払うことを要する（2項、3項）。

> **第60条【同前】　　C**
> ①為替手形ガ支払地ニ住所ヲ有スル参加人ニ依リテ引受ケラレタルトキ又ハ支払地ニ住所ヲ有スル者ガ予備支払人トシテ記載セラレタルトキハ所持人ハ此等ノ者ノ全員ニ手形ヲ呈示シ且必要アルトキハ拒絶証書ヲ作ラシムルコトヲ得ベキ最後ノ日ノ翌日迄ニ支払拒絶証書ヲ作ラシムルコトヲ要ス
> ②前項ノ期間内ニ拒絶証書ノ作成ナキトキハ予備支払人ヲ記載シタル者又ハ被参加人及其ノ後ノ裏書人ハ義務ヲ免ル

　為替手形が支払地に住所がある参加人によって引き受けられたとき、または支払地に住所がある者が予備支払人として記載されたときは、所持人は、これらの者の全員に対し手形を呈示し、かつ、必要があるときは拒絶証書を作らせることができる最後の日の翌日までに支払拒絶証書を作らせなければなりません。
　前項の期間内に拒絶証書の作成がないときは、予備支払人を記載した者または被参加人およびその後の裏書人は、遡求義務を免れます。

1 趣旨

　本条は、支払地内に住所を有する予備支払人（同地予備支払人）、または参加引受人が数人存在する場合には、所持人は、その全員に対して手形の呈示および拒絶証書の作成をしなければならない旨を規定する。

> **第61条【参加支払拒絶の効果】　　C**
> 参加支払ヲ拒ミタル所持人ハ其ノ支払ニ因リテ義務ヲ免ルベカリシ者ニ対スル遡求権ヲ失フ

　参加支払を拒んだ所持人は、その支払によって義務を免れない者に対する遡求権を失います。

1 意義

本条は、所持人が参加支払を拒絶した場合には、被参加人に対して遡求権を行使することができない旨を規定する。

2 条文クローズアップ

参加支払拒絶の効果

参加支払は、参加引受と異なり、参加人が現に支払うという事態であるから、参加支払人の資力とか信用を問題とする必要がない。そこで、だれでも参加支払をする旨を申し出てくれば、それを拒むことができないこととし、所持人がこれを拒んだ場合には、もし参加支払を受ければ当然義務を免れることが明らかな者(被参加引受人、予備支払人を指定した者および被参加支払人のそれぞれの後者)に対する遡求権を失うものとした。

> **第62条【参加支払の方式】　C**
> ①参加支払ハ被参加人ヲ表示シテ為替手形ニ為シタル受取ノ記載ニ依リ之ヲ証スルコトヲ要ス其ノ表示ナキトキハ支払ハ振出人ノ為ニ之ヲ為シタルモノト看做ス
> ②為替手形ハ参加支払人ニ之ヲ交付スルコトヲ要ス拒絶証書ヲ作ラシメタルトキハ之ヲモ交付スルコトヲ要ス

参加支払は、被参加人を表示して為替手形になされた受取りの記載によって、証明しなければなりません。その表示がないときは、支払は、振出人のためにしたものとみなされます。

為替手形は、参加支払人に交付しなければなりません。拒絶証書を作らせたときは、これも交付しなければなりません。

1 趣旨

本条は、参加支払においては、所持人が手形に被参加人を表示し(表示のないときは振出人のためになしたものとみなされる)、かつ、受取りの記載をなさなければならないこと(1項)、および、参加支払をした者が手形および拒絶証書の交付を受けることができる旨(2項)を規定する。

> **第63条【参加支払の効力】　C**
> ①参加支払人ハ被参加人及其ノ者ノ為替手形上ノ債務者ニ対シ為替手形

> ヨリ生ズル権利ヲ取得ス但シ更ニ為替手形ヲ裏書スルコトヲ得ズ
> ②被参加人ヨリ後ノ裏書人ハ義務ヲ免ル
> ③参加支払ノ競合ノ場合ニ於テハ最モ多数ノ義務ヲ免レシムルモノ優先ス事情ヲ知リ此ノ規定ニ反シテ参加シタル者ハ義務ヲ免ルベカリシ者ニ対スル遡求権ヲ失フ

参加支払人は、被参加人およびその者の為替手形上の債務者に対し、為替手形より生ずる権利を取得します。ただし、さらに為替手形を裏書することはできません。

被参加人より後の裏書人は、遡求義務を免れます。

参加支払の競合の場合においては、もっとも多数の義務を免れさせる者が優先します。事情を知ってこの規定に反して参加した者は、この優先順位の者が参加すれば、義務を免れることとなる者に対する遡求権を失います。

1 趣旨

本条は、参加支払の効力について規定する。

2 条文クローズアップ

1 参加支払の効力

参加支払人は、被参加人およびその前者に対する手形上の権利を取得する（1項本文）。ただし、参加支払人は、その手形を裏書譲渡することはできない（1項ただし書）。

参加支払によって、被参加人が手形を受け戻した場合と同様に、被参加人の後者は免責される（2項）。

2 参加支払が競合する場合

数人が参加支払を申し出た場合には、もっとも多数の償還義務者を免責させうる参加支払の申出が優先され、自己よりも優先する参加支払の申出があることを知りながら参加した者は、義務を免るべかりし者に対する遡求権を失う（3項）。

第9章
複本及謄本

■第1節　複　本

> **第64条【複本の発行、方式】　　C**
> ①為替手形ハ同一内容ノ数通ヲ以テ之ヲ振出スコトヲ得
> ②此ノ複本ニハ其ノ証券ノ文言中ニ番号ヲ附スルコトヲ要ス之ヲ欠クトキハ各通ハ之ヲ各別ノ為替手形ト看做ス
> ③一通限ニテ振出ス旨ノ記載ナキ手形ノ所持人ハ自己ノ費用ヲ以テ複本ノ交付ヲ請求スルコトヲ得此ノ場合ニ於テハ所持人ハ自己ノ直接ノ裏書人ニ対シテ其ノ請求ヲ為シ其ノ裏書人ハ自己ノ裏書人ニ対シテ手続ヲ為スコトニ依リテ之ニ協力シ順次振出人ニ及ブベキモノトス各裏書人ハ新ナル複本ニ裏書ヲ再記スルコトヲ要ス

　為替手形は、同一内容のものを数通作成して振り出すことができます。

　この複本には、その証券の文言中に番号を付けなければなりません。これがないときは、各通は、それぞれ独立の為替手形とみなされます。

　1通しか振り出さないという記載がない手形の所持人は、自己の費用で複本の交付を請求することができます。この場合においては、所持人は、自己の直接の裏書人に対してその請求をし、その裏書人は、自己の裏書人に対して上記のような手続をすることによってこれに協力し、順次振出人に及ぶものとされます。各裏書人は、新たな複本に裏書を再記しなければなりません。

→試験対策・7章1節⑧

1　趣旨

　本条は、為替手形について複本の発行を認め、あわせてその方式について規定する。

2　語句の意味

　複本とは、同一内容をもって振り出された為替手形をいう。

3　条文クローズアップ

複本の発行・方式

　複本は、1つの手形関係につき2通以上の証券が発行され、各通に手形行為者の署名がなされて、それぞれが手形上の権利を表

章する。これは、遠隔地に送付する際の紛失の危険等に備えたり、引受呈示と裏書等を異なった地で行ったりするために用いられる。

手形の所持人は、反対の文言がないかぎり、自己の費用において複本の発行を求めることができる（3項前段）。

> ### 第65条【複本の一通に対する支払の効力】　　C
> ①複本ノ一通ノ支払ハ其ノ支払ガ他ノ複本ヲ無効ナラシムル旨ノ記載ナキトキト雖モ義務ヲ免レシム但シ支払人ハ引受ヲ為シタル各通ニシテ返還ヲ受ケザルモノニ付責任ヲ負フ
> ②数人ニ各別ニ複本ヲ譲渡シタル裏書人及其ノ後ノ裏書人ハ其ノ署名アル各通ニシテ返還ヲ受ケザルモノニ付責任ヲ負フ

複本の1通の支払は、その支払が他の複本は無効であるという記載がない場合であっても、すべての手形債務者は義務を免れます。ただし、支払人は、引受がなされた各通の複本で、まだ返還を受けていないものについては責任を負います。

数人のものに各別に複本を譲渡した裏書人およびその後の裏書人は、その署名のある各通の複本で、返還を受けていないものについては責任を負います。

→試験対策・7章1節⑧

1 趣旨

本条は、複本の1通に対する支払の効力について規定する。

2 条文クローズアップ

複本の1通に対する支払の効力

複本における手形上の法律関係は同一であり、1通についてなされた支払によって、支払人は義務を免れるが（1項本文）、引受をした支払人や裏書人は、返還を受けなかったものについて責任を負う（1項ただし書、2項）。

> ### 第66条【引受のためにする複本の送付】　　C
> ①引受ノ為複本ノ一通ヲ送付シタル者ハ他ノ各通ニ此ノ一通ヲ保持スル者ノ名称ヲ記載スベシ其ノ者ハ他ノ一通ノ正当ナル所持人ニ対シ之ヲ引渡スコトヲ要ス
> ②保持者ガ引渡ヲ拒ミタルトキハ所持人ハ拒絶証書ニ依リ左ノ事実ヲ証スルニ非ザレバ遡求権ヲ行フコトヲ得ズ

1　引受ノ為送付シタル一通ガ請求ヲ為スモ引渡サレザリシコト
2　他ノ一通ヲ以テ引受又ハ支払ヲ受クルコト能ハザリシコト

　引受のため複本の1通を送付した者は、他の各通にこの1通を保持する者の名称を記載しなければなりません。その者は、他の1通の正当な所持人に対し、引き渡さなければなりません。
　保持者が引渡しを拒んだときは、所持人は、拒絶証書によって、引受のため送付した1通が請求をしたが引き渡されなかったこと、他の1通をもって引受または支払を受けることができないことを証明しなければ、遡求権を行うことができません。

1　趣旨
　本条は、引受のためにする複本の交付について規定する。

2　条文クローズアップ
引受のためにする複本の交付
　複本の1通を引受のために送付したときは、他の各通に送付複本を保持する者の名称を記載することを要し、その記載のある手形の正当な所持人は、送付複本の保持者に対しその返還を請求することができる（1項）。
　請求が拒絶された場合には、自己の所持する複本による引受または支払が拒絶されたときにかぎり、複本返還拒絶証書および引受・支払拒絶証書を作成させて、遡求権を行使することができる（2項）。

■第2節　謄　本

第67条【謄本の作成者、方式、効力】　　C
①為替手形ノ所持人ハ其ノ謄本ヲ作ル権利ヲ有ス
②謄本ニハ裏書其ノ他原本ニ掲ゲタル一切ノ事項ヲ正確ニ再記シ且其ノ末尾ヲ示スコトヲ要ス
③謄本ニハ原本ト同一ノ方法ニ従ヒ且同一ノ効力ヲ以テ裏書又ハ保証ヲ為スコトヲ得

　為替手形の所持人には、その謄本を作る権利があります。
　謄本には、裏書その他原本に掲げたいっさいの事項を正確に再記し、かつ、その末尾を示さなければなりません。

→試験対策・7章1節[8]

謄本には、原本と同一の方法に従って、かつ、同一の効力をもって裏書または保証をすることができます。

1 趣旨

本条は、謄本の作成者・方式・効力について定める。

2 語句の意味

謄本とは、手形原本を謄写したものであり、そのうえに裏書または保証のなされるものをいう。

3 条文クローズアップ

1 謄本の制度

謄本の制度の実益は、引受や一覧後定期払手形の一覧のために原本を送付している間に謄本によって手形を譲渡することができるという点と、手形保証のために謄本を送付すればその間に原本によって手形を譲渡することができるという点とにある。

2 謄本の作成者・方式・効力

為替手形（または約束手形）の所持人は、その手形の謄本を作成することができる（1項）。謄本は原本の謄写にすぎず、それ自体は手形ではないから、謄本の所持人は、原本を入手しないかぎり、引受または支払の呈示をすることができず、遡求権を行使することもできない。もっとも、謄本には、原本と同一の方法に従い、かつ、同一の効力をもって、裏書または保証をなすことができる（3項）。

第68条【謄本所持人の権利】　C

①謄本ニハ原本ノ保持者ヲ表示スベシ保持者ハ謄本ノ正当ナル所持人ニ対シ其ノ原本ヲ引渡スコトヲ要ス

②保持者ガ引渡ヲ拒ミタルトキハ所持人ハ拒絶証書ニ依リ原本ガ請求ヲ為スモ引渡サレザリシコトヲ証スルニ非ザレバ謄本ニ裏書又ハ保証ヲ為シタル者ニ対シ遡求権ヲ行フコトヲ得ズ

③謄本作成前ニ為シタル最後ノ裏書ノ後ニ「爾後裏書ハ謄本ニ為シタルモノノミ効力ヲ有ス」ノ文句其ノ他之ト同一ノ意義ヲ有スル文言ガ原本ニ存スルトキハ原本ニ為シタル其ノ後ノ裏書ハ之ヲ無効トス

謄本には、原本の保持者を表示しなければなりません。保持者は、謄本の正当な所持人に対し、その原本を引き渡さなければなりません。

保持者が引渡しを拒んだときは、所持人は、原本の引渡しを請

求し、もし引き渡されなかったときは、その事実を拒絶証書によって証明しなければ、謄本に裏書または保証をした者に対し、遡求権を行うことができません。

謄本作成前にした最後の裏書の後に「以後、裏書は、謄本にしたものだけが効力を有する」という文句その他これと同一の意義を有する文言が原本に記載されているときは、原本にしたその後の裏書は無効となります。

1 趣旨

本条は、謄本所持人の権利について規定する。

2 条文クローズアップ

謄本所持人の権利

謄本上の被裏書人は、謄本のみならず、原本に対する権利をも取得し、謄本に表示された原本保持者に対し、原本の引渡しを請求することができる（1項後段）。もっとも、第三者が原本を善意取得することまでは防ぐことができず、この場合には、謄本の所持人は、謄本上の署名者に対して遡求権を行使することができるにすぎない（2項参照）。そこで、謄本の所持人の権利を確保するために、原本の裏書人欄の冒頭または謄本作成前の最後の裏書の直後に裏書閉鎖文言が記載されると、原本になされるその後の裏書は、その効力を有しないものとされた（3項）。

第10章

変 造

> **第69条【変造の効果】　A**
> 為替手形ノ文言ノ変造ノ場合ニ於テハ其ノ変造後ノ署名者ハ変造シタル文言ニ従ヒテ責任ヲ負ヒ変造前ノ署名者ハ原文言ニ従ヒテ責任ヲ負フ

為替手形の文言の変造の場合においては、その変造後の署名者は、変造された文言に従って責任を負い、変造前の署名者は、変造前の文言(原文言)に従って責任を負います。

→試験対策・6章5節⑤

1 趣旨
本条は、変造された手形の署名者の責任は、変造の前後の文言に従って決定される旨を規定する。

2 条文クローズアップ

1 変造の意義
変造とは、手形債務の内容を決する手形上の記載に、他人が無権限で変更を加えることをいう。

たとえば、手形取得者が権限もないのに手形金額を増額修正したり、満期を繰り上げたり、振出人が後日当該手形に接する機会を得たことを契機に、権限もないのに手形金額を減額修正したり、満期を繰り下げたりする場合である。

変造の方法としては、既存文言(たとえば、指図禁止文句)の抹消、記載の変更(金額や満期の改ざん等)、新たな追記(保証文句または取立委任文句の記入等)がある。

偽造が手形行為の**主体**を偽る行為であるのに対し、変造は手形行為の**内容**を偽る行為である。

2 変造の効果
(1)変造前の署名者の責任
　(a)原則
　　変造前の署名者は、変造前の文言(原文言)に従って責任を負い(本条後段)、その責任に変化はない、すなわち変造後の文言(現文言)による責任を負わないのが原則である。
　　手形の署名者は、署名当時の文言による手形行為をしたのであり、その後にその文言が、他人によって変更されても、そのため責任を免れることはないし、また、自分の関知しない新しい文言に従って責任を負う理由もないからである。

本条後段の規定は、変造後の文言の有利・不利を問わず適用される。たとえば、約束手形の満期が変造された場合には、変造前に署名した振出人の手形債務は変造前の満期が基準となるから、その消滅時効は変造前の満期から進行する(判例)。また、変造前に署名した裏書人は、変造前の満期に従って遡求権保全手続がとられることを条件に、遡求義務を負う(判例)。

→判例セレクト1

→判例セレクト2

　なお、署名者が記載の変更を許可した場合には、その署名者との関係では、権限に基づくものといえ、変造とはいえず、変造前の署名者であっても許可すれば、変更後の文言に従って責任を負う。

(b)表見変造

　変造前の署名者は、変造前の文言に従って責任を負うのが原則であるが、変造後の文言による責任を負う場合はないのであろうか。

　通常、署名者は、変造される危険を回避するすべをもたず、帰責性がないから、権利外観理論による表見変造を認めることは困難である。ただし、不用意な余白、抹消されやすい記載などの事情が存する場合には、例外的に帰責性が肯定され、変造後の文言による責任が発生すると解すべきである。その際の理論構成につき争いがあり、権利外観理論によるべきという見解もあるが、10条を類推適用すべきであると解する。ただし、無権限者による単なる抹消の効果は、権利外観理論によるべきである。

(2)変造後の署名者の責任

　変造後の署名者は、変造後の文言(現文言)に従って責任を負う(本条前段)。

　変造後の署名者は、変造後の文言による手形行為を行ったのであるから、手形行為の文言性から当然の帰結となる。

(3)変造者の責任

　変造者は、刑事上の責任(刑162条)および不法行為に基づく損害賠償責任(民709条)を負わなければならない。そのほか、変造者は、手形上の責任をも負うのかが問題となる。

(a)変造者が手形に署名している場合

　この場合には、変造者は、変造後の署名者として当然手形上の責任を負う。この点について異論はない。

(b)変造者が手形に署名していない場合

　この場合において、変造者は、手形上の責任を負わないのかについては争いがある。

　たしかに、この場合の変造者は、手形に署名していない以上、手形上の責任を負うことはないとも考えられる(通説)。しかし、手形に変造を加えた者が、何らの手形上の責任を負わない

というのは、不都合である。そこで、この場合の変造者は、既存の手形行為の署名を冒用して内容の異なる他人の手形債務負担行為を成立させようとしているから、偽造した場合と同様に、8条の類推適用により手形上の責任を負うと解すべきである。

すなわち、みずからいかなる署名もしていない場合であっても、他人の署名を冒用して手形行為を完成させることは、一般に、手形偽造の一態様と認められている。そうであれば、手形の記載事項を変造することにより、既存の手形行為の署名を冒用して内容の異なる他人の手形債務負担行為を成立させようとした変造者も、偽造者と同様の責任を負うべきである。つまり、偽造者が8条の類推適用により手形上の責任を負うべきこととのバランスを考えるということである。

3　変造の訴訟上の取扱い(変造と立証責任)

手形の変造が主張される場合において、だれが署名時期および変造前の文言の立証責任を負うかについて争いがある。

従来の通説は、手形の外観に異常がない場合とある場合(手形の外観上変造の証跡が表れている場合)とを区別し、前者の場合には手形債務者が立証責任を負い、後者の場合には手形の所持人が立証責任を負うとする。しかし、前者の場合について、手形の所持人が変造の事実を知らずに現文言による手形金の支払を請求したとき、手形債務者側からの変造の主張は、訴訟法上では、債務負担の否認にすぎない。

そこで、手形の外観に異常があると否とを問わず、所持人側が立証責任を負うと解すべきである(判例)。

→判例セレクト3

4　手形要件の記載の無権限変更・抹消

(1)手形要件の記載の無権限変更

手形要件の記載を無権限で変更(改ざん)した場合には、変造にあたり、変造前の署名者は変造前の文言(原文言)に従って責任を負い(本条後段)、変造後の署名者は変造後の文言(現文言)に従って責任を負う(本条前段)。

ただし、手形要件の記載のうち、受取人欄の無権限変更については議論がある。この論点には、①受取人欄の無権限変更が本条の変造にあたるかという問題(Q_1)と、②受取人欄の無権限変更と裏書の連続(16条1項)との関係という問題(Q_2)とがある。

Q1 受取人欄の無権限変更が69条の変造にあたるか。

◀ランクB

A説　否定説(前田)

▶結論：69条の変造にはあたらない。

▶理由：受取人欄は手形の権利者を指定する意味しかないのであり、

権利の内容というよりも権利の帰属に関する部分である。
▶備考：この見解は、手形理論における二段階創造説を前提とする。

B説 肯定説(通説)
▶結論：69条の変造にあたる。
▶理由：69条の変造とは、手形債務の内容を決する手形上の記載に他人が無権限で変更を加えることをいう。そして、受取人の記載も手形要件であり(75条5号)、手形債務者は、手形金を受取人またはその指図人に支払う債務を負担するのであるから、受取人の記載も、手形債務の内容を決するといえる。

Q2 （受取人の無権限変更が69条の変造にあたるとして、)69条の適用の結果、裏書の連続を主張しえないのではないか。

◀ランクB

▶結論：16条1項にいう裏書の連続は、裏書の形式(外観)によりこれを判定すれば足り、約束手形の受取人欄の記載が変造された場合であっても、手形面上、変造後の受取人から現在の手形所持人へ順次連続した裏書の記載があるときは、その所持人は、振出人に対する関係においても、77条1項1号、16条1項により、その手形の適法な所持人と推定される(判例)。

→判例セレクト4

▶理由：69条の規定は、手形の文言が権限のない者によりほしいままに変更されてもいったん有効に成立した手形債務の内容に影響を及ぼさない法理を明らかにしたものであるにすぎず、手形面上、原文言の記載が依然として現実に残存しているものとみなす趣旨ではないから、この規定によって、振出人に対する関係において裏書の連続を主張しえないと解することは相当でない。

---

(2) 手形要件の無権限抹消

手形要件が無権限で抹消された場合であっても、いったん有効に成立した手形上の権利は消滅することはないから、抹消前の署名者は、変造の場合にならって、手形の原文言に従って責任を負うと考えるべきである(通説)。

→木内189頁

受取人欄の記載を無権限で抹消した場合については、基本的に、受取人欄の記載を無権限で変更した場合と同様に考えることができるが、問題点を整理すると、以下のようになる。
① 受取人欄の記載を無権限で抹消することは本条の変造にあたるか。
② 受取人欄の無権限抹消と裏書の連続(16条1項)との関係。
③ 受取人欄が抹消された手形をどのような方法で譲渡することができるか。
④ 受取人欄が抹消された手形について、善意取得(16条2項)が

認められるか。

これらの問題は、受取人欄の無権限変更が本条の変造にあたるか否かという議論と関係する(特に③と④が問題となる)。

(a)本条の変造にあたらないという立場

この立場では、①受取人欄の記載の無権限抹消も本条の変造にあたらないことになる。また、手形の記載上は現文言によれば受取人白地であるから、これを所持する者には②形式的資格が認められることになるし、③受取人白地の手形として譲渡しうることになるし、④当然受取人白地という形式的資格をもつ手形として善意取得が可能である。

(b)本条の変造にあたるとする立場

この立場では、①受取人欄の記載の無権限抹消も本条の変造にあたることになる。また、裏書の連続はもっぱら外形的に判断されることになるから、受取人欄の記載が抹消された手形も、裏書の連続との関係では、受取人白地の手形とみることができ、これを所持する者には②形式的資格が認められることになる。

しかし、裏書の連続との関係では、受取人白地とみることができるとしても、かかる手形は、指図証券を発行者に無断で無記名証券に変更することができないのと同様に、受取人白地の手形に有効に変えられたとはいえない。すなわち、この手形は依然として受取人の記載された手形と解すべきである。したがって、③以後の譲渡も、裏書によることを要すると解する。

④受取人欄が抹消された手形について、善意取得(16条2項)が認められるか。たしかに、受取人欄が抹消されても、受取人白地の手形になるわけではなく、手形法的移転によってだれも権利を取得することはできないから、善意取得の要件をみたしえないとも考えられる。しかし、受取人欄が抹消されると、外観上は受取人白地の手形と区別がつかないのであるから、善意取得を認めないと、この手形の取得者に不測の損害を与えることになる。

そもそも善意取得の制度は、前者の形式的資格を信頼して、手形法的移転の方法(裏書や単なる交付)によって取得した者が保護される制度である。そうであれば、受取人欄が抹消された場合であっても、受取人白地のような外観を呈することによって、受取人白地の手形と同じ形式的資格が与えられる以上、その外観を信頼して、真実受取人白地であれば可能である、単なる交付の方法で手形を取得した者の善意取得を否定する必要はない。したがって、受取人欄が抹消された手形についても、善意取得が認められると解すべきである。

5　有益的記載事項の無権限変更・抹消

この場合には、変造の一般論が妥当する。すなわち、変造前の署名者は、変造前の文言（原文言）に従って責任を負い（本条後段）、変造後の署名者は、変造後の文言（現文言）に従って責任を負う（本条前段）。また、変造者の責任についても、変造の一般論が妥当する。

6　無益的記載事項の無権限変更・抹消
無益的記載事項はその記載自体に意味がないので、これを変造したとしても、手形債務は変更されない。すなわち、ここでは変造は問題とならない。

7　有害的記載事項の無権限抹消
有害的記載事項が記載されている手形は無効な手形であるが、有害的記載事項の抹消がなされると、有効な手形の形式を備えることになる。したがって、有害的記載事項が抹消された場合には、原則として変造の一般論が妥当する。

もっとも、有害的記載事項が抹消された場合には、変造（抹消）前の署名者は、権利外観理論によって責任を負うことがあると解する。

8　裏書の無権限変更・抹消
裏書人の署名を無権限で変更するのは偽造である。これに対して、被裏書人欄を無権限で変更・抹消するのは、受取人欄の記載の無権限変更・抹消と同様に、本条の変造にあたると考えるべきである。したがって、被裏書人欄の無権限変更・抹消によっては、裏書の権利移転的効力や担保的効力は影響を受けない。

もっとも、裏書の連続は、外形的に判断されるから、無権限で記載を抹消したとの一事をもって認められなくなるものではない。したがって、被裏書人欄のみの抹消は、裏書の連続との関係では、白地式裏書と同視されると解すべきである（白地式裏書説）。　→16条

なお、裏書全部の抹消は、正当な手形所持人の権限の範囲内であると考える。なぜなら、裏書全部を抹消することによって、不利益を被る者はいないからである。

判例セレクト

1　満期の変造と振出人に対する権利の消滅時効の起算点
満期が変造された場合には、手形の所持人の振出人に対する手形上の請求権の消滅時効は、変造前の満期から3年の経過で満了する（最判昭55・11・27判時986-107）。

2　満期の変造と遡求権保全
手形の満期が昭和48年4月7日と記載されていたが、その後裏書人の同意を得ないでそれが昭和49年2月12日と訂正された場合には、裏書人は、訂正前の満期である昭和48年4月7日に従って遡求権保全手

続がとられることを条件として、遡求義務を負う(最判昭50・8・29手形小切手百選[6版]20事件)。

3　変造前の文言の立証責任

　約束手形の支払期日(満期)が変造された場合においては、その振出人は原文言(変造前の文言)に従って責を負うにとどまるのであるから、手形所持人は原文言を主張、立証したうえ、これに従って手形上の請求をするほかはないのであり、もしこれを証明することができないときは、その不利益は手形所持人にこれを帰せしめなければならない(最判昭42・3・14手形小切手百選[6版]22事件)。

4　受取人欄の改ざんと裏書の連続

　16条1項にいう裏書の連続は、裏書の形式によりこれを判定すれば足り、約束手形の受取人欄の記載が変造された場合であっても、手形面上、変造後の受取人から現在の手形所持人へ順次連続した裏書の記載があるときは、その所持人は、振出人に対する関係においても、77条1項1号、16条1項により、手形の適法な所持人と推定されると解するのが、相当である。77条1項7号、69条によれば、変造前の約束手形署名者である振出人は、変造前の原文言に従って責任を負うのであるが、この規定は、手形の文言が権限のない者によりほしいままに変更されてもいったん有効に成立した手形債務の内容に影響を及ぼさない法理を明らかにしたものであるにすぎず、手形面上、原文言の記載が依然として現実に残存しているものとみなす趣旨ではないから、この規定のゆえをもって、振出人に対する関係において裏書の連続を主張しえないと解することは相当でない(最判昭49・12・24手形小切手百選[6版]52事件)。

第11章
時　効

> **第70条【時効期間】　　B⁺**
> ①引受人ニ対スル為替手形上ノ請求権ハ満期ノ日ヨリ三年ヲ以テ時効ニ罹ル
> ②所持人ノ裏書人及振出人ニ対スル請求権ハ適法ノ時期ニ作ラシメタル拒絶証書ノ日附ヨリ、無費用償還文句アル場合ニ於テハ満期ノ日ヨリ一年ヲ以テ時効ニ罹ル
> ③裏書人ノ他ノ裏書人及振出人ニ対スル請求権ハ其ノ裏書人ガ手形ノ受戻ヲ為シタル日又ハ其ノ者ガ訴ヲ受ケタル日ヨリ六月ヲ以テ時効ニ罹ル

引受人に対する為替手形上の請求権は、満期の日から3年で時効にかかります。

→試験対策・6章10節①

所持人の裏書人および振出人に対する請求権は、適法の時期に作らせた拒絶証書の日付から、無費用償還文句がある場合においては満期の日から1年で、それぞれ時効にかかります。

裏書人の他の裏書人および振出人に対する請求権は、その裏書人が手形の受戻しをなした日またはその者が訴えを受けた日から6か月で時効にかかります。

1 趣旨
本条は、手形債務の消滅時効期間について規定する。

2 条文クローズアップ

1　総説
手形・小切手上の権利も時効によって消滅する。手形行為も商行為の一種であるが、一般の商行為による債権よりも、短期の消滅時効期間が定められている（商522条、手70条、小51条、58条）。その理由は、手形・小切手の債務者は、一般の債務者よりも厳しい債務を負担しており、早く債務から解放するのが妥当であるという点にあるといわれている。

2　時効期間
(1)主たる債務者である約束手形の振出人、為替手形の引受人に対する手形上の請求権

主たる債務者である約束手形の振出人、為替手形の引受人に対する手形上の請求権は、満期の日から**3年**で時効にかかる（1

項)。初日不算入の原則(73条)によるため、時効期間は満期日の翌日から計算する。また、時効の計算においては、満期日が休日であっても、満期日の翌日を初日とする。

(2) 手形所持人の前者に対する請求権(遡求権)

手形所持人の前者に対する請求権(遡求権)は、拒絶証書の日付から、拒絶証書の作成が免除されているときは満期の日から、**1年**で時効にかかる(70条2項)。

(3) 遡求義務を履行した裏書人の前者に対する請求権(再遡求権)

遡求義務を履行した裏書人の前者に対する請求権(再遡求権)は、手形を受戻した日または訴えを受けた日(訴状送達の日)から**6か月**で時効にかかる(3項)。

3 時効消滅の効果

手形債務は各々独立したものだから、特定の遡求権が時効消滅しても、振出人に対する権利には影響を及ぼさない。

他方、約束手形の振出人など主たる債務者に対する権利が時効消滅した場合には、遡求権はそれ自体の時効完成を待たずに消滅する(判例)。同様に、主たる債務者の債務が免除された場合にも、遡求権は消滅する(判例)。

また、通説は、主たる債務者に対する手形債権が時効消滅した場合には、遡求に応じた裏書人等も自己の前者に対する再遡求権を失うとしている。

これらの結論をとる理由は、遡求または再遡求は、(再)遡求された者が再遡求し、最終的には主債務者に対して権利行使できることを前提とするが、主債務者に対する債権の消滅した手形では、もはやそれが不可能となり、有効な手形の受戻しによる再遡求・手形金請求を前提とした50条1項の趣旨に合致しないからである。しかも、この場合の所持人、または遡求に応じた者は、手形債権の時効中断を怠り、主たる債務者に対する責任を追及できなくした者であるから、不利益を受けてもやむをえない。

なお、所持人の主たる債務者に対する権利の消滅による損失は、利得償還請求権(85条)を行使して回復を図ることになる。

→判例セレクト1
→東京地判昭43・5・13 手形小切手百選[5版]62事件

判例セレクト

1 約束手形の振出人に対する権利の消滅時効と償還請求の可否

約束手形の裏書人が、その所持人に対して、自己の償還義務について消滅時効の利益の放棄ないし債務の承認をしたうえ、もっぱら自己に対する信頼に基づいてその手形を取得した所持人本人およびその代理人である弁護士に対して、再三にわたり、しかも振出人の債務とは必ずしも関係なく自己固有の債務として手形金の支払義務があることを認めるような態度を示し、同人らに確実にその履行がされるものと

の期待を抱かせながら、のちにその態度をひるがえし、その信頼を裏切って償還義務を履行しようとせず、やむなく所持人より提起された手形金請求訴訟においても当該手形の裏書自体を否認したりその他種々の主張を提出して引延しとみられる抗争をすることによりその審理に長期間を費やさせ、その間に所持人がもっぱら裏書人を信頼してその義務履行が確実にされるものと期待するあまり振出人に対する手形金請求権についての消滅時効中断の措置を怠ったがために振出人の手形金支払義務が消滅したのに乗じ、これに伴い自己の償還義務も当然消滅するに至ったとしてその履行を免れようとする所為に出ることは、信義則に反し許されない（最判昭57・7・15手形小切手百選［6版］73事件）。

2　手形債権の判決による確定と原因債権の時効

手形の原因債権の消滅時効が完成しない間に手形授受の当事者間で仮執行宣言付支払命令により手形債権が確定した場合には、原因債権の消滅時効期間は支払命令確定の時から10年となる（最判昭53・1・23民集32-1-1）。

第71条【時効の中断】　　B⁻
時効ノ中断ハ其ノ中断ノ事由ガ生ジタル者ニ対シテノミ其ノ効力ヲ生ズ

時効の中断は、その中断の事由が生じた者に対してのみ効力が生じます。

→試験対策・6章10節②

1　趣旨

本条は、手形の時効の中断が相対効を有するにとどまる旨を規定する。すなわち、中断事由の生じた者に対してのみその効力が生じる。

2　条文クローズアップ

1　時効の中断事由

権利のうえに眠れる者は保護されないが、権利者が請求をするなど権利行使の意思が客観的に表現されていれば、それまで進行していた時効は中断する。

手形法は、86条において訴訟告知による特別な時効の中断事由を定めるほかは、民法の一般原則に委ねている。そして、民法147条は、①**請求**、②**差押え、仮差押え**または**仮処分**、③（債務の）**承認**を時効の中断事由としている。

(1)請求

中断事由としての請求には、**裁判上の請求**（民149条）と、**裁判外の請求**（**催告**〔民153条〕）とがある。

◆第71条　409

前述のように、手形は呈示証券性(38条1項)、受戻証券性(39条1項)を有するので、時効の中断のために手形の呈示や所持が必要かが問題となる。

(a)裁判上の請求による時効中断と手形の呈示

裁判上の請求による時効中断のためには、手形を呈示することを要しないと解されている(判例、通説)。なぜなら、民事訴訟法147条は、時効中断の効力発生時期を訴えを提起した時としており、相手方への手形の呈示を考慮していないからである。　→大判明44・2・22民録17-72

(b)裁判外の請求(催告)による時効中断と手形の呈示

催告による時効中断のためにも、手形を呈示することを要しないと解されている(判例、通説)。なぜなら、消滅時効の制度の趣旨は、権利のうえに眠れる者は保護しないという点にあるところ、催告をした権利者は、手形を呈示しなくても、もはや権利のうえに眠れる者ではなく、これにより権利行使の意思が客観的に表現されているからである。　→判例セレクト1

(c)裁判上の請求または裁判外の請求(催告)による時効中断と手形の所持

裁判上の請求または裁判外の請求(催告)による時効中断のためには、手形の所持も不要だと解されている(裁判上の請求については、判例がある)。なぜなら、手形権利者は、自己の意思に基づかないで手形の所持を失っても手形上の権利を喪失するものではないからである。また、消滅時効の制度の趣旨は権利のうえに眠れる者は保護しないという点にあるところ、権利者の手形債権行使の意思が客観的に表現されれば、権利のうえに眠れる者でないのは明らかであり、手形権利者の請求に、手形の呈示はもちろん、所持の有無も問題とはならないからである。　→判例セレクト2

(2)債務の承認

債務の承認による時効中断には、手形の呈示や所持は必要であろうか。判例・通説は、これを不要としている。なぜなら、承認は、その性質上、権利の存在を認識し、これを表示したという債務者の行為があれば足りると認められるので、手形の呈示も所持も問題とならないからである。　→呈示につき、判例セレクト3、所持につき、大判昭5・5・10民集9-460

2　時効中断の相対効

(1)手形債務者に対する関係

時効の中断は、その中断の事由が生じた者に対してのみその効力が生じる(本条)。すなわち、時効の中断は、相対効を有するにとどまる。これは、各手形債務がそれぞれ独立の債務であることの当然の結果であるとされる。したがって、手形債務者相互間では、時効中断の効力は相対的なものになる。

(2)手形債権者に対する関係

　手形債権者相互間でも、時効中断の効力は相対的なものといえるか。

　たしかに、71条の表現からは、その適用が手形債務者に限定されるとは必ずしもいいきれない。しかし、この規定の適用を手形債務者に限定しないと、手形の受戻しが満期日から3年を経過した後であった場合において、自己の後者の主たる債務者に対する時効中断の効力を主張することができないとすると、遡求義務を履行した者は、主たる債務者に権利行使をすることができなくなり、不都合な結果が生ずる。また、本条の「其ノ中断ノ事由ガ生ジタル者ニ対シテノミ」という表現から、その適用は手形債務者にかぎられると解することも不可能ではない。

　したがって、本条は、手形債権者相互間では適用されず、手形債権者相互間では、時効中断の効力は絶対的であると解すべきである。

判例セレクト

1　裁判外の請求(催告)による時効中断と手形の呈示

　単に時効中断のための催告については、必ずしも手形の呈示を伴う請求であることを必要としない(最大判昭38・1・30手形小切手百選[6版]78事件)。

2　裁判上の請求による時効中断と手形の所持

　手形権利者が手形を所持しないでなした裁判上の請求によっても、時効中断の効力がある(最判昭39・11・24手形小切手百選[6版]79事件)。

3　債務の承認による時効中断と手形の呈示

　手形債務の承認は、手形の呈示の有無にかかわらず、時効中断の効力がある(大判大4・9・14民録21-1457)。

4　手形債権に基づく破産手続開始の申立てと時効中断

　債権者のする破産宣告〔破産手続開始の決定〕の申立ては、債権の消滅時効の中断事由たる裁判上の請求にあたる(最判昭35・12・27民集14-14-3253)。

第12章

通 則

> **第72条【休日】　　C**
> ①満期ガ法定ノ休日ニ当ル為替手形ハ之ニ次グ第一ノ取引日ニ至ル迄其ノ支払ヲ請求スルコトヲ得ズ又為替手形ニ関スル他ノ行為殊ニ引受ノ為ノ呈示及拒絶証書ノ作成ハ取引日ニ於テノミ之ヲ為スコトヲ得
> ②末日ヲ法定ノ休日トスル一定ノ期間内ニ前項ノ行為ヲ為スベキ場合ニ於テハ期間ハ其ノ満了ニ次グ第一ノ取引日迄之ヲ伸長ス期間中ノ休日ハ之ヲ期間ニ算入ス

　満期が法定の休日にあたる為替手形は、これに次ぐ第1の取引日に至るまで、支払を請求することができません。また、為替手形に関する他の行為、特に引受のための呈示をしたり、拒絶証書を作成したりする場合には、取引日にかぎってすることができます。

　末日を法定の休日とする一定の期間内に前項の行為をすべき場合においては、期間は、その満了に次ぐ第1の取引日まで延ばされます。期間中の休日は、期間に算入されます。

1 趣旨

　本条は、満期が休日の場合には権利行使をすることができず、休日に次ぐ第1取引日になすべき旨と（1項）、および期間の末日が休日の場合には、それに次ぐ第一取引日の終了をもって期間は満了する（2項）旨とを規定する。

2 条文クローズアップ

1 支払請求（1項前段）

　満期（33条から37条まで参照）になっても、その日が休日（87条）であれば、その日には支払請求をすることができない。その場合には、支払請求は、休日に次ぐ第1の取引日にすることができる（72条1項前段）。

2 「手形ニ関スル他ノ行為」（1項後段）

　「手形ニ関スル他ノ行為」とは、手形上の権利の実行（引受のための呈示はこれに準じられる）または権利の保全に関するいっさいの行為と解されており、手形行為とは異なる。

　1項後段に規定する「引受ノ為ノ呈示」・「拒絶証書ノ作成」は例示列挙であり、その他参加引受・参加支払のための呈示（56条2

項、60条1項)、手形複本または原本の引渡請求(66条、68条)、引受拒絶または支払拒絶の通知(45条)、不可抗力の通知(54条2項)、参加の通知(55条4項)も「手形ニ関スル他ノ行為」に含まれる(通説)。

3　期間(2項)

「手形ニ関スル他ノ行為」を一定の期間内になすべき場合において、末日が休日にあたるときには、それに次ぐ第1取引日の終了をもって期間は満了する(2項前段)。

期間中に休日があってもそれは期間に算入される(2項後段)。ただし、支払呈示期間(38条1項)、支払拒絶証書作成期間(44条3項)、遡求通知期間(45条1項)、参加通知期間(55条4項)については、明文上、期間中の休日は算入されず、取引日のみで期間が算定される。

第73条【期間の初日】　　C
法定又ハ約定ノ期間ニハ其ノ初日ヲ算入セズ

法定または約定の期間には、その初日が算入されません。

1　趣旨

本条は、法定または約定の期間の初日は期間に算入せず、その翌日から計算される旨を規定する。民法140条と同旨の規定である。

2　条文クローズアップ

期間の初日

期間の初日とは、ある一定期間について、それが進行をはじめる事実が生じた日をいい、当日は期間に算入されず、初日の翌日から期間が算入される(本条〔初日不算入の原則〕)。このような期日を算定し始める日を起算日という。

ただし、日付後または一覧後定期払手形にして期間が月で定められているものは、初日の応当日が満期と規定されているから(36条1項)、ここでは期間の計算にあたり初日不算入の原則の適用はない。その期間が週・年によって定められているときも同様である。

第74条【恩恵日】　　C
　　恩恵日ハ法律上ノモノタルト裁判上ノモノタルトヲ問ハズ之ヲ認メズ

　恩恵日は、法律上のものであっても、裁判上のものであっても、認められません。

1 趣旨
　本条は、恩恵日の制度を認めない旨を規定する。

2 語句の意味
　恩恵日とは、手形法の定めによって支払期日の到来した債務について、債務者のために与えられる支払猶予期間のことをいう。

第 2 編

約束手形

（75条〜94条）

▶▶▶▶

第2編
約束手形

■約束手形総説

1 定義

約束手形とは、満期に一定の金額を受取人その他証券の正当な所持人に、みずから支払うことを振出人が約束する支払約束証券をいう。

2 法的性質

約束手形の法的性質は、為替手形と共通する。　　　　　　→手形総説

3 約束手形と為替手形との差異

約束手形は、振出人が受取人に対してみずから手形金の支払をなすことを約束する支払約束証券である。これに対して、為替手形は、振出人が支払人に対して受取人への手形金の支払を委託する支払委託証券である。

この根本的な相違から、次の法律上・経済的機能上の相違が生じる。

1 法律上の差異

(1) 約束手形では、振出人・受取人の二当事者が存在するのみであるのに対し、為替手形では、振出人・支払人・受取人の三当事者の存在が必要である。
(2) 約束手形では、振出の当初から振出人が絶対的義務者であるのに対し、為替手形では、引受がなされるまでは絶対的義務者は存在しない。為替手形の振出人は第二次的担保義務者にすぎず（9条参照）、引受をなすことによって支払人が絶対的義務者となる（28条1項）。

2 経済的機能上の差異

約束手形は、商取引の決済の際に、現金の授受に伴う危険を避けるため、または自己の信用を利用するために用いられる。具体的には、商人Aが商人Bから商品の引渡しを受けた後、ただちに現金での代金支払をせずに、一定期間後を満期とする約束手形を交付するような場合である。

かかる機能は為替手形によっても果たしうるものであり、両者は信用の道具という点では共通する。しかし、国際取引における送金・取立ての道具としての機能は、為替手形のみが果たしうる　　→1条③1
ものである。

> **第75条【手形要件】　　A**
> 約束手形ニハ左ノ事項ヲ記載スベシ
> 　1　証券ノ文言中ニ其ノ証券ノ作成ニ用フル語ヲ以テ記載スル約束手形ナルコトヲ示ス文字
> 　2　一定ノ金額ヲ支払フベキ旨ノ単純ナル約束
> 　3　満期ノ表示
> 　4　支払ヲ為スベキ地ノ表示
> 　5　支払ヲ受ケ又ハ之ヲ受クル者ヲ指図スル者ノ名称
> 　6　手形ヲ振出ス日及地ノ表示
> 　7　手形ヲ振出ス者(振出人)ノ署名

　約束手形には、証券の文言中にその証券に用いたと同じ国語で記載された約束手形であることを示す文字(約束手形文句)などを記載しなければなりません。

1 趣旨

　本条は、約束手形の手形要件(必要的記載事項)について規定する。手形要件の意義については、1条参照。

2 条文クローズアップ

1　約束手形の手形要件(必要的記載事項)

　約束手形の手形要件は、為替手形とほぼ共通する。約束手形では存在が予定されていない支払人の名称(1条3号)が規定されておらず、為替手形文句(1条1号)、支払委託文句(1条2号)がそれぞれ約束手形文句(1号)、支払約束文句(2号)として規定されているほかは、為替手形と同様である。それぞれの解釈については1条参照。

2　手形要件以外の記載事項

　手形要件以外の記載事項についても、為替手形と同様である。内容については、1条参照。

> **第76条【手形要件の記載の欠缺】　　B**
> ①前条ニ掲グル事項ノ何レカヲ欠ク証券ハ約束手形タル効力ヲ有セズ但シ次ノ数項ニ規定スル場合ハ此ノ限ニ在ラズ
> ②満期ノ記載ナキ約束手形ハ之ヲ一覧払ノモノト看做ス
> ③振出地ハ特別ノ表示ナキ限リ之ヲ支払地ニシテ且振出人ノ住所地タルモノト看做ス

④振出地ノ記載ナキ約束手形ハ振出人ノ名称ニ附記シタル地ニ於テ之ヲ振出シタルモノト看做ス

　１条にあげられている事項のうち１つでも欠けているときは、約束手形としての効力がありません。ただし、満期の記載がない約束手形は一覧払のものとみなされ、振出地は、特別の表示がないかぎり、支払地であって、かつ、振出人の住所地であるとみなされます。振出地の記載がない約束手形は、振出人の名称を付記した地(振出人の肩書地)で振出されたものとみなされます。

1 趣旨

　１項は、原則として、手形要件のいずれを欠いても約束手形は無効であること、２項から４項までは、例外として、満期・支払地・振出地等の記載を欠いた場合の救済方法について規定する。

2 条文クローズアップ

手形要件欠缺の手形法による救済

(1)満期の記載を欠く場合(２項)
　満期の記載を欠く場合には、一覧払の手形とみなされる。
(2)支払地の記載を欠く場合(３項、４項)
　支払地の記載がない場合には、振出地または振出人の肩書地が支払地とみなされる(３項、４項)。振出地の記載がない場合には、振出人の名称に肩書地の記載があればそれが振出地とみなされ(４項)、その結果、その肩書地が支払地とみなされるのである。
(3)振出地の記載を欠く場合(４項)
　振出地の記載がない場合には、振出人の名称に肩書地の記載があればそれが振出地とみなされる(４項)。

　それぞれの文言の解釈については、２条参照。

第77条【為替手形に関する規定の準用】　　B⁻

①左ノ事項ニ関スル為替手形ニ付テノ規定ハ約束手形ノ性質ニ反セザル限リ之ヲ約束手形ニ準用ス
　１　裏書(第十一条乃至第二十条)
　２　満期(第三十三条乃至第三十七条)
　３　支払(第三十八条乃至第四十二条)
　４　支払拒絶ニ因ル遡求(第四十三条乃至第五十条、第五十二条乃至第五十四条)

> 　　5　参加支払(第五十五条、第五十九条乃至第六十三条)
> 　　6　謄本(第六十七条及第六十八条)
> 　　7　変造(第六十九条)
> 　　8　時効(第七十条及第七十一条)
> 　　9　休日、期間ノ計算及恩恵日ノ禁止(第七十二条乃至第七十四条)
> ②第三者方ニテ又ハ支払人ノ住所地ニ非ザル地ニ於テ支払ヲ為スベキ為替手形(第四条及第二十七条)、利息ノ約定(第五条)、支払金額ニ関スル記載ノ差異(第六条)、第七条ニ規定スル条件ノ下ニ為サレタル署名ノ効果、権限ナクシテ又ハ之ヲ超エテ為シタル者ノ署名ノ効果(第八条)及白地為替手形(第十条)ニ関スル規定モ亦之ヲ約束手形ニ準用ス
> ③保証ニ関スル規定(第三十条乃至第三十二条)モ亦之ヲ約束手形ニ準用ス　第三十一条末項ノ場合ニ於テ何人ノ為ニ保証ヲ為シタルカヲ表示セザルトキハ約束手形ノ振出人ノ為ニ之ヲ為シタルモノト看做ス

　裏書、満期、支払、支払拒絶による遡求、参加支払、謄本、変造、時効、休日、期間の計算および恩恵日の禁止に関する為替手形についての規定は、約束手形の性質に反しないかぎり、約束手形に準用されます。

　第三者方または支払人の住所地以外の地で支払をする為替手形、利息の約定、支払金額に関する記載の差異、7条に規定する条件のもとにされた署名の効果、権限がないのに、または権限を超えてした者の署名の効果、および白地為替手形に関する規定も、約束手形に準用されます。

　保証に関する規定もまた、約束手形に準用されます。31条4項の場合において、だれのために保証をしたかが示されていないときは、約束手形の振出人のために保証したものとみなされます。

1 趣旨

　本条は、為替手形に関する規定のうち、約束手形にも準用されるものを規定する。

2 条文クローズアップ

1　準用されない為替手形に関する規定

　支払委託証券たる為替手形と異なり、支払約束証券たる約束手形には支払人はなく、したがって引受の制度もない。よって、為替手形の引受に関する規定(21条から29条まで)は本条による準用がない。

　約束手形においては引受を得るために手形を送付するという必要がないし、これを認めると約束手形の振出人に複本各通に署名

◆第77条

させることになり、為替手形の複本各通に引受署名した者と同様の二重の責任負担の危険を負わせることになる。そこで、為替手形の複本に関する規定(64条から66条まで)も本条による準用はない。

2　準用されるべき為替手形に関する規定

その他の規定は、約束手形の性質に反しないかぎり、約束手形に準用される。

もっとも、約束手形における振出人は為替手形においては引受人に対応し、為替手形の振出人は約束手形における裏書人に対応する。したがって、為替手形の引受人に関する規定については、約束手形の振出人と読み替えて解釈すべきである。

第78条【振出の効力、一覧後定期払手形の特則】　　B⁻

①約束手形ノ振出人ハ為替手形ノ引受人ト同一ノ義務ヲ負フ
②一覧後定期払ノ約束手形ハ第二十三条ニ規定スル期間内ニ振出人ノ一覧ノ為之ヲ呈示スルコトヲ要ス一覧後ノ期間ハ振出人ガ手形ニ一覧ノ旨ヲ記載シテ署名シタル日ヨリ進行ス振出人ガ日附アル一覧ノ旨ノ記載ヲ拒ミタルトキハ拒絶証書ニ依リテ之ヲ証スルコトヲ要ス(第二十五条)其ノ日附ハ一覧後ノ期間ノ初日トス

約束手形の振出人は、為替手形の引受人と同一の義務を負います。

一覧後定期払の約束手形は、23条に規定する期間内に振出人の一覧のために呈示しなければなりません。一覧後の期間は、振出人が手形に一覧の旨を記載して署名した日から進行します。振出人が日付のある一覧の旨の記載を拒んだときは、拒絶証書によってこれを証明しなければなりません。その日付は、一覧後の期間の初日となります。

1　趣旨

1項は、約束手形の振出人の手形上の義務について、2項は、一覧後定期払手形の呈示期間・満期の起算点・一覧後の期間計算等について規定する。

2　条文クローズアップ

1　振出人の手形上の義務(1項)

約束手形の振出人は、為替手形の振出人と異なり、手形上の主たる債務者である。約束手形の振出人として支払を約束する文句が記載された証券に署名した以上(75条2号、7号)、その記載に

従って手形金額の支払をなす義務を負うのは当然である。1項は、手形法が為替手形を中心としていることから注意的に規定されたものにすぎない。

2　一覧後定期払手形の満期(2項)

2項は、一覧後定期払の約束手形の満期を確定するための手続きを規定する。権利関係を証券面上で明確にするとともに、呈示期間の遵守の有無を知らしめるためである。

判例セレクト

呈示期間内の提示の利息の起算日

約束手形の所持人が満期日後2日以内に振出人に対して手形を支払のために呈示した場合であっても、満期日以後の法定利息を請求することができる（大判大15・3・12民集5-181）。

附 則

> **第79条【施行期日】**　D
> 本法施行ノ期日ハ勅令ヲ以テ之ヲ定ム

この法律の施行期日は、勅令で定められます。

1 趣旨
本条は、手形法の施行期日は、勅令で定められる旨を規定する。

2 条文クローズアップ
手形法の施行期日
　手形法は、昭和8年勅令315号によって、昭和9年1月1日から施行された。

> **第80条【旧規定の削除】**　D
> 商法第四編第一章乃至第三章及商法施行法第百二十四条乃至第百二十六条ハ之ヲ削除ス但シ商法其ノ他ノ法令ノ規定ノ適用上之ニ依ルベキ場合ニ於テハ仍其ノ効力ヲ有ス

　商法第4編第1章ないし第3章および商法施行法124条から126条までは、削除されます。ただし、商法その他の法令の規定の適用上、これによるべき場合においては、なおその効力があります。

1 趣旨
　本条は、単独法としての手形法の制定に伴って、それまでの商法第4編に定められていた手形に関する諸規定の廃止、および他の法令との関係を規定する。

> **第81条【経過規定】**　D
> 本法施行前ニ振出シタル為替手形及約束手形ニ付テハ仍従前ノ規定ニ依ル

この法律の施行される前に振り出された為替手形および約束手形については、なお従前の商法の手形に関する規定が適用されます。

1 趣旨
　本条は、新法施行に伴う経過規定であり、統一条約2条を受けて、新法に関し不遡及の原則を宣言した規定である。

> ### 第82条【署名】　　B
> 　本法ニ於テ署名トアルハ記名捺印ヲ含ム

　手形法においては、署名には記名捺印を含みます。　　→試験対策・6章3節②【8】

1 趣旨
　本条は、記名捺印が自署に代わるものとして広く認められていることから、手形法の署名のなかに自署(行為者の名称をみずから手書きする場合)のみならず、記名捺印を含むことを明らかにした。

2 条文クローズアップ
署名の存在意義
　署名の存在意義としては、主観的意義と客観的意義とがあるといわれる。ただし、主観的意義を重視する見解や、反対に、客観的意義を重視する見解もある。
(1)主観的意義
　手形行為者に文書の内容を認識させ、厳格な手形債務に服することを認識させる意義のことである。
(2)客観的意義
　手形取得者のために手形の同一性を認識させる意義のことである。

> ### 第83条【手形交換所】　　B⁻
> 　第三十八条第二項(第七十七条第一項ニ於テ準用スル場合ヲ含ム)ノ手形交換所ハ法務大臣之ヲ指定ス

　38条2項(77条1項において準用される場合を含みます)の手形交換所は、法務大臣が指定します。

1 趣旨

38条2項によって、手形交換所での手形の呈示は支払呈示の効力を有することとされた。そこで、本条は、支払呈示の効力を有する手形交換所は法務大臣が指定することを規定する。

2 条文クローズアップ

手形交換所

手形交換所の第1回の指定は、昭和8年司法省第38号をもってなされたが、その後しばしば修正され、平成18年3月31日現在、140か所の手形交換所（指定手形交換所）が運営されている。また、これ以外にも、地域の便宜を図るために、300か所程の私設手形交換所が各地に置かれている。

なお、指定か私設かで実質的に制度が大きく異なるわけではない。

第84条【拒絶証書の作成】　　C
拒絶証書ノ作成ニ関スル事項ハ勅令ヲ以テ之ヲ定ム

拒絶証書の作成に関する事項は、勅令で定められます。

1 趣旨

本条は、「拒絶証書ノ作成ニ関スル事項」が勅令（拒絶証書令）に定めることを規定している。

2 語句の意味

拒絶証書とは、手形上の権利の行使または保全に必要な行為をしたこと、およびその結果を証明するための唯一の公正証書である。

3 条文クローズアップ

拒絶証書に関する法令

拒絶証書に関する法令としては、拒絶証書令（昭和8年勅令316号）があり、拒絶証書について具体的な定めをしている。

第85条【利得償還請求権】　　A
為替手形又ハ約束手形ヨリ生ジタル権利ガ手続ノ欠缺又ハ時効ニ因リテ

> 消滅シタルトキト雖モ所持人ハ振出人、引受人又ハ裏書人ニ対シ其ノ受ケタル利益ノ限度ニ於テ償還ノ請求ヲ為スコトヲ得

為替手形または約束手形から生じた権利が手続きの欠缺または時効によって消滅したときであっても、所持人は、振出人、引受人または裏書人に対し、その受けた利益の限度において償還の請求をすることができます。

→試験対策・6章11節

1 趣旨
本条は、利得償還請求権について規定している。

2 語句の意味
利得償還請求権とは、手形上の権利が手続きの欠缺または時効により消滅した場合に、所持人が振出人、引受人または裏書人に対しその受けた利益の限度で償還の請求をなしうる権利をいう。

3 条文クローズアップ

1 意義
手形署名者の厳格な責任(挙証責任の転換、人的抗弁の切断、不渡処分の危険等)を緩和するため、手形法は、短期消滅時効と遡求権保全手続懈怠とによる手形上の権利の消滅を認めている。しかし、その結果、所持人が権利を失うのに、債務者は完全に免責され、手形の授受により得られた利得を常に保持できることになっては不公平が生じてしまう。そこで、手形法は、公平の見地から、所持人が権利の消滅により発生した利得の償還を債務者に請求できることにした(本条)。

2 法的性質
利得償還請求権の法的性質については争いがある(Q_1)。

Q1 利得償還請求権の法的性質をいかに解すべきか。

◀ランクB+

A説 指名債権説(大隅 = 河本)
- ▶結論:公平の観念から法が認めた特別の請求権であり、指名債権の一種である。
- ▶理由:手形債務者には債務不履行も不法行為もなく損害賠償請求とみることはできないし、利得償還義務者の利得は法律上の原因を欠くものとはいえず不当利得返還請求とみることもできない。
- ▶批判:特別の請求権というだけではその特別性が明確ではないた

◆第85条 425

め、問題の解決が恣意的になることが少なくない。

B説 変形物説（鈴木、前田、弥永）
▶結論：利得償還請求権は、手形上の権利が請求の相手方および請求金額の点で縮減した、手形上の権利の変形物である。
▶理由：①利得償還請求権は、手形上の権利の消滅の場合に生ずるものなので、手形上の権利ではないが、実質的にみれば、所持人が手形上の権利の消滅前には当然に全債務者に対し手形金額・遡求金額を請求しえたのが、手形上の権利の消滅とともに、今度は実質関係上利得をした債務者に対してだけその利得の返還を請求できることになったのであるから、数量的・条件的に制限された同質・類似の別な権利に変形して成立したものと解される。
②このように解することで、利得償還請求権の発生、取得および行使の各要件、時効ならびに譲渡などにつき、妥当かつ理論的一貫性のある結論を説明しやすい。

3 発生の要件

(1) 手形上の権利が有効に存在し、償還請求権者がその権利を有していたこと

(a) 手形上の権利が有効に存在していたこと

手形上の権利が有効に存在していない場合、すなわち手形要件の記載を欠く無効手形の場合には、利得償還請求権は発生しない。

ここで、白地補充前の白地手形について利得償還請求権が発生するか。たしかに、補充前の白地手形は未完成手形ではあるものの、たまたま補充をせず失権したからといって利得償還請求権を行使しえないとすると、利得償還請求の制度趣旨である公平を害する。そこで、白地補充前の白地手形についても、本条を類推適用し、利得償還請求権の発生を認めるべきと考える。

(b) 償還請求権者がその権利を有していたこと

償還請求権者は、手形の実質的権利を有していれば足り、形式的な資格を有している必要はない。形式的資格を有していなくても、実質的権利者であることを証明すれば、手形上の権利を行使できたはずだからである。

(c) 利得償還請求権の取得と証券の所持の要否

利得償還請求権の取得に、失権当時における証券の所持を要するか否かについては、一般に、不要であると解されている。

なぜなら、利得償還請求権の制度趣旨たる公平の見地からは、権利行使を怠り失権した者と手形の所持がないため権利行使しえず失権した者とで区別して取り扱わなければならない理由はないからである。また、変形物説からいえば、手形上の権利が消滅して利得償還請求権に変形した場合には、それまで手

形上の権利者であった者は、手形を所持していなくともそのまま利得償還請求権者としての地位を取得すると解すべきことになるからである。さらに、本条には手形上の権利消滅時の「所持人」とは規定されていないから、手形の所持は利得償還請求権の行使の要件であるにすぎず、取得の要件ではないと考えることができる。

判例も、小切手に関してではあるが、現に証券を所持せず、かつ、除権決定によって形式的資格を回復していない者であっても、他の第三者に善意取得されておらず、実質的権利を有していれば、利得償還請求権を取得することができるとしている。

→最判昭34・6・9手形小切手百選[6版]86事件

(2) 手形上の権利が手続きの欠缺または時効により消滅したこと

利得償還請求権は手形上の権利が消滅したときに発生するものであるが、手形上の権利の消滅原因は、手続き(遡求権保全手続)の欠缺または時効にかぎられている。

所持人がすべての手形債務者に対する手形上の権利を失ったことを要するか、さらに、原因関係上の救済手段もないことを要するのかについては争いがある(Q_2)。

Q2 利得償還請求権が発生するためには、所持人がすべての手形債務者に対する手形上の権利を失ったことを要するか、さらに、原因関係上の救済手段もないことを要するのか。

◀ランクB+

A説　二次性説(判例)

→判例セレクト1(1)、(2)

▶結論：すべての手形債務者に対する手形上の権利を失ったことだけではなく、原因関係上の救済手段もすべて失ったことを要する。

▶理由：利得償還請求権は、公平の見地から認められた権利であるから、手形所持人に対する最終的救済手段である。他の手形上の権利、あるいは民法上の救済方法を有する者は保護に値しない。

B説　半二次性説(伊沢、大隅)

▶結論：すべての手形債務者に対する手形上の権利を失ったことが必要であるとともに、それで足りる。

▶理由：①85条の「手形ヨリ生ジタル権利ガ……消滅シタルトキ」という文言から、原因関係上の債権まで消滅したことは要しない。
②利得償還請求権は、手形上の権利の消滅の場合の最後の救済手段であるから、所持人がすべての手形債務者に対する手形上の権利を失ったことが必要である。

C説　非二次性説(田中〔誠〕、石井＝鴻、前田)

▶結論：利得償還請求権の相手方である手形債務者に対する手形上の

権利が消滅すれば足りる。
- ▶理由：①原因関係上の債権を含め、他の手形債務者に対する権利が残っている場合でも、その債務者が無資力であるときには、利得償還請求権の発生を認めて所持人を保護することが必要である。
  ②利得償還請求権が手形上の権利の変形物であるとすると、各々の手形債務は独立したものであるから、他の債務者に対する手形上の権利が消滅したか否かにかかわらず、利得償還請求しようとする相手方に対する手形上の権利が消滅しているか否かだけを問題にするのが論理的である。
  ③このように考えると、利得償還請求が認められる場合が不当に広がりすぎ、手形債務者(被請求者)の利益が害されるとも思えるが、かかる利益は、利得の要件で絞りをかけることによって図ることができる。

(3) 請求の相手方である手形債務者に利得が存在すること

　義務者が利得を得たことを要する。しかし、今まで負担していた手形債務を免れただけではここにいう利得を得たことにはならず、手形授受の基礎たる実質関係において現実に財産上の利益を得たことが必要である。したがって、振出人についていえば、原因関係上対価を得ていればそれが利得になるが、裏書人の場合には、後者から原因関係上対価を得ていても、前者に対し対価を提供している以上、それに差額があっても利得したことにはならない。したがって、裏書人に利得が認められるのは例外的な場合にかぎられる。

　なお、利得は、既存債務を免れたというような消極的利得でもよく、現存利益であることを要しない。また、利得は、手形所持人の損害において生じたことを要しない。したがって、利得償還請求権は、実質関係上の直接の当事者関係にない手形債務者と所持人の間にも生ずるのであって、これらは民法上の不当利得返還請求権の要件と異なるところである。

4　行使の方法

　利得償還請求権を取得した者がこれを行使するためには、手形の所持を要するかどうかについて争いがある(Q_3)。

Q3 利得償還請求権を取得した者がこれを行使するためには、手形の所持を要するか。　◀ランクB

A説　不要説(石井、大隅＝河本)
- ▶結論：手形の所持は不要である(社会通念上十分であると思われる程度の実質的権利者であることの立証があれば足りる)。
- ▶理由：①利益衡量上、善意取得者であっても、権利行使を怠り、利

得償還請求権に変わった場合には、保護の必要性は減少する。
②証券喪失者が自己の権利を立証する手段は、除権決定にかぎられるものではない。
▶批判：①85条が「所持人ハ」と規定していることを無視することは、よほどのことがなければ妥当ではない。
②利得償還義務者としては、手形と引換えに履行した方が安全であるし、それを本来期待しているはずである。
③手形上に利得償還請求権が表章されていないとすると、除権決定を利用できないことになり、善意取得者が存在しないことの立証が難しくなるから、むしろ利得償還請求権の行使が困難になる。

B説 必要説（前田）
▶結論：手形の所持が必要である。
▶理由：不要説に対する批判。

5 譲渡の方法

利得償還請求権は手形上の権利ではないから、その譲渡は、手形の譲渡方法である裏書によることはできず、指名債権譲渡の方法によらなければならない（判例・通説）。したがって、人的抗弁の主張制限や善意取得は認められない。　　　　　　→判例セレクト4

さらに、譲渡にあたり手形の交付を要するか否かについては争いがあるが、前述のように、手形に利得償還請求権が表章されていると考え、利得償還請求権の行使に証券の所持が必要と考えるから、利得償還請求権の譲渡にも手形の交付が必要であると考えるべきである。

これに対して、手形に利得償還請求権は表章されておらず、利得償還請求権の行使には手形を要しないと考える立場からは、利得償還請求権の譲渡には手形の交付は不要であると考えることになる。

6 消滅時効

利得償還請求権は手形上の権利ではなく、しかも、商行為によって生じたものではないとして、消滅時効期間を10年（民167条1項）とする見解もある。しかし、利得償還請求権は手形上の権利の変形物であるから、その消滅時効期間については、商法501条4号にいう「手形……に関する行為」によって生じた債権の消滅時効期間に準じて考えるべきである。すなわち、商法522条が類推適用され、利得償還請求権の消滅時効期間は5年と解すべきである（判例）。そして、その起算点は、利得償還請求権を行使しうるようになった時、すなわち手形上の権利の消滅の時である（判例）。

→判例セレクト5(1)
→判例セレクト5(2)

判例セレクト

1 発生の要件——手形上の権利が手続きの欠缺または時効により消滅したこと

(1)他の手形債務者に対する手形上の権利と利得償還請求権の成否

利得償還請求権が生ずるには、他のすべての手形債務者に対する手形上の権利が消滅したことを要し、所持人が振出人に対する手形上の権利を失っても、引受人に対して手形上の権利を行使することができる場合には、引受人が無資力のときにのみ、振出人に対する利得償還請求権を有する（大判昭3・1・9民集7-1）。

(2)民法上の救済方法の存在と利得償還請求権の成否

手形上の権利が時効で消滅しても、手形の所持人が既存の民法上の債務を行使することができる場合、すなわち他に民法上の救済方法を有するときは、利得償還請求権を有しない（大判昭3・1・9民集7-1）。

2 発生の要件——請求の相手方である手形債務者に利得が存在すること

(1)「受ケタル利益」の意義

(a)既存債務を免れたことを含む

「受ケタル利益」とは、積極的に金員の交付を受けた場合だけでなく、消極的に既存債務の支払を免れた場合も含む（大判大5・10・4民録22-1848）。

(b)既存債務の支払のための手形振出と被裏書人の利得償還請求

甲が乙に対して負担する請負代金債務の支払のために、乙に対して振り出した約束手形を、丙がその額面に相当する金員を支払って、乙または乙の被裏書人から裏書譲渡を受け、丙が乙らに対して原因関係上何らの債権を有しない場合において、丙の甲に対する手形金債権および乙らに対する償還請求権がともに時効によって消滅したときは、丙は、甲に対して利得償還請求権を有する（最判昭43・3・21手形小切手百選[6版]84事件）。

(2)原因関係上の債務の消滅時効と利得償還請求の成否

消費貸借上の債務の弁済方法として約束手形が振り出された場合において、手形上の権利が時効により消滅した後に消費貸借上の債権が時効により消滅しても、利得償還の請求権を発生せしめない（最判昭38・5・21手形小切手百選[6版]85事件）。

3 時効の援用の有無

利得償還請求権の発生とは、手形債務者が時効を援用したことを必要としない（大判大8・6・19民録25-1058）。

4 利得償還請求権の譲渡

利得償還請求権は手形上の請求権ではないから、その譲渡は通常の債権譲渡の手続きによるほかなく、裏書によって譲渡することはできない（大判大4・10・13民録21-1679）。

5 利得償還請求権の消滅時効

(1)消滅時効期間

利得償還請求権は、手形上の権利が手続きの欠缺あるいは短期の消滅時効によって消滅するため、手形上の権利を失った手形債権者と利益を得た手形債務者の公平を図るために認められたものであるから、手形上の権利自体ではないが、既存の法律関係が形式的に変更されるだけで、手形上の権利の変形と見るべきであり、手形上の権利が実質的に変更されて既存の法律関係とはまったく別個な権利たる性質を有するに至るものというべきではない。したがって、利得償還請求権は商法501条4号にいう「手形ニ関スル行為」によって生じた債権に準じて考うべく、これが消滅時効期間については、同法522条が類推適用され、5年と解するのが相当である(最判昭42・3・31手形小切手百選［6版］87事件)。

(2)時効期間の起算点

利得償還請求権の消滅時効は、手形上の債権の消滅した時から進行を始めると解すべきである(最判昭42・3・31手形小切手百選［6版］87事件)。

> ## 第86条【訴訟告知による時効の中断】　　B⁻
> ①裏書人ノ他ノ裏書人及振出人ニ対スル為替手形上及約束手形上ノ請求権ノ消滅時効ハ其ノ者ガ訴ヲ受ケタル場合ニ在リテハ前者ニ対シ訴訟告知ヲ為スニ因リテ中断ス
> ②前項ノ規定ニ因リテ中断シタル時効ハ裁判ノ確定シタル時ヨリ更ニ其ノ進行ヲ始ム

　裏書人の他の裏書人および振出人に対する為替手形上および約束手形上の請求権の消滅時効は、その者が訴えを受けた場合では、前者に対し、訴訟告知をすることによって中断します。
　この規定によって中断した時効は、裁判の確定した時よりさらに進行を始めます。

1 趣旨

　本条は、遡求義務者が義務の履行を訴えにより求められた場合には、前者に対する再遡求は、再遡求義務者に対する訴訟告知(民訴53条)により、時効中断できることを規定した。

2 条文クローズアップ

訴訟告知

(1)意義

　遡求義務を履行した裏書人の前者に対する請求権(再遡求権)は、手形を受け戻した日または訴えを受けた日(訴状送達の日)から6か月で時効にかかる(70条3項)。しかし、訴えを受けた場合

には、遡求義務を履行した裏書人は、まだ手形を受け戻していないから、時効を中断する手段を有しない。仮に訴訟が6か月以上継続するときは、結局、訴訟に敗れ、償還を強制され、再遡求する必要があるにもかかわらず、時効により再遡求権を失う結果となるおそれがある。

そこで、手形法は、訴えを受けた遡求義務を履行した裏書人が前者に対して訴訟告知（民訴53条）をするときは時効の中断を生じ（1項）、時効は裁判の確定した時からさらにその進行を始めると規定した（2項）。

(2)第一次的義務者への訴訟告知

1項の訴訟告知による時効中断の規定は、約束手形の振出人のような第一次的義務者との関係でも適用ないし準用されないか。

たしかに、1項は「振出人」という表現を用いている以上、約束手形の振出人との関係でも適用ないし準用しうるとも考えられる。しかし、ここにいう「振出人」という表現は、為替手形の遡求義務者に対する再遡求権の行使に関する70条3項に由来するものであって、約束手形の振出人をいうのではない。また、86条1項は、6か月（70条3項）という特に短い時効期間が定められていることに対する救済措置とみることができるが、第一次的義務者である主債務者に対する債権の時効期間は3年（70条1項）であり、適用ないし準用の基礎がない。

したがって、86条1項の訴訟告知による時効中断の規定は、約束手形の振出人のような第一次的義務者との関係では適用ないし準用されないと解する。判例も同様に解している。

→最判昭57・7・15手形小切手百選[6版]73事件

第87条【休日の意義】　C
本法ニ於テ休日トハ祭日、祝日、日曜日其ノ他ノ一般ノ休日及政令ヲ以テ定ムル日ヲ謂フ

この法律において、休日とは、祭日、祝日、日曜日その他の一般の休日および政令で定められた日をいいます。

1 趣旨

72条で手形に関する行為と休日との関係を規定していることから、本条は、休日の意義について規定している。

2 条文クローズアップ

1 祭日の意義

戦前は、靖国神社臨時大祭の日がこれにあたると説かれたこと

もあるが、現在では、手形法に祭日の観念は明確ではなく、実際上もほとんど存在しないと考えられている。

2 祝日の意義

「国民の祝日に関する法律」の定めによる（同法2条、3条1項）。また、「国民の祝日」が日曜日にあたるときは、その翌日を休日に、また、その前日および翌日が国民の祝日である日は休日とすると定めている（同法3条2項、3項）。

3 一般の休日

一般の休日とは、法令の指定によるものではなく、一般国民が慣行上休日とされている日をいう。1月2日が従来からこれに属するものと考えられている。

4 「政令ヲ以テ定ムル日」

「手形法第87条及び小切手法第75条の規定による休日を定める政令」によって、土曜日および12月31日が休日とされている。

第88条【手形行為能力の準拠法】　D

①為替手形及約束手形ニ依リ義務ヲ負フ者ノ行為能力ハ其ノ本国法ニ依リ之ヲ定ム其ノ国ノ法ガ他国ノ法ニ依ルコトヲ定ムルトキハ其ノ他国ノ法ヲ適用ス

②前項ニ掲グル法ニ依リ行為能力ヲ有セザル者ト雖モ他ノ国ノ領域ニ於テ署名ヲ為シ其ノ国ノ法ニ依レバ行為能力ヲ有スベキトキハ責任ヲ負フ

　為替手形および約束手形によって義務を負う者の行為能力は、その本国法によって定めます。その国の法律が他国の法律によることを定めたときは、その他国の法律が適用されます。

　1項にあげられた法律によって行為能力がない者であっても、他の国の領域において、署名をし、その国の法律によれば行為能力があるときは、責任を負います。

1 趣旨

本条は、手形行為能力の準拠法について規定する。

第89条【手形行為の方式に関する準拠法】　D

①為替手形上及約束手形上ノ行為ノ方式ハ署名ヲ為シタル地ノ属スル国ノ法ニ依リ之ヲ定ム

②為替手形上及約束手形上ノ行為ガ前項ノ規定ニ依リ有効ナラザル場合

> ト雖モ後ノ行為ヲ為シタル地ノ属スル国ノ法ニ依レバ適式ナルトキハ後ノ行為ハ前ノ行為ガ不適式ナルコトニ因リ其ノ効力ヲ妨ゲラルルコトナシ
> ③日本人ガ外国ニ於テ為シタル為替手形上及約束手形上ノ行為ハ其ノ行為ガ日本法ニ規定スル方式ニ適合スル限リ他ノ日本人ニ対シ其ノ効力ヲ有ス

　為替手形上および約束手形上の行為の方式は、署名をした地の属している国の法律によって定まります。
　為替手形上および約束手形上の行為が1項の規定により有効とならない場合であっても、後の行為をした地の属している国の法律によれば適式であるときは、後の行為は、前の行為が不適式であることによって効力が妨げられることはありません。
　日本人が外国においてした為替手形上および約束手形上の行為は、その行為が日本の法律に規定する方式に適合するかぎり、他の日本人に対する関係で、効力があります。

1 趣旨

　本条は、手形行為の方式に関する準拠法について規定する。

第90条【手形行為の効力に関する準拠法】　　D
> ①為替手形ノ引受人及約束手形ノ振出人ノ義務ノ効力ハ其ノ証券ノ支払地ノ属スル国ノ法ニ依リ之ヲ定ム
> ②前項ニ掲グル者ヲ除キ為替手形又ハ約束手形ニ依リ債務ヲ負フ者ノ署名ヨリ生ズル効力ハ其ノ署名ヲ為シタル地ノ属スル国ノ法ニ依リ之ヲ定ム但シ遡求権ヲ行使スル期間ハ一切ノ署名者ニ付証券ノ振出地ノ属スル国ノ法ニ依リ之ヲ定ム

　為替手形の引受人および約束手形の振出人の義務の効力は、その証券の支払地の属している国の法律によって定まります。
　前項にあげられた者を除き、為替手形または約束手形によって債務を負う者の署名から生じる効力は、その署名をした地の属している国の法律によって定めます。ただし、遡求権を行使する期間は、いっさいの署名者について証券の振出地の属している国の法律によって定まります。

1 趣旨

本条は、手形行為の効力に関する準拠法について規定する。

> **第91条【振出の原因たる債権の取得に関する準拠法】　D**
> 為替手形ノ所持人ガ証券ノ振出ノ原因タル債権ヲ取得スルヤ否ヤハ証券ノ振出地ノ属スル国ノ法ニ依リ之ヲ定ム

為替手形の所持人が証券の振り出しの原因である債権を取得するかどうかは、証券の振出地の属している国の法律によって定めます。

1 趣旨

本条は、振出の原因たる債権の取得に関する準拠法について規定する。日本の手形法では、この問題は生じない。

> **第92条【一部引受・一部支払の許否に関する準拠法】　D**
> ①為替手形ノ引受ヲ手形金額ノ一部ニ制限シ得ルヤ否ヤ及所持人ニ一部支払ヲ受諾スル義務アリヤ否ヤハ支払地ノ属スル国ノ法ニ依リ之ヲ定ム
> ②前項ノ規定ハ約束手形ノ支払ニ之ヲ準用ス

為替手形の引受を手形金額の一部に制限することができるかどうか、および所持人に一部支払を受諾する義務があるかどうかは、支払地の属している国の法律によって定まります。

1項の規定は、約束手形の支払に準用されます。

1 趣旨

本条は、一部引受、一部支払の許否に関する準拠法について規定する。

> **第93条【権利の行使・保全の要件に関する準拠法】　D**
> 拒絶証書ノ方式及作成期間其ノ他為替手形上及約束手形上ノ権利ノ行使又ハ保存ニ必要ナル行為ノ方式ハ拒絶証書ヲ作ルベキ地又ハ其ノ行為ヲ為スベキ地ノ属スル国ノ法ニ依リ之ヲ定ム

拒絶証書の方式および作成期間その他為替手形上および約束手形上の権利の行使または保存に必要な行為の方式は、拒絶証書を作らなければならない地またはその行為をしなければならない地の属している国の法律によって定めます。

1 趣旨

本条は、手形上の権利の行使・保全の要件に関する準拠法について規定する。

> **第94条【手形の喪失・盗難の場合の手続きに関する準拠法】　D**
> 為替手形又ハ約束手形ノ喪失又ハ盗難ノ場合ニ為スベキ手続ハ支払地ノ属スル国ノ法ニ依リ之ヲ定ム

為替手形または約束手形の喪失または盗難の場合にしなければならない手続きは、支払地の属している国の法律によって定めます。

1 趣旨

本条は、手形の喪失または盗難の場合の手続き(たとえば、公示催告による権利の回復)に関する準拠法について規定する。

第 3 部

小切手法

[1条—81条]

第1章
小切手ノ振出及方式

■小切手総説

1 意義

小切手とは、振出人が、満期に一定の金額(小切手金額)を受取人その他証券の正当な所持人に支払うことを支払人に委託する支払委託証券をいう。

→試験対策・7章2節①

2 為替手形との比較

小切手は、振出人が一定の金額の支払を支払人に委託する有価証券である点において、為替手形と共通する。

しかし、為替手形が主として信用の道具である(信用証券)であるのに対し、小切手は、もっぱら支払の道具(現金の代用品)として用いられる(支払証券)。

このように、小切手は支払の道具として用いられるために、支払の確実・迅速を図るための制度が設けられるとともに、信用証券化を防止する観点からの制度が構成されている。

3 支払の確実・迅速を図るための制度

支払の確実・迅速を図るための制度として、以下のようなものがある。

第1に、支払の確実を図るために、支払人を銀行(法令によって銀行と同視することができる人または施設を含む)にかぎり、かつ、振出に際して、小切手契約および小切手資金の存在が要求されている(3条本文、59条)。

第2に、呈示期間内の支払委託の取消しは、その効力を生じないものとされる(32条1項)。

第3に、支払の簡易・迅速の観点からは、小切手は、法律上当然に一覧払とされ(一覧払性〔28条1項前段〕。なお、28条1項後段)、先日付小切手(現実の振出日よりも将来の日を振出日付として記載した小切手)であっても、支払呈示をなしうるとともに(28条2項)、支払呈示期間は、振出日付として記載された日から10日間とされる(29条1項、4項。なお、29条2項、3項)。このように、きわめて短い支払呈示期間が定められている結果、国の通貨独占発行権を害するおそれが少ないので、支払の簡易・迅速のため、持参人払式、無記名式、選択無記名式が認められるし(5条)、必要がないので、利息の記載は認められず(7条)、質入裏書もない。ただ

し、当事者の便宜のため、支払呈示期間経過後であっても、支払委託が取り消されないかぎり、支払人は、有効な支払をすることができるものとされている（32条2項）。

第4に、小切手は迅速な支払が予定されていることから、消滅時効期間は手形に比べて短い。すなわち、遡求権は支払呈示期間経過後6か月、支払保証をした支払人に対する権利は1年で消滅時効にかかる（51条、58条）。

第5に、小切手関係の迅速な処理の観点から、小切手の場合には、支払拒絶の証明方法が簡便化されている（39条）。

4 信用証券化の防止

小切手は支払の道具として用いられるために、信用証券化を防止する観点からの制度がいくつか設けられている。

すなわち、小切手では、信用証券化を防止するため、支払人による引受、裏書、小切手保証は認められない（4条、15条3項、25条2項）。このように、引受が認められないことから、引受拒絶による遡求は考えられないし、参加引受もなく、謄本の制度はない。また、実際上の必要がないことから、参加支払もない。

ただし、支払の確実性の確保のために、支払保証（53条以下）が設けられている。なお、盗難・紛失の危険から振出人を保護するために（静的安全）、特に線引小切手の制度が設けられている（37条、38条）。

判例セレクト

1 他行小切手の預入れと預金の成立

他行小切手による当座預金への入金は、当該小切手の取立委任とその取立完了を停止条件とする当座預金契約であるから、受入金融機関は、特別の約定がないかぎり、他行小切手の取立完了前においては、当該小切手の金額に見合う当該預金支払の義務を負わない（最判昭46・7・1手形小切手百選[6版]92事件）。

2 旅行者小切手に購入者が購入契約の所定の署名をしなかった場合と同小切手の盗取

旅行者小切手（トラベラーズ・チェック）の購入者がその購入時署名欄に消え難いインクによる署名をしなかったときは、その紛失の場合において、購入契約上の払戻請求だけでなく、その支払が不適法かどうかを問わず、小切手法上の権利行使も認められない（東京地判平2・2・26手形小切手百選[6版]105事件）。

> **第1条【小切手要件】　　B**
> 小切手ニハ左ノ事項ヲ記載スベシ
> 　1　証券ノ文言中ニ其ノ証券ノ作成ニ用フル語ヲ以テ記載スル小切手ナルコトヲ示ス文字
> 　2　一定ノ金額ヲ支払フベキ旨ノ単純ナル委託
> 　3　支払ヲ為スベキ者(支払人)ノ名称
> 　4　支払ヲ為スベキ地ノ表示
> 　5　小切手ヲ振出ス日及地ノ表示
> 　6　小切手ヲ振出ス者(振出人)ノ署名

　小切手には、証券の文言中にその作成に用いたのと同じ国語で記載された小切手であることを示す文字(小切手文句)などを記載しなければなりません。

1 趣旨

　本条は、小切手の小切手要件を定めた規定である。為替手形要件を定めた手形法1条および約束手形要件を定めた手形法75条に相当する規定である。

2 条文クローズアップ

1 「支払ヲ為スベキ者(支払人)」(3号)

　3号にいう「支払ヲ為スベキ者(支払人)」は、銀行(法令によって銀行と同視することができる人または施設を含む)にかぎられるが(3条本文、59条)、銀行取引の慣行上、当座取引は銀行の店舗を単位として結ばれており、したがって支払人の記載も特定の銀行名だけでなく、店舗名にまで及ぶのが通常であり、特定の店舗名が記載されているときは、その店舗が小切手の支払のための呈示がなされる場所となる。

2 「小切手ヲ振出ス日……ノ表示」(5号前段)

　5号前段にいう「小切手ヲ振出ス日……ノ表示」、すなわち、振出日の日付の記載は、呈示期間(29条4項)と時効期間(51条1項)の算定にとって重要であるが、この日付は小切手が現実に振り出された日と合致する必要はなく、実際上も、現実の振出日よりも将来の日を振出日付として記載した先日付小切手(28条2項)が少なくない。

3 「小切手ヲ振出ス……地ノ表示」(5号後段)

　5号後段にいう「小切手ヲ振出ス……地ノ表示」、すなわち振出地の記載は、呈示期間(29条、68条)、暦を異にする地における振出日の決定(30条)、複本発行の条件(48条)、計算小切手に一般線

引小切手としての効力を認める条件(74条)、小切手行為の方式と効力に関する準拠法の決定(78条、79条)に意義を有するが、そのほか、小切手要件の1つである支払地の記載(本条4号)の欠缺を補充する機能をも有する(2条3項)。

判例セレクト
支払地の表示方法
支払地の表示方法については、特に規定がないから、手形面上の記載により最小行政区画たる地域を推知するに足りるものでよい(大連判大15・5・22民集5-426)。

第2条【小切手要件の記載の欠缺】　　B⁻
①前条ニ掲グル事項ノ何レカヲ欠ク証券ハ小切手タル効力ヲ有セズ但シ次ノ数項ニ規定スル場合ハ此ノ限ニ在ラズ
②支払人ノ名称ニ附記シタル地ハ特別ノ表示ナキ限リ之ヲ支払地ト看做ス支払人ノ名称ニ数箇ノ地ノ附記アルトキハ小切手ハ初頭ニ記載シアル地ニ於テ之ヲ支払フベキモノトス
③前項ノ記載其ノ他何等ノ表示ナキ小切手ハ振出地ニ於テ之ヲ支払フベキモノトス
④振出地ノ記載ナキ小切手ハ振出人ノ名称ニ附記シタル地ニ於テ之ヲ振出シタルモノト看做ス

1条にあげられている事項のうち1つでも欠けているときは、小切手としての効力がありません。ただし、支払人の名称に付記した地(支払人の肩書地)は、特別の表示がないかぎり、支払地とみなされます。支払人の名称に数個の地の付記があるときは、小切手は、最初に記載してある地を支払地とします。2項の記載その他何も表示のない小切手は、その振出地を支払地とします。振出地の記載がない小切手は、振出人の名称に付記した地(振出人の肩書地)で、振り出されたものとされます。

1 趣旨
本条は、1条の定める小切手要件の記載を欠くときは、法に特別の救済がある場合のほか、その証券が小切手たる効力を有しないことを規定している。為替手形に関する手形法2条および約束手形に関する手形法76条に相当する規定である。

2 条文クローズアップ

1　支払人の名称に数個の地の付記がある場合（2項後段）

2項後段は、支払銀行の名称にその隔地の営業所名を列挙して付記するヨーロッパの慣行に基づいた規定である、このような場合において、支払地の記載がないときは、初頭に記載してある営業所の所在地が支払地とみなされる。

2　「其ノ他何等ノ表示」（3項）

「其ノ他何等ノ表示」とは、たとえば支払人「株式会社深川銀行本所支店」というような記載である。判例は、支払地の記載がない場合には、支払人の名称に付記した地を支払地とする旨を規定するにとどまった旧商法のもとで、上記記載から支払地を東京市と認定した。

→大連判大15・5・22民集5-426

第3条【振出の制限】　B⁺

小切手ハ其ノ呈示ノ時ニ於テ振出人ノ処分シ得ル資金アル銀行ニ宛テ且振出人ヲシテ資金ヲ小切手ニ依リ処分スルコトヲ得シムル明示又ハ黙示ノ契約ニ従ヒ之ヲ振出スベキモノトス但シ此ノ規定ニ従ハザルトキト雖モ証券ノ小切手タル効力ヲ妨ゲズ

小切手は、その呈示の時において、振出人が処分をすることができる資金のある銀行にあてて、かつ、振出人が資金を小切手によって処分することができる明示または黙示の契約に従って、振り出さなければなりません。ただし、この規定に従わないときであっても、証券の小切手としての効力は、妨げられません。

1 趣旨

本条は、小切手は、その支払のための呈示の時において、振出人の処分しうる資金（支払資金）のある銀行にあてて、かつ、振出人をして当該資金を小切手によって処分することを得せしめる明示または黙示の契約（小切手契約）に従って振り出すべきこと、およびその違反の効果について規定している。

2 条文クローズアップ

1　振出の制限

小切手の支払資金（小切手資金）は、支払人たる銀行との当座預金契約または当座貸越契約に基づいて設けられる。小切手は、支払の呈示の時に、支払資金のある銀行にあてなければならない（本条本文）。

小切手を振り出すには、銀行に支払資金があるだけではなく、銀行との間に、小切手契約、すなわち振出人をして支払資金を小切手によって処分することを得せしめる契約がなければならない。

小切手の支払の確実と取立の便宜のため、小切手の支払人は、銀行(法令によって銀行と同視することができる人または施設を含む)にかぎられる(本条本文、59条)。

2 本条違反の効果

本条の制限に違反しても、このような振出の制限は小切手関係とは別個の資金関係に関するものであり、小切手要件を備えるかぎり、その証券の小切手たる効力に影響はない(本条ただし書)。

なお、振出人は、5,000円以下の過料に処せられる(71条)。

判例セレクト

当座預金契約の性質

当座預金勘定契約は、預金者と銀行との間に成立する契約であって、預金者の預金の存する限度または貸越契約をしたときはその貸越の限度で預金者が銀行を支払人とする小切手を振り出した場合において小切手の支払をすることを約するものであって、当事者間においてのみ効力が生じるのを通例とし、特段の約定の存しないかぎり、第三者たる小切手の所持人のためにする趣旨を含まない(大判昭6・7・20民集10-561)。

第4条【引受の禁止】　B⁺
小切手ハ引受ヲ為スコトヲ得ズ小切手ニ為シタル引受ノ記載ハ之ヲ為サザルモノト看做ス

小切手は、引受をすることができません。小切手にした引受の記載は、その記載のみが無効となり、小切手自体の効力には影響がありません。

1 趣旨

本条は、小切手の引受の禁止を規定している。違反して小切手に引受の記載がなされたときは、その記載のみが無効となる(後段)。

2 条文クローズアップ

小切手の引受の禁止

小切手の引受を禁止したのは、支払証券たるべき小切手が信用証券化しないためであり、小切手について支払人が裏書をしても

無効であり（15条3項）、支払人が保証することを禁止している（25条2項）のは、この趣旨を徹底するためである。

ただし、支払の確実性の確保のために、支払保証（53条以下）が設けられている。

> **第5条【受取人の記載】　　B⁻**
> ①小切手ハ左ノ何レカトシテ之ヲ振出スコトヲ得
> 　　1　記名式又ハ指図式
> 　　2　記名式ニシテ「指図禁止」ノ文字又ハ之ト同一ノ意義ヲ有スル文言ヲ記載スルモノ
> 　　3　持参人払式
> ②記名ノ小切手ニシテ「又ハ持参人ニ」ノ文字又ハ之ト同一ノ意義ヲ有スル文言ヲ記載シタルモノハ之ヲ持参人払式小切手ト看做ス
> ③受取人ノ記載ナキ小切手ハ之ヲ持参人払式小切手ト看做ス

小切手は、記名式または指図式、記名式で「指図禁止」の文字またはこれと同一の意義がある文言を記載するもの、および持参人払式のいずれかによって、振り出すことができます。

記名の小切手で「または持参人に」の文字またはこれと同一の意義がある文言を記載したものは、持参人払式小切手とみなされます。

受取人の記載のない小切手は、持参人払式小切手とみなされます。

1 趣旨

本条は、小切手における受取人の記載について規定している。

2 語句の意味

記名式小切手とは、受取人として単に「甲殿」と記載したものをいう。

指図式小切手とは、「甲殿またはその指図人」と記載したものをいう。

指図禁止小切手とは、「甲殿」と記載した記名式で、裏書を禁ずるために「指図禁止」またはこれと同じ意味の文句を記載したものという。裏書禁止小切手ともよばれる。

持参人払式小切手とは、「持参人へお支払ください」と記載したものをいう。**選択持参人払式小切手**、**選択無記名式小切手**ともよばれる。

記名持参人払方式小切手とは、「甲殿または持参人へお支払く

ださい」と記載したものをいう。

3 条文クローズアップ

1 手形法との比較

　為替手形および約束手形には、手形要件として「支払ヲ受ケ又ハ之ヲ受クル者ヲ指図スル者ノ名称」、すなわち特定の受取人が記載されるが(手1条6号、75条5号)、この受取人の記載は、小切手要件ではない。

　小切手は、持参人払方式・無記名式のものを認めても弊害がなく、むしろ支払の簡易迅速化のためにはこれを認める必要がある。

2 小切手の種類と譲渡の方法

(1)「記名式又ハ指図式」小切手(小5条1項1号)
　両者とも、指図証券として裏書により譲渡することができる(14条1項)。
(2)「指図禁止」(裏書禁止)小切手(1項2号)
　指名債権譲渡の方式および効力をもってする譲渡(民467条、468条)のみが認められる(小14条2項)。
(3)「持参人払式」小切手(1項3号)
　「持参人払式」小切手は、証券の引渡しによって譲渡される。
(4)記名持参人払方式小切手(2項)
　記名持参人払方式小切手は、持参人払小切手と同様に扱われる。
(5)受取人の記載のない小切手(3項)
　受取人の記載のない小切手は、持参人払式小切手とみなされる。

第6条【自己指図、委託、自己宛小切手】　　B⁻
①小切手ハ振出人ノ自己指図ニテ之ヲ振出スコトヲ得
②小切手ハ第三者ノ計算ニ於テ之ヲ振出スコトヲ得
③小切手ハ振出人ノ自己宛ニテ之ヲ振出スコトヲ得

　小切手は、振出人が自分を受取人とするもの(自己指図小切手)を振り出すことができます。小切手は、振出人が他人の依頼によって、その人の計算で自分の名義のものを振り出すことができます。小切手は、振出人が自分を支払人とするもの(自己宛小切手)を振り出すことができます。

1 趣旨

　本条は、自己指図小切手、委託小切手、および自己宛小切手を

認めた規定である。為替手形に関する手形法 3 条と同旨の規定である。

2 語句の意味

自己指図小切手とは、振出人と受取人とが同一人であるものをいう。

委託小切手とは、振出人が第三者の委託に基づき、その計算において自己の名で振り出すものをいう。

自己宛小切手とは、振出人と支払人とが同一人であるものをいう。

3 条文クローズアップ

自己宛小切手

自己宛小切手は、支払保証(53条)に代えて発行されたり、同一銀行の異なる店舗にあてた送金小切手として利用されたりする。

判例セレクト

自己宛振出小切手による弁済提供の効力

金銭債務の弁済のため、取引界において通常現金と同様に取り扱われている銀行の自己宛振出小切手を提供したときは、特段の事情のないかぎり、債務の本旨に従った弁済の提供があったものと認めるべきである(最判昭37・9・21手形小切手百選[6版]90事件)。

第7条【利息の約定】　　C

小切手ニ記載シタル利息ノ約定ハ之ヲ為サザルモノト看做ス

小切手に記載した利息の約定は、なかったものとみなされます。

1 趣旨

本条は、小切手になした利息の約定の記載を無効としている。

2 条文クローズアップ

手形法との比較

手形の場合には、一覧払または一覧後定期払のものに利息の約定を記載することを認める(手5条1項、77条2項)。

これに対して、すべてが一覧払である小切手(小28条1項)について利息の約定の記載を認めないのは、小切手は支払証券であり

その生存期間が短いため(29条1項参照)、これを認める必要がないからである。

> ### 第8条【第三者方払(支払場所)の記載】　B⁻
> 小切手ハ支払人ノ住所地ニ在ルト又ハ其ノ他ノ地ニ在ルトヲ問ハズ第三者ノ住所ニ於テ支払フベキモノト為スコトヲ得但シ其ノ第三者ハ銀行タルコトヲ要ス

　小切手は、支払人の住所地にあると、その他の地にあるとを問わず、第三者の住所において支払うべきものとすることができます。ただし、その第三者は、銀行でなければなりません。

1 趣旨

　本条は、支払人の営業所または住所と異なる第三者の営業所または住所を支払場所として記載しうることを認めた規定である。

2 条文クローズアップ

手形法との比較

　本条は、手形法4条と同趣旨の規定である。ただし、小切手は、手形と異なり、支払人が銀行に限定されていることから(小3条本文)、第三者は銀行でなければならない(本条ただし書)。

> ### 第9条【小切手金額に関する記載の差異】　B⁻
> ①小切手ノ金額ヲ文字及数字ヲ以テ記載シタル場合ニ於テ其ノ金額ニ差異アルトキハ文字ヲ以テ記載シタル金額ヲ小切手金額トス
> ②小切手ノ金額ヲ文字ヲ以テ又ハ数字ヲ以テ重複シテ記載シタル場合ニ於テ其ノ金額ニ差異アルトキハ最小金額ヲ小切手金額トス

　小切手の金額を文字および数字で記載した場合において、その金額に差異があるときは、文字で記載した金額を小切手金額とします。小切手の金額を文字でまたは数字で重複して記載した場合において、その金額に差異があるときは、最小金額を小切手金額とします。

1 趣旨

　本条は、小切手の金額を重複して記載し、しかも、その間に差異がある場合の救済規定である。手形法6条と同文かつ同趣旨の

規定である。

> **第10条【小切手行為独立の原則】　　B**
> 小切手ニ小切手債務ノ負担ニ付キ行為能力ナキ者ノ署名、偽造ノ署名、仮設人ノ署名又ハ其ノ他ノ事由ニ因リ小切手ノ署名者若ハ其ノ本人ニ義務ヲ負ハシムルコト能ハザル署名アル場合ト雖モ他ノ署名者ノ債務ハ之ガ為其ノ効力ヲ妨ゲラルルコトナシ

　小切手に小切手債務を負担する行為能力のない者の署名、偽造の署名、架空の人の署名またはその他の理由で小切手の署名者あるいは自己名義の署名をされた者に小切手債務を負わせることのできない署名が、小切手のどの部分にあったとしても、他の署名者の債務は、このことによって何ら影響も受けません。

1 趣旨

　本条は、偽造などの理由によって責任の生じない小切手行為が存在しても、他の小切手行為の効力はこれによって影響を受けない旨の、いわゆる小切手行為独立の原則について規定している。

2 条文クローズアップ

1　手形法との比較

　本条は、為替手形が小切手となっている以外は、手形法7条と同文であり、手形行為独立の原則とほぼ同様に解されている。

2　持参人払式小切手

　小切手では、持参人払式のものが認められ（5条1項3号）、これになされた裏書はかぎられた効力を有するにすぎないので（20条）、この裏書に小切手行為独立の原則が適用されるかが問題となる。

　小切手行為独立の原則は、裏書の権利移転的効力に関するものというよりは、むしろその担保的効力に関するものであるから、移転的効力を有せず、担保的効力のみを有するにすぎない持参人払式小切手の裏書にも、小切手行為独立の原則は適用されると解すべきである。

　ただし、持参人払式小切手は、原則として裏書がなされないので、小切手行為独立の原則がはたらく余地はきわめてかぎられる。すなわち、通常は、振出人の債務について小切手保証をした保証人および支払保証をした支払人に適用されるにとどまるが、前者については27条2項の規定（小切手保証独立の原則）があるので、純粋に本条が適用される範囲はますます狭められる。

> ### 第11条【小切手行為の代理】　　B
> 代理権ヲ有セザル者ガ代理人トシテ小切手ニ署名シタルトキハ自ラ其ノ小切手ニ因リ義務ヲ負フ其ノ者ガ支払ヲ為シタルトキハ本人ト同一ノ権利ヲ有ス権限ヲ超エタル代理人ニ付亦同ジ

　代理権をもっていない者が代理人として小切手に署名したときは、みずからその小切手に基づく責任を負います。その者が支払をしたときは、本人と同一の権利を取得します。代理人が代理権の範囲を超えて署名したときも、同様です。

1 趣旨

　本条は、小切手行為について無権代理または越権代理が行われた場合の、無権代理人または越権代理人の責任と権利とを定めた規定である。手形法8条と同趣旨の規定である。

> ### 第12条【振出の担保的効力】　　B
> 振出人ハ支払ヲ担保ス振出人ガ之ヲ担保セザル旨ノ一切ノ文言ハ之ヲ記載セザルモノト看做ス

　振出人は、自分の振り出した小切手が支払人による支払のあることを請け合う義務があります。振出人は、自分の振り出した小切手が支払のあることを請け合わない旨のいっさいの文言を記載することはできず、たとえその旨を記載してあっても、記載がないものとみなされます。

1 趣旨

　本条は、振出人が常に支払担保責任を負担することを定めた規定である。

2 手形法との比較

　本条は、手形法9条とほぼ同じ規定である。ただし、小切手では引受が禁止され（4条）、引受担保責任は問題とならないため、振出人の引受担保責任を除外している点で、手形法9条と異なる。

第13条【白地小切手の不当補充】　　B

未完成ニテ振出シタル小切手ニ予メ為シタル合意ト異ル補充ヲ為シタル場合ニ於テハ其ノ違反ハ之ヲ以テ所持人ニ対抗スルコトヲ得ズ但シ所持人ガ悪意又ハ重大ナル過失ニ因リ小切手ヲ取得シタルトキハ此ノ限ニ在ラズ

　小切手要件の全部または一部を後に他人に補充させるつもりで、あえて小切手要件を記載しない未完成の小切手を振り出した者は、あらかじめした合意と異なった補充をされた場合であっても、合意違反があったことをもって、小切手の所持人に対抗することができません。ただし、その所持人が合意と異なる補充であることを知っていながら、またはそれを知らないことについて重大な過失がありながら、その小切手を取得したときは、小切手の所持人に対抗することができます。

1 趣旨

　本条は、白地小切手の不当補充の場合の抗弁の制限を定めた規定である。手形法10条と同文かつ同趣旨の規定である。

第2章

譲　渡

> **第14条【法律上当然の指図証券性と指図禁止、戻裏書】　　B**
> ①記名式又ハ指図式ノ小切手ハ裏書ニ依リテ之ヲ譲渡スコトヲ得
> ②記名式小切手ニシテ「指図禁止」ノ文字又ハ之ト同一ノ意義ヲ有スル文言ヲ記載シタルモノハ指名債権ノ譲渡ニ関スル方式ニ従ヒ且其ノ効力ヲ以テノミ之ヲ譲渡スコトヲ得
> ③裏書ハ振出人其ノ他ノ債務者ニ対シテモ之ヲ為スコトヲ得此等ノ者ハ更ニ小切手ヲ裏書スルコトヲ得

　記名式または指図式の小切手は、裏書によって譲渡することができます。

　記名式小切手で「指図禁止」の文字またはこれと同一の意義がある文言を記載したものは、指名債権の譲渡に関する方式に従い、かつ、その効力をもって譲渡することができます。

　裏書は、振出人その他の債務者に対してもすることができます。これらの者は、さらに小切手を譲渡することができます。

1 趣旨

　本条は、持参人払式または無記名式小切手以外の小切手は、指図禁止の記載がないかぎり、指図証券たる性質を有すること、および戻裏書が可能なことを規定している。手形法11条と同趣旨の規定である。

2 条文クローズアップ

1　法律上当然の指図証券性（1項）

　記名式または指図式の小切手は指図証券性を有する。指図式小切手を裏書によって譲渡することができることは、規定をまつまでもないので、1項は、記名式小切手もまた、裏書によって譲渡することができる旨を定めたことに意義がある。このように、記名式小切手でも法律の規定によって譲渡することができるので、小切手は法律上当然の指図証券であるとされる。

2　指図禁止小切手（2項）

　指図禁止の記載があるときには、指名債権の譲渡の方式で譲渡され、かつ、指名債権の譲渡の効力のみを有する。静的安全の保護のための制度といえる。

3　戻裏書（3項）

3項は、戻裏書について規定しているが、手形法11条3項とおおよそ同じ規定である。

> **第15条【裏書の要件、裏書と支払人】　　B**
> ①裏書ハ単純ナルコトヲ要ス裏書ニ附シタル条件ハ之ヲ記載セザルモノト看做ス
> ②一部ノ裏書ハ之ヲ無効トス
> ③支払人ノ裏書モ亦之ヲ無効トス
> ④持参人払ノ裏書ハ白地式裏書ト同一ノ効力ヲ有ス
> ⑤支払人ニ対シテ為シタル裏書ハ受取証書タル効力ノミヲ有ス但シ支払人ガ数箇ノ営業所ヲ有スル場合ニ於テ小切手ノ振宛テラレタル営業所以外ノ営業所ニ対シテ為シタル裏書ハ此ノ限ニ在ラズ

　裏書には条件を付けてはなりません。裏書に条件を付けても、条件は記載されなかったものとみなされます。
　一部の裏書は無効とされます。
　支払人の裏書も無効とされます。
　持参人払（だれでも小切手を持参する人に支払う）の裏書には、白地式裏書と同一の効力があります。
　支払人に対してした裏書は、受取証書という効力しかありません。ただし、支払人が数個の営業所を有する場合において、小切手の振りあてられた営業所以外の営業所に対して裏書は、裏書としての効力が認められます。

1　趣旨

　本条は、裏書の要件について規定している。1項、2項、4項については手形法12条1項、2項、3項と同趣旨かつ同文の規定であるのに対して、3項、5項は小切手法の特殊規定である。

2　条文クローズアップ

1　本条の内容
①裏書は、単純でなければならない（1項）。
②一部裏書は無効である（2項）。
③支払人は裏書することができない（3項）。
④持参人払式裏書は、白地式裏書と同一の効力を有する（4項）。
⑤支払人に対してなされた裏書は、原則として裏書としての効力を有しない（5項）。

2 支払人と裏書

(1)支払人の裏書

　小切手は支払証券であることから、支払人が自己の所持する記名式または指図式小切手を他人に譲渡した場合には、その裏書は無効である(3項)。支払人の裏書を認めると支払人が裏書人としての担保責任(18条1項)を負うことになり、引受禁止(4条)の趣旨との調和を欠くおそれがあるからである。

　裏書禁止に違反して支払人が裏書した場合には、その裏書は無効である。

(2)支払人に対する裏書

　支払人に対してなされた小切手の裏書は、原則として受取証書としての効力を有するにすぎないとされる(5項本文)。これは、支払人に対する裏書によって小切手の支払がなされたものとして取り扱われ、小切手の権利がそれによって消滅することを意味する。

　上記の原則の例外として、支払人が数個の営業所を有する場合において、当該小切手の振り当てられた営業所と異なる営業所に対してなされた裏書は、通常の裏書としての効力を有する(5項ただし書)。

第16条【裏書の方式、白地式裏書】　　B

①裏書ハ小切手又ハ之ト結合シタル紙片(補箋)ニ之ヲ記載シ裏書人署名スルコトヲ要ス

②裏書ハ被裏書人ヲ指定セズシテ之ヲ為シ又ハ単ニ裏書人ノ署名ノミヲ以テ之ヲ為スコトヲ得(白地式裏書)此ノ後ノ場合ニ於テハ裏書ハ小切手ノ裏面又ハ補箋ニ之ヲ為スニ非ザレバ其ノ効力ヲ有セズ

　裏書をするには、小切手またはこれと結合した紙片(補箋)に記載して、裏書人が署名しなければなりません。裏書は、裏書を受ける者(被裏書人)を指定しないで、または単に裏書人の署名のみですることができます(白地式裏書)。この場合には、裏書は、小切手の裏面または補箋にしなければ、効力が生じません。

1 意義

　本条は、小切手の裏書の方式、および白地式裏書が許される旨を規定している。手形法13条と同文かつ同趣旨の規定である。

2 条文クローズアップ

手形法との比較

手形法13条は指図禁止手形を除くすべての手形に適用されるのに対して、小切手では、指図禁止小切手の他に、持参人払式小切手についても裏書は原則として認められないので、本条の適用もない。

> **第17条【裏書の権利移転的効力、白地式裏書の効果】　B**
> ①裏書ハ小切手ヨリ生ズル一切ノ権利ヲ移転ス
> ②裏書ガ白地式ナルトキハ所持人ハ
> 　　1　自己ノ名称又ハ他人ノ名称ヲ以テ白地ヲ補充スルコトヲ得
> 　　2　白地式ニ依リ又ハ他人ヲ表示シテ更ニ小切手ヲ裏書スルコトヲ得
> 　　3　白地ヲ補充セズ且裏書ヲ為サズシテ小切手ヲ第三者ニ譲渡スコトヲ得

　裏書によって、小切手を取得した人(被裏書人)は、小切手により生じるいっさいの権利を取得します。裏書が白地式であるときは、所持人は、自分の名称または他人の名称で白地を補充することができますし、白地式によってまたは他人を表示してさらに小切手を譲渡することができますし、白地を補充せず、かつ、裏書をしないで小切手を第三者に譲渡することもできます。

1 趣旨

　本条は、裏書の権利移転的効力、および白地式裏書がなされた場合の被裏書人の地位について規定している。

2 条文クローズアップ

手形法との比較

　本条は、「為替手形」と「小切手」の文言が異なるほかは、手形法14条と同文かつ同趣旨の規定である。ただし、持参人払式小切手に関しては、裏書がなされたとしても本条の適用はない。

> **第18条【裏書の担保的効力、禁転裏書】　B**
> ①裏書人ハ反対ノ文言ナキ限リ支払ヲ担保ス
> ②裏書人ハ新ナル裏書ヲ禁ズルコトヲ得此ノ場合ニ於テハ其ノ裏書人ハ小切手ノ爾後ノ被裏書人ニ対シ担保ノ責ヲ負フコトナシ

裏書人は、支払の担保をしないという文言を記載しないかぎり、支払を担保します。裏書人は、この後裏書をしてはならないということを記載して裏書をすることができます。この場合には、その裏書人は、その後の被裏書人に対し担保責任を負いません。

1 趣旨
　本条は、裏書の担保的効力、および裏書禁止裏書の効力について規定している。

2 条文クローズアップ
手形法との比較
　本条は、手形法15条と同趣旨の規定である。ただし、手形法15条1項は、手形の裏書人の引受担保責任と支払担保責任の両責任を規定するのに対し、小切手では引受が禁止されているので、本条は、小切手の裏書人は支払担保責任のみを負担する旨を定めているにとどまる。

第19条【裏書の資格授与的効力】　　B
裏書シ得ベキ小切手ノ占有者ガ裏書ノ連続ニ依リ其ノ権利ヲ証明スルトキハ之ヲ適法ノ所持人ト看做ス最後ノ裏書ガ白地式ナル場合ト雖モ亦同ジ抹消シタル裏書ハ此ノ関係ニ於テハ之ヲ記載セザルモノト看做ス白地式裏書ニ次デ他ノ裏書アルトキハ其ノ裏書ヲ為シタル者ハ白地式裏書ニ因リテ小切手ヲ取得シタルモノト看做ス

　小切手の占有者が裏書の連続によってその権利を証明するときは、適法な所持人とみなされます。最後の裏書が白地式の場合であっても、同様です。抹消した裏書は、裏書の連続との関係において、記載しなかったものとみなされます。白地式裏書の次に裏書があるときは、その裏書をした者は、白地式裏書によって小切手を取得したものとみなされます。

1 趣旨
　本条は、裏書の資格授与的効力について規定している。手形法16条1項とほぼ同趣旨の規定である。

> ### 第20条【無記名小切手の裏書の効力】　B
> 持参人払式小切手ニ裏書ヲ為シタルトキハ裏書人ハ遡求ニ関スル規定ニ従ヒ責任ヲ負フ但シ之ガ為証券ハ指図式小切手ニ変ズルコトナシ

　持参人払式小切手に裏書をしたときは、裏書人は、遡求に関する規定に従って責任を負います。ただし、このために持参人払式小切手が指図式小切手に変わることはありません。

1 趣旨
　本条は、持参人払式小切手になされた裏書に担保的効力を認めた規定である。

2 条文クローズアップ
本条の裏書の効力
(1) 担保的効力
　持参人払式小切手に裏書しても、本来、裏書としての効力をまったく有さないはずであるが、この裏書を信用した譲受人または取得者を保護する必要があるため、本条本文は、特則としてこの裏書に担保的効力を認めた。すなわち、本条本文によって、裏書人は遡求に関する規定に従う責任、すなわち遡求義務を負うので(本条本文)、本条本文の裏書は担保的効力を有する。
(2) 担保的効力以外の効力
　担保的効力以外の効力をも有するかが問題となるが、一般に、担保的効力のみを有するにすぎないと解されている。
(3) 担保的効力が小切手の性質に及ぼす影響
　持参人払式小切手の裏書人が遡求義務を負うことは、持参人払式小切手が指図式小切手に変わることを意味するわけではない(本条ただし書)。

> ### 第21条【小切手の善意取得】　B⁺
> 事由ノ何タルヲ問ハズ小切手ノ占有ヲ失ヒタル者アル場合ニ於テ其ノ小切手ヲ取得シタル所持人ハ小切手ガ持参人払式ノモノナルトキ又ハ裏書シ得ベキモノニシテ其ノ所持人ガ第十九条ノ規定ニ依リ権利ヲ証明スルトキハ之ヲ返還スル義務ヲ負フコトナシ但シ悪意又ハ重大ナル過失ニ因リ之ヲ取得シタルトキハ此ノ限ニ在ラズ

　事由が何であれ、小切手の占有を失った者がある場合におい

て、その小切手を取得した所持人は、小切手が持参人払式のものであるとき、または裏書をすることができるもので所持人が19条の規定によって権利を証明するときは、小切手を返還する義務を負いません。ただし、所持人が知っていたか、または重大な過失で知らなくて小切手を取得したときは、小切手を返還する義務を負います。

1 趣旨

本条は、小切手の善意取得について規定している。手形法16条2項と同趣旨の規定である。

2 条文クローズアップ

小切手の善意取得

(1) 記名式および指図式小切手の場合

本条の「裏書シ得ベキ」小切手とは、記名式小切手および指図式小切手を意味し、その裏書が連続していることを証明するときは、譲受人が悪意または重過失でないかぎり、たとえ譲渡人が無権利者であっても、譲受人は、有効に小切手上の権利を取得することができる。手形法16条2項と同様である。

(2) 持参人払式小切手の場合

持参人払式小切手については、裏書の連続ということは考慮されないが、その所持人は、譲渡人から小切手の交付を受けてこれを占有していれば、譲受の際に悪意または重過失がないかぎり、たとえ譲渡人が無権利者であっても、小切手上の権利を有効に取得することができる。

判例セレクト

小切手の呈示期間経過後の引渡しによる譲渡と善意取得

呈示期間経過後譲渡された小切手については、銀行振出の自己宛のものであっても、本条の適用がない（最判昭38・8・23手形小切手百選[6版]61事件）。

第22条【人的抗弁の切断】　　B[+]

小切手ニ依リ請求ヲ受ケタル者ハ振出人其ノ他所持人ノ前者ニ対スル人的関係ニ基ク抗弁ヲ以テ所持人ニ対抗スルコトヲ得ズ但シ所持人ガ其ノ債務者ヲ害スルコトヲ知リテ小切手ヲ取得シタルトキハ此ノ限ニ在ラズ

小切手によって請求を受けた者は、振出人その他所持人の前者

に対する人的関係の基づく抗弁をもって所持人に対抗することができません。ただし、所持人がその債務者を害することを知って小切手を取得したときは、所持人に対抗することができます。

1 趣旨

本条は、人的抗弁の切断について規定している。

2 条文クローズアップ

手形法との比較

本条は、「為替手形」が「小切手」になっている以外は、手形法17条と同文であり、記名式および指図式小切手における人的抗弁の切断の法律関係は、手形の場合と異なるところはない。また、本条は、裏書を前提とする規定ではないから、持参人払式小切手にも適用される。

第23条【取立委任裏書】　　B

①裏書ニ「回収ノ為」、「取立ノ為」、「代理ノ為」其ノ他単ナル委任ヲ示ス文言アルトキハ所持人ハ小切手ヨリ生ズルー切ノ権利ヲ行使スルコトヲ得但シ所持人ハ代理ノ為ノ裏書ノミヲ為スコトヲ得

②前項ノ場合ニ於テハ債務者ガ所持人ニ対抗スルコトヲ得ル抗弁ハ裏書人ニ対抗スルコトヲ得ベカリシモノニ限ル

③代理ノ為ノ裏書ニ依ル委任ハ委任者ノ死亡又ハ其ノ者ガ行為能力ノ制限ヲ受ケタルコトニ因リ終了セズ

裏書に「回収のため」、「取立てのため」、「代理のため」その他単なる委任を示す文言があるときは、所持人は、小切手から生ずるいっさいの権利を行使することができます。所持人は、みずから代理権を行使するほか、代理のための裏書をすることができます。

この場合には、債務者が所持人に対抗することができる抗弁は、裏書人に対抗することができるものにかぎります。

代理のための裏書による委任は、委任者の死亡またはその者が行為能力の制限を受けたことによっても終了しません。

1 趣旨

本条は、譲渡裏書と本質を異にする特殊の裏書として認められる取立委任裏書について規定している。

2 条文クローズアップ

1　手形法との比較

本条は、手形法18条と同旨であり、小切手についても取立委任裏書が可能であること、この裏書の目的は代理権授与であることなどはすべて手形法と同様である。

2　持参人払式小切手と取立委任裏書

持参人払式小切手についても取立委任裏書が認められるか問題となるが、通常の譲渡裏書と違って、取立委任裏書は認められると解されている。

3　小切手と質入裏書

小切手は、手形と異なり、長期間流通する性格をもたないので、質入裏書を認める必要がない。そこで、小切手法は、質入裏書についての規定を設けていない。

第24条【期限後裏書】　　B

①拒絶証書若ハ之ト同一ノ効力ヲ有スル宣言ノ作成後ノ裏書又ハ呈示期間経過後ノ裏書ハ指名債権ノ譲渡ノ効力ノミヲ有ス

②日附ノ記載ナキ裏書ハ拒絶証書若ハ之ト同一ノ効力ヲ有スル宣言ノ作成前又ハ呈示期間経過前ニ之ヲ為シタルモノト推定ス

拒絶証書もしくはこれと同一の効力を有する宣言の作成後の裏書、または呈示期間経過後の裏書は、指名債権の譲渡の効力のみがあります。

日付の記載のない裏書は、拒絶証書もしくはこれと同一の効力がある宣言の作成前、または呈示期間経過前にしたものと推定されます。

1　趣旨

本条は、期限後裏書の効力および日付のない裏書を期限前裏書と推定することにつき、規定している。手形法20条1項ただし書および2項と同趣旨の規定である。

第3章

保 証

> **第25条【小切手保証の要件】　B**
> ①小切手ノ支払ハ其ノ金額ノ全部又ハ一部ニ付保証ニ依リ之ヲ担保スルコトヲ得
> ②支払人ヲ除クノ外第三者ハ前項ノ保証ヲ為スコトヲ得小切手ニ署名シタル者ト雖モ亦同ジ

　小切手の支払は、その金額の全部または一部について保証(小切手保証)によって担保することができます。
　支払人を除いて、第三者は、保証をすることができます。小切手に署名した者も同様です。

1 趣旨
　本条は、小切手保証の要件に関する規定である。手形法30条とほぼ同趣旨の規定である。

2 語句の意味
　小切手保証とは、振出人や裏書人等小切手上の債務者の債務の全部または一部を担保する目的でなされる小切手行為の一種をいう。

3 条文クローズアップ
　小切手上の債務者以外の第三者はもちろん小切手上の債務者であっても保証人となりうるが、支払人は、小切手上の債務者となれないことから、保証人となることはできない(2項)。

> **第26条【保証の方式】　B**
> ①保証ハ小切手又ハ補箋ニ之ヲ為スベシ
> ②保証ハ「保証」其ノ他之ト同一ノ意義ヲ有スル文字ヲ以テ表示シ保証人署名スベシ
> ③小切手ノ表面ニ為シタル単ナル署名ハ之ヲ保証ト看做ス但シ振出人ノ署名ハ此ノ限ニ在ラズ
> ④保証ニハ何人ノ為ニ之ヲ為スカヲ表示スルコトヲ要ス其ノ表示ナキトキハ振出人ノ為ニ之ヲ為シタルモノト看做ス

保証は、小切手または補箋にしなければなりません。
　保証は、「保証」その他これと同一の意義がある文字をもって表示し、保証人が署名しなければなりません。
　小切手の表面にした単なる署名は、振出人の署名を除いて、保証とみなされます。
　保証には、だれのためにしたかを表示しなければなりません。その表示がないときは、振出人のために保証をしたこととみなされます。

1 趣旨

　本条は、小切手保証の方式に関する規定である。手形法31条、77条3項と同様の規定である。

2 条文クローズアップ

小切手保証の方式

　小切手保証は、小切手行為であるから、小切手証券上または補箋上になされなければならない（1項）。
　保証は、「保証」その他これと同一の意味を有する文言を記載しなければならない（2項）。
　保証は、被保証人のために保証する旨を明示して（4項前段）、保証人が署名または記名捺印をなす必要がある。これを正式保証という。被保証人の表示がない場合には振出人のために保証したものとみなされる（4項後段）。
　被保証人の記載はもちろん、保証文句もない振出人以外の者の単なる署名は、小切手の表面になされた場合のみ振出人のための保証とみなされる（3項）。これを略式保証という。

第27条【保証の効力】　　B
①保証人ハ保証セラレタル者ト同一ノ責任ヲ負フ
②保証ハ其ノ担保シタル債務ガ方式ノ瑕疵ヲ除キ他ノ如何ナル事由ニ因リテ無効ナルトキト雖モ之ヲ有効トス
③保証人ガ小切手ノ支払ヲ為シタルトキハ保証セラレタル者及其ノ者ノ小切手上ノ債務者ニ対シ小切手ヨリ生ズル権利ヲ取得ス

　保証人は、保証された者（被保証人）と同一の責任を負います。
　保証は、担保した債務が方式の瑕疵がある場合を除いて、いかなる事由によって無効となったときでも、有効とされます。
　保証人が小切手の支払のために保証をしたときは、保証人は、保証された者およびその者の小切手の債務者に対し、小切手から

1 趣旨

本条は、小切手保証の効力に関する規定である。手形法32条、77条3項と同趣旨の規定である。

2 条文クローズアップ

小切手保証の効力

小切手保証には附従性があり、小切手保証人は、被保証人と同一の責任を負う（1項）。

小切手保証は被担保債務が形式的に有効であれば、それが実質的に無効であっても独立して有効である（2項）。これを、小切手行為独立の原則という（10条参照）。

小切手保証は形式的瑕疵の場合を除き独立して有効であるので、主たる債務が実質的に無効であっても、これの無効は保証行為に影響を及ぼすことはない。

保証人が保証債務の履行をした場合には、保証人は、被保証人および被保証人に義務を負う者に対し、小切手上の権利を取得する（3項）。

第4章

呈示及支払

> **第28条【小切手の一覧払性、先日付小切手の呈示】　B⁺**
> ①小切手ハ一覧払ノモノトス之ニ反スル一切ノ記載ハ之ヲ為サザルモノト看做ス
> ②振出ノ日附トシテ記載シタル日ヨリ前ニ支払ノ為呈示シタル小切手ハ呈示ノ日ニ於テ之ヲ支払フベキモノトス

　小切手は、一覧払のものとされます。これに反するいっさいの記載は、なかったものとみなされます。
　振出の日付として記載した日から前に支払の呈示をした小切手は、呈示の日において、支払うべきものとされます。

1 趣旨
　本条は、小切手が一覧払の支払証券であって、信用証券である手形とは異なることを明記した規定である。また、先日付小切手でも一覧払性を損わない旨も規定している。

2 条文クローズアップ

1　小切手の一覧払性
　小切手は、単なる支払証券にすぎないため、すべて一覧払である(1項前段)。小切手では、信用証券として確定日払手形が主に利用されている手形と異なって、流通期間を短期間に限定し(29条)、支払呈示がなされたとき、ただちに弁済期が到来することにして、信用証券化することを防止している。
　通知後払(振出人と支払人との間に通知があるまでは支払ってはならない旨の特約があり、通知があってはじめて支払がなされる)文句の記載がなされても、一覧払性に反するこの文句のみは、記載がなかったものとみなされる(1項後段)。

2　先日付小切手
　小切手において、振出日の記載は小切手要件ではあるが(1条5号)、この振出日は、現実の振出日と一致しない場合もある。現実の振出日と異なる将来の日を振出日として記載したものを**先日付小切手**、過去の日を振出日として記載したものを**後日付小切手**といい、いずれも有効である。
　先日付小切手の所持人は、振出日付日の到来前であっても、支払呈示をすることができる(2項)。

◆第28条 | 463

> **第29条【支払呈示期間】　　B⁺**
> ①国内ニ於テ振出シ且支払フベキ小切手ハ十日内ニ支払ノ為之ヲ呈示スルコトヲ要ス
> ②支払ヲ為スベキ国ト異ル国ニ於テ振出シタル小切手ハ振出地及支払地ガ同一洲ニ存スルトキハ二十日内又異ル洲ニ存スルトキハ七十日内ニ之ヲ呈示スルコトヲ要ス
> ③前項ニ関シテハ欧羅巴洲ノ一国ニ於テ振出シ地中海沿岸ノ一国ニ於テ支払フベキ小切手又ハ地中海沿岸ノ一国ニ於テ振出シ欧羅巴洲ノ一国ニ於テ支払フベキ小切手ハ同一洲内ニ於テ振出シ且支払フベキモノト看做ス
> ④本条ニ掲グル期間ノ起算日ハ小切手ニ振出ノ日附トシテ記載シタル日トス

　国内において振り出し、かつ、支払われる小切手は、10日以内に支払のための呈示をしなければなりません。

　支払をすべき国と異なる国において振り出した小切手は、振出地および支払地が同一の州(アジア州、ヨーロッパ州)のなかにあるときは20日以内、異なる州のなかにあるときは70日以内に、支払のための呈示をしなければなりません。

　ヨーロッパ州の一国において振り出し、地中海沿岸の一国において支払われる小切手、または地中海沿岸の一国において振り出し、ヨーロッパ州の一国で支払われる小切手は、同一の州のなかにあるものとみなされます。

　以上に述べてきた期間の起算日は、小切手に振出日付として記載された日とされます。

1 趣旨

　本条は、小切手の支払呈示期間およびその起算日について規定している。

　小切手は単なる支払証券にすぎないので、きわめて短期の支払呈示期間を定めて、小切手の信用証券化を防止し、あわせて小切手債務者の危険負担を軽減せしめた。

2 条文クローズアップ

1　支払呈示期間

　振出地、支払地ともに日本国内にある小切手の支払呈示期間は、10日である(1項)。

　同一州の2国間に振出地と支払地がまたがる小切手(外国小切手)の支払呈示期間は、20日である(2項前段)。

同一州ではないが欧州と地中海沿岸諸国に振出地と支払地がまたがる場合には、同一州において振出地と支払地がまたがる場合と同様に取り扱う（3項）。

異なる州の2国に振出地と支払地がまたがる小切手の支払呈示期間は、70日である（2項後段）。

2　支払呈示期間の起算日

支払呈示期間の起算日は、小切手に記載された振出日であって、実際に振出しがなされた日ではない（4項）。

なお、支払呈示期間内に小切手所持人が、支払呈示および支払拒絶証書の作成等の保全手続を怠ると、所持人は、裏書人、振出人に対する遡求権を失い（39条）、支払保証がある場合には支払保証人に対する権利をも失う（55条）。

第30条【暦を異にする地における振出日の決定】　　D
小切手ガ暦ヲ異ニスル二地ノ間ニ振出シタルモノナルトキハ振出ノ日ヲ支払地ノ暦ノ応当日ニ換フ

小切手が暦の異なる2つの地で振り出されたときは、振出しの日を支払地の暦の応当日に換算して、支払地の暦により呈示期間を計算します。

1　趣旨

本条は、小切手の振出地と支払地が2国にまたがり、その使用する暦が異なる場合の呈示期間の起算方法を規定している。手形法37条2項、3項、77条1項2号と同趣旨の規定である。

第31条【手形交換所における呈示】　　C
手形交換所ニ於ケル小切手ノ呈示ハ支払ノ為ノ呈示タル効力ヲ有ス

手形交換所における小切手の呈示は、支払のための呈示としての効力をもちます。

1　趣旨

本条は、手形交換所における小切手呈示は支払呈示の効力を有するとして、その効力を明らかにした規定である。手形法38条2項、77条1項3号と同趣旨の規定である。

> **第32条【支払委託の取消し】　B⁺**
> ①小切手ノ支払委託ノ取消ハ呈示期間経過後ニ於テノミ其ノ効力ヲ生ズ
> ②支払委託ノ取消ナキトキハ支払人ハ期間経過後ト雖モ支払ヲ為スコトヲ得

小切手の支払委託の取消しは、呈示期間経過後においてのみ効力が生じます。

支払委託の取消しがないときは、支払人は、期間経過後であっても、支払をすることができます。

→試験対策・7章2節⑤【2】

1 趣旨

本条は、小切手の支払委託の取消しに関する規定である。

2 語句の意味

支払委託の取消しとは、小切手契約は存続させたままで、振り出された特定の小切手についてのみ支払の委託を撤回することをいう。

3 条文クローズアップ

1 総説

本条1項は、小切手の支払委託の取消しは呈示期間経過後においてのみ効力を有すると規定している。これは、本来、呈示期間内に支払委託の取消しが可能であるとすると、小切手所持人の保護に欠け、小切手制度の信用を害し、小切手の支払手段としての意義を低下させることから定められたものである。ただし、実際には支払人の保護の観点からの意義を有する。すなわち、支払人たる銀行は、支払呈示期間内であれば、支払委託の取消しの有無にかかわらず、支払をなしても、振出人の計算に帰せしめることができることを意味する。

2 支払委託の取消しの法的性質

支払委託の取消しの法的性質は、小切手の振出の法的性質をどのように考えるかと対応する。

小切手契約においては、委託者が振り出した小切手を支払人が支払うことの一般的な委託と、委託者の計算において支払うことができる権限の一般的授与がなされているが、小切手の振出の法的性質についての多数説によれば、振出人は、さらに小切手の振出によって、支払人に対してその小切手についての支払権限を与えるのであるから、支払委託の取消しとは、特定の小切手についての個別的な支払権限の授与を撤回する行為（支払指図の撤回）に

ほかならないと解される。
3　銀行実務
　小切手の支払委託の取消しは、呈示期間経過後においてのみ効力を有する（本条1項）。すなわち、支払人たる銀行は、支払呈示期間内であれば、支払委託の取消しの有無にかかわらず、支払をなしても、振出人の計算に帰せしめることができる。この規定は、強行規定であって、これに反する特約は無効と解されている（通説）。
　もっとも、実務においては、支払人たる銀行は、支払保証をしていないかぎり、小切手の所持人に対して何らの義務を負うわけではないから、支払呈示期間内に振出人から支払委託の取消しの通知（小切手喪失の届出や事故届の提出があった場合）があると、振出人に対する配慮から支払を拒絶している。

第33条【振出人の死亡または無能力】　　C
振出ノ後振出人ガ死亡シ又ハ行為能力ヲ失フモ小切手ノ効力ニ影響ヲ及ボスコトナシ

　振出の後、振出人が死亡しまたは行為能力を失っても、小切手の効力に影響を及ぼしません。

1　趣旨
　本条は、小切手振出後に振出人が死亡、または小切手行為能力を喪失（民7条、11条）しても、小切手はその効力を失うことはない旨を規定している。

第34条【受戻証券性、一部支払】　　B
①小切手ノ支払人ハ支払ヲ為スニ当リ所持人ニ対シ小切手ニ受取ヲ証スル記載ヲ為シテ之ヲ交付スベキコトヲ請求スルコトヲ得
②所持人ハ一部支払ヲ拒ムコトヲ得ズ
③一部支払ノ場合ニ於テハ支払人ハ其ノ支払アリタル旨ノ小切手上ノ記載及受取証書ノ交付ヲ請求スルコトヲ得

　小切手の支払人は、支払をなすにあたり、所持人に対し、小切手に受取りを証する記載をして、小切手を交付すべきことを請求することができます。
　所持人は、一部支払を拒むことができません。

一部支払の場合においては、支払人は、その支払があることの小切手上の記載および受取証書の交付を請求することができます。

1 趣旨

本条は、小切手の受戻証券性を明確にした規定である。手形法39条、77条1項3号と同趣旨の規定である。

2 条文クローズアップ

1 受戻証券性

支払人である銀行は、小切手と引換えでなければ支払をなす必要はない（1項）。これを受戻証券性という。

2 一部裏書

小切手の所持人は、支払人の小切手金額の一部支払を拒否することはできない（2項）。

一部支払の場合には、支払銀行は、一部支払を受けた旨の証券上の記載と別紙による受取証書の作成交付を請求することができる（3項）。

第35条【支払人の調査義務】　　B⁻
裏書シ得ベキ小切手ノ支払ヲ為ス支払人ハ裏書ノ連続ノ整否ヲ調査スル義務アルモ裏書人ノ署名ヲ調査スル義務ナシ

裏書をすることができる小切手の支払を行う支払人は、裏書の連続の整否を調査する義務がありますが、裏書人の署名が正しくなされたかどうかを調査する義務はありません。

1 趣旨

本条は、小切手の支払人が支払をなすにあたっての調査義務を規定している。手形法40条3項後段と同趣旨の規定である。

2 条文クローズアップ

小切手と免責の有無

小切手法には手形法40条3項前段に相当する規定がないが、これは、小切手の支払人が支払義務を負っていないために、支払義務を前提とした免責という表現をなしえなかったためであり、小切手の支払人による悪意・重過失のない支払にも、免責力がはたらくとするのが通説である。

判例セレクト

1 呈示期間経過後の自己宛小切手の支払と免責の有無

銀行振出の自己宛小切手の盗取者が呈示期間内に呈示をせず、失効小切手となったものを呈示期間経過後に甲に、さらに甲が乙にそれぞれ譲渡した場合には、乙は期限後の譲受人にすぎないから、いかなる意味でもその小切手の権利者ということができず、振出人たる銀行が乙に支払をするにあたり、乙が本件窃取小切手の期限後の譲受人であることを十二分に了知していた以上、その支払には少なくとも過失がある（最判昭39・12・4手形小切手百選［6版］106事件）。

2 雇人に対する支払と民法110条

線引小切手の振出人甲が、その振り出した小切手をその雇人乙に交付して第三者に対する送付を命じ、乙はその小切手を窃取して受取人の記載を抹消し、甲の代理人を装って支払銀行に支払を求めた場合において、振出人が自家用のために端数の金額の小切手を振り出すことはまれなこと、受取人の記載が抹消されたにもかかわらず訂正印がないこと、小切手裏面に受取文句がないこと、乙が若年の雇人であること等の事情があるにもかかわらず、この小切手の支払をした支払銀行には過失があり、民法110条の適用がない（大判昭15・7・20民集19-1379）。

第36条【外国通貨表示の小切手の支払】　C

①支払地ノ通貨ニ非ザル通貨ヲ以テ支払フベキ旨ヲ記載シタル小切手ニ付テハ其ノ呈示期間内ニ支払ノ日ニ於ケル価格ニ依リ其ノ国ノ通貨ヲ以テ支払ヲ為スコトヲ得呈示ヲ為スモ支払ナカリシトキハ所持人ハ其ノ選択ニ依リ呈示ノ日又ハ支払ノ日ノ相場ニ従ヒ其ノ国ノ通貨ヲ以テ小切手ノ金額ヲ支払フベキコトヲ請求スルコトヲ得

②外国通貨ノ価格ハ支払地ノ慣習ニ依リ之ヲ定ム但シ振出人ハ小切手ニ定メタル換算率ニ依リ支払金額ヲ計算スベキ旨ヲ記載スルコトヲ得

③前二項ノ規定ハ振出人ガ特種ノ通貨ヲ以テ支払フベキ旨（外国通貨現実支払文句）ヲ記載シタル場合ニハ之ヲ適用セズ

④振出国ト支払国トニ於テ同名異価ヲ有スル通貨ニ依リ小切手ノ金額ヲ定メタルトキハ支払地ノ通貨ニ依リテ之ヲ定メタルモノト推定ス

支払地の通貨でない通貨で支払うべきことを記載した小切手については、満期の日における価格によってその国の通貨をもって支払をすることができます。債務者が支払を遅滞したときは、所持人は、その選択によって満期の日または支払の日の相場に従ってその国の通貨をもって小切手の金額を支払うべきことを請求することができます。

外国通貨の価格は、支払地の慣習によって定めます。ただし、振出人は、手形に定めた換算率によって支払金額を計算すべきことを記載することができます。
　以上の規定は、振出人が特種の通貨をもって支払うべき旨(外国通貨現実支払文句)を記載した場合には、適用されません。
　振出国と支払国とにおいて、同名異価を有する通貨によって小切手の金額を定めたときは、支払地の通貨によって金額を定めたものと推定されます。

1 趣旨

　本条は、外国通貨で小切手金額を記載した小切手の支払に関する解釈規定である。手形法41条、77条1項3号と同趣旨の規定である。

第5章

線引小切手

> **第37条【線引の種類・方式・変更・抹消】　B⁺**
> ①小切手ノ振出人又ハ所持人ハ小切手ニ線引ヲ為スコトヲ得線引ハ次条ニ定ムル効力ヲ有ス
> ②線引ハ小切手ノ表面ニ二条ノ平行線ヲ引キテ之ヲ為スベシ線引ハ一般又ハ特定タルコトヲ得
> ③二条ノ線内ニ何等ノ指定ヲ為サザルカ又ハ「銀行」若ハ之ト同一ノ意義ヲ有スル文字ヲ記載シタルトキハ線引ハ之ヲ一般トス二条ノ線内ニ銀行ノ名称ヲ記載シタルトキハ線引ハ之ヲ特定トス
> ④一般線引ハ之ヲ特定線引ニ変更スルコトヲ得ルモ特定線引ハ之ヲ一般線引ニ変更スルコトヲ得ズ
> ⑤線引又ハ被指定銀行ノ名称ノ抹消ハ之ヲ為サザルモノト看做ス

　小切手の振出人または所持人は、小切手に線引をすることができます。線引には、38条に定める効力があります。
　線引は、小切手の表面に2条の平行線を引いてしなければなりません。線引には、一般線引と特定線引とが認められます。
　2条の線内に何らの指定をしないか、または「銀行」もしくはこれと同一の意義を有する文字を記載したときは、線引は一般線引となります。2条の線内に銀行の名称を記載したときは、線引は特定線引となります。
　一般線引は特定線引に変更することができますが、特定線引は一般線引に変更することはできません。
　線引または被指定銀行の名称の抹消は、なかったものとみなされます。

→試験対策・7章2節⑤【1】

1 趣旨

　本条は、線引小切手につき、線引の方式・種類・変更および抹消等に関する事項を規定している。

2 語句の意味

　線引小切手とは、振出人または所持人が、2条の平行線を小切手の表面に引いた小切手をいう。横線小切手ともいう。
　一般線引とは、平行線内に何も記載しないか、「銀行」またはこれと同一の意義を有する文字を記載したものをいう。
　特定線引とは、平行線内に特定の銀行を指定したものをいう。

3 条文クローズアップ

1　線引小切手の意義

　小切手は、一覧払であり、かつ、実際上大部分が持参人払式として振り出されるが、この小切手の所持人は、小切手を所持するだけで正当な権利者としての形式的資格を認められ、この所持人に対して支払人が善意・無重過失で支払うと支払は有効とされる。そのため、所持人が盗難や紛失によって小切手の占有を失った場合の危険性が手形の場合よりも大きい。そこで、このような所持人の損害を防止するために、線引小切手の制度が設けられた。

　線引には、一般線引と特定線引とがある（2項）。

2　線引の変更・抹消

　所持人は、一般線引の小切手に特定銀行名を記載することによって特定線引に変更することができるが、被指定銀行の抹消は効力を生じないので、特定線引の小切手を一般線引に変更することはできない（4項）。

　線引または被指定銀行の名称の抹消は、なかったものとみなされる（5項）。

第38条【線引の効力】　　B⁺

①一般線引小切手ハ支払人ニ於テ銀行ニ対シ又ハ支払人ノ取引先ニ対シテノミ之ヲ支払フコトヲ得

②特定線引小切手ハ支払人ニ於テ被指定銀行ニ対シテノミ又被指定銀行ガ支払人ナルトキハ自己ノ取引先ニ対シテノミ之ヲ支払フコトヲ得但シ被指定銀行ハ他ノ銀行ヲシテ小切手ノ取立ヲ為サシムルコトヲ得

③銀行ハ自己ノ取引先又ハ他ノ銀行ヨリノミ線引小切手ヲ取得スルコトヲ得銀行ハ此等ノ者以外ノ者ノ為ニ線引小切手ノ取立ヲ為スコトヲ得ズ

④数箇ノ特定線引アル小切手ハ支払人ニ於テ之ヲ支払フコトヲ得ズ但シ二箇ノ線引アル場合ニ於テ其ノ一ガ手形交換所ニ於ケル取立ノ為ニ為サレタルモノナルトキハ此ノ限ニ在ラズ

⑤前四項ノ規定ヲ遵守セザル支払人又ハ銀行ハ之ガ為ニ生ジタル損害ニ付小切手ノ金額ニ達スル迄賠償ノ責ニ任ズ

　一般線引小切手は、支払人において銀行に対しまたは支払人の取引先に対してのみ、支払うことができます。

　特定線引小切手は、支払人において被指定銀行に対してのみまたは被指定銀行が支払人であるときは自己の取引先に対しての

み、支払うことができます。ただし、被指定銀行は、他の銀行に小切手の取立てをさせることができます。

　銀行は、自己の取引先または他の銀行からのみ線引小切手を取得することができます。銀行は、これらの者以外の者のために、線引小切手の取立てをすることができません。

　数個の特定線引のある小切手は、支払人において支払うことができません。ただし、2個の線引がある場合において、その1つが手形交換所における取立てのためになされたときは、支払人において支払うことができます。

　以上の規定を遵守しない支払人または銀行は、このために生じた損害について、小切手の金額を限度として、損害賠償責任を負います。

1 趣旨

　本条は、小切手に線引をなした場合の支払、取立委任に関しての制限、およびその制限に違反した者の損害賠償責任など、線引の効力に関して規定している。

2 条文クローズアップ

1 線引の効力

(1)一般線引の場合

　一般線引小切手の支払人である銀行は、他の銀行または自己の取引先に対してのみ支払うことができる(1項)。

　「取引先」の意義が問題となるが、銀行が本来行う営業としての取引における取引先であることが必要であり、かつ、被害者の救済を図るという線引小切手の趣旨からは、少なくとも銀行取引を通じてその素性(その同一性ならびに住所および氏名等)が銀行にわかっている者であることが必要であると考える。そして、銀行取引は営業所ごとにされるから、「取引先」は銀行の営業所ごとに決めるのが妥当であると考えられる。

(2)特定線引の場合

　特定線引小切手の支払人は、指定された銀行(被指定銀行)に対してだけ支払うことができ、被指定銀行が支払人である場合には、自己の取引先に対してのみ支払うことができる(2項本文)。ただし、これでは被指定銀行が支払銀行の加入している手形交換所に加入していないときには、手形交換によって取り立てることができないので、被指定銀行は、他の銀行に取立委任をすることができるものとされる(2項ただし書)。

2 線引小切手の取得・取立委任

　銀行は、自己の取引先または他の銀行からでなければ、線引小切手を取得することができず、取立委任を受けることもできない

(3項)。
3　線引制度違反の支払等の効果
　線引制度に違反して小切手を支払い、または取立委任を受けた(小切手を受領した)支払人または銀行は、このために生じた損害について、小切手の金額を限度として、損害賠償責任を負う(5項)。この損害賠償責任は法定の無過失責任であって、支払人または銀行が不法行為責任や債務不履行責任を負う場合には、請求権の競合を生ずる。

判例セレクト
線引の効力を排除する合意の効力
　当事者間において、一般線引の効力を排除する旨の合意は、当事者間においてはその効力を生ずる(最判昭29・10・29手形小切手百選[6版]102事件)。

第6章

支払拒絶ニ因ル遡求

> **第39条【遡求の要件】　B⁻**
> 適法ノ時期ニ呈示シタル小切手ノ支払ナキ場合ニ於テ左ノ何レカニ依リ支払拒絶ヲ証明スルトキハ所持人ハ裏書人、振出人其ノ他ノ債務者ニ対シ其ノ遡求権ヲ行フコトヲ得
> 　1　公正証書(拒絶証書)
> 　2　小切手ニ呈示ノ日ヲ表示シテ記載シ且日附ヲ附シタル支払人ノ宣言
> 　3　適法ノ時期ニ小切手ヲ呈示シタルモ其ノ支払ナカリシ旨ヲ証明シ且日附ヲ附シタル手形交換所ノ宣言

　適法の時期に呈示した小切手の支払がない場合において、①公正証書(拒絶証書)、②小切手に呈示の日を表示して記載しかつ日付を付した支払人の宣言、③適法の時期に小切手を呈示したのに支払がなかった旨を証明しかつ日付が付いた手形交換所の宣言のいずれかによって支払拒絶を証明するときは、所持人は、裏書人、振出人その他の債務者に対し、遡求権を行うことができます。

1 趣旨
　本条は、満期における遡求の実質的要件と形式的要件について規定している。手形法43条および44条に相当する規定である。

2 語句の意味
　支払人の支払拒絶宣言とは、小切手に呈示の日を記載し、かつ、日付を付して支払人が支払拒絶を宣言するものをいう。
　手形交換所の支払拒絶宣言とは、適法の時期に小切手の支払呈示があったが、その支払のなかったことを証明する手形交換所の宣言をいう。

3 条文クローズアップ
1　手形法との比較
　小切手の所持人が適法な支払呈示をしたが、支払を拒絶されたときは、所持人は、手形の場合と同様に、遡求権の行使をすることができる。
　ただし、小切手には引受の制度がないので(4条)、為替手形のような引受拒絶による遡求(手43条1号)はなく、支払拒絶による

遡求のみが認められる。また、満期前遡求は問題とならない。
　支払拒絶の証明方法として簡易な方法が認められている点でも、手形法との間に相違がある。
2　遡求の要件
(1)実質的要件
　遡求の実質的要件として、支払呈示期間内(小29条)の適法な支払呈示に対して、支払拒絶があったことを要する。
(2)形式的要件
　遡求の形式的要件として、①支払拒絶証書、②支払人の支払拒絶宣言、③手形交換所の支払拒絶宣言、のいずれかがあったことの証明が必要である。

第40条【拒絶証書等の作成期間】　C
①拒絶証書又ハ之ト同一ノ効力ヲ有スル宣言ハ呈示期間経過前ニ之ヲ作ラシムルコトヲ要ス
②期間ノ末日ニ呈示アリタルトキハ拒絶証書又ハ之ト同一ノ効力ヲ有スル宣言ハ之ニ次グ第一ノ取引日ニ之ヲ作ラシムルコトヲ得

　拒絶証書またはこれと同一の効力がある宣言は、呈示期間経過前に作らせなければなりません。ただし、期間の末日に呈示があるときは、拒絶証書またはこれと同一の効力がある宣言は、これに次ぐ第1の取引日に作らせることができます。

1　趣旨
　本条は、拒絶証書等の作成は支払呈示期間の経過前になされるべきという原則およびその例外について規定している。

第41条【遡求の通知】　C
①所持人ハ拒絶証書又ハ之ト同一ノ効力ヲ有スル宣言ノ作成ノ日ニ次グ又ハ無費用償還文句アル場合ニ於テハ呈示ノ日ニ次グ四取引日内ニ自己ノ裏書人及振出人ニ対シ支払拒絶アリタルコトヲ通知スルコトヲ要ス各裏書人ハ通知ヲ受ケタル日ニ次グ二取引日内ニ前ノ通知者全員ノ名称及宛所ヲ示シテ自己ノ受ケタル通知ヲ自己ノ裏書人ニ通知シ順次振出人ニ及ブモノトス此ノ期間ハ各其ノ通知ヲ受ケタル時ヨリ進行ス
②前項ノ規定ニ従ヒ小切手ノ署名者ニ通知ヲ為ストキハ同一期間内ニ其ノ保証人ニ同一ノ通知ヲ為スコトヲ要ス
③裏書人ガ其ノ宛所ヲ記載セズ又ハ其ノ記載ガ読ミ難キ場合ニ於テハ其

ノ裏書人ノ直接ノ前者ニ通知スルヲ以テ足ル
④通知ヲ為スベキ者ハ如何ナル方法ニ依リテモ之ヲ為スコトヲ得単ニ小切手ヲ返付スルニ依リテモ亦之ヲ為スコトヲ得
⑤通知ヲ為スベキ者ハ適法ノ期間内ニ通知ヲ為シタルコトヲ証明スルコトヲ要ス此ノ期間内ニ通知ヲ為ス書面ヲ郵便ニ付シ又ハ民間事業者による信書の送達に関する法律（平成十四年法律第九十九号）第二条第六項ニ規定スル一般信書便事業者若ハ同条第九項ニ規定スル特定信書便事業者ノ提供スル同条第二項ニ規定スル信書便ノ役務ヲ利用シテ発送シタル場合ニ於テハ其ノ期間ヲ遵守シタルモノト看做ス
⑥前項ノ期間内ニ通知ヲ為サザル者ハ其ノ権利ヲ失フコトナシ但シ過失ニ因リテ生ジタル損害アルトキハ小切手ノ金額ヲ超エザル範囲内ニ於テ其ノ賠償ノ責ニ任ズ

　所持人は、拒絶証書またはこれと同一の効力がある宣言の作成の日に次ぐまたは無費用償還文句がある場合には呈示の日に次ぐ4取引日内に、自己の裏書人および振出人に対し、支払拒絶があったことを通知しなければなりません。各裏書人は、通知を受けた日に次ぐ2取引日内に、前の通知者全員の名称および宛所を示して、自己の受けた通知を自己の裏書人に通知しなければなりません。このような裏書人の遡求通知は、各裏書人において順々に行い、最後に振出人に至るものとされます。この遡求通知期間は、後者から通知を受けた時から進行します。
　1項の規定に従って小切手の署名者に通知をなすときは、同一期間内に、保証人に同一の通知をしなければなりません。
　裏書人がその宛所を記載しないで、またはその記載が読みにくい場合には、その裏書人の直接の前者に通知することで足ります。
　通知をしなければならない者は、いかなる方法でもすることができます。単に小切手を返すことによってでもできます。
　通知をしなければならない者は、適法の期間内に通知をしたことを証明しなければなりません。この期間内に通知書面を郵便で発送し、または「民間事業者による信書の送達に関する法律」2条6項に規定する一般信書便事業者もしくは同条9項に規定する特定信書便事業者の提供する同条2項に規定する信書便の役務を利用して発送した場合においては、その期間を守ったものとみなされます。
　5項の期間内に通知をしなかったとしても、その者は、遡求権を失いません。ただし、過失によって生じた損害があるときは、小切手の金額を超えない範囲内において、その損害を賠償しなけ

ればなりません。

1 趣旨

本条は、小切手の所持人が遡求義務者に対して遡求の通知をなすべきこと、さらに通知を受けた各裏書人は自己の裏書人およびその保証人に順次通知すべきことを定める。手形法45条と同趣旨の規定である。

> ### 第42条【拒絶証書等の作成免除】　　C
> ①振出人、裏書人又ハ保証人ハ証券ニ記載シ且署名シタル「無費用償還」、「拒絶証書不要」ノ文句其ノ他之ト同一ノ意義ヲ有スル文言ニ依リ所持人ニ対シ其ノ遡求権ヲ行フ為ノ拒絶証書又ハ之ト同一ノ効力ヲ有スル宣言ノ作成ヲ免除スルコトヲ得
> ②前項ノ文言ハ所持人ニ対シ法定期間内ニ於ケル小切手ノ呈示及通知ノ義務ヲ免除スルコトナシ期間ノ不遵守ハ所持人ニ対シ之ヲ援用スル者ニ於テ其ノ証明ヲ為スコトヲ要ス
> ③振出人ガ第一項ノ文言ヲ記載シタルトキハ一切ノ署名者ニ対シ其ノ効力ヲ生ズ裏書人又ハ保証人ガ之ヲ記載シタルトキハ其ノ裏書人又ハ保証人ニ対シテノミ其ノ効力ヲ生ズ振出人ガ此ノ文言ヲ記載シタルニ拘ラズ所持人ガ拒絶証書又ハ之ト同一ノ効力ヲ有スル宣言ヲ作ラシメタルトキハ其ノ費用ハ所持人之ヲ負担ス裏書人又ハ保証人ガ此ノ文言ヲ記載シタル場合ニ於テ拒絶証書又ハ之ト同一ノ効力ヲ有スル宣言ノ作成アリタルトキハ一切ノ署名者ヲシテ其ノ費用ヲ償還セシムルコトヲ得

振出人、裏書人または保証人は、証券に記載し、かつ、署名した「無費用償還」、「拒絶証書不要」の文句その他これと同一の意義をもつ文言によって所持人に対しその遡求権を行うための拒絶証書またはこれと同一の効力を有する宣言の作成を免除することができます。

1項の文言は、所持人に対し法定期間内における小切手の呈示および通知の義務を免除することにはなりません。期間を守らなかったことは、所持人に対し主張する者の方で証明しなければなりません。

振出人が1項の文言を記載したときは、いっさいの署名者に対し効力が生じます。裏書人または保証人が記載したときは、その裏書人または保証人に対してだけ効力が生じます。振出人がこの文言を記載したにもかかわらず、所持人が拒絶証書またはこれと同一の効力をもつ宣言を作らせたときは、その費用は所持人が負

担します。裏書人または保証人がこの文言を記載した場合において、拒絶証書またはこれと同一の効力をもつ宣言の作成があったときは、いっさいの署名者に対して費用の償還を請求することができます。

1 趣旨

本条は、39条の例外として、支払拒絶証書等の作成義務の免除を認める。手形法46条と同趣旨の規定である。

第43条【遡求義務者の合同責任】　C
①小切手上ノ各債務者ハ所持人ニ対シ合同シテ其ノ責ニ任ズ
②所持人ハ前項ノ債務者ニ対シ其ノ債務ヲ負ヒタル順序ニ拘ラズ各別又ハ共同ニ請求ヲ為スコトヲ得
③小切手ノ署名者ニシテ之ヲ受戻シタルモノモ同一ノ権利ヲ有ス
④債務者ノ一人ニ対スル請求ハ他ノ債務者ニ対スル請求ヲ妨ゲズ既ニ請求ヲ受ケタル者ノ後者ニ対シテモ亦同ジ

小切手の振出、裏書、それらの保証人および支払呈示期間内に支払呈示を受けた支払保証人は、所持人に対し合同して責任を負います。

所持人は、1項の債務者に対し、その債務を負った順序にかかわらず、各別または共同に請求をすることができます。

小切手の署名者であって小切手を受戻した者も、同一の権利があります。

債務者の1人に対する請求は、他の債務者に対する請求を妨げられません。すでに請求を受けた者の後者に対する請求も妨げられません。

1 趣旨

本条は、遡求の方法について定める。所持人は、自己の直接の前者に対してのみならずすべての償還義務者に対して（1項）、各別または同時に（2項）遡求することができる。手形法47条と同趣旨の規定である。

第44条【遡求金額】　C
所持人ハ遡求ヲ受クル者ニ対シ左ノ金額ヲ請求スルコトヲ得
　1　支払アラザリシ小切手ノ金額

```
2　年六分ノ率ニ依ル呈示ノ日以後ノ利息
3　拒絶証書又ハ之ト同一ノ効力ヲ有スル宣言ノ費用、通知ノ費用及
　其ノ他ノ費用
```

　所持人は、遡求を受ける者に対し、支払を得られなかった小切手の金額、年6分の率で計算した呈示の日以後の利息、拒絶証書またはこれと同一の効力をもつ宣言の費用、通知の費用およびその他の費用を請求することができます。

1 趣旨

　本条は、所持人が遡求義務者に請求できる遡求金額を規定している。手形法48条1項と同趣旨の規定である。

2 条文クローズアップ

手形法との比較

　小切手には満期前の遡求がないので、手形法48条2項に相当する規定はない。

　小切手には利息の記載が認められないので、遡求金額に利息は加算されない（1号）。

　本条には、手形にはない支払拒絶宣言が含まれる（3号）。

　遡求の方法として、手形では戻手形が認められているのに対し、小切手ではそれが認められない。

第45条【再遡求金額】　　C

```
小切手ヲ受戻シタル者ハ其ノ前者ニ対シ左ノ金額ヲ請求スルコトヲ得
1　其ノ支払ヒタル総金額
2　前号ノ金額ニ対シ年六分ノ率ニ依リ計算シタル支払ノ日以後ノ利
　息
3　其ノ支出シタル費用
```

　小切手を受戻した者は、自己の前者に対し、支払った総金額、その金額に対し年6分の率によって計算した支払の日以後の利息、支出した費用を請求することができます。

1 趣旨

　本条は、遡求義務を履行して小切手を受戻した者がさらにその前者に対して再遡求する場合について、その再遡求することので

きる金額について規定している。手形法49条と同趣旨の規定である。

> **第46条【遡求義務者の権利】　C**
> ①遡求ヲ受ケタル又ハ受クベキ債務者ハ支払ト引換ニ拒絶証書又ハ之ト同一ノ効力ヲ有スル宣言、受取ヲ証スル記載ヲ為シタル計算書及小切手ノ交付ヲ請求スルコトヲ得
> ②小切手ヲ受戻シタル裏書人ハ自己及後者ノ裏書ヲ抹消スルコトヲ得

　遡求を受けた債務者または受けるべき債務者は、支払と引換えに拒絶証書またはこれと同一の効力をもつ宣言、受取りを証する記載をした計算書、および小切手の交付を請求することができます。

　小切手を受戻した裏書人は、自己および後者の裏書を抹消することができます。

1 趣旨

　本条は、遡求義務者が償還に応じる際に認められる権利について規定している。手形法50条に相当する規定である。

> **第47条【不可抗力による期間の伸長】　C**
> ①法定ノ期間内ニ於ケル小切手ノ呈示又ハ拒絶証書若ハ之ト同一ノ効力ヲ有スル宣言ノ作成ガ避クベカラザル障碍（国ノ法令ニ依ル禁制其ノ他ノ不可抗力）ニ因リテ妨ゲラレタルトキハ其ノ期間ヲ伸長ス
> ②所持人ハ自己ノ裏書人ニ対シ遅滞ナク其ノ不可抗力ヲ通知シ且小切手又ハ補箋ニ其ノ通知ヲ記載シ日附ヲ附シテ之ニ署名スルコトヲ要ス其ノ他ニ付テハ第四十一条ノ規定ヲ準用ス
> ③不可抗力ガ止ミタルトキハ所持人ハ遅滞ナク支払ノ為小切手ヲ呈示シ且必要アルトキハ拒絶証書又ハ之ト同一ノ効力ヲ有スル宣言ヲ作ラシムルコトヲ要ス
> ④不可抗力ガ所持人ニ於テ其ノ裏書人ニ不可抗力ノ通知ヲ為シタル日ヨリ十五日ヲ超エテ継続スルトキハ呈示期間経過前ニ其ノ通知ヲ為シタル場合ト雖モ呈示又ハ拒絶証書若ハ之ト同一ノ効力ヲ有スル宣言ヲ要セズシテ遡求権ヲ行フコトヲ得
> ⑤所持人又ハ所持人ガ小切手ノ呈示又ハ拒絶証書若ハ之ト同一ノ効力ヲ有スル宣言ノ作成ヲ委任シタル者ニ付テノ単純ナル人的事由ハ不可抗力ヲ構成スルモノト認メズ

法定の期間内における小切手の呈示または拒絶証書もしくはこれと同一の効力をもつ宣言の作成が避けることができない障害（国の法令による禁制その他の不可抗力）によって妨げられたときは、その期間は伸長されます。

　所持人は、自己の裏書人に対し遅滞なくその不可抗力を通知し、かつ、小切手または補箋にその通知を記載し、日付を付けて署名しなければなりません。その他については、遡求の通知に関する41条の規定が準用されます。

　不可抗力がやんだときは、所持人は、遅滞なく支払のため小切手を呈示し、かつ、必要あるときは拒絶証書またはこれと同一の効力をもつ宣言を作らせなければなりません。

　不可抗力がその通知をした日から15日を超えて継続するときは、呈示期間経過前にその通知をした場合であっても、呈示または拒絶証書もしくはこれと同一の効力をもつ宣言の作成をしないで遡求権を行うことができます。

　所持人、または所持人が手形の呈示または拒絶証書もしくはこれと同一の効力をもつ宣言の作成を委任した者についての単純な個人的な事情は、不可抗力と認められません。

1 趣旨

　本条は、遡求権保全の要件である手形の呈示および期間の遵守が不可抗力によって妨げられる場合における期間の伸長について規定している。手形法54条に相当する規定である。

第7章

複 本

> **第48条【複本発行の条件・方式】　　C**
> 一国ニ於テ振出シ他ノ国ニ於テ若ハ振出国ノ海外領土ニ於テ支払フベキ小切手、一国ノ海外領土ニ於テ振出シ其ノ国ニ於テ支払フベキ小切手、一国ノ同一海外領土ニ於テ振出シ且支払フベキ小切手又ハ一国ノ一海外領土ニ於テ振出シ其ノ国ノ他ノ海外領土ニ於テ支払フベキ小切手ハ持参人払ノモノヲ除クノ外同一内容ノ数通ヲ以テ之ヲ振出スコトヲ得数通ヲ以テ小切手ヲ振出シタルトキハ其ノ証券ノ文言中ニ番号ヲ附スルコトヲ要ス之ヲ欠クトキハ各通ハ之ヲ各別ノ小切手ト看做ス

　一国において振り出し他の国において、もしくは、振出国の海外領土において支払うべき小切手、一国の海外領土において振り出しその国において支払うべき小切手、一国の同一海外領土において振り出しかつ支払うべき小切手、または一国の一海外領土において振り出しその国の他の海外領土において支払うべき小切手は、持参人払のものを除いて、同一内容の数通をもって振り出すことができます。数通をもって小切手を振り出したときは、その証券の文言中に番号を付けなければなりません。これがないときは、各通は、それぞれ独立の小切手とみなされます。

1 趣旨

　本条は、小切手の複本の作成を認め、あわせてその発行の方式について定めている。手形法64条と同様の規定である。

2 語句の意味

　複本とは、同一内容をもって振り出された小切手をいう。

3 条文クローズアップ

複本の制度の目的

　複本の制度の目的は、遠隔地に小切手を送付する場合に予想される紛失や遅着などの危険性ないし不便さを回避することにある。

> **第49条【複本の効力】　　C**
> ①複本ノ一通ノ支払ハ其ノ支払ガ他ノ複本ヲ無効ナラシムル旨ノ記載ナキトキト雖モ義務ヲ免レシム
> ②数人ニ各別ニ複本ヲ譲渡シタル裏書人及其ノ後ノ裏書人ハ其ノ署名アル各通ニシテ返還ヲ受ケザルモノニ付責任ヲ負フ

　複本の1通の支払は、その支払が他の複本は無効であるという記載がない場合であっても、すべての小切手債務者は義務を免れます。
　数人に各別に複本を譲渡した裏書人およびその後の裏書人は、その署名のある各通の複本で、返還を受けていないものについては責任を負います。

1 趣旨

　本条は、複本の効力について規定している。手形法65条と同様の規定である。

第8章
変　造

> **第50条【変造と小切手行為者の責任】　　B**
> 小切手ノ文言ノ変造ノ場合ニ於テハ其ノ変造後ノ署名者ハ変造シタル文言ニ従ヒテ責任ヲ負ヒ変造前ノ署名者ハ原文言ニ従ヒテ責任ヲ負フ

　小切手の文言の変造の場合においては、その変造後の署名者は、変造された文言に従って責任を負い、変造前の署名者は、変造前の文言(原文言)に従って責任を負います。

1 趣旨

　本条は、小切手の変造がなされた場合における小切手行為者の責任について規定している。手形法69条と同様の規定である。

第9章
時　効

> **第51条【時効期間】　B⁺**
> ① 所持人ノ裏書人、振出人其ノ他ノ債務者ニ対スル遡求権ハ呈示期間経過後六月ヲ以テ時効ニ罹ル
> ② 小切手ノ支払ヲ為スベキ債務者ノ他ノ債務者ニ対スル遡求権ハ其ノ債務者ガ小切手ノ受戻ヲ為シタル日又ハ其ノ者ガ訴ヲ受ケタル日ヨリ六月ヲ以テ時効ニ罹ル

　所持人の裏書人、振出人その他の債務者に対する遡求権は、呈示期間経過後6か月で時効にかかります。
　小切手の支払をすべき債務者の他の債務者に対する遡求権は、その債務者が小切手の受戻しをした日またはその者が訴えを受けた日から6か月で時効にかかります。

1 趣旨

　本条は、小切手の消滅時効期間について規定している。小切手の支払証券的性格から、手形の時効と比較して、6か月という短期の時効期間が定められている。

> **第52条【時効の中断】　B**
> 時効ノ中断ハ其ノ中断ノ事由ガ生ジタル者ニ対シテノミ其ノ効力ヲ生ズ

　時効の中断は、その中断の事由が生じた者に対してだけ効力が生じます。

1 趣旨

　本条は、小切手の時効中断の効力が相対効を有するにとどまることを定める。手形法71条と同様の規定である。

第10章

支払保証

> **第53条【方式】　C**
> ①支払人ハ小切手ニ支払保証ヲ為スコトヲ得
> ②支払保証ハ小切手ノ表面ニ「支払保証」其ノ他支払ヲ為ス旨ノ文字ヲ以テ表示シ日附ヲ附シテ支払人署名スベシ

　支払人は、小切手に支払保証をすることができます。
　支払保証は、小切手の表面に「支払保証」その他支払をする旨の文字で表示し、日付を付して、支払人が署名しなければなりません。

1 趣旨

　本条は、支払人が小切手に支払保証をなしうること（1項）、および支払保証の方式について規定している（2項）。

2 語句の意味

　<u>支払保証</u>とは、支払人が小切手金額を支払うべき義務を負担することを目的とする付属的小切手行為をいう。

3 条文クローズアップ

1　支払保証の制度

　支払保証は、小切手の所持人の地位を安定化し、小切手の利用を円滑ならしめるための制度である。
　小切手には、引受の制度はなく、これに代わるものとして、支払保証の制度が設けられている。これは、アメリカのcertificationの慣行に倣ったものであって、呈示期間中に呈示があった場合にかぎって、支払人を小切手債務者とする効力である。
　ただし、このような支払保証の制度は、取引の実際においては、現在はほとんど利用されていない。そして、実務上、これに代わるものとして、受取人に資金を負担させて自己宛小切手を発行する方法が用いられている。自己宛小切手は、銀行の振り出した小切手であるため、その支払はまず確実で、取引上の信用も大きい。

2　支払保証の方式

　小切手法に基づいて支払人が支払保証をなすには、小切手の表面に「支払保証」その他これと同一の意義を有する文字を記載し、

かつ、日付を付して支払人が署名することを要する（2項）。

> **第54条【要件】　　C**
> ①支払保証ハ単純ナルコトヲ要ス
> ②支払保証ニ依リ小切手ノ記載事項ニ加ヘタル変更ハ之ヲ記載セザルモノト看做ス

　支払保証は、単純なものでなければなりません。
　支払保証によって小切手の記載事項に加えた変更は、記載しなかったものとみなされます。

1 趣旨

　本条は、支払保証に条件を付してはならないこと（1項）、小切手の記載事項に変更を加えて支払保証をしても、その変更記載は記載がないものとしてみなされること（2項）を規定している。

> **第55条【効力】　　C**
> ①支払保証ヲ為シタル支払人ハ呈示期間ノ経過前ニ小切手ノ呈示アリタル場合ニ於テノミ其ノ支払ヲ為ス義務ヲ負フ
> ②支払ナキ場合ニ於テ前項ノ呈示アリタルコトハ第三十九条ノ規定ニ依リ之ヲ証明スルコトヲ要ス
> ③第四十四条及第四十五条ノ規定ハ前項ノ場合ニ之ヲ準用ス

　支払保証をした支払人は、呈示期間の経過前に小切手の呈示がある場合においてのみ支払をする義務を負います。
　支払がない場合において1項の呈示があることは、拒絶証書またはこれと同一の効力をもつ宣言を作成してもらい、これを証明することが必要です。
　44条（遡求金額）および45条（再遡求金額）の規定は、2項の場合に準用されます。

1 趣旨

　本条は、小切手につき支払保証がなされた場合の効力について規定している。

2 条文クローズアップ

支払保証の効力

支払保証をなした支払人は、呈示期間の経過前は、小切手の呈示があった場合にのみ支払をなす義務を負う（1項）。

支払保証人の義務は、支払呈示期間内に支払の呈示がなされたときに負うものであるが、所持人が呈示期間内に支払呈示した以上は呈示期間経過後もこの義務は存続する。所持人の支払保証人に対する権利については、遡求権と同様の保全手続を必要とする。

第56条【支払保証と小切手上の債務者の責任】　C
支払保証ニ因リ振出人其ノ他ノ小切手上ノ債務者ハ其ノ責ヲ免ルルコトナシ

支払保証によって、振出人その他の小切手上の債務者は、その責任を免れることはありません。

1 趣旨
本条は、支払人が支払保証をしても、このために振出人、裏書人等他の小切手上の債務者は、その責任を免れるものではないことを規定している。

第57条【不可抗力による期間の伸長】　C
第四十七条ノ規定ハ支払保証ヲ為シタル支払人ニ対スル権利ノ行使ニ付之ヲ準用ス

47条の規定は、支払保証をした支払人に対する権利の行使について準用されます。

1 趣旨
本条は、法定の期間内に支払保証人に対する請求権保全手続が不可抗力によって妨げられた場合において、その期間が伸長されることを規定している。

第58条【時効】　C
支払保証ヲ為シタル支払人ニ対スル小切手上ノ請求権ハ呈示期間経過後一年ヲ以テ時効ニ罹ル

支払保証をした支払人に対する小切手上の請求権は、呈示期間経過後1年で時効にかかります。

1 趣旨
　本条は、支払保証人の義務の消滅時効について規定している。

2 条文クローズアップ
手形法との比較
　支払保証をなした支払人に対する小切手上の請求権は、呈示期間経過後1年で時効消滅する(本条)。為替手形の時効期間(3年)に比べて、時効期間が著しく短縮されているのは、支払保証に引受の機能を営ませないためである。

第11章

通 則

> **第59条【銀行】　C**
> 本法ニ於テ「銀行」ナル文字ハ法令ニ依リテ銀行ト同視セラルル人又ハ施設ヲ含ム

　この法律において「銀行」という文字は、法令によって銀行と同視される人および施設を含みます。

1 趣旨

　小切手においては、支払人・支払担当者が銀行でなければならないことから（3条、8条）、本条は、銀行の意義について規定している。

2 条文クローズアップ

「法令ニ依リテ銀行ト同視セラルル人又ハ施設」

　「小切手法ノ適用ニ付銀行ト同視スベキ人又ハ施設ヲ定ムルノ件」（昭和8年勅令第329号）によって、次の機関も「銀行」に含まれる。

　すなわち、郵便局、無尽会社、信用金庫、信用金庫連合会、信用協同組合、中小企業等協同組合法9条の9第1項1号および2号の事業を行う協同組合連合会、農業協同組合法10条1項2号および3号の事業を行う農業協同組合、農業協同組合法10条1項2号および3号の事業を行う農業協同組合連合会、水産業協同組合法11条1項3号および4号の事業を行う漁業協同組合、水産業協同組合法87条1項3号および4号の事業を行う漁業協同組合連合会、水産業協同組合法93条1項1号および2号の事業を行う水産加工業協同組合、水産業協同組合法97条1項1号および2号の事業を行う水産加工業協同組合連合会、農林中央金庫、商工組合中央金庫、労働金庫および労働金庫連合会がこれである。

> **第60条【休日】　C**
> ①小切手ノ呈示及拒絶証書ノ作成ハ取引日ニ於テノミ之ヲ為スコトヲ得
> ②小切手ニ関スル行為ヲ為ス為殊ニ呈示又ハ拒絶証書若ハ之ト同一ノ効力ヲ有スル宣言ノ作成ノ為法令ニ規定シタル期間ノ末日ガ法定ノ休日

ニ当ル場合ニ於テハ期間ハ其ノ満了ニ次グ第一ノ取引日迄之ヲ伸長ス
期間中ノ休日ハ之ヲ期間ニ算入ス

　小切手の呈示および拒絶証書の作成は、取引日においてのみすることができます。
　小切手に関する行為をするため、特に呈示または拒絶証書もしくはこれと同一の効力を有する宣言の作成のため法令に規定した期間の末日が法定の休日にあたる場合においては、期間は、その満了に次ぐ第1の取引日まで延ばされます。期間中の休日は、期間に算入されます。

1 趣旨

　本条は、満期が休日にあたる場合の処置について定める。手形法72条と同様の規定である。

第61条【期間の初日】　C
本法ニ規定スル期間ニハ其ノ初日ヲ算入セズ

　この法律に規定する期間には、その初日が算入されません。

1 趣旨

　本条は、期間の初日は期間に参入せず、その翌日から計算される旨を定める。手形法73条と同様の規定である。

第62条【恩恵日】　C
恩恵日ハ法律上ノモノタルト裁判上ノモノタルトヲ問ハズ之ヲ認メズ

　恩恵日は、法律上のものであっても、裁判上のものであっても、認められません。

1 趣旨

　本条は、恩恵日の制度は認めない旨を定める。手形法74条と同様の規定である。

附　則

> ### 第63条【施行期日】　　D
> 本法施行ノ期日ハ勅令ヲ以テ之ヲ定ム

この法律の施行期日は、勅令で定められます。

1 趣旨

本条は、小切手法の施行期日を規定する。

2 条文クローズアップ

小切手法の施行期日

　小切手法は、昭和8年7月29日法律57号をもって公布され、統一条約の効力発生に伴って、昭和9年1月1日から施行された。この施行期日は、本条に基づいて、昭和8年勅令315号をもって定められた。

> ### 第64条【旧規定の削除】　　D
> 商法第四編第四章ハ之ヲ削除ス

昭和9年前の商法第4編第4章は、削除します。

1 趣旨

本条は、小切手法が制定されたことに伴い、小切手法を含んでいた従来の商法第4編第4章を廃止することを規定する。

> ### 第65条【本法施行前に振り出した小切手】　　D
> 本法施行前ニ振出シタル小切手ニ付テハ仍従前ノ規定ニ依ル

　この法律の施行される前に振り出された小切手については、なお従前の商法の小切手に関する規定が適用されます。

1 趣旨

本条は、昭和9年の新法の施行に際して新法と旧法のいずれが適用されるか、特に新法の遡及効があるかという問題につき規定したものである。

> **第66条【経過規定】　D**
> 本法施行後六月内ニ日本ニ於テ振出ス小切手ハ振出地ノ記載ヲ欠クトキト雖モ小切手タル効力ヲ有ス

この法律の施行後6か月以内に、日本において振り出す小切手は、振出地の記載がない場合でも、小切手としての効力があります。

1 趣旨

本条は、新法が施行された後に振り出された小切手の効力について定める経過規定である。

> **第67条【署名】　C**
> 本法ニ於テ署名トアルハ記名捺印ヲ含ム

小切手法においては、署名には記名捺印を含みます。

1 趣旨

本条は、記名捺印が自署に代わるものとして広く認められていることから、小切手法の署名の中に自署のみならず記名捺印を含むことを明らかにした。

> **第68条【小切手の呈示期間の伸長】　D**
> 朝鮮、台湾、樺太、関東州、南洋群島又ハ勅令ヲ以テ指定スル亜細亜洲ノ地域ニ於テ振出シ日本内地ニ於テ支払フベキ小切手ノ呈示期間ハ勅令ヲ以テ之ヲ伸長スルコトヲ得

朝鮮、台湾、樺太、関東州、南洋群島または勅令で指定するアジア州の地域において振り出し、日本内地で支払うべき小切手の呈示期間は、勅令で延ばすことができます。

1 趣旨

本条は、小切手の呈示期間がきわめて短いことから(29条参照)、特定の地域で振り出された日本内地で支払われる小切手については、呈示期間を伸長しうることを定めている。

> **第69条【手形交換所】　C**
> 第三十一条ノ手形交換所ハ法務大臣之ヲ指定ス

31条の手形交換所は、法務大臣が指定します。

1 趣旨

手形交換所における小切手の呈示が支払のための呈示としての効力を有する旨が規定されているが(31条)、本条は、その手形交換所は法務大臣が指定することを定めた。

> **第70条【拒絶証書の作成】　C**
> 拒絶証書ノ作成ニ関スル事項ハ勅令ヲ以テ之ヲ定ム

拒絶証書の作成に関する事項は、勅令で定められます。

1 趣旨

本条は、「拒絶証書ノ作成ニ関スル事項」は勅令に定めることを規定している。

> **第71条【小切手の違法振出に対する罰則】　C**
> 小切手ノ振出人ガ第三条ノ規定ニ違反シタルトキハ五千円以下ノ過料ニ処ス

小切手の振出人が3条の規定に違反したときは、5,000円以下の過料に処せられます。

1 趣旨

3条の規定の実効性確保のため、本条は、その違反行為に対する罰則を規定している。

> **第72条【利得償還請求権】　　B**
> 小切手ヨリ生ジタル権利ガ手続ノ欠缺又ハ時効ニ因リテ消滅シタルトキト雖モ所持人ハ振出人、裏書人又ハ支払保証ヲ為シタル支払人ニ対シ其ノ受ケタル利益ノ限度ニ於テ償還ノ請求ヲ為スコトヲ得

小切手から生じた権利が手続きの欠缺または時効によって消滅したときであっても、所持人は、振出人、裏書人または支払保証をした支払人に対し、その受けた利益の限度において償還の請求をすることができます。

1 趣旨
本条は、小切手の利得償還請求権について規定する。

2 条文クローズアップ

1　手形法との比較
本条は、手形法85条とほぼ同様の規定であるが、小切手では支払人が小切手上の義務を負わず、支払保証をした支払人も償還義務に類する義務を負うにすぎないこと、また小切手では呈示期間経過後の支払も認められることから、手形法とは差異がある。

利得償還義務者には振出人・裏書人のほかに支払保証をなしたる支払人があげられている。

2　小切手と利得償還請求権
小切手については、呈示期間経過後も支払委託の取消しがないかぎり、支払人はなおも有効に支払をなしうる（32条2項）。そこで、呈示期間経過後も支払委託の取消しがない以上、利得償還請求権は発生しないのではないかという問題が生じる。

この点、支払委託の取消しや支払拒絶を停止条件として利得償還請求権が発生するとする説と、呈示期間の経過により利得償還請求権は確定的に発生するが、支払委託の取消しがなく有効な支払がなされると、利得償還請求権は消滅するとする説とがある。

> **第73条【訴訟告知による時効の中断】　　C**
> ①裏書人ノ他ノ裏書人及振出人ニ対スル小切手上ノ請求権ノ消滅時効ハ其ノ者ガ訴ヲ受ケタル場合ニ在リテハ前者ニ対シ訴訟告知ヲ為スニ因リテ中断ス
> ②前項ノ規定ニ因リテ中断シタル時効ハ裁判ノ確定シタル時ヨリ更ニ其ノ進行ヲ始ム

裏書人の他の裏書人および振出人に対する小切手上の請求権の消滅時効は、その者が訴えを受けた場合では、前者に対し、訴訟告知をすることによって中断します。
　1項の規定によって中断した時効は、裁判の確定した時よりさらに進行を始めます。

1 趣旨

　本条は、遡求義務者が義務の履行を訴えにより求められた場合において、前者に対する再遡求は、再遡求義務者に対する訴訟告知(民訴53条)により、時効中断できることを規定している。手形法86条と同旨の規定である。

第74条【計算小切手】　　C

振出人又ハ所持人ガ証券ノ表面ニ「計算ノ為」ノ文字又ハ之ト同一ノ意義ヲ有スル文言ヲ記載シテ現金ノ支払ヲ禁ジタル小切手ニシテ外国ニ於テ振出シ日本ニ於テ支払フベキモノハ一般線引小切手タル効力ヲ有ス

　振出人または所持人が証券の表面に「計算のため」の文字、またはこれと同一の意義をもつ文言を記載して現金の支払を禁止した小切手で、外国において振り出し日本において支払うべきものは、一般線引小切手としての効力を有します。

1 趣旨

　本条は、外国で振り出され日本で支払われる計算小切手にかぎって、一般線引小切手(37条、38条)としての効力が認められる旨を規定している。

第75条【休日の意義】　　C

本法ニ於テ休日トハ祭日、祝日、日曜日其ノ他ノ一般ノ休日及政令ヲ以テ定ムル日ヲ謂フ

　この法律において、休日とは、祭日、祝日、日曜日その他の一般の休日および政令で定められた日をいいます。

1 趣旨

　60条が休日と小切手に関連する行為について規定していることから、本条は、休日の意義について規定している。手形法87条と

同一の規定である。

> **第76条【小切手行為能力の準拠法】　D**
> ①小切手ニ依リ義務ヲ負フ者ノ行為能力ハ其ノ本国法ニ依リ之ヲ定ム其ノ国ノ法ガ他国ノ法ニ依ルコトヲ定ムルトキハ其ノ他国ノ法ヲ適用ス
> ②前項ニ掲グル法ニ依リ行為能力ヲ有セザル者ト雖モ他ノ国ノ領域ニ於テ署名ヲ為シ其ノ国ノ法ニ依レバ行為能力ヲ有スベキトキハ責任ヲ負フ

　小切手によって義務を負う者の行為能力は、その本国法によって定まります。その国の法律が他国の法律によることを定めたときは、その他国の法律が適用されます。
　1項にあげられた法律によって行為能力がない者であっても、他の国の領域において、署名をし、その国の法律によれば行為能力があるときは、責任を負います。

1 趣旨

　本条は、小切手行為能力の準拠法について定める。手形法88条と同様の規定である。

> **第77条【支払人の資格に関する準拠法】　D**
> ①小切手ノ支払人タルコトヲ得ル者ハ支払地ノ属スル国ノ法ニ依リ之ヲ定ム
> ②支払地ノ属スル国ノ法ニ依リ支払人タルコトヲ得ザル者ヲ支払人トシタル為小切手ガ無効ナルトキト雖モ之ト同一ノ規定ナキ他ノ国ニ於テ其ノ小切手ニ為シタル署名ヨリ生ズル債務ハ之ガ為其ノ効力ヲ妨ゲラルルコトナシ

　小切手の支払人となることができる者は、支払地の属する国の法律によって定められます。
　支払地の属する国の法律によって支払人となることができない者を支払人としたため小切手が無効であるときであっても、このような規定のない他の国において小切手に署名をし、小切手上の義務者となった者は、その債務を負担しなければなりません。

1 趣旨

本条は、支払人の資格の準拠法について規定する。

> ### 第78条【小切手行為の方式に関する準拠法】　D
> ①小切手上ノ行為ノ方式ハ署名ヲ為シタル地ノ属スル国ノ法ニ依リ之ヲ定ム但シ支払地ノ属スル国ノ法ノ規定スル方式ニ依ルヲ以テ足ル
> ②小切手上ノ行為ガ前項ノ規定ニ依リ有効ナラザル場合ト雖モ後ノ行為ヲ為シタル地ノ属スル国ノ法ニ依レバ適式ナルトキハ後ノ行為ハ前ノ行為ガ不適式ナルコトニ因リ其ノ効力ヲ妨ゲラルルコトナシ
> ③日本ガ外国ニ於テ為シタル小切手上ノ行為ハ其ノ行為ガ日本法ニ規定スル方式ニ適合スル限リ他ノ日本人ニ対シ其ノ効力ヲ有ス

　小切手上の行為の方式は、署名をした地の属する国の法律によって定まります。
　小切手上の行為が前項の規定により有効とならない場合であっても、後の行為をした地の属する国の法律によれば適式であるときは、後の行為は、前の行為が不適式であることによって効力が妨げられることはありません。
　日本人が外国においてした小切手上の行為は、その行為が日本の法律に規定する方式に適合するかぎり、他の日本人に対しても、効力があります。

1 趣旨

　本条は、小切手上行為の方式に関する準拠法について定める。手形法89条と同様の規定である。

> ### 第79条【小切手行為の効力に関する準拠法】　D
> 小切手ヨリ生ズル義務ノ効力ハ署名ヲ為シタル地ノ属スル国ノ法ニ依リ之ヲ定ム但シ遡求権ヲ行使スル期間ハ一切ノ署名者ニ付証券ノ振出地ノ属スル国ノ法ニ依リ之ヲ定ム

　小切手から生ずる義務の効力は、小切手に署名をした地の属している国の法律によって定まります。ただし、遡求権を行使する期間は、いっさいの署名者について証券の振出地の属する国の法律によって定まります。

1 趣旨

本条は、「小切手行為ノ効力」に関する準拠法について定める。手形法90条と同様の規定である。

> **第80条【支払地法によるべき事項】　D**
> 左ノ事項ハ小切手ノ支払地ノ属スル国ノ法ニ依リ之ヲ定ム
> 1　小切手ハ一覧払タルコトヲ要スルヤ否ヤ、一覧後定期払トシテ振出シ得ルヤ否ヤ及先日附小切手ノ効力
> 2　呈示期間
> 3　小切手ニ引受、支払保証、確認又ハ査証ヲ為シ得ルヤ否ヤ及此等ノ記載ノ効力
> 4　所持人ハ一部支払ヲ請求シ得ルヤ否ヤ及一部支払ヲ受諾スル義務アリヤ否ヤ
> 5　小切手ニ線引ヲ為シ得ルヤ否ヤ、小切手ニ「計算ノ為」ノ文字又ハ之ト同一ノ意義ヲ有スル文言ヲ記載シ得ルヤ否ヤ及線引又ハ「計算ノ為」ノ文字若ハ之ト同一ノ意義ヲ有スル文言ノ記載ノ効力
> 6　所持人ハ資金ニ対シ特別ノ権利ヲ有スルヤ否ヤ及此ノ権利ノ性質
> 7　振出人ハ小切手ノ支払ノ委託ヲ取消シ又ハ支払差止ノ手続ヲ為シ得ルヤ否ヤ
> 8　小切手ノ喪失又ハ盗難ノ場合ニ為スベキ手続
> 9　裏書人、振出人其ノ他ノ債務者ニ対スル遡求権保全ノ為拒絶証書又ハ之ト同一ノ効力ヲ有スル宣言ヲ必要トスルヤ否ヤ

小切手は一覧払であることを要するか否か、一覧後定期払として振り出すことができるか否かおよび先日付小切手の効力などは、小切手の支払地の属する国の法律によって定まります。

1 趣旨

本条は、小切手が一覧払であることを要するかということや呈示期間など9項目について支払地法によるべきことを規定している。

> **第81条【権利の行使・保全の要件に関する準拠法】　D**
> 拒絶証書ノ方式及作成期間其ノ他小切手上ノ権利ノ行使又ハ保存ニ必要ナル行為ノ方式ハ拒絶証書ヲ作ルベキ地又ハ其ノ行為ヲ為スベキ地ノ属スル国ノ法ニ依リ之ヲ定ム

拒絶証書の方式および作成期間その他小切手上の権利の行使または保存に必要な行為の方式は、拒絶証書を作らなければならない地またはその行為をしなければならない地の属する国の法律によって定まります。

1 趣旨

　本条は、小切手上の権利の行使または保全の要件に関する準拠法について定める。手形法93条と同様の規定である。

条文重要度ランク表

第1部 商　法	第26条（物品の販売等を目的とする店舗の使用人）　C
第1編 総　則	
第1章 通　則	
第1条（趣旨等）　B	第7章 代理商
第2条（公法人の商行為）　C	第27条（通知義務）　B⁻
第3条（一方的商行為）　B	第28条（代理商の競業の禁止）　B
	第29条（通知を受ける権限）　B⁻
第2章 商　人	第30条（契約の解除）　B⁻
第4条（定義）　B⁺	第31条（代理商の留置権）　B
第5条（未成年者登記）　B⁻	
第6条（後見人登記）　C	第8章 雑　則
第7条（小商人）　B⁻	第32条　C
	第33条から第500条まで　削除
第3章 商業登記	
第8条（通則）　B	第2編 商行為
第9条（登記の効力）　A	第1章 総　則
第10条（変更の登記及び消滅の登記）　B⁻	第501条（絶対的商行為）　B⁺
	第502条（営業的商行為）　B⁺
第4章 商　号	第503条（附属的商行為）　B
第11条（商号の選定）　B	第504条（商行為の代理）　B
第12条（他の商人と誤認させる名称等の使用の禁止）　B⁺	第505条（商行為の委任）　B
第13条（過料）　B⁻	第506条（商行為の委任による代理権の消滅事由の特例）　B
第14条（自己の商号の使用を他人に許諾した商人の責任）　A	第507条（対話者間における契約の申込み）　B⁻
第15条（商号の譲渡）　A	第508条（隔地者間における契約の申込み）　B⁻
第16条（営業譲渡人の競業の禁止）　A	第509条（契約の申込みを受けた者の諾否通知義務）　B⁻
第17条（譲渡人の商号を使用した譲受人の責任等）　A	第510条（契約の申込みを受けた者の物品保管義務）　B⁻
第18条（譲受人による債務の引受け）　B⁺	第511条（多数当事者間の債務の連帯）　B
	第512条（報酬請求権）　B
第5章 商業帳簿	第513条（利息請求権）　B
第19条　B	第514条（商事法定利率）　B
	第515条（契約による質物の処分の禁止の適用除外）　B⁻
第6章 商業使用人	
第20条（支配人）　B	第516条（債務の履行の場所）　B⁺
第21条（支配人の代理権）　A	第517条（指図債権等の証券の提示と履行遅滞）　B
第22条（支配人の登記）　B⁻	第518条（有価証券喪失の場合の権利行使方法）　B⁻
第23条（支配人の競業の禁止）　B⁺	第519条（有価証券の譲渡方法及び善意取得）　B⁻
第24条（表見支配人）　A	第520条（取引時間）　C
第25条（ある種類又は特定の事項の委任を受けた使用人）　B	第521条（商人間の留置権）　B
	第522条（商事消滅時効）　B⁺

第523条　削除	第555条【介入権】　B
	第556条【問屋の供託・競売権】　B⁻
第2章　売買	第557条【通知義務および留置権】　B⁻
第524条（売主による目的物の供託及び競売）　B⁻	第558条【準問屋】　B
第525条（定期売買の履行遅滞による解除）　B⁻	
第526条（買主による目的物の検査及び通知）　B⁻	**第7章　運送取扱営業**
第527条（買主による目的物の保管及び供託）　B⁻	第559条【意義】　B
第528条　B⁻	第560条【運送取扱人の損害賠償責任】　B⁻
	第561条【報酬請求権】　B⁻
第3章　交互計算	第562条【留置権】　B⁻
第529条（交互計算）　B⁻	第563条【相次運送取扱い－中間運送取扱人の権利義務】　C
第530条（商業証券に係る債権債務に関する特則）　C	第564条【相次運送取扱い－運送人の権利の取得】　C
第531条（交互計算の期間）　C	第565条【介入権】　B⁻
第532条（交互計算の承認）　C	第566条【運送取扱人の責任の短期時効】　B⁻
第533条（残額についての利息請求権等）　C	第567条【債権の短期時効】　B⁻
第534条（交互計算の解除）　C	第568条【物品運送に関する規定の準用】　B⁻
第4章　匿名組合	**第8章　運送営業**
第535条（匿名組合契約）　B	■第1節　総則
第536条（匿名組合員の出資及び権利義務）　B	第569条【意義】　B
第537条（自己の氏名等の使用を許諾した匿名組合員の責任）　B⁻	■第2節　物品運送
	第570条【運送状】　B
第538条（利益の配当の制限）　B⁻	第571条【貨物引換証の交付】　B⁺
第539条（貸借対照表の閲覧等並びに業務及び財産状況に関する検査）　B⁻	第572条【貨物引換証の文言証券性】　B⁺
	第573条【貨物引換証の処分証券性】　B⁺
第540条（匿名組合契約の解除）　B⁻	第574条【貨物引換証の法律上当然の指図証券性】　B
第541条（匿名組合契約の終了事由）　B⁻	
第542条（匿名組合契約の終了に伴う出資の価額の返還）　B⁻	第575条【貨物引換証の物権的効力】　B⁺
	第576条【運送賃請求権】　B⁻
	第577条【運送人の損害賠償責任】　B
第5章　仲立営業	第578条【高価品に関する特則】　B⁺
第543条【意義】　B	第579条【相次運送人の連帯責任】　C
第544条【当事者のための給付を受ける権限】　B⁻	第580条【損害賠償の額】　B⁺
第545条【見本保管の義務】　B⁻	第581条【定額賠償主義の例外】　B⁻
第546条【結約書に関する義務】　B⁻	第582条【運送品の処分権】　B
第547条【帳簿に関する義務】　B⁻	第583条【荷受人による荷送人の権利取得】　B
第548条【氏名黙秘の義務】　B⁻	第584条【貨物引換証の受戻証券性】　B
第549条【介入義務】　B⁻	第585条【荷受人不明の場合の供託・競売権】　C
第550条【報酬請求権】　B⁻	第586条【運送品の引渡に争いがある場合の供託・競売権】　C
第6章　問屋営業	第587条【売買に関する規定の準用】　C
第551条【意義】　B⁺	第588条【責任の特別消滅事由】　B
第552条【問屋の法律上の地位】　B⁺	第589条【運送取扱人に関する規定の準用】　B
第553条【履行担保義務】　B	■第3節　旅客運送
第554条【指値遵守義務】　B	第590条【旅客運送人の責任】　C

条文	ランク
第591条【引渡しを受けた手荷物に関する責任】	C
第592条【引渡しを受けない手荷物に関する責任】	C

第9章 寄 託
■第1節 総 則

条文	ランク
第593条【寄託を受けた商人の責任】	B
第594条【客の来集を目的とする場屋の主人の責任】	B
第595条【高価品に関する特則】	B
第596条【場屋の主人の責任の短期時効】	B

■第2節 倉庫営業

条文	ランク
第597条【意義】	B
第598条【預証券及び質入証券の交付義務】	B
第599条【倉庫証券の記載事項】	B
第600条【帳簿の記載】	C
第601条【分割部分に対する倉庫証券の請求】	C
第602条【倉庫証券の文言証券性】	B
第603条【倉庫証券の法律上当然の指図証券性】	B
第604条【貨物引換証に関する規定の準用】	B
第605条【倉庫証券の滅失・再交付】	B−
第606条【質入証券の第一の質入裏書】	B
第607条【預証券所持人の義務】	B
第608条【質入証券所持人の債権の弁済の場所】	B−
第609条【支払拒絶証書の作成】	B−
第610条【質入証券所持人の競売請求】	C
第611条【寄託物競売代金中からの支払】	B−
第612条【競売代金不足の場合の処置】	C
第613条【質入証券裏書人に対する遡求】	B−
第614条【遡求権の喪失】	B−
第615条【質入証券所持人の権利の短期時効】	B−
第616条【寄託者、証券所持人の倉庫営業者に対する権利】	B−
第617条【倉庫営業者の損害賠償責任】	B
第618条【保管料等の請求権】	B−
第619条【保管の期間】	B−
第620条【受戻証券性】	B
第621条【預証券所持人の寄託物全部の返還請求権】	C
第622条【預証券所持人の寄託物一部の返還請求権】	C
第623条【質入証券所持人の供託金に対する権利】	C
第624条【倉庫営業者の供託・競売権】	C
第625条【運送人の責任の消滅事由の規定の準用】	B
第626条【責任の短期時効】	B
第627条【倉荷証券の発行、預証券に関する規定の準用】	B
第628条【倉荷証券による寄託物質入れの場合の一部出庫】	C

第2部 手形法
第1編 為替手形
第1章 為替手形ノ振出及方式

条文	ランク
第1条【手形要件】	B
第2条【手形要件の記載の欠缺】	B+
第3条【自己指図手形、自己宛手形、委託手形】	C
第4条【第三者方払の記載】	B+
第5条【利息の約定】	C
第6条【手形金額に関する記載の差異】	B
第7条【手形行為独立の原則】	A
第8条【手形行為の代理】	A
第9条【為替手形の振出人の担保責任】	B
第10条【白地手形】	A

第2章 裏 書

条文	ランク
第11条【法律上当然の指図証券性】	B
第12条【裏書の要件】	B
第13条【裏書の方式】	B
第14条【裏書の権利移転的効力】	B+
第15条【裏書の担保的効力】	A
第16条【裏書の資格授与的効力】	A
第17条【人的抗弁の切断】	A
第18条【取立委任裏書】	B+
第19条【質入裏書】	B−
第20条【期限後裏書】	B+

第3章 引 受

条文	ランク
第21条【引受呈示の自由】	B
第22条【引受呈示の命令・禁止】	C
第23条【一覧後定期払手形の呈示義務】	C
第24条【猶予期間】	C
第25条【引受の方式】	C
第26条【引受の単純性】	C
第27条【引受人の第三者方払の記載】	C
第28条【引受の効力】	C
第29条【引受の抹消】	C

第4章 保 証

条文	ランク
第30条【手形保証の要件】	B
第31条【手形保証の方式】	B−

第32条【手形保証の効力】　B	■第1節　複　本
第5章　満　期	第64条【複本の発行、方式】　C
第33条【満期の種類】　B	第65条【複本の一通に対する支払の効力】　C
第34条【一覧払手形の満期】　C	第66条【引受のためにする複本の送付】　C
第35条【一覧後定期払手形の満期】　C	■第2節　謄　本
第36条【満期の決定・期間の計算方法】　C	第67条【謄本の作成者、方式、効力】　C
第37条【暦を異にする地における満期の決定方法】　D	第68条【謄本所持人の権利】　C
	第10章　変　造
	第69条【変造の効果】　A
第6章　支　払	第11章　時　効
第38条【支払のための呈示】　B⁺	第70条【時効期間】　B⁺
第39条【受戻証券性、一部支払】　B⁺	第71条【時効の中断】　B⁻
第40条【満期前の支払、善意支払】　A	
第41条【外国通貨表示の手形の支払】　D	第12章　通　則
第42条【手形金額の供託】　C	第72条【休日】　C
第7章　引受拒絶又ハ支払拒絶ニ因ル遡求	第73条【期間の初日】　C
第43条【遡求の実質的要件】　B⁺	第74条【恩恵日】　C
第44条【遡求の形式的要件】　B⁺	
第45条【遡求の通知】　B⁻	第2編　約束手形
第46条【拒絶証書作成の免除】　B⁻	第75条【手形要件】　A
第47条【所持人に対する合同責任】　B⁻	第76条【手形要件の記載の欠缺】　B
第48条【遡求金額】　B⁻	第77条【為替手形に関する規定の準用】　B⁻
第49条【再遡求金額】　B	第78条【振出の効力、一覧後定期払手形の特則】　B⁻
第50条【遡求義務者の権利】　B	
第51条【一部引受の場合の遡求】　C	
第52条【戻手形による遡求】　C	附　則
第53条【遡求権の喪失】　B	第79条【施行期日】　D
第54条【不可抗力による期間の伸長】　C	第80条【旧規定の削除】　D
	第81条【経過規定】　D
第8章　参　加	第82条【署名】　B
■第1節　通　則	第83条【手形交換所】　B⁻
第55条【当事者、通知】　C	第84条【拒絶証書の作成】　C
■第2節　参加引受	第85条【利得償還請求権】　A
第56条【参加引受の要件】　C	第86条【訴訟告知による時効の中断】　B⁻
第57条【参加引受の方式】　C	第87条【休日の意義】　C
第58条【参加引受の効力】　C	第88条【手形行為能力の準拠法】　D
■第3節　参加支払	第89条【手形行為の方式に関する準拠法】　D
第59条【参加支払の要件】　C	第90条【手形行為の効力に関する準拠法】　D
第60条【同前】　C	第91条【振出の原因たる債権の取得に関する準拠法】　D
第61条【参加支払拒絶の効果】　C	
第62条【参加支払の方式】　C	第92条【一部引受・一部支払の許否に関する準拠法】　D
第63条【参加支払の効力】　C	
	第93条【権利の行使・保全の要件に関する準拠法】　D
第9章　複本及謄本	

◆条文重要度ランク表

条	内容	ランク	条	内容	ランク
第94条	【手形の喪失・盗難の場合の手続きに関する準拠法】	D	第33条	【振出人の死亡または無能力】	C
			第34条	【受戻証券性、一部支払】	B
			第35条	【支払人の調査義務】	B⁻

第3部　小切手法

第1章　小切手ノ振出及方式

条	内容	ランク	条	内容	ランク
			第36条	【外国通貨表示の小切手の支払】	C
第1条	【小切手要件】	B		**第5章　線引小切手**	
第2条	【小切手要件の記載の欠缺】	B⁻	第37条	【線引の種類・方式・変更・抹消】	B⁺
第3条	【振出の制限】	B⁺	第38条	【線引の効力】	B⁺
第4条	【引受の禁止】	B⁺			
第5条	【受取人の記載】	B⁻		**第6章　支払拒絶ニ因ル遡求**	
第6条	【自己指図、委託、自己宛小切手】	B⁻	第39条	【遡求の要件】	B⁻
第7条	【利息の約定】	C	第40条	【拒絶証書等の作成期間】	C
第8条	【第三者方払（支払場所）の記載】	B⁻	第41条	【遡求の通知】	C
第9条	【小切手金額に関する記載の差異】	B⁻	第42条	【拒絶証書等の作成免除】	C
第10条	【小切手行為独立の原則】	B	第43条	【遡求義務者の合同責任】	C
第11条	【小切手行為の代理】	B	第44条	【遡求金額】	C
第12条	【振出の担保的効力】	B	第45条	【再遡求金額】	C
第13条	【白地小切手の不当補充】	B	第46条	【遡求義務者の権利】	C
			第47条	【不可抗力による期間の伸長】	C
	第2章　譲　渡				
第14条	【法律上当然の指図証券性と指図禁止、戻裏書】	B		**第7章　複　本**	
			第48条	【複本発行の条件・方式】	C
第15条	【裏書の要件、裏書と支払人】	B	第49条	【複本の効力】	C
第16条	【裏書の方式、白地式裏書】	B			
第17条	【裏書の権利移転的効力、白地式裏書の効果】	B		**第8章　変　造**	
			第50条	【変造と小切手行為者の責任】	B
第18条	【裏書の担保的効力、禁転裏書】	B			
第19条	【裏書の資格授与的効力】	B		**第9章　時　効**	
第20条	【無記名小切手の裏書の効力】	B	第51条	【時効期間】	B⁺
第21条	【小切手の善意取得】	B⁺	第52条	【時効の中断】	B
第22条	【人的抗弁の切断】	B⁺			
第23条	【取立委任裏書】	B		**第10章　支払保証**	
第24条	【期限後裏書】	B	第53条	【方式】	C
			第54条	【要件】	C
	第3章　保　証		第55条	【効力】	C
第25条	【小切手保証の要件】	B	第56条	【支払保証と小切手上の債務者の責任】	C
第26条	【保証の方式】	B	第57条	【不可抗力による期間の伸長】	C
第27条	【保証の効力】	B	第58条	【時効】	C
	第4章　呈示及支払			**第11章　通　則**	
第28条	【小切手の一覧払性、先日付小切手の呈示】	B⁺	第59条	【銀行】	C
			第60条	【休日】	C
第29条	【支払呈示期間】	B⁺	第61条	【期間の初日】	C
第30条	【暦を異にする地における振出日の決定】	D	第62条	【恩恵日】	C
第31条	【手形交換所における呈示】	C			
第32条	【支払委託の取消し】	B⁺		**附　則**	

条文	ランク	条文	ランク
第63条【施行期日】	D	第73条【訴訟告知による時効の中断】	C
第64条【旧規定の削除】	D	第74条【計算小切手】	C
第65条【本法施行前に振り出した小切手】	D	第75条【休日の意義】	C
第66条【経過規定】	D	第76条【小切手行為能力の準拠法】	D
第67条【署名】	C	第77条【支払人の資格に関する準拠法】	D
第68条【小切手の呈示期間の伸長】	D	第78条【小切手行為の方式に関する準拠法】	D
第69条【手形交換所】	C	第79条【小切手行為の効力に関する準拠法】	D
第70条【拒絶証書の作成】	C	第80条【支払地法によるべき事項】	D
第71条【小切手の違法振出に対する罰則】	C	第81条【権利の行使・保全の要件に関する準拠法】	D
第72条【利得償還請求権】	B		

事項索引

あ

悪意の抗弁 …………………………………300
悪意又ハ重大ナル過失 ……………………359
預証券 ………………………………………176
後日付小切手 ………………………………463

い

委託小切手 …………………………………446
委託手形 ……………………………………230
一部裏書 ……………………………………281
一部支払 ……………………………………352
一覧後定期払 …………………………326, 341
一覧後定期払手形 ……………………344, 420
一覧払 ………………………………………341
一覧払手形 …………………………………343
一般悪意の抗弁 ……………………………301
一般線引 ……………………………………471
一般発行説 …………………………………205
一方的商行為 …………………………………8
一方的仲立契約 ……………………………115

う

受取人 ………………………………………224
受取人欄の無権限変更 ……………………402
受取人欄の無権限抹消 ……………………403
受戻証券 ……………………………………204
受戻証券性 ………………………161, 352, 468
裏書 ……………………………281, 282, 453
　　──の連続 ……………………………289, 359
　　満期後の── ………………………………321
裏書禁止裏書 ………………………………287
裏書禁止手形 ………………………………275
運送状 ………………………………………141
運送取扱契約 ………………………………132
運送取扱人 …………………………………131
運送人 ………………………………………140
　　──の損害賠償責任 ……………………150

え

営業 ……………………………………28, 42
営業者 ………………………………………104
営業所 …………………………………40, 45
営業譲渡 …………………………28, 29, 31, 34
営業譲渡人 …………………………………30

営業的商行為 ……………………………58, 61
営業避止義務 ………………………………44
営利主義 ………………………………………5

お

恩恵日 ………………………………………414

か

外観主義 ………………………………………5
開業準備行為 …………………………………10
会計帳簿 ……………………………………37
外国通貨現実支払文句 ……………………470
書合手形 ……………………………………306
書替 …………………………………………364
確定日払 ……………………………………341
貨物引換証 …………………………………142
為替手形 ……………………………………222
河本フォーミュラ …………………………300
間接代理 ……………………………………124

き

機関方式 …………………………………239, 249
期限後裏書 …………………………287, 321, 459
擬制商人 ………………………………………9
偽造 …………………………………………250
偽造者の責任 ………………………………252
寄託 …………………………………………169
基本的商行為 ………………………………58
記名式裏書 …………………………………283
記名捺印 ………………………………55, 423
競業避止義務 …………………………30, 44, 51
共同運送 ……………………………………157
拒絶証書 ………………………………369, 424

く

倉荷証券 …………………………………176, 198

け

形式的意義における商法 ……………………4
形式的要件 …………………………………223
結約書 ………………………………………117
権限濫用 …………………………………240, 255
　　代理人の── ………………………………240
権利移転的効力 …………………………284, 454
権利外観理論 ………………………………207

こ

高価品	153
──に関する特則	172
交互計算	97
公示催告手続	218
後者の抗弁	306
合同責任	375, 479
交付契約説	205, 206
交付欠缺	206
小切手	438
小切手保証	460
固有の商人	9
コレガンチア	105
コンメンダ契約	104

さ

催告	409
再遡求	378, 480
再遡求金額	378, 480
「債務者ヲ害スルコトヲ知リテ」(害意)の意義	300
先日付小切手	463
指図禁止小切手(裏書禁止小切手)	445
指図禁止手形(裏書禁止手形)	275
指図禁止文句	275
指図証券	204, 275
指図証券性	275, 451
参加	387
参加支払	391
参加引受	388, 389
32条1項と2項との関係	338

し

資格授与的効力	288, 292, 455
自己宛小切手	446
自己宛手形	230
時効中断効	263, 350, 355
時効の中断	409, 486
自己指図小切手	446
自己指図手形(自己受手形)	230
持参人払式裏書	282
下請運送	157
質入裏書	319
隠れた──	320
質入証券	176
実質的意義における商法	4
実質的要件	209
支配人	39
支払委託証券	222, 416, 438

支払委託の取消し	466
支払委託文句	223
支払確保のために	214
支払拒絶証書	186, 370
支払地	224, 229, 231
支払呈示	347
支払呈示期間	464
支払に代えて	214
支払人	223
(狭義の)支払のために	214
(広義の)支払のために	214
支払場所	231
支払保証	487
支払約束証券	416
支払猶予	363
指名債権譲渡の方式による譲渡	277
10条の適用範囲	268
修正発行説	205
周知性・慣用性	225
準白地手形	260
場屋営業	170
場屋における取引	62
償還	382
商慣習	7
商業使用人	38
商業帳簿	36
商業登記	14
消極的公示力	15
商号	21
──の譲渡	28
商行為	9, 65
──の委任	69
──の代理	66
商号権	22
商号選定の自由	21
商号単一の原則	21
商事消滅時効	86
商事売買	89
商事法定利率	78
乗車券	165
商事留置権	85
商人	9
商人資格の取得時期	10
消滅時効	407
除権決定	270
処分証券性	146
署名	423, 494
署名代行	249
白地式裏書	283, 284, 291, 453

白地手形 …………………………………259
白地補充権 ………………………………261
人的抗弁 …………………………… 298, 299
　——切断の制度 …………………………299
　——の切断 ……………………………457
信用証券 …………………………………438
信用証券化の防止 ………………………439

せ

請求呈示 …………………………………355
精力分散防止義務 …………………………44
積極的公示力 ………………………………16
設権証券 …………………………………204
絶対的商行為 …………………………58, 59
善意支払 …………………………………357
善意取得 ………………… 293, 322, 403, 457
線引小切手 ………………………………471

そ

倉庫営業 …………………………………174
倉庫営業者 ………………………………175
倉庫証券 …………………………………176
相次運送 …………………………………156
相次運送取扱い …………………………135
創設的効力 …………………………………17
相対的商行為 ………………………………58
双方的仲立契約 …………………………115
遡求 ………………………… 367, 379, 475
遡求義務者 ………………………………379
遡求金額 …………………………… 377, 479
遡求権保全効 ……………… 263, 349, 350, 355
訴訟告知 …………………………… 431, 496

た

第三者方払 ………………………… 231, 330, 447
第三者方払手形(他所払手形) ……………231
貸借対照表 …………………………………37
代理商 …………………………………38, 49
代理人の権限濫用 ………………………240
代理方式 …………………………………239
多義的記載と裏書の連続 …………………290
多数債務者の連帯 …………………………74
担保責任 …………………………………259
担保的効力 ………………………… 286, 449
担保のために ……………………………214

つ

追認 ………………………………………245

て

定期売買の履行遅滞による解除 …………91
呈示証券 …………………………………204
呈示証券性 ………………………………347
手形意思表示 ……………………………211
手形関係と原因関係 ……………………213
手形金額 …………………………… 223, 233
手形権利能力 ……………………………209
手形行為独立の原則 ……………… 213, 234, 235
手形行為能力 ……………………………209
手形交換 …………………………………349
手形抗弁 …………………………………298
手形能力 …………………………………209
手形の書替 ………………………………364
手形保証 …………………………………333
　隠れた—— ……………………………335
手形保証独立の原則 ……………………338
手形文句 …………………………………223
手形要件 …………………………… 222, 228, 417
手形理論 …………………………………204
手荷物 ……………………………………167

と

問屋 ………………………………………122
登記事項 …………………………………14, 15
到達地運送取扱人 ………………………136
謄本 ………………………………………398
特定線引 …………………………………471
匿名組合 …………………………………104
匿名組合員 ………………………………104
匿名組合契約 ……………………………107
取立委任裏書 ……………………… 313, 458
　隠れた—— ……………………………315
取引所 ………………………………………60

な

名板貸人 ……………………………………24
仲立営業 …………………………………114
仲立人 ……………………………………114

に

荷送人 ……………………………………141
荷為替 ……………………………………143
二重無権の抗弁 …………………………309
荷渡指図書 ………………………………177
任意的記載事項(有益的記載事項) ………225

は

- 発行説 ……………………………………… 205
- 万効手形 …………………………………… 229

ひ

- 引受 ………………………………… 324, 443
- 引受呈示 …………………………………… 324
- 被偽造者(本人)の責任 …………………… 250
- 引渡証券性 ………………………………… 148
- 非設権証券 ………………………………… 143
- 日付後定期払 ……………………………… 341
- 表見偽造 …………………………………… 251
- 表見支配人 …………………………… 16, 45
- 表見代理 …………………………………… 245
- 表見変造 …………………………………… 401

ふ

- 不正競争防止法 ……………………………… 22
- 不正の競争の目的 …………………………… 31
- 不正の目的 …………………………………… 23
- 附属的商行為 ……………………… 10, 58, 64
- 付遅滞効 ………………… 263, 349, 350, 355
- 物権的効力 ………………………………… 148
- 物的抗弁 …………………………………… 298
- 物品保管義務 ………………………………… 73
- 不当補充 …………………………………… 268
- 部分運送 …………………………………… 157
- 振出地 ………………………………… 224, 229
- 振出人の署名 ……………………………… 225
- 振出日 ……………………………………… 224

へ

- 変造 ………………………………………… 400
- 変造者の責任 ……………………………… 401

ほ

- 補充権 ………………………………… 261, 264
- 補助的商行為 ………………………………… 58

ま

- 満期 …………………………… 224, 229, 341
- 満期白地手形 ……………………………… 266

み

- 満期前の支払 ……………………………… 353
- 満期前の遡求 ……………………………… 368

む

- 無因証券 …………………………………… 204
- 無益的記載事項 …………………………… 226
- 無権代理 ……………………………… 244, 449
- 無権代理人の責任 ………………………… 246
- 無担保裏書 ………………………………… 287

め

- 名義貸人の手形責任 ……………………… 253

も

- 目的物の検査及び通知 ……………………… 92
- 目的物の保管及び供託 ……………………… 93
- 戻裏書 …………………… 278, 287, 303, 451
- 戻手形 ……………………………………… 383
- 文言証券 …………………………………… 204
- 文言証券性 …………………………… 144, 181

や

- 約束手形 …………………………………… 416

ゆ

- 有因証券 …………………………………… 143
- 有益的記載事項 …………………………… 225
- 有害的記載事項 …………………………… 226
- 融通手形 …………………………………… 304

よ

- 要式証券 ……………………………… 143, 204
- 要式証券性 ………………………………… 228

り

- 利息請求権 ………………………………… 77
- 利得償還請求権 …………… 424, 425, 496
- 旅客運送契約 ……………………………… 165

れ

- レセプツム責任 …………………………… 170
- 連帯運送 …………………………………… 157

条文用語索引

(項目につづく数字は、該当条文を表わします)

商法

あ

悪意	24, 26, 526, 566, 581, 588, 596, 626
預証券	598, 599, 600, 601, 602, 603, 604, 605, 606, 607, 611, 615, 616, 620, 621, 622, 624, 626, 627

い

異議	532
一部出庫	618, 622
一部滅失	580, 588
一方的商行為	3
委任	25, 505, 506, 552

う

請負	502
裏書	574, 603, 606
売主	524, 526, 527, 528, 555
運送契約	583
運送状	570
運送賃	561, 562, 571, 576, 580, 582, 583, 588, 591
運送取扱営業	568
運送取扱契約	561
運送取扱人	559, 560, 561, 562, 564, 565, 566, 567, 577
運送人	560, 561, 564, 565, 569, 570, 571, 572, 576, 577, 578, 579, 581, 582, 583, 585, 586, 588, 589
──の権利	564
旅客の──	590, 591, 592
運送品	560, 561, 562, 566, 570, 573, 575, 576, 577, 579, 580, 581, 582, 583, 584, 585, 586, 588
──の返還	582

え

営業	1, 5, 6, 7, 12, 14, 15, 16, 17, 18, 19, 20, 21, 23, 24, 25, 27, 28, 502, 503, 509, 510, 512, 513, 535, 593
営業者	536, 537, 539, 541
営業所	20, 24, 516, 527, 539, 608, 613
営業譲渡人	16
営業的商行為	502
延着	560, 577, 579, 580, 581

か

会計帳簿	19
会社	11, 23, 28
買主	524, 526, 527, 528, 555

隔地者間における契約の申込み	508
加工	502
瑕疵	526, 576
貨物引換証	565, 571, 572, 573, 574, 575, 582, 584
管轄	527, 539

き

毀損	560, 577, 579, 580, 581, 588, 592, 594, 595, 617, 626
寄託	502, 593, 594, 595, 602
寄託者	598, 599, 600, 616, 624, 626, 627, 628
競業の禁止	16, 23, 28
供託	518, 524, 527, 585, 586, 621, 622
拒絶証書	609, 610, 611, 614
銀行取引	502

く

| 倉荷証券 | 627, 628 |

け

競売	524, 527, 585, 586, 610, 611, 614
競売代金	611, 612, 624
契約の解除	30, 525, 527, 540

こ

高価品	578, 595
鉱業	4
後見人	6
交互計算	529, 530, 531, 532, 533, 534
公示催告	518
公法人	2
小切手	519
小商人	7

さ

| 催告 | 524, 585, 586, 591 |
| 指図債権 | 516, 517 |

し

時効	522, 566, 567, 596, 615, 626
質入証券	598, 599, 600, 601, 602, 603, 604, 605, 606, 608, 609, 610, 611, 612, 613, 614, 616, 620, 621, 623, 624, 627
支配人	20, 21, 22, 23
──の競業の禁止	23
住所	516, 527, 591, 613
受任者	505
場屋	502, 594, 595, 596
商慣習	1
商業証券	501, 530
商業帳簿	19
商号	11, 12, 14, 15, 17, 18, 537, 546, 548, 549, 570, 571, 599

| 　　──の譲渡 | 15 |
| 　　──の登記 | 11 |

商行為 … 1, 2, 3, 4, 501, 502, 503, 504, 505, 506, 511, 514, 515, 516, 521, 522, 543
　　──の委任 … 505, 506
　　──の代理 … 502, 504
商事消滅時効 … 522
商事法定利率 … 514
承諾 … 507, 508, 509, 628
使用人 … 21, 23, 24, 25, 26, 27, 560, 577, 590, 592, 594, 617
商人 … 1, 4, 7, 11, 12, 14, 15, 16, 17, 19, 20, 21, 22, 23, 24, 25, 27, 28, 30, 31, 503, 507, 508, 509, 510, 512, 513, 520, 521, 524, 525, 526, 529, 593
商人間の売買 … 524, 525, 526

せ

製造 … 502
絶対的商行為 … 501
善意取得 … 519
全部滅失 … 566, 580, 596, 626
占有 … 31, 521

そ

倉庫営業者 … 597, 598, 599, 600, 601, 602, 605, 608, 611, 612, 616, 617, 618, 619, 621, 622, 625, 626, 627, 628

た

代理 … 27, 31, 502, 504, 552
代理権 … 6, 21, 22, 25, 506
代理商 … 27, 28, 29, 30, 31
代理人 … 504
対話者間における契約の申込み … 507
諾否通知義務 … 509

つ

通知 … 17, 27, 29, 508, 509, 524, 526, 527, 546, 555, 585, 586, 588, 591, 626
通知義務 … 27

て

定期売買 … 525
手形 … 501, 530, 609
手形法 … 519, 613
店舗 … 4, 26

と

問屋 … 551, 552, 553, 554, 555, 556, 557, 559
登記 … 5, 6, 8, 9, 10, 11, 15, 17, 22
到達地 … 570, 580, 582, 583, 591
匿名組合 … 540, 541
匿名組合員 … 536, 537, 538, 539, 541, 542
匿名組合契約 … 535, 540, 541, 542
取次（ぎ）… 502, 559, 563

取引所 …………………………………………………………………………………………501, 555

な
仲立人 ……………………………………………………………543, 544, 545, 546, 547, 548, 549, 550

に
荷受人 ………………………………………………………566, 567, 570, 582, 583, 585, 586, 588
荷送人 ………………………………………………………570, 571, 576, 578, 582, 583, 585, 586

は
媒介 ……………………………………………………………………27, 29, 31, 543, 544, 545, 547

ひ
表見支配人 …………………………………………………………………………………………………24

ふ
不可抗力 ……………………………………………………………………………………………576, 594
不正の目的 ……………………………………………………………………………………………………12
附属的商行為 ………………………………………………………………………………………………503
物品運送 ……………………………………………………………………………………………………559
物品保管義務 ………………………………………………………………………………………………510

へ
弁済 ……………………………………14, 17, 18, 31, 516, 521, 530, 537, 563, 564, 582, 607, 608, 612, 615, 623
弁済期 ………………………………………………………………31, 521, 606, 609, 614, 615, 621, 622, 628

ほ
報酬請求権 ………………………………………………………………………………………………512
保管 ………………………………………………………510, 527, 545, 560, 577, 597, 599, 617, 619
保管料 ……………………………………………………………………………………………599, 611, 618
保険 …………………………………………………………………………………………………502, 599
保証 ……511

み
未成年者 ………………………………………………………………………………………………………5

も
申込み ……………………………………………………………………………………507, 508, 509, 510

や
やむを得ない事由 ………………………………………………………………………………………30, 540

ゆ
有価証券 ………………………………………………………………31, 501, 518, 519, 521, 578, 595

り
利息請求権 …………………………………………………………………………………………513, 533
留置権 ………………………………………………………………………………………………………31, 521
両替 ……502

手形法

い
一部支払 ……………………………………………………………………………… 39, 92
一覧後定期払 ……………………………………………… 5, 22, 23, 25, 33, 35, 38, 44, 53, 54, 78
一覧払 …………………………………………………………… 2, 5, 33, 34, 44, 52, 53, 54, 76

う
受戻 ………………………………………………………………………… 47, 49, 50, 70
裏書 …………………………… 11, 12, 13, 14, 15, 16, 18, 19, 20, 40, 47, 50, 53, 63, 64, 67, 68, 77
裏書人 …………………… 13, 15, 18, 19, 22, 23, 25, 34, 40, 43, 45, 46, 50, 52, 53, 54, 55, 58, 60, 63, 64, 65, 70, 85, 86

か
確定日払 …………………………………………………………………………… 33, 38, 44

き
偽造 ………………………………………………………………………………………… 7
記名捺印 …………………………………………………………………………………… 82

さ
債務者ヲ害スルコトヲ知リテ ……………………………………………………………… 17, 19
参加引受 ………………………………………………………………………… 56, 57, 58

し
時効 ………………………………………………………………………… 70, 71, 77, 85, 86
支払拒絶 ……………………………………………………………………………… 45, 53, 77
支払拒絶証書 ………………………………………………………………… 20, 44, 46, 53, 59, 60
支払地 ………………………………………………………………… 2, 27, 37, 41, 52, 56, 60, 76, 90, 92, 94
支払人 ……………………… 1, 2, 4, 11, 21, 22, 24, 25, 26, 27, 28, 29, 31, 39, 40, 43, 44, 55, 65, 77
署名 ………………………… 1, 7, 8, 13, 25, 29, 30, 31, 40, 46, 54, 57, 65, 75, 77, 78, 82, 88, 89, 90
署名者 …………………………………………………………………… 7, 45, 46, 47, 69, 90
白地式裏書 ………………………………………………………………………… 12, 13, 16

そ
遡求 ……………………………………………………………………… 48, 50, 51, 52, 55, 77
遡求権 ……………………………… 25, 43, 44, 46, 48, 51, 52, 53, 54, 56, 59, 61, 63, 66, 68, 90
訴訟告知 …………………………………………………………………………………… 86

て
手形金額 ……………………………………………………………… 5, 6, 26, 42, 48, 51, 92
手形交換所 ……………………………………………………………………………… 38, 83

と
謄本 …………………………………………………………………………… 67, 68, 77

ひ
被裏書人 ……………………………………………………………………………… 13, 15

引受	9, 11, 15, 21, 22, 23, 24, 25, 26, 27, 28, 29, 35, 43, 44, 47, 48, 51, 53, 54, 55, 56, 60, 65, 66, 72, 92
引受拒絶	45, 53
引受拒絶証書	44, 46, 53
日附後定期払	33, 37, 38, 44

ふ

不可抗力	54
複本	64, 65, 66
振出地	2, 37, 76, 90, 91

へ

変造	69, 77

ほ

保証	30, 31, 32, 47, 67, 68, 77
保証人	31, 32, 45, 46, 55

ま

満期	1, 2, 20, 21, 28, 33, 35, 36, 37, 40, 41, 43, 48, 54, 56, 59, 70, 72, 75, 76, 77

も

戻手形	52

よ

予備支払人	55, 56, 60

り

利息	5, 48, 49, 77

小切手法

い

一部支払	34, 80
一覧後定期払	80
一覧払	28, 80
一般線引	37

う

受取人	5
受戻	43, 45, 46, 51
裏書	14, 15, 16, 17, 18, 19, 20, 21, 23, 24, 35, 46
裏書人	16, 18, 20, 23, 35, 39, 41, 42, 46, 47, 49, 51, 72, 73, 80

え

営業所	15

き

偽造	10

記名捺印…………………………………………………………………………………67

さ

債務者ヲ害スルコトヲ知リテ……………………………………………………22
先日附小切手……………………………………………………………………80

し

時効………………………………………………………………51, 52, 58, 72, 73
持参人払式…………………………………………………………………5, 21
支払拒絶……………………………………………………………………39, 41
支払地……………………………………………………2, 29, 30, 36, 77, 78, 80
支払人…………………1, 2, 8, 15, 25, 32, 34, 35, 38, 39, 53, 55, 57, 58, 72, 77
支払保証………………………………………………53, 54, 55, 56, 57, 58, 72, 80
署名……………………1, 10, 11, 16, 25, 26, 35, 42, 47, 49, 53, 67, 76, 77, 78, 79
署名者……………………………………………………10, 41, 42, 43, 50, 79
白地式裏書………………………………………………………………15, 16, 19

せ

線引小切手…………………………………………………………………………38

そ

遡求………………………………………………………………………20, 44, 46
遡求権………………………………………………………39, 42, 47, 51, 79, 80
訴訟告知……………………………………………………………………………73

て

手形交換所……………………………………………………………31, 38, 39, 69

と

特定線引…………………………………………………………………………37, 38

ひ

被裏書人…………………………………………………………………………16, 18
引受…………………………………………………………………………4, 80

ふ

不可抗力……………………………………………………………………………47
複本…………………………………………………………………………………49
振出地………………………………………………………………2, 29, 66, 79

へ

変造…………………………………………………………………………………50

ほ

保証………………………………………………………………………25, 26, 27
保証人……………………………………………………………………26, 27, 41, 42

り

利息………………………………………………………………………7, 44, 45

判例索引

明治

大判明32・2・2民録5-2-6	37
大判明34・3・4民録16-182	42
大判明34・10・24民録7-9-124	224, 227
大決明36・5・19民録9-629	231, 349
大判明36・6・11民録9-15-699	348
大判明36・10・29民録9-23-1177	349
大判明39・5・17民録12-837	220
大判明40・3・27民録13-359	239
大判明40・6・21民録12-694	132
大判明41・1・21民録14-13	88
大判明41・7・3民録14-820	121
大判明41・10・12民録14-999	18
大判明44・2・22民録17-72	410
大判明44・5・23民録17-320	76
大判明44・12・25民録17-904	282
大判明45・2・29民録18-148	75

大正

大判大2・7・28民録19-668	146
大判大4・6・22新聞1043-29	296
大判大4・9・14民録21-1457	411
大判大4・10・13民録21-1679	430
大判大5・5・10民録22-936	88
大判大5・5・24民録22-1019	214, 215
大判大5・10・4民録22-1848	430
大判大5・10・25民録22-1988	355
大判大6・2・3〔総則・商行為百選［4版］101事件〕	165, 166
大判大6・2・9民録23-33	82
大判大7・10・2民録24-1947	352, 353
大判大7・10・29民録24-2079	221
大判大8・2・15民録25-82	321
大判大8・6・19民録25-1058	430
大判大9・5・15民録26-669	214
大判大9・12・27民録26-2109	260
大判大10・3・15民録27-434	227
大判大10・6・10民録27-1127	91
大判大10・10・1民録27-1686	261, 272
大判大11・9・29〔手形小切手百選［6版］9事件〕	220
大判大11・11・25民集1-674	377
大決大11・12・8〔総則・商行為百選［3版］14事件〕	21
大判大12・4・5民集2-206	236
大判大13・3・7〔手形小切手百選［5版］68事件〕	375
大決大13・6・13〔総則・商行為百選［3版］15事件〕	21
大判大13・7・18民集3-399	147

大判大13・12・25民集 3-570	226
大連判大14・5・20民集 4-264	227
大判大14・7・2民集 4-388	317
大判大14・12・23民集 4-761	229
大判大15・2・23民集 5-104	154
大判大15・3・12民集 5-181	332, 349, 421
大連判大15・5・22民集 5-426	226, 441, 442
大判大15・9・16民集 5-688	162
大判大15・10・13新聞2653-7	352
大判大15・10・18評論16-商158	230, 272
大判大15・12・17民集 5-850	283

昭和元～9年

大判昭元・12・28評論16-民訴166	317
東京控判昭2・5・28新聞2720-15	53
大判昭2・7・7民集6-380	315, 317
大判昭3・1・9民集7-1	430
大判昭3・2・6民集7-45	227
大判昭3・6・13新聞2866-6	171
大判昭4・9・28〔総則・商行為百選[4版]36事件〕	60
大判昭5・5・10民集9-460	410
大判昭5・9・13新聞3182-14	152
大判昭6・5・22民集10-262	227
大判昭6・7・20民集10-561	443
大判昭6・9・22法学1上-223	72
大判昭6・11・3〔総則・商行為百選[4版]90事件〕	152
大判昭6・12・23民集10-1275	278
大判昭7・2・23〔総則・商行為百選[4版]91事件〕	147
大判昭7・4・30新聞3408-8	232
大判昭7・7・9民集11-1604	211
大判昭7・11・19民集11-2120	227
大判昭8・1・28民集12-10	90
大判昭8・2・23〔総則・商行為百選[3版]89事件〕	194
大判昭8・4・6民集12-551	376
大判昭8・5・16民集12-1164	249, 250
大判昭8・9・15民集12-2168	227
大判昭8・11・20民集12-2718	280

昭和10～19年

大判昭10・1・22民集14-31	289
大判昭10・3・25民集14-395	161
大判昭10・5・27民集14-959	51
大判昭11・2・12民集15-357	181
大判昭11・3・11〔総則・商行為百選[4版]79事件〕	99
大判昭12・11・24民集16-1652	364
大判昭12・11・26〔総則・商行為百選[3版]25事件〕	64
大判昭13・1・29民集17-14	375
大判昭13・2・28新聞4246-17	64
大判昭13・3・5全集5-6-34	365

大判昭13・4・8民集17-664···87
大判昭13・8・1〔総則・商行為百選[2版]42事件〕···70
大判昭13・12・19民集17-2670···232
大判昭13・12・27〔総則・商行為百選[4版]89事件〕··146
大判昭14・2・1民集18-77···166
大判昭14・6・30民集18-729···182
大判昭14・12・27〔総則・商行為百選[3版]43事件〕··76
大判昭15・7・20民集19-1379···469
大判昭15・9・26民集19-1729···297
大判昭17・4・4法学11-12-1289··92
大判昭17・6・29〔総則・商行為百選[3版]91事件〕··173
大判昭17・9・8〔総則・商行為百選[4版]28事件〕··37
大判昭18・7・12〔総則・商行為百選[3版]37事件〕··64
大判昭19・6・23〔手形小切手百選[6版]30事件〕···311

昭和20〜29年

最判昭23・10・14〔手形小切手百選[6版]88事件〕···221
最判昭25・2・10〔手形小切手百選[6版]7事件〕··221
福岡高判昭25・3・20下民集1-3-371··48
最判昭26・10・19民集5-11-612··221
最判昭27・10・21民集6-9-841··257
最判昭27・11・25民集6-10-1051··290
大阪高判昭28・3・23高民6-2-78··238
最判昭28・10・9〔総則・商行為百選[4版]43事件〕···73
最判昭29・3・11民集8-3-688··322
最判昭29・4・2民集8-4-782··312
最判昭29・9・10民集8-9-1581···65
最判昭29・10・15〔総則・商行為百選[4版]6事件〕···19
大阪高判昭29・10・15高民7-10-795··220
最判昭29・10・29〔手形小切手百選[6版]102事件〕···474
最判昭29・11・18民集8-11-2052···220, 366

昭和30〜39年

最判昭30・2・1〔総則・商行為百選[初版]62事件〕··82
最判昭30・4・12民集9-4-474··133
最判昭30・5・31〔手形小切手百選[6版]31事件〕··311
最判昭30・7・15民集9-9-1069···46
最判昭30・9・8〔総則・商行為百選[4版]46事件〕··79
最判昭30・9・23民集9-10-1403··296
最判昭30・9・29〔総則・商行為百選[4版]39事件〕···65
最判昭30・9・30〔手形小切手百選[6版]51事件〕··296
最判昭30・11・18民集9-12-1763··311
最判昭31・2・7〔手形小切手百選[6版]54事件〕······································281, 318
最判昭31・4・27民集10-4-459··366
最判昭31・7・20〔手形小切手百選[6版]41事件〕··272
最判昭31・10・12〔総則・商行為百選[3版]67事件〕·······································125
最判昭32・2・19〔総則・商行為百選[4版]107事件〕································179, 193
最判昭32・5・30民集11-5-854··122
最判昭32・7・16民集11-7-1254··257

最判昭32・7・19〔手形小切手百選［6版］74事件〕	351
最判昭32・12・5民集11-13-2060	297
最判昭33・3・7民集12-3-511	263, 375
最判昭33・3・20〔手形小切手百選［6版］47事件〕	238
最判昭33・6・3〔手形小切手百選［6版］89事件〕	216
最判昭33・6・17〔手形小切手百選［6版］11事件〕	256
最判昭33・6・19〔総則・商行為百選［4版］3事件〕	11
最判昭33・9・11〔手形小切手百選［6版］69事件〕	323
最判昭33・10・24民集12-14-3237	297
最判昭34・6・9〔手形小切手百選［6版］86事件〕	427
最判昭34・7・14〔手形小切手百選［6版］27事件〕	312
最判昭34・8・18民集13-10-1275	273, 301
最判昭35・1・12〔手形小切手百選［6版］24事件〕	298
最判昭35・2・11民集14-2-184	366
最判昭35・3・17〔総則・商行為百選［4版］92事件〕	152
最判昭35・3・22民集14-4-501	178
最判昭35・4・12〔手形小切手百選［6版］62事件〕	336
最判昭35・4・14〔総則・商行為百選［4版］5事件〕	19
最判昭35・5・6〔総則・商行為百選［3版］47事件〕	84
最判昭35・7・8民集14-9-1720	221
最判昭35・10・25〔手形小切手百選［6版］33事件〕	312
最判昭35・10・25民集14-12-2775	377
最判昭35・11・1〔総則・商行為百選［初版］64事件〕	88
最判昭35・12・2〔総則・商行為百選［4版］55事件〕	93
最判昭35・12・27民集14-14-3253	411
最判昭36・3・28民集15-3-609	296
最判昭36・6・9〔手形小切手百選［6版］19事件〕	257
最判昭36・7・31〔手形小切手百選［6版］3事件〕	240
最判昭36・11・10民集15-10-2466	297
最判昭36・11・24〔総則・商行為百選［4版］37事件、手形小切手百選［6版］45事件〕	61, 88, 265
最判昭36・11・24民集15-10-2519	297
最判昭36・12・12〔手形小切手百選［6版］10事件〕	256
最判昭37・2・20民集16-2-341	227
最判昭37・5・1〔手形小切手百選［6版］29事件〕	312
最判昭37・5・1〔総則・商行為百選［4版］30事件〕	46
最判昭37・9・21〔手形小切手百選［6版］90事件〕	446
最大判昭38・1・30〔手形小切手百選［6版］78事件〕	82, 350, 411
最判昭38・3・1〔総則・商行為百選［4版］24事件〕	34
最判昭38・5・21〔手形小切手百選［6版］85事件〕	430
最判昭38・8・23〔手形小切手百選［6版］61事件〕	322, 457
最判昭38・11・5〔総則・商行為百選［3版］70事件〕	152
最判昭38・11・19民集17-11-1401	257
最判昭39・3・10民集18-3-458	46
最判昭39・4・21民集18-4-552	227
最判昭39・5・26〔総則・商行為百選［4版］53事件〕	87
最判昭39・7・16民集18-6-1160	121
最判昭39・9・15〔手形小切手百選［6版］14事件〕	256
最判昭39・10・16民集18-8-1727	318
最判昭39・11・24〔手形小切手百選［6版］79事件〕	350, 411

最判昭39・12・4〔手形小切手百選[6版]106事件〕 ………………………………………469

昭和40～49年

最判昭40・4・9〔手形小切手百選[6版]28事件〕 ………………………………………312
最判昭40・8・24民集19-6-1435 …………………………………………………………216
最大判昭40・9・22〔総則・商行為百選[4版]22事件〕 …………………………………30
大阪高判昭41・1・24下民17-1=2-18 …………………………………………………336
最判昭41・1・27〔総則・商行為百選[4版]19事件〕 ……………………………………27
最判昭41・4・22〔手形小切手百選[6版]72事件〕 ………………………………………351
最判昭41・6・16民集20-5-1046 …………………………………………………………272
最判昭41・6・21民集20-5-1084 …………………………………………………………297
最判昭41・7・1〔手形小切手百選[6版]16事件〕 ………………………………………258
最判昭41・9・13〔手形小切手百選[6版]2事件〕 ………………………………………250
東京地判昭41・9・13判タ199-174 ………………………………………………………336
最判昭41・10・13〔手形小切手百選[6版]40事件〕 ……………………………………272
最大判昭41・11・2〔手形小切手百選[6版]44事件〕 …………………………………272
最判昭41・11・10民集20-9-1756 …………………………………………………………273
最判昭41・12・20〔総則・商行為百選[4版]88事件〕 ………………………………138, 164
最判昭42・2・3民集21-1-103 ……………………………………………………………288
最判昭42・3・14〔手形小切手百選[6版]22事件〕 …………………………………273, 406
最判昭42・3・31〔手形小切手百選[6版]87事件〕 ………………………………………431
最判昭42・4・27〔手形小切手百選[6版]34事件〕 ………………………………………313
最判昭42・6・6〔手形小切手百選[6版]12事件〕 …………………………………253, 258
最判昭42・10・6〔総則・商行為百選[4版]51事件〕 ………………………………………8, 87
最大判昭42・11・1民集21-9-2249 ………………………………………………………167
最大判昭42・11・8〔手形小切手百選[6版]67事件〕 ……………………………………361
最判昭42・11・17〔総則・商行為百選[4版]105事件〕 …………………………………192
最判昭43・3・21〔手形小切手百選[6版]84事件〕 ………………………………………430
最判昭43・4・12民集22-4-911 ……………………………………………………270, 273
最大判昭43・4・24〔総則・商行為百選[4版]40事件〕 …………………………………69
東京地判昭43・5・13〔手形小切手百選[5版]62事件〕 ………………………………408
最判昭43・6・13〔総則・商行為百選[4版]20事件〕 …………………………………26, 253
最判昭43・7・11〔総則・商行為百選[4版]85事件〕 ……………………………………125
最判昭43・11・1〔総則・商行為百選[4版]7事件〕 ………………………………………19
最判昭43・12・12〔手形小切手百選[6版]1事件〕 ………………………………………228
最判昭43・12・12判時545-78 ……………………………………………………………217, 218
最判昭43・12・24〔手形小切手百選[6版]13事件〕 ……………………………………258
最大判昭43・12・25〔手形小切手百選[6版]37事件〕 …………………………………313
最判昭44・2・20〔手形小切手百選[6版]42事件〕 ………………………………………273
最判昭44・3・4民集23-3-586 ……………………………………………………………343
最判昭44・3・27〔手形小切手百選[6版]59事件〕 ………………………………………318
最判昭44・4・3〔手形小切手百選[6版]15事件〕 …………………………………220, 255
最判昭44・4・15〔総則・商行為百選[4版]106事件〕 …………………………………181
最判昭44・6・26〔総則・商行為百選[4版]45事件〕 ……………………………………64, 77
最判昭44・8・29〔総則・商行為百選[4版]54事件〕 ……………………………………92
最判昭44・9・11判時570-77 ………………………………………………………………69
最判昭44・9・12〔手形小切手百選[6版]70事件〕 ………………………………………361
最判昭44・10・17判時575-71 ……………………………………………………………155
最判昭45・2・17判時592-90 ………………………………………………………………270

最判昭45・3・26判時587-75	245
最判昭45・3・31〔手形小切手百選[6版]63事件〕	340
最判昭45・4・21〔総則・商行為百選[4版]96事件〕	156
最判昭45・4・21〔手形小切手百選[6版]50事件〕	284
最判昭45・6・18民集24-6-544	340
最大判昭45・6・24〔民法判例百選Ⅰ[5版新法対応補正版]7事件〕	209
最大判昭45・6・24〔手形小切手百選[6版]53事件〕	297
最判昭45・7・16〔手形小切手百選[6版]36事件〕	313
最判昭45・10・22〔総則・商行為百選[4版]82事件〕	77
最判昭46・6・10〔手形小切手百選[6版]18事件〕	361
最判昭46・7・1〔手形小切手百選[6版]92事件〕	439
最大判昭46・10・13〔手形小切手百選[6版]38事件〕	255, 256
最判昭46・11・16〔手形小切手百選[6版]8事件〕	219
最判昭47・1・25〔総則・商行為百選[4版]56事件〕	93
最判昭47・2・10〔手形小切手百選[6版]4事件〕	255
最判昭47・2・24民集26-1-172	10
最判昭47・3・2〔総則・商行為百選[4版]25事件〕	34
最判昭47・4・4民集26-3-373	256
最判昭47・4・6〔手形小切手百選[6版]81事件〕	222
最判昭47・5・25判時671-83	79
最判昭48・3・29判時705-103	178
最判昭48・10・30〔総則・商行為百選[4版]41事件〕	69
最判昭49・2・28〔手形小切手百選[6版]49事件〕	280
最判昭49・3・22〔総則・商行為百選[4版]8事件〕	19
最判昭49・6・28〔手形小切手百選[6版]17事件〕	257
最判昭49・12・24〔手形小切手百選[6版]52事件〕	406

昭和50〜59年

横浜地判昭50・5・28〔総則・商行為百選[3版]96事件〕	53
最判昭50・6・27〔総則・商行為百選[4版]38事件〕	64
最判昭50・8・29〔手形小切手百選[6版]20事件〕	364, 406
最判昭50・9・25〔手形小切手百選[6版]96事件〕	353
最判昭51・2・26金法784-33	69
最判昭51・4・8〔手形小切手百選[6版]83事件〕	273
最判昭51・7・9判時819-91	65
最判昭51・10・1金商512-33	42
最判昭52・6・20〔手形小切手百選[6版]25事件〕	298
最判昭52・9・22〔手形小切手百選[6版]35事件〕	304
最判昭52・11・15〔手形小切手百選[6版]64事件〕	337
最判昭52・12・9判時879-135	256
最判昭52・12・23〔総則・商行為百選[3版]23事件〕	27
最判昭52・12・23〔総則・商行為百選[4版]9事件〕	19
最判昭53・1・23民集32-1-1	221, 409
最判昭53・4・20〔総則・商行為百選[4版]93事件〕	158
最判昭53・4・24〔手形小切手百選[6版]48事件〕	280
最判昭54・4・6〔手形小切手百選[6版]56事件〕	318
最判昭54・5・1〔総則・商行為百選[4版]32事件〕	42
最判昭54・9・6〔手形小切手百選[6版]6事件〕	220, 221
最判昭54・10・12〔手形小切手百選[6版]71事件〕	366

最判昭55・1・24〔総則・商行為百選[4版]52事件〕 ……………………………………87
最判昭55・3・25〔総則・商行為百選[4版]94事件〕 …………………………………159
最判昭55・3・27判時970-169 ……………………………………………………332, 355
最判昭55・5・30〔手形小切手百選[6版]77事件〕 ……………………………………365
最判昭55・7・15〔総則・商行為百選[4版]18事件〕 ……………………………27, 258
最判昭55・9・5民集34-5-667 …………………………………………………………258
最判昭55・9・11民集34-5-717 …………………………………………………………19
最判昭55・11・27判時986-107 …………………………………………………………405
最判昭55・12・18〔手形小切手百選[6版]60事件〕 …………………………………323
東京高判昭56・6・18判時1016-110 ……………………………………………………33
最判昭56・10・1判時1027-118 …………………………………………………………280
最判昭57・1・19〔総則・商行為百選[4版]47事件〕 …………………………………79
最判昭57・3・30〔手形小切手百選[6版]46事件〕 ……………………………………273
最判昭57・4・1判時1046-124 ……………………………………………………297, 350
最判昭57・6・24判時1051-84 ……………………………………………………………84
最判昭57・7・8〔総則・商行為百選[3版]88事件〕 …………………………………182
最判昭57・7・15〔手形小切手百選[6版]73事件〕 ……………………………409, 432
最判昭57・9・7〔総則・商行為百選[4版]60事件〕 …………………………………177
最判昭57・9・7〔手形小切手百選[6版]66事件〕 ……………………………………337
最判昭57・9・30判時1057-138 …………………………………………………………322
最判昭58・1・25判時1072-144 ……………………………………………………………27
最判昭59・3・29〔総則・商行為百選[4版]31事件〕 …………………………………46
最判昭59・5・29金法1069-31 ……………………………………………………………73

昭和60～63年

最判昭60・3・26〔手形小切手百選[6版]57事件〕 ……………………………………318
最判昭60・7・2判時1178-144 ……………………………………………………………278
最判昭61・7・10〔手形小切手百選[6版]39事件〕 ……………………………………234
最判昭61・7・18〔手形小切手百選[6版]55事件〕 ……………………………………297
最判昭62・5・29民集41-4-723 …………………………………………………………79
最判昭62・10・16〔総則・商行為百選[4版]80事件〕 ………………………………222
最判昭63・3・25〔総則・商行為百選[3版]81事件〕 …………………………………156

平成元～9年

最判平元・9・21判時1334-223 ……………………………………………………………79
最判平2・2・22〔総則・商行為百選[4版]33事件〕 …………………………………47
東京地判平2・2・26〔手形小切手百選[6版]105事件〕 ……………………………439
東京地判平2・3・28判時1353-119 ……………………………………………………156
最判平2・9・27〔手形小切手百選[6版]65事件〕 ……………………………………337
最判平5・7・20〔手形小切手百選[6版]43事件〕 ……………………………………273
最判平5・10・22〔手形小切手百選[6版]68事件〕 ……………………………………351
最判平6・4・19民集48-3-922 …………………………………………………………19
最判平7・7・14〔手形小切手百選[6版]32事件〕 ……………………………………312
最判平7・11・30〔総則・商行為百選[4版]21事件〕 …………………………………26
東京高判平8・5・28判時1570-118 ………………………………………………………86
東京地判平8・9・27判時1601-149 ……………………………………………………172
最判平9・2・27〔手形小切手百選[6版]21事件〕 ……………………………………343

平成10年～

最判平10・4・14〔総則・商行為百選［4版］44事件〕	75
最判平10・4・30〔総則・商行為百選［4版］97事件〕	152
最判平10・7・14〔総則・商行為百選［4版］50事件〕	86
東京地判平10・7・16判タ1009-245	77
東京高決平11・7・23〔総則・商行為百選［4版］49事件〕	86
東京高判平12・6・22金商1103-23	54
大阪高判平12・7・31〔会社法百選22事件〕	126
大阪高判平12・9・28判時1746-139	172
最判平13・1・25〔手形小切手百選［6版］82事件〕	222
大阪高判平13・4・11〔総則・商行為百選［4版］109事件〕	173
最判平13・12・18〔平13重判・商法6事件〕	82
最判平15・2・28判時1829-151	173
最判平16・2・20〔平16重判・商法1事件〕	34

♠ **伊藤　真**（いとう　まこと）

　1958年東京生まれ。1981年、大学在学中に1年半の受験勉強で司法試験に短期合格。同時に、司法試験受験指導を開始する。

　1982年、東京大学法学部卒業、司法研修所入所。1984年に弁護士登録。弁護士としての活動とともに、受験指導を続け、法律の体系や全体構造を重視した学習方法を構築する。短期合格者の輩出数、全国ナンバー1の実績を不動のものとする。

　1995年、憲法の理念をできるだけ多くの人々に伝えたいとの思いのもとに15年間培った受験指導のキャリアを生かし、伊藤メソッドの司法試験塾をスタートする。現在は、司法試験や法科大学院入試のみならず、法律科目のある資格試験や公務員試験を目指す人たちの受験指導に専念している。そして、理念のある学校、一人一人がチャンスを創れる塾でありたいと熱意あふれる講義を今日も行っている。

　「伊藤真の判例シリーズ〔全7巻〕」がスタートしたのにあわせ、「伊藤真入門六法シリーズ」を「伊藤真の条文シリーズ〔全8巻〕」と名称を改め、より利用しやすくリニューアルした。法律を学ぶに際し、判例と条文は基本となる。この2つのシリーズと定評をいただいている「伊藤真試験対策講座〔全13巻〕」を併用することにより、一層の効果的学習をサポートする。

伊藤塾
〒150-0031　東京都渋谷区桜丘町17-5　03(3780)1717
http://www.itojuku.co.jp

商法・手形法小切手法【伊藤真の条文シリーズ4】

平成18年9月15日　初版1刷発行

監修者　伊　藤　　　真
著　者　伊　藤　　　塾
発行者　鯉　渕　友　南
発行所　株式会社　弘文堂　　101-0062　東京都千代田区神田駿河台1の7
　　　　　　　　　　　　　　TEL 03(3294)4801　振替 00120-6-53909
　　　　　　　　　　　　　　　　http://www.koubundou.co.jp

装　丁　笠井亞子
印　刷　三美印刷
製　本　井上製本

©2006 Makoto Ito. Printed in Japan

Ⓡ　本書の全部または一部を無断で複写複製（コピー）することは、著作権法上での例外を除き、禁じられています。本書からの複写を希望される場合は、日本複写権センター(03-3401-2382)にご連絡ください。

ISBN4-335-31263-6

伊藤真の条文シリーズ

法律の学習は、条文に始まり条文に終わる！ 基本六法を条文ごとにわかりやすく説明する逐条解説シリーズ。条文の意味・趣旨、解釈上の重要論点、要旨付きの関連判例をコンパクトに整理。「事項索引」「判例索引」の他に、「条文用語索引」で検索機能も充実。基礎的な勉強に、受験に、そして実務でも役立つ伊藤メソッドによるスーパー六法。

＊シリーズ名を、「伊藤真入門六法」から変更し、装丁も一新。順次、改訂とともに新シリーズへ移行します。★印は改訂済み。

- ●基本六法を条文の順番にそってコンパクトに解説。
- ●だれにでもわかるやさしい話し言葉で条文の意味がわかる。
- ●初学者にもわかる条文の「趣旨」。
- ●重要な語句や難解な語句をピックアップし解説した「語句の意味」。
- ●必ず押さえておくべき基本知識と論点を解説した「条文クローズアップ」。
- ●関連する重要判例に要旨を付け整理した「判例セレクト」。
- ●重要度が一覧できる「条文重要度ランク表」。
- ●重要タームの使われている条文が検索できる「条文用語索引」。
- ●「口語六法」「判例六法」「受験六法」を兼ね備えたスーパー六法。
- ●「伊藤真試験対策講座」へのリファーが学習の相乗効果をアップ。
- ●司法試験受験生・法科大学院受験生・法科大学院生・法律科目のある資格試験受験生・法学部生のみならず実務家・ビジネスパーソンにも使いやすい逐条解説書。

民法Ⅰ【総則・物権】［第3版］	2300円
民法Ⅱ【債権・親族・相続】［第2版］	3100円
★会社法	4800円
★商法・手形法小切手法	2700円
憲法	1900円
刑法	3200円
民事訴訟法	2800円
刑事訴訟法	3100円

弘文堂

＊価格（税別）は2006年9月現在